权威·前沿·原创

皮书系列为
"十二五"国家重点图书出版规划项目

发展和改革蓝皮书

BLUE BOOK OF
DEVELOPMENT AND REFORM

中国经济发展和体制改革报告
No. 7

REPORT ON CHINA'S ECONOMIC DEVELOPMENT
AND INSTITUTIONAL REFORM No.7

确保全面深化改革落地生根

Establishing the Comprehensive Deepening Reform

主　编／邹东涛　王再文
副主编／孙凤仪　赵海然　蔡立雄

社会科学文献出版社
SOCIAL SCIENCES ACADEMIC PRESS (CHINA)

图书在版编目（CIP）数据

中国经济发展和体制改革报告.7，确保全面深化改革落地生根/
邹东涛，王再文主编—北京：社会科学文献出版社，2016.1
（2016.6 重印）
（发展和改革蓝皮书）
ISBN 978 – 7 – 5097 – 8613 – 0

Ⅰ.①中…　Ⅱ.①邹…②王…　Ⅲ.①中国经济 – 经济发展 –
研究报告 ②中国经济 – 经济体制改革 – 研究报告　Ⅳ.①F12

中国版本图书馆 CIP 数据核字（2015）第 312820 号

发展和改革蓝皮书

中国经济发展和体制改革报告 No. 7
——确保全面深化改革落地生根

主　　编/ 邹东涛　王再文
副 主 编/ 孙凤仪　赵海然　蔡立雄

出 版 人/ 谢寿光
项目统筹/ 周　丽　陈　欣
责任编辑/ 陈凤玲　陈　欣

出　　版/ 社会科学文献出版社·经济与管理出版分社（010）59367226
　　　　　地址：北京市北三环中路甲 29 号院华龙大厦　邮编：100029
　　　　　网址：www. ssap. com. cn
发　　行/ 市场营销中心（010）59367081　59367018
印　　装/ 北京京华虎彩印刷有限公司

规　　格/ 开 本：787mm×1092mm　1/16
　　　　　印 张：25.5　字 数：387 千字
版　　次/ 2016 年 1 月第 1 版　2016 年 6 月第 4 次印刷
书　　号/ ISBN 978 – 7 – 5097 – 8613 – 0
定　　价/ 98.00 元

皮书序列号/ B – 2008 – 101

发展和改革蓝皮书编委会

主要编撰者简介

邹东涛　经济学教授，博士生导师，国务院特殊津贴享受者，中央人才工作局和国务院职能转变办公室特聘专家，世界生产力科学院院士。大学先后攻读物理学和经济学。1993 年国务院首次向全国公开招考司局级领导干部考试中列第一名。历任国家体改委体改研究院副院长兼国有企业改革试点办副主任、中国社科院研究生院常务副院长兼深圳研究院院长、社会科学文献出版社总编辑、中央财大发展和改革研究院院长、中国投资协会副会长兼民投委会长等。出版学术著作 20 余部，发表论文数百篇，主编丛书 150 余卷。提出"解放思想，黄金万两；观念更新，万两黄金""制度更是第一生产力""捉中国猫，抓中国鼠"等名言。中国社科院资深研究员李成勋著文将邹东涛列为"进京三杰"之一。

王再文　经济学博士，应用经济学博士后，教授，现任职国家发改委培训中心。社会职务包括中国生产力学会理事，中国领导人才专门委员会理事，北京交通大学、中央财经大学兼职教授、研究生导师。主要研究方向为企业战略与企业公民理论、区域制度（政策）与经济发展、人力资源开发与领导力。主持或参与国家级及省部级等课题十余项。在《人民日报》《光明日报》《管理现代化》等核心期刊上发表论文 40 余篇，部分论文被中国人民大学书报资料中心全文转载。独立或合作出版著作 10 余部，主编《中国企业公民报告》《中央企业履行社会责任报告》。曾经获得教育部、省级人民政府、中国下一代教育基金会等多个部门的先进个人称号。

孙凤仪 国家发展改革委经济体制与管理研究所副研究员，中央财经大学中国发展和改革研究院特邀研究员，经济学博士，国家开发银行项目顾问。主持和参加国家社科基金重大项目、国家发展改革委重大项目、国家发展改革委宏观经济研究院重点项目等课题40余项，参加国家"十三五"专项规划研究和编制，公开发表论文30余篇，出版学术著作5部，部分研究成果被上报并获领导批示。主要研究方向为宏观经济、经济体制改革、地方政府投融资。

赵海然 女，计算机及供应链管理专业博士，上海一门式政务研发中心主任，兼任国家信息中心大数据应用和管理中心民生部主任、中国一门式政务服务促进中心主任、国家民政部社区信息化建设责任专家、美国供应链管理专业协会中国区副主席。早年曾担任飞利浦照明事业部亚太地区供应链总监，是中国一门式改革政务服务体系创新专家，创新性地提出运用大数据来提高政务效率并成功运用数据技术和信息化技术推动了基层政府治理现代化。主持民政部有关课题，公开发表论文多篇，出版学术著作3部，翻译著作1部。主要研究方向为供应链管理、政务改革。

蔡立雄 龙岩学院经济与管理学院院长，教授，经济学博士。社会兼职有中国区域经济学会常务理事、中华外国经济学说研究会发展经济学分会理事、西北大学中国西部经济发展研究中心研究员等。主要研究方向为制度经济学、区域经济学、农村经济等。主持或参与国家社科基金重大项目、国家发改委专项项目、教育部重大项目及福建省省级项目十余项。在核心期刊上发表论文40余篇，部分论文被中国人民大学书报资料中心全文转载或《光明日报》介绍，独立或合作出版著作9部，自2008年起担任教育部标志性成果《中国西部发展报告》总报告独立撰稿人。是龙岩市教学名师和"四个一批"理论人才，论文曾荣获陕西省社科优秀成果奖。

摘　要

2013 年底，党的十八届三中全会对全面深化改革进行了系统部署，高度重视改革的系统性、整体性和协同性。2014 年底，党中央做出我国经济发展进入新常态的重大战略判断，全面深化改革方案亟待落地生根，以有效转化成发展动力。2015 年是全面深化改革的关键年，一批重要改革方案得以落地实施。《中国经济发展和体制改革报告 No. 7》旨在及时追踪和评估全面深化改革方案落地实施情况，探路新改革，引领新常态。

本书从完善基本经济制度、建设现代市场体系、加快转变政府职能、深化财税体制改革、深化金融体制改革、构建开放型经济新体制、推进法治中国建设、促进文化体制机制创新、推进收入分配制度改革、深化社会保障制度改革、加快生态文明制度建设 11 个方面，重点总结了党的十八届三中全会以来的改革措施和改革进展，同时分析了改革推进中一些苗头性、倾向性问题和潜在风险，给出了相应的政策建议。

党的十八届三中全会以来，全面深化改革在凝心聚力、设计方案、明确方向等方面取得显著成绩，部分领域改革取得较大突破。但从实践来看，改革越向纵深挺进，面临的困难和障碍就越发明显，与党的十八届三中全会的改革总目标相比，改革的激励机制和容错机制尚不完善，改革进展仍不够理想，必须以更大的政治勇气和智慧，握指成拳，集中发力，攻坚克难，确保改革方案落地生根，增强人民群众的改革获得感。

绪 论
全面深化改革后浪推前浪

自 2008 年推出"发展和改革蓝皮书",迄今已经洋洋洒洒出版了六卷。

《No. 1:中国改革开放 30 年（1978~2008）》；

《No. 2:中国道路与中国模式（1949~2009》；

《No. 3:金融危机考验中国模式（2008~2010）》；

《No. 4:中共 90 年：经济建设之路与大国治理之道（1921~2011）》；

《No. 5:以人为本：中国全面建设小康社会 10 年（2002~2012）》；

《No. 6:中国完善社会主义市场经济体制 10 年（2003~2013）》。

今天又将《No. 7:确保全面深化改革落地生根》捧上各界，恭请同仁们雅正。

史鉴：改革堪比换代难

中华民族 5000 年的文明史，是一部不断进取和发展的改革史。从秦国商鞅变法到东汉王莽新政，从北宋王安石上书到清末戊戌维新，都经历过"历史三峡"[①]，以血与火的恐怖刻在中国历史的长河中。每当我读到这些历

---

* 邹东涛，经济学教授，博士生导师，国务院特殊津贴享受者，中央人才工作局特聘专家，世界生产力科学院院士。长期跟踪和致力于我国改革开放的研究，研究方向为经济发展理论与实践。

① "历史三峡"理论，是关于中国社会政治制度转型理论，由美籍华人唐德刚于 20 世纪 90 年代提出。唐教授把社会政治制度的变化作为历史发展最为重要的前提，把人类历史发展比作水过三峡，在历史的潮流中，前后两个社会政治形态的转换，其间必然有个转型期，即瓶颈。此理论反映在其著作《晚清七十年》和《袁氏当国》中。

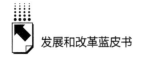

史的时候，都对这些中华民族的伟大精英肃然起敬。几年前，当我看一位老同事、老朋友创作的历史大片《大秦帝国》中"商鞅车裂"时，即奋笔写下了这样一首诗。

看《大秦帝国》感怀

历史从来多维艰，改革堪比换代难。

骨骼砌成换朝道，碧血浸透改革湾。

恨不早生两千岁，当陪商鞅五马栓。

自古英雄多壮烈，笑迎身裂祭长天。

人类社会的发展总是在错综复杂的斗争中向前挺进，历经曲径遥途不断走向进步、法治和文明。古老的华夏步入法治文明的现代中国，变法不再恐怖。改革作为全国人民的共识和奋斗目标，走上了阳光大道。中国从 20 世纪中后期到 21 世纪初叶，成功地进行了经济体制改革，极大地促进了经济发展。新一任党中央和国务院领导集体又不失时机成功地推出了"全面深化改革"。改革是中国历史的主旋律，更是当代国人的主旋律。改革是中国经济社会发展永远的话题和主旋律。

全面深化改革：必须引领经济发展新常态

中国改革是从经济体制改革开始的，而经济体制改革的根本动力则是源自人民的普遍贫穷、特别是农民的极端贫穷。贫穷了太久的中国人民，希望通过改革开放过上好日子、富日子、幸福日子，因而欢迎改革开放，拥护改革开放，积极参与改革开放。

中国共产党和中央政府坚定不移地实施改革开放的路线，使得中国的经济持续健康发展。但各种社会问题也随之滋生。因此，改革需要不断调整，不断创新，与时俱进。

2013 年在我国应该是一个重要年份。

一是中央政治局经过集体研究并广泛听取党内外各方面意见，决定党的十八届三中全会专题研究"全面深化改革"问题。2013 年 11 月 15 日，党的十八届三中全会做出了《中共中央关于全面深化改革若干重大问题的决定》（本文以下简称《决定》），总结了中国改革开放 30 多年来的历史性成就和宝贵经验，阐述了中国推进全面深化改革的重大意义，提出了从现在到2020 年全面深化改革的指导思想、总体思路、主要任务、重大举措。这份关于全面深化改革若干重大问题的纲领性文件的发布，标志着我国从 1978年开始的改革开放，由此进入一个崭新的阶段。

二是 2013 年 5 月 9 日到 10 日，习近平总书记在河南视察和调研时，首次提出"新常态"一词，使我对长期思考而不得其解的问题茅塞顿开。

在过去的许多年，作为一个经济学者，我一直主张"国民经济长期保持持续高速增长"。1988 年，我在陕西省西北大学工作时出版了一部名为《十字路口上的中国：问题·探索·艰难的选择》的著作，内容主要是系统分析、论述、鼓吹"高速度"，即高速度应该成为"常态"。而当时中央和地方政府总是一个口径：三令五申打压"经济过热"。这部著作出版后意外地获得轰动效应，由中国社会科学院经济研究所组织，陈东琪研究员主持，为我在北京召开了一个研讨会，樊纲等一批我认识的以及很多当时我不认识的学者出席了会议。一下子，我被不少人戴上了一顶"邹高速"的帽子。

随着经济体制改革的深入进行和国民经济的持续发展，我的观点和主张"与时俱进"：不再主张高速度，而主张中高速度，而且这种中高速度应该是经常性的、持续的。但我总觉得这个提法不鲜明、不上口、不专业。

2013 年 5 月 9 日，我从电视中看到习近平总书记正在河南考察，于是关注 CCTV 的相关报道。习总书记在河南的考察中第一次提出了一个重要新词汇——"新常态"。习近平总书记指出："我国发展仍处于重要战略机遇期，我们要增强信心，从当前我国经济发展的阶段性特征出发，适应新常态，保持战略上的平常心态。在战术上要高度重视和防范各种风险，早做谋划，未雨绸缪，及时采取应对措施，尽可能减少其负面影响。"7 月 29 日，习近平总书记在和党外人士的座谈会上又一次提出，要正确认识中国经济发

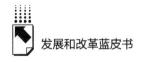

展的阶段性特征,进一步增强信心,适应新常态。

"新"者,新的情况也;"常态"者,经常性、可持续的状态也。新常态的政策实践,就是让原先较高的经济增长速度逐步适度放缓。这多么确切而朗朗上口。我想,它不只是一个词汇,更是一个大国领导人的睿智和决策。

作为一个经济研究者,中国经济增长率的变化一直是我关注的问题。20世纪最后10年,我国一直处于高增长热潮期,许多年经济增长率都是两位数,即10%之上,这也是被媒体宣传、政府认可的利好和政绩。步入21世纪后,客观经济周期使得"高增长"逐步回落,两位数字的增长率终于守不住了,破十之后一路下滑为一位数——或九、或八、或七⋯⋯而这种"破"却是经济长周期的正常变动。

随着2014上半年重要经济数据的公布,舆论对经济形势的分析解读也逐渐趋于理性化。8月5～7日,《人民日报》连续三天在头版位置刊登了"新常态下的中国经济"系列评论,包括《经济形势闪耀新亮点》、《经济运行呈现新特征》和《经济发展迈入新阶段》,具体阐释了"中国经济新常态"的内容和意义,并对中国经济形势进行了多角度的分析。

以上这些工作推进都与部署"两个一百年"的奋斗目标和"十三五规划"密切结合在一起。

经济增速换挡回落,从高速增长转为中高速增长。这要求我们在宏观调控上既坚持底线思维,保持"忧患心",又坚持战略思维,彻底摆脱"速度情结""换挡焦虑",保持"平常心"。

全面深化改革:必须保持改革的人民性

毛泽东曾说过,"人民,只有人民,才是创造历史的动力"。中国共产党自成立起,就公开宣称了它的人民性,并以解放人民为根本宗旨。人民群众是中国共产党的坚实社会基础,中国共产党来自人民,一切为了人民。改革也是一样。共产党人发起和领导改革是为了人民,改革是全体中国人民共同参与和推进的。党的十八大召开后习近平总书记接过这面改革的大旗，也一如既往坚持改革的人民性。这种人民性表现在，改革不是某一政党、某一群体的事情，而是全中国人民共同的伟大事业。改革不是为了某一个政党、某一个群体的利益，而是为了全中国人民的共同利益。2012 年 12 月 31 日在十八届中共中央政治局第二次集体学习的会议上，习近平总书记系统阐述了改革的人民性，"改革开放是亿万人民自己的事业，必须坚持尊重人民首创精神，坚持在党的领导下推进。改革开放在认识和实践上的每一次突破和发展，改革开放中每一个新生事物的产生和发展，改革开放每一个方面经验的创造和积累，无不来自亿万人民的实践和智慧。改革发展稳定任务越繁重，我们越要加强和改善党的领导，越要保持党同人民群众的血肉联系，善于通过提出和贯彻正确的路线方针政策带领人民前进，善于从人民的实践创造和发展要求中完善政策主张，使改革发展成果更多更公平惠及全体人民，不断为深化改革开放夯实群众基础"。

2013 年 10 月 29 日下午，在中共中央政治局就"加快推进住房保障体系和供应体系建设"进行第十次集体学习的会议上，习近平总书记特别就群众的住房建设做系统讲话，他指出，"加快推进住房保障和供应体系建设，是满足群众基本住房需求、实现全体人民住有所居目标的重要任务，是促进社会公平正义、保证人民群众共享改革发展成果的必然要求。各级党委和政府要加强组织领导，落实各项目标任务和政策措施，努力把住房保障和供应体系建设办成一项经得起实践、人民、历史检验的德政工程"，"住房问题既是民生问题也是发展问题，关系千家万户切身利益，关系人民安居乐业，关系经济社会发展全局，关系社会和谐稳定。党和国家历来高度重视群众住房问题。经过长期努力我国住房发展取得巨大成就。同时，我们也要看到，解决群众住房问题是一项长期任务，还存在着住房困难家庭的基本需求尚未根本解决、保障性住房总体不足、住房资源配置不合理不平衡等问题。人民群众对实现住有所居充满期待，我们必须下更大决心、花更大气力解决好住房发展中存在的各种问题。总有一部分群众由于劳动技能不适应、就业不充分、收入水平低等原因而面临住房困难，政府必须补好位，为困难群众

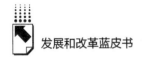

提供基本住房保障"。

改革为了人民，就必须从民众最期盼的领域改起。党的十八届三中全会以后，中共中央于 2013 年 11 月 22 日在中南海召开党外人士座谈会，就经济形势和相关工作听取各民主党派中央、全国工商联负责人和无党派人士代表的意见和建议。习近平总书记主持座谈会并发表重要讲话，他说："改革要从群众最期盼的领域改起，从制约经济社会发展最突出的问题改起，让全社会感受到改革带来的实实在在的成果，最大限度凝聚改革正能量。要切实保障国家粮食安全，大力调整产业结构，积极促进区域协调发展，全力做好改善民生工作，加大空气污染防治力度，不断提高对外开放水平。"

全面深化改革：必须清醒认识改革的持久性

习近平总书记在不少场合谈过："改革开放只有进行时，没有完成时。"这就是说，改革是一个长期的任务，具有"持久性"。这也表明，革命难，改革也难，改革攻坚更难乎其难。中国共产党领导的新民主主义革命历时 28 年，取得了伟大胜利，成立了新中国。中国共产党领导的经济体制改革，进行了 30 多年，已经取得巨大成就，改革释放的能量促进我国经济持续发展 30 多年，同时也促进了世界经济增长。这早已是世界共识。改革初期出生的人，都已跨入中年了，但大家都感觉到改革的任务远远没有完成，好像是越改事情越多，愈改愈难。"改革没有完成时"，其实正表明了改革的持久性和艰巨性。

充分认识改革的持久性和艰巨性，就必须下定决心将改革进行到底。一个个短期性、阶段性问题不断解决，最终就能完成长期性的艰巨任务。改革的长期性、艰巨性与持久性是有机统一的。毛泽东在抗日战争初期写过一本书《论持久战》，论述了对日本侵略者的"持久性抗战"。当时觉得抗战多长、多难呀！这个持久战打了 8 年，终于把日本鬼子赶跑了。而我国的改革进行了 30 多年，仍然处于"进行时"。"艰巨性"是由"任重"和"道远"构成的，改革比抗日战争的时间还要长、还要持久，是因为改革的任务非常艰巨，而且矛盾更加错综复杂。一个任务完成了，又生出新的任务来。

改革，有时候是无奈之举，不改不行，不改就解决不了问题。为了发展，为了人民幸福和社会福祉，就有了"倒逼式改革"。改革开放30多年来，有许多改革都是倒逼出来的，"倒逼式改革"是涉险滩改革，是啃硬骨头改革，是打攻坚战的改革。正是这些改革，不断把社会推向前进，不断把人民送上富裕幸福之路。

全面深化改革：必须坚持改革的系统性

改革系统性首先体现在党的十八届三中全会通过的《决定》中。《决定》冠名"全面"二字，表明我国的改革开放事业从党的十八届三中全会开始，从过去30多年以"经济体制改革"为中心的改革转向囊括经济体制、政治体制、社会体制、文化体制、生态文明体制等的全方位、整体化的系统改革。这个"全面改革"，并不表明我国的经济体制改革已经完成，进行了多年的经济体制改革迄今仍然存在许多问题，这些问题并不都在"经济体制"内，有许多在"经济体制"外。再继续修炼经济体制改革的"内功"，已经难以有效推进经济体制改革，必须"开辟"经济体制改革的新途径。

《决定》是我国首次推出"全面深化改革"的宣言书。《决定》中"完善和发展中国特色社会主义制度，推进国家治理体系和治理能力现代化"是总目标，也是整个《决定》高举的"火炬"，在这个"火炬"的"辉映"下，才能确立我国在经济体制、政治体制、文化体制、社会体制、生态文明体制以及党的建设制度上的改革方向，勾画中国共产党正确把握未来中国改革方向的路线图。

立足于我国长期处于社会主义初级阶段这个最大实际，《决定》指出发展仍是解决我国所有问题的关键。为此首先确立了"经济体制改革"在全面深化改革中的重点地位，全面阐述了中国共产党在新时期改革中的历史使命和重要担当，深刻表明了新的历史时期改革的根本任务是发展生产力。以建立完善改革的系统性、整体性、协同性的体制机制，使市场在资源配置中发挥决定性作用和更好发挥政府作用，确保三大目标的实现，即"促使一切劳动、知识、技术、管理、资本的活力竞相迸发""促使一切创造社会财富的源泉充分涌流""促使发展成果更多更公平惠及全体人民"。在这个基础上，《决定》深刻剖析了我国改革、发展、稳定面临的重大理论和实践问题，阐明了全面深化改革的重大意义和未来方向，提出了全面深化改革的指导思想、目标任务、重大原则，描绘了全面深化改革的新蓝图、新愿景、新目标，合理布局了深化改革的战略重点、优先顺序、主攻方向、工作机制、推进方式和时间表、路线图，汇集了全面深化改革的新思想、新论断、新举措，形成了改革理论和政策的一系列重大突破，这是党在新的历史起点上全面深化改革的科学指南和行动纲领。

经济体制改革进行了 30 多年依旧任重道远，那么，多重改革一起上，可想而知难度有多大。但为了中华民族的伟大复兴，再难也必须迎难而上。如何切实把握全面深化改革，尤其是要把握一个有着 13.4 亿人口和 960 万平方公里国土的大国的改革。党的十八大后，习近平总书记走出北京，重走 1992 年邓小平同志视察南方之路，体味当年邓小平同志掀起改革风暴的意志与感受。同时，深入一些贫困省份的贫困农村及贫困家庭，实地考察和感受基层的实际情况，了解人民有什么需求，应该怎样解决。由此思考怎么办、怎么改。在一年的时间里，习近平总书记考察了全国许多省份，这是总书记改革政策和决策接地气的重要原因。

改革就是解决矛盾、解决问题，但问题和矛盾会不断产生。改革就在问题、矛盾的不断解决中深化。历经 30 多年的改革开放，我们在取得伟大成就的同时，也面临一系列深层次问题。应对这些矛盾和挑战，必须居安思危、再接再厉，以奋发有为的精神全面深化改革。问题→解决→新问题→再解决……这就是全面深化改革的路线图和辩证法。

2012 年 11 月 29 日，刚刚履新的新一任中央政治局领导集体：中共中央总书记、中央军委主席习近平和中央政治局常委李克强、张德江、俞正声、刘云山、王岐山、张高丽等，共同来到国家博物馆，参观了"复兴之路"展览，习近平总书记发表了关于"中国梦"的重要讲话："每个人都有理想和追求，都有自己的梦想。现在，大家都在讨论中国梦，我以为，实现中华民族伟大复兴，就是中华民族近代以来最伟大的梦想。这个梦想，凝聚了几代中国人的夙愿，体现了中华民族和中国人民的整体利益，是每一个中华儿女的共同期盼。"

笔者当晚从新闻联播中聆听了习近平参观"复兴之路"展览时发表的关于"中国梦"的重要讲话后，灵感顿生，吟出了一首词来。

满江红·大梦无边

大梦无边，风雷电，九州亮剑。
五千载，改朝换代，沧海巨变。
古老华夏大一统，雄关漫道冲霄汉。
展望那，两个一百年，情无限。

梦发展，梦遂愿；
梦家旺，梦国灿。
举世复兴梦，东风赴面。
中华民族大崛起，梦中笑醒三百遍。
驾神舟、俯瞰梦倚天，红旗漫。

目　录

Ⅰ　总报告

Ⅱ　专题篇

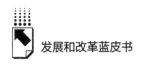

Ⅲ 调研篇

皮书数据库阅读**使用指南**

总 报 告
Main Report

B.1

有序推进、多点突破：开创
全面深化改革新局面

中央财经大学中国发展和改革研究院课题组*

摘　要： 改革开放以来，中国改革开放取得了巨大的成功，但中国经济
发展中的不平衡、不协调、不可持续的矛盾也不断暴露和积
累，使得新时期的发展面临诸多的新困难、新挑战。党的十八
届三中全会通过了《中共中央关于全面深化改革若干重大问题
的决定》，对中国未来的改革与发展进行了全面谋划和布局。
2013～2014 年，中国在经济、政治、文化、社会、生态文明和

---

* 课题组负责人：邹东涛；课题组成员：蔡立雄、王再文、孙凤仪、赵海然、吴选辉、张俊发、
常建功。本文由蔡立雄执笔。蔡立雄，龙岩学院教授，经济学博士，主要研究方向为制度经
济学、区域经济学、农村经济等。本研究受以下基金项目资助：福建省高等学校新世纪优秀
人才支持计划项目，福建省高等学校学科带头人培养计划项目，福建省社科基金项目
（FJ2015B087），龙岩学院国家社科基金培育计划项目。

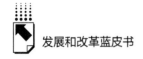

党的建设等各个领域进行了全面而系统的改革，在完善和发展中国特色社会主义制度，推进国家治理体系和治理能力现代化的道路上取得显著成效。但从改革推进的实践来看，改革越是向纵深挺进，改革的范围越是拓展，所面临的困难和问题就越多。为确保改革方案落地生根，要科学统筹各项改革任务，突出重点，对准焦距，以"四个全面"为统领，统一全社会的思想到改革上来；以过去30多年的改革经验为参照，提高改革成效；以营造良好的改革环境为基础，提升改革信心；以干部队伍建设为重点，提高改革的执行力；以制度建设为核心，完善改革发展的体制机制；以政策落实为基点，提高政策的实施效果；以简政放权为抓手，充分发挥市场经济的决定性作用；以统筹协调为方法，提高改革的耦合度；以改善民生为导向，提高群众的改革获得感；坚持改革价值取向，以更大的勇气和魄力全面突破改革的难点，把全面深化改革引向深入。

关键词：　全面深化改革　工程图　落地生根

党的十八大指出："解放思想、实事求是、与时俱进、求真务实，是科学发展观最鲜明的精神实质。实践发展永无止境，认识真理永无止境，理论创新永无止境。"党的十一届三中全会以来，党和政府根据国内外形势的变化，不断创新对世界发展主题、社会主义本质、社会主义初级阶段的矛盾与任务等问题的认识，不断推进改革，坚持用发展的办法解决前进的问题，成就举世瞩目。在短短的30多年间，中国的社会主义现代化建设已迈上了两个大的台阶，从低收入阶段，越过中下等收入阶段，跃迁入中上等收入阶段，国内外形势均出现全新的变化，要保证国民经济实现永续发展，需要"不失时机深化重要领域改革，坚决破除一切妨碍科学发展的思想观念和体制机制弊端，构建系统完备、科学规范、运行有效的制度体系，使各方面制度更加成熟、更加定型"。

第一节　现阶段中国发展面临的挑战与体制改革的潜在红利

马克思主义的科学史观明确地指出：生产力与生产关系之间的相互作用是一种由适应到不适应再到适应的循环变化的过程，变革生产关系是解放和发展生产力的必要条件。当代西方制度变迁理论也提出，制度变迁是经济发展的源泉。此前30多年的改革在不断释放改革红利的同时，也在制度改革的路径、方法、依靠力量等方面形成路径依赖，制约了制度的灵活性，限制了制度调整的空间，使前期改革形成的制度不再能有效地推进经济和社会实现合意的发展；再加上国内外形势的变化，中国经济社会发展面临诸多急需解决的新问题，而新问题往往与解决问题的条件一起出现，这就要求作为改革第一行动集团的党和政府必须研究中国经济社会发展的各种问题，抓住改革机遇，适时推进改革，将改革的红利由潜在转化为现实。

一　深化体制改革的必要性

经过30多年的改革开放，中国经济社会发展的成就举世瞩目，由一个不能自主解决温饱问题的国家发展为世界第二大经济体，但发展中的不平衡、不协调、不可持续的矛盾不断暴露，新时期的发展面临诸多的新困难、新挑战。

（一）中等收入陷阱的挑战。截至2008年，中国仅用了7年时间，以10亿以上的人口规模，成功地实现由人均收入1000美元到3000美元的历史跨越，这意味着中国已进入中等收入阶段。2007年，世界银行《东亚复兴——经济增长的创意》报告提示，必须"警惕中等收入陷阱"。[①] 从世界

---

① 《世界银行：我货币政策宽松　中等收入陷阱挑战东亚》，http：//www.scol.com.cn/economics/gjcj/20070406/200746113003.htm。

经济发展的实践看，部分发展中国家在人均收入达到 3000 美元时，由于前期积累的矛盾爆发、体制改革滞后、应对战略不合理等原因，经济长期陷入停滞。

如何摆脱"中等收入陷阱"？世界银行的报告认为："现代经济增长理论预测东亚地区的中等收入国家将会出现三个转变：首先是多样化趋势减缓，然后出现逆转，因为很多国家在生产和就业方面将更加专业化；其次是投资的重要性下降，创新会越来越重要；第三，教育体系将从为工人提供技能培训转向使他们适应新技术，为今后能够生产新产品做好准备。当东亚国家想要从中等收入水平继续前进，那么成功的战略转型的标志就是实现上述三个转变。"① 专业生产与创新意味着产业结构的升级转换，新的产业发展需要足够的市场空间，而市场规模的扩大与收入水平的提高及其分配状况密切相关；在教育决策和高等教育成本负担越来越个人化的时代，个人受教育水平的多少与教育的收入回报及收入分配状况相关。② 为此，如何使发展成果更多惠及全体人民，实现更公平的发展将是不可回避的问题。

（二）资源与环境约束加剧的挑战。全球人口增长和经济规模不断扩大，能源使用与自然资源利用带来的环境问题持续增加，对人类生存和发展构成严峻挑战。对像中国这样的发展中国家而言，发展经济、改善民生是一以贯之的迫切任务，而摆脱贫困与气候变化的双重挑战意味着这些地区不能简单复制发达国家的经验，即先增长后减排或边增长边治理的做法。据测算，目前我国的人均能耗达 2.6 吨标准煤/年，与先行国家能耗水平差距甚大，水资源、土地资源、矿产资源等也不足以支撑经济规模的持续扩大。为此，把经济持续增长的目标与应对环境变化的长期社会目标结合起来，在实现环境改善的同时实现经济发展，其最佳模式就是能把气候变化的压力转化为经济发展的动力，着力推进经济发展方式转变和经济

---

① 世界银行：《东亚复兴——经济增长的创意》，http：//www. un. org/chinese/esa/economic/review07/ear4. html。

② 蔡立雄：《龙岩市"十二五"期间经济社会发展的理论思考》，《龙岩学院学报》2011 年第 6 期。

结构调整。

（三）发展动力不足的挑战。2008 年以来，中国经济增速连续下探，引发了对经济复苏失去动力的担忧。经济学家认为这是西方经济危机传导到国内使中国经济增长的深层次矛盾暴露，传统的增长动力丧失，而新的经济增长动力尚未形成的结果。对于过去 30 多年间中国经济发展的动力，经济学界有过诸多分析，具有代表性的主要有四种。

第一种是基于凯恩斯的国民收入决定理论的解释。这一理论认为，中国的经济增长来源于消费、投资和出口的持续增长，但这"三驾马车"近年来均遇到较大问题，2000～2011 年，社会最终消费（含居民消费和政府消费）占 GDP 的比重由 62.3% 下降为 49.1%，居民消费占 GDP 的比重由 46.4% 下降为 35.4%。由于最终消费率的下降，中国制造的庞大产能对国外市场产生严重的依赖性，但金融危机爆发以来各国纷纷采取贸易保护的政策和措施，中国净出口对经济增长的贡献率由正转负。通过产业政策引导投资增长成为扩大内需的另一选择，政府投资力度很大，但企业对增长前景的预期较悲观，"高产能、高库存、高成本""低需求、低价格、低效益"成为一个较普遍的问题。

第二种是基于区域竞争与产业转移理论的解释。这一理论认为中国区域间的竞争格局以及随着竞争而形成的产业转移与区域梯度开发是解释中国经济持续增长的关键。区域竞争与产业转移固然调动了地方因地制宜发展经济的积极性并提高了资源利用效率，但经济发展的集聚效应远大于扩散效应，客观上造成了区域经济发展失衡；同时区域竞争在中国表现为行政区域的竞争而不是经济区域的竞争，区域内部与区域之间无法实现有效的分工与合作，造成产业结构雷同与产能过剩问题长期得不到缓解，降低了资源配置效率；再者，区域间的竞争主要是 GDP 总量增加的竞争，增长倾向远大于发展倾向，使得产能过剩、房地产泡沫、地方债务等问题接连发生，为中长期发展埋下更大的隐患和风险。产业转移在拉动落后地区经济增长方面也起到较大作用，但在经济全球化时代，发达地区边际产业可能的接续基地是在全球范围内而不是在一国范

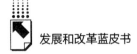

围内进行选择的，只有当国内落后地区所能提供的市场与成本条件等优于其他国家时，产业在市场因素的诱导下才能实现定向转移，而这恰是落后地区自身难以解决的。

第三种是基于制度变迁理论的解释。这是影响最大的一种解释，但是随着改革所带来普惠效应阶段的过去，进一步涉及存量方面的改革可能面临三大障碍。障碍一是过去30多年发展中形成一批既得利益集团，他们有维护和加强现有制度的冲动，这些制度相互联系、相互渗透，影响了制度调整的灵活度，也削弱了制度调整的能力。障碍二是中央政府近年来虽然不断有改革举措出台，但在具体的执行层面上，部分执行者根据自身的立场与利益理解和执行政策，当有效率的政策与执行者的利益相冲突或使其至少不能因此得利时，制度的实施可能是低效的。障碍三是部分制度由于经济社会条件变化变得成本高昂，但可替代方案缺乏，在现实社会中仍在执行，依据原有的"摸着石头过河"式的改革不仅速度慢，而且不到位，这就需要中央政府通过深化认识提供顶层设计，通过上下联动加快改革进程。但正如诺思所论述的一样，制度的变迁或创新面临时滞问题，我们所能做的是适时缩短这一时滞过程。[①]

第四种是基于比较优势、后发优势理论的解释。比较优势理论认为，中国利用劳动力资源丰富的优势，快速发展工业化，实现要素结构的提升，资本变得更丰富、更便宜，技术也能实现更快进步，进而拉动经济快速增长。后发优势理论则认为，由于发达国家间存在较大的制度与技术差距，中国通过学习和引进实现制度变迁与技术进步，从而能快速地缩小与发达国家的经济发展差距。但这两种理论在当代中国的发展中都面临较大问题，过度强调按比较优势发展可能导致劳动密集型、资本密集型产业结构固化，从而落入"比较优势陷阱"，这在中国表现为资源过度开发与环境的破坏，同时，"人力资本"要素不能得到充分利用——表现为大学生就业比农民工困难。而按照后发优势理论发展，过度学习和引进外部技术

---

① 拉斯·C. 诺思：《制度、制度变迁与经济绩效》，杭行译，格致出版社，2014。

虽然可以降低发展成本、缩短发展时间，但也使得中国落入模仿型的技术进步路径，创新的动力不足，从而影响持久竞争力与国家安全。同时随着中国与先行国家的技术差距缩小，技术引进的成本将变得越来越高昂，技术进步的速率受限制。总之，技术创新的动力不足已对中国经济的转型升级构成了强约束。

（四）发展不平衡的挑战。党的十七大报告提出，中国出现了发展不平衡、不协调的问题。[①] 一是城乡发展差距较大，城乡居民人均收入比由 1983 年的 1.82∶1 提高到 2009 年的 3.33∶1。二是区域发展差距明显，2009 年我国东部地区年人均收入为 38587 元，西部地区为 18090 元，差距达 2 万余元，其中上海市的人均收入是贵州省的 8 倍。三是城乡之间、区域之间基本公共服务水平的差距也较大，西部地区人均教育经费支出约为东部地区的 73.5%；城乡拥有的卫生费用之比约为 7∶3，农村居民人均卫生费用不足城市居民的 1/4。这些不平衡问题正对全面建成小康社会构成瓶颈约束。

（五）市场化改革滞后的挑战。在中国加入 WTO 以后，由于倒逼机制的作用，中国经济的市场化改革得到更大推进，但一些核心领域如金融行业、资源和重工业领域等仍由国有资本垄断，存在各种形式的行政管制和成本补贴等，[②] 政府过度行政干预和介入微观经济活动，严重扭曲政府与市场关系，压抑市场活力，破坏了市场对资源配置的有效性，这是经济增长不可持续的重要原因，也是导致寻租腐败的体制根源。

（六）"双缺口"结构的挑战。在金融危机爆发以后，中国实施了"扩大内需"的政策，但问题在于，当代中国不仅遭遇有效需求不足，而且存在有效供给不足的"双缺口"。从货币供给角度与社会需求行为看，需求不足主要是一个结构性问题，而不是一个普遍现象。截至 2013 年 3 月末，中

---

① 《怎么看我国发展不平衡：携手同行，共建共享》，2010 年 7 月 2 日，http：//politics.people.com.cn/GB/1026/12101440.html。

② 《拿市场经济地位苛求中国没有道理》，2011 年 9 月 27 日，http：//news.xinhuanet.com/fortune/2011-09/27/c_122091094.htm。

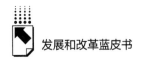
国广义货币（M2）余额达 103.61 万亿元，首次突破百万亿元大关，货币供应量居世界第一位，比美国高 50%，社会流动性极为充裕，众多资金寻找消费和增值机会，说明消费市场依然存在巨大的空间，符合消费者质量、价格、服务等方面要求的产品与服务基本不存在需求不足问题，需求不足主要表现为低技术含量产品的需求不足。

有效供给不足表现为绝对不足和相对不足两方面，前者是在消费需求形成的条件下，供给由于自然条件、制度、技术、成本等方面的限制不能足量提供，最典型的表现为农村公共产品的供给不足问题；后者表现为同类产品供给过剩与不足并存，高质量、满足消费升级要求的产品与服务的供给有限，如消费性电子产品领域国外品牌不断抢占市场而国内品牌只能竞相降价促销，此外还有低质量食品充斥市场而符合安全标准的食品供给不足致使部分人群冒风险从埠外购入。

系统性与局部性问题、长期矛盾与短期问题、结构性因素和周期性因素、经济矛盾与社会矛盾、国内问题和国际问题相互交织、相互作用、相互叠加，使得中国的改革发展面临更加复杂的局面。

二 深化体制改革的紧迫性

中国发展之所以面临诸多挑战，既有自然、历史等方面的客观性原因，也有体制与政策方面的原因，其中，体制不合理是政策失误与失效的主要原因，为此，在当代，制约中国发展的主要因素是体制问题，适时推进更全面、更系统的制度变革关系中国未来的命运。

第一，中国经济发展中的问题已到了集中暴露期。早在"九五"期间（1996～2000 年），中国就已提出要实现经济发展方式由"粗放发展"到"集约发展"的转型。到了"十五"期间（2001～2005 年），中央又提出了"坚持把发展作为主题""把结构调整作为主线"，要求"把调整产业结构与调整所有制结构、地区结构、城乡结构结合起来，坚持在发展中推进经济结构调整，在经济结构调整中保持快速发展"。从"九五"计划开始实施算起，时间已过去了近 20 年，但经济发展方式转变、结构调整至今仍未完成，各种矛盾累积、叠加起来，收入差距长期过大，[①] 部分居民收入增长缓慢，制约社会消费需求总量的增加，影响消费结构的优化升级，阻碍经济发展方式的转变，同时加剧了地方利益竞争，地方保护、市场分割和贸易壁垒等情况仍然存在，区域间的经济摩擦和利益冲突增多，直接妨碍全国统一大市场的形成，进而降低经济的整体效率。[②] 政府与市场关系没理顺，导致地方政府过大的投资冲动，地方债务高企已成为经济增长的一大不稳定因素。而政府投资过分依赖土地财政则直接导致房地产价格高涨，不仅影响经济结构调整、技术进步与消费市场的扩大，还诱发了百姓不满情绪。保护民营企业家的资产与政治地位的制度没有得到很好执行，民营资本大量外逃，使我国经济的发展出现了物质资本与人力资本的双重损失。金融体制改革与要素价格机制不合理等，使得中国在货币发行量居世界第一的同时还遇到普遍性的"钱荒"。

第二，资源与环境的承载力已到了临界点。由于粗放型的增长方式没有改变，资源紧张的局面越来越严重，大宗农产品进口量持续提高，粮食安全形势恶化。水资源紧张的形势不仅在北方和西部地区持续出现，在传统上水资源丰富的南方与东部沿海地区也时有发生，出现"水乡无水喝"的局面。石油对国外依赖已超过60%，对中国的地缘政治产生严重影响。在环境方面，水污染、空气污染（如北方的大面积持续性雾霾）、土壤污染等已使得部分地区人居环境严重恶化，而且，污染的范围在扩大、污染的程度在加深，这些已经引起人们对发展的反思，在部分地区甚至引起当地居民对环境影响不确定性项目的抵制。

第三，社会矛盾频发使发展面临巨大的考验。收入与发展的差距过大，

---

① 改革开放以来，我国居民基尼系数从1978年的0.25大幅上升到2000年的0.46，国家统计局对基尼系数的统计结果为2003年0.479、2006年0.487、2008年0.491、2009年0.490、2012年0.474；而2012年12月9日，西南财经大学中国家庭金融调查与研究中心发布的报告显示，2010年中国家庭的基尼系数为0.61，大大高于0.44的全球平均水平。城乡差距、区域差距及不同行业的收入差距都成为扩大中国收入差距的关键因素，目前城乡收入差距大约为3倍；按照城镇工资统计，高收入行业和低收入行业有4倍以上的差距。
② 《怎么看我国发展不平衡：携手同行，共建共享》，2010年7月2日，http://politics.people.com.cn/GB/1026/12101440.html。

已导致党群之间以及群众之间形成了沟通理解障碍，滋生冷漠、不满、对立和仇视情绪，加剧社会矛盾，影响社会和谐稳定，一些地方社会仇富心理滋长、群体性事件增多等，① 发展不平衡问题甚至与民族问题、宗教问题等交织在一起，使中国面临的安全形势有恶化的趋势。发展结果的不均衡只是问题的一方面；另一方面，教育与培训资源、医疗资源和就业机会的不均衡等，使部分困难人群难以通过努力实现生活状态改变，城市经济规模与占地规模扩张的同时忽视了人的城市化，这已经成为影响经济持续增长与社会稳定的重要因素。社会矛盾频发，国际上一些势力连续唱衰中国，而且已对国内思潮导向产生了一定影响。

第四，群众对加快改革有了更高的期待。在 2013 年全国两会召开前夕，《半月谈》"社情民意调查中心"联合"半月谈网"举办了"我心中的改革期盼"大型调查，调查发现，除了对中央政府顶层设计、地方政府改革实践的重要性的认同以外，近半数被访者认同"全体公民都对改革有着责任和义务"（45.4%），八成以上（81%）被调查者认为，改革对提升民生幸福指数至关重要，这说明改革的重要性已成为全社会的共识。78.9%的人认为"改革要更加注重权利公平、机会公平、规则公平"，62.2%的人认为"改革既要勇于冲破思想观念的障碍，又要勇于突破利益固化的藩篱"。群众最关心的改革领域分别是：收入分配体制改革（87.6%）、住房保障体制完善（65.3%）、行政管理体制改革（55.9%）。调查还发现，53.3%的被访者认为当前深化改革的最大阻力是"既得利益集团阻碍改革"。

对这些问题，党中央已有深刻的认识，习近平总书记在 2013 年举行的党外人士座谈会上指出，解决我国发展面临的一系列突出矛盾和问题，实现经济社会持续健康发展，不断改善人民生活，要求全面深化改革。② 说明持

---

① 《怎么看我国发展不平衡：携手同行，共建共享》，2010 年 7 月 2 日，http：//politics. people. com. cn/GB/1026/12101440. html。

② 《习近平：改革是由问题倒逼而产生》，2013 年 11 月 14 日，http：//news. sina. com. cn/z/sbjszqh/。

续推进改革是当前的重要使命，阻碍改革、迟滞改革、怀疑改革、延后改革都是没有出路的。

三 推进改革的基础

改革是一种制度的创新过程，是对既有制度的一种反思和校正，尤其是当改革进入"深水区"和攻坚期以后，制度变迁的不确定性与成本将增加，在制度变迁的需求已经产生的条件下，制度供给条件是否具备将决定改革的成败。

首先从改革的物质条件上讲，经过30多年改革开放，中国发展建立了良好的物质基础和体制条件，企业竞争力和抗风险能力明显提高；工业化、城镇化、信息化和农业现代化快速推进，消费结构和产业结构升级蕴藏着巨大的需求潜力；东部地区创新发展能力增强，中西部地区和东北老工业基地发展潜力不断释放；经济发展的传统优势依然存在，劳动力资源丰富、素质提高。[①]

其次从改革的政治支持上讲，1978年以来，中国共产党始终坚持与时俱进，不断推进实践创新、理论创新，对中国特色社会主义在新形势下实现什么样的发展、怎样发展等重大问题的认识已提高到新的水平，改革已成为社会各界的共同呼声。

最后从知识供给上讲，一方面，经过30多年的改革，中国已成为世界上在连续推进大规模制度变迁方面经验最丰富的国家，对改革的前景、风险与组织均有较清楚的认识。另一方面，随着现代经济学知识的引入、学习与发展，政府与学术界对制度的失衡—均衡规律、发展的目的与过程、制度的关联性等有深刻认识，中国已对如何在改革、发展和稳定之间实现平衡有了顶层指导思想——中国特色社会主义理论体系。

"从1978年到2013年，中国的改革开放经历了由浅入深、由局部到全面、由量变到质变的发展过程，发生了阶段性、累积性、历史性的巨大

---

① 《政府工作报告——2012年3月5日在第十一届全国人民代表大会第五次会议上》。

变化。中国关于改革开放的经验、知识和理论，也由知之不多走向知之较多，由知之不全走向知之较全，由必然王国走向自由王国。"① 1978 年党的十一届三中全会启动了农村改革，标志着改革开放的正式发动。1984 年党的十二届三中全会开启了以城市为重点的全面经济体制改革。1993 年党的十四届三中全会设计了社会主义市场经济体制的基本框架，标志着改革开放进入了制度创新时代。2003 年党的十六届三中全会提出了在更大程度上激发经济发展活力的命题，标志着改革进入了"完善新体制"阶段。2013 年党的十八届三中全会在继承以往改革成果的基础上，在经济、政治、文化、社会、生态文明和党的建设等各个方面进行了一系列理论与制度创新，涉及 336 项重要改革，标志着中国进入"全面深化改革"阶段。制度改进将给中国带来新的发展机会，对于一个人均 GDP 水平在全球排 90 名左右、城市化率只比 50% 多一点的经济体而言，未来发展的理论空间还很大。从经济上理解，通过改革克服体制对内需增长、人的城市化、民营经济发展、国有企业活力等方面的约束，加快经济发展方式转变，实现更公平的发展，将发展的动力转到技术进步和资源优化配置上来，进一步释放经济增长的潜力，增强发展的平衡性、协调性和可持续性。

第二节 新时期体制改革的主要思路

党的十八届三中全会审议通过了《中共中央关于全面深化改革若干重大问题的决定》（本文以下简称《决定》），对中国未来的改革与发展进行了全面谋划和布局，指出改革开放是党在新的时代条件下带领全国各族人民进行的新的伟大革命，是当代中国最鲜明的特色，是决定当代中国命运的关键抉择，是党和人民事业大踏步赶上时代的重要法宝。面对新形势新任务，全

---

① 胡鞍钢：《十八届三中全会最大的亮点和最重要的创新所在》，《北京日报》2013 年 11 月 18 日。

面建成小康社会，完善和发展中国特色社会主义制度，推进国家治理体系和治理能力现代化，实现中华民族伟大复兴的中国梦，必须在新的历史起点上全面深化改革。

一　新时期改革的重点是经济体制改革

经过 30 多年的改革开放，中国社会主要矛盾的性质已经发生变化。如果说 30 年前存在普遍贫困问题的话，现在则存在着普遍公正性问题，这一公正性问题不仅包括经济机会与权利等方面的公正，还包括社会公正、政治公正，这些不公正是当前经济发展动力不足与诸多社会问题的根源，为此，新的改革必须以公正为导向，全面推进政治、经济、文化、社会、生态文明、党的建设等方面的综合改革，而不能单一实施经济子系统的改革，未来的改革，经济体制改革依然是全面深化改革的重点。

（一）解决我国发展的主要矛盾必须以经济体制改革为重点

党的十八大报告指出："我国仍处于并将长期处于社会主义初级阶段的基本国情没有变，人民日益增长的物质文化需要同落后的社会生产之间的矛盾这一社会主要矛盾没有变，我国是世界最大发展中国家的国际地位没有变。在任何情况下都要牢牢把握社会主义初级阶段这个最大国情，推进任何方面的改革发展都要牢牢立足社会主义初级阶段这个最大实际。"虽然我国经济建设已取得了举世瞩目的成就，人民生活水平也发生了翻天覆地的变化，但我国人均收入水平在世界上依然处于较低水平，收入、教育、就业、社会保障、医疗、住房、生态环境、食品药品安全、安全生产等经济与社会问题较多，这与我国科技创新能力不强、产业结构不合理等问题高度相关，说明我国经济发展正处于大而不强的阶段，社会主义的物质基础仍不牢固，为此，党的十八大报告要求："全党必须更加自觉地把推动经济社会发展作为深入贯彻落实科学发展观的第一要义，牢牢扭住经济建设这个中心，坚持聚精会神搞建设、一心一意谋发展。""坚持社会主义市场经济改革方向，以促进社会公平正义、增进人民福祉为出发点和落脚点，进一步解放思想、解放和发展社会生产力、解放和增强社会活力，坚决破除各方面体制机制弊

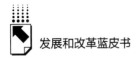

端，努力开拓中国特色社会主义事业更加广阔的前景。"①

（二）经济体制改革是解决我国面临的各种问题的关键

发展不平衡、不协调、不可持续问题，转变经济发展方式的问题，经济发展的动力不足问题是当前经济领域所面临的主要挑战，而解决这些问题的关键是进一步推动经济体制改革，"让一切劳动、知识、技术、管理、资本的活力竞相迸发，让一切创造社会财富的源泉充分涌流，让发展成果更多更公平惠及全体人民"。② 经济的发展能为其他领域的改革提供更充分的物质基础，同时，经济发展与政府政策的关联性越来越高，经济发展将使群众更加关心政治决策、政府治理，有利于实现社会主义民主政治的发展和政府决策能力的提高，也有利于加强对政府的监督以消除形式主义、官僚主义、贪污腐化等方面的痼疾。经济发展将推动群众的消费结构升级，凸显文化水平提高对个人、区域、社会发展的意义，因而将形成更大的文化需求，从而为文化体制改革与文化事业的大发展提供条件。经济发展一方面将使政府有条件为社会提供更多、更公平的公共服务，另一方面将使群众更加关心所处社会环境的和谐程度，从而有利于整个社会建设水平的提高。经济发展与生态建设在经济发展的初期可能是一对矛盾，但经济发展理论也证明，经济的进一步发展将使生态建设水平提高，环境恶化将得以控制。为此，发展尤其是经济发展仍是解决前进中各种问题的关键。

（三）我国在经济体制改革方面的经验丰富

中国经济体制改革已走过35年的历程，建立了富有生命力、竞争力和灵活性的社会主义市场经济体制，对改革的目标、方法、组织、步骤、重点、动力等有了较为成熟理论指导与实践经验。从易到难、从简单到复杂是事物发展的基本规律，也是认识问题、解决问题的基本方法，现在中国改革已进入"深水区"和攻坚期，推进全面而系统的改革必须全面吸收前期经济体制改革的经验，并继续重点推进经济改革，才能有效地降低改革的不确

---

① 《中共中央关于全面深化改革若干重大问题的决定》。
② 《中共中央关于全面深化改革若干重大问题的决定》。

定性与风险。为此，党的十八届三中全会指出："全面深化改革，必须立足于我国长期处于社会主义初级阶段这个最大实际，坚持发展仍是解决我国所有问题的关键这个重大战略判断，以经济建设为中心，发挥经济体制改革牵引作用，推动生产关系同生产力、上层建筑同经济基础相适应，推动经济社会持续健康发展。"

二　新时期改革的核心是处理好政府与市场的关系

如果说中国前35年的改革是在处理计划与市场的关系中不断破冰前行，当前改革则是进入处理好政府与市场的关系阶段。处理好政府与市场的关系是人类社会进入市场经济阶段以来，解决经济发展动力问题的关键，也是自亚当·斯密以来经济学所研究的核心命题之一。党的十八三中全会在这一问题的理论认识上取得了重大突破，提出"全面深化改革的重点和核心问题是处理好政府和市场的关系，使市场在资源配置中起决定性作用和更好发挥政府作用"。

（一）建设有效市场。为了发挥市场在资源配置中的决定作用，党的十八届三中全会做出了四个制度安排来推动资源配置依据市场规则、市场价格、市场竞争实现效益最大化和效率最优化。一是在经济主体方面实现公平进入、公平竞争、公平税负，产权同样受保护、同样不可侵犯，公有制经济与非公有制经济可以实现互相控股，减少就业与创业的体制性障碍等。二是在市场体系基础上建立公平、开放、透明的市场规则，完善市场形成价格机制，实行统一的市场准入制度，建立同等入市、同权同价的城乡统一建设用地市场，发展和完善金融、技术等要素市场。三是推进国有企业改革，大幅度减少政府对资源的直接配置，进一步破除各种形式的行政垄断。四是实行统一的市场监管，反对地方保护，反对垄断和不正当竞争，建立健全社会征信体系与优胜劣汰的市场化退出机制。

（二）建设有效政府。"科学的宏观调控，有效的政府治理，是发挥社会主义市场经济体制优势的内在要求。"党的十八届三中全会对此做出五条规定：一是明确政府的权利边界，规定其"职责和作用主要是保持宏观经济稳定，加强和优化公共服务，保障公平竞争，加强市场监管，维护市场秩序，推动可持续发展，促进共同富裕，弥补市场失灵"。二是明确政府宏观调控的主要任务和主要方法，减少对微观经济活动的干预，确立企业投资主体地位。三是完善发展成果考核评价体系，降低增长数量的考核比重，更加重视发展质量的考核。四是全面正确履行政府职能，凡市场机制能有效调节的经济活动一律归市场调节，凡属事务性管理服务的原则上通过合同、委托等方式向社会购买。五是加强对政府的预算约束。

把市场在资源配置中的作用从"基础性作用"提升到"决定性作用"和"一般规律"的高度，这是对我国改革开放30多年实践经验和理论创新的科学总结，也是对世界经济科学发展成果与各国现代化成功经验的吸收和反映。"有效市场"和"有效政府"是社会主义市场经济的"车之双轮""鸟之双翼"，它们相互补充，相互支撑。

三 统筹城乡发展是新时期改革的重要环节

统筹城乡发展是党的十六大以来我国农村经济政策的主要取向，党的十八届三中全会对此做了进一步明确，赋予农民更多财产权、要素支配权和公平交易权，在推进人的城市化与发展农业现代化方面做出更具体规定，有助于现代生产方式、生活方式向农村辐射，也必将大大促进城乡二元结构向一元结构转型，解决长期以来困扰发展的"一个中国、两个社会、两个经济"的问题。

四 建立开放型经济体系是新时期改革的必然要求

坚持对外开放，充分利用国内国外两个市场、两种资源是中国经济成功重要经验，通过对外开放倒逼改革、获得改革经验也是中国改革的重要动力。金融危机爆发以来，世界经济体系、经济结构正处于深度调整之中，这为中国在更高水平上和更广的范围内参与世界经济发展创造了机遇，为此，党的十八届三中全会提出："必须推动对内对外开放相互促进、引进来和走出去更好结合，促进国际国内要素有序自由流动、资源高效配置、市场深度融合，加快培育参与和引领国际经济合作竞争新优势，以开放促改革。"其方法是，在一般原则上统一内外资法律法规，放宽外资在服务业与一般制造业的准入限制；鼓励企业和个人到境外开展投资与国际合作并提供有利于降低风险的制度安排。在具体项目上，在沿海地区推动自由贸易区建设，在内陆地区加大沿边开放，对这些地区实施特殊的政策。

五　推进新时期改革的主要方法是上下联动

"从群众中来，到群众中去"是党的重要工作方法，尊重群众的首创精神是改革不断推进的重要法宝。就这一轮改革在具体实施方法来看，在中央，"成立全面深化改革领导小组，负责改革总体设计、统筹协调、整体推进、督促落实"；在地方，提出"直接面向基层、量大面广、由地方管理更方便有效的经济社会事项，一律下放地方和基层管理""建立现代财政制度，发挥中央和地方两个积极性"等来落实地方政府推进改革的责任。同时强调"人民是改革的主体，要坚持党的群众路线，建立社会参与机制，充分发挥人民群众积极性、主动性、创造性"。

六　新时期改革的主要特征是系统性、整体性、协同性

《决定》强调："必须更加注重改革的系统性、整体性、协同性，加快发展社会主义市场经济、民主政治、先进文化、和谐社会、生态文明，让一切劳动、知识、技术、管理、资本的活力竞相迸发，让一切创造社会财富的源泉充分涌流，让发展成果更多更公平惠及全体人民。"这是我国对改革开放规律性认识的进一步深化，表明我国改革已由局部转向整体、由个别领域的突破转向全面推进，更加注重顶层设计和关注社会各系统之间的相互影响。

全面推进五位一体的总体布局，建立更加完善的社会主义市场经济，需要更加注重改革的系统性、整体性、协同性。历史经验表明，经济、政治、文化、社会、生态文明各领域均是社会总系统一部分，它们之间关系紧密，互相依赖，要提高改革的成效，必须强调以经济体制改革为重点，更加重视对政治、文化、社会、生态文明等方面的改革。而党则是改革的总司令部和改革方案落地生根

的主力军，改进和加强党的领导才能保证改革走在正确的道路上并提高改革效率，为此也应实施党的建设制度改革，保证改革方向正确、落实有力。建成更成熟的社会主义市场经济是改革的重要目标，而理顺政府与市场、中央与地方、城市与农村、经济与社会、国内与国际等重大关系则是其中的重点，这五大关系之间也不是孤立的，而是"牵一发而动全身"的关系。习近平总书记在 2012 年 12 月 31 日中央政治局第二次集体学习时指出，"改革开放是一场深刻而全面的社会变革，每一项改革都会对其他改革产生重要影响，每一项改革又都需要其他改革协同配合。要更加注重各项改革的相互促进、良性互动，整体推进，重点突破，形成推进改革开放的强大合力"。

同时，由于国内外环境都在发生极为广泛而深刻的变化，不同利益盘根错节，新旧矛盾相互叠加，当前进行的改革比以往更全面、更深入、更艰难，要解决的大多是涉及面广、配套性强、利益关系复杂的问题，这就要求增强改革的系统性、整体性和协同性，使其能兼顾各方面的利益诉求，保证改革稳妥推进，取得最佳效果。

第三节　全面深化改革的主要措施与进展

党的十八届三中全会的召开标志着中国进入改革的"2.0 时代"，2014 年是全国落实改革措施的第一年，由此也被称为改革元年。一年多来，新一届中央领导集体率领全国人民对各个领域进行了全面而系统的改革，改革措施之多、力度之大均为世所罕见。

一　着力深化政府机构改革和转变政府职能，处理好政府与市场的关系

1. 深化机构改革，为形成完善的中国特色社会主义公共行政体制奠定基础

党的十八届二中全会审议通过了《国务院机构改革和职能转变方案》并于 2013 年 3 月 10 日正式公布，改革以"以职能转变为核心，继续简政放权、推进

机构改革、完善制度机制、提高行政效能，加快完善社会主义市场经济体制，为全面建成小康社会提供制度保障"为指导思想，重点是实行铁路政企分开，同时推进卫生和计划生育、食品药品、新闻出版和广播电影电视、海洋、能源管理机构改革，整合交叉、重叠职能，加强执行、管理与服务能力。改革的直接结果是国务院正部级机构减少4个，其中直属机构减少了2个，副部级机构增减相抵数量不变，政府在转变职能、理顺职责关系和稳步推进大部门制改革方面得以稳步推进，进一步实现了政企、政事、政社分开，减少了政府干预空间，有利于释放发展活力，改进公共服务的供给，提高行政效能。

2. 转变政府职能，形成合理的政府与市场、政府与社会之间的关系

机构改革是面，政府职能转变才是质。这一轮转变政府职能的着力点是处理好政府与市场、政府与社会、中央与地方的关系，深化行政审批制度改革，减少微观事务管理，发挥市场在资源配置中的决定性作用，在更大程度上动员社会力量参与社会事务管理，调动中央和地方两个积极性，形成权界清晰、分工合理、权责一致、运转高效、法治保障的政府职能体系。根据《国务院机构改革和职能转变方案》，这一轮转变国务院机构职能主要从投资审批事项等10个方面集中发力。2013～2014年，国务院分批取消和下放了662项行政审批等事项，各地政府积极跟进，推进政府职能转变和机构改革，大幅减少行政审批事项；修订政府核准的投资项目目录，大幅缩减核准范围；着力改革商事制度，推动工商登记制度改革。2014年取消评比达标表彰项目29项、职业资格许可和认定事项149项，再次修订投资项目核准目录。简政放权等改革，极大地激发了市场活力、发展动力和社会创造力，2013年，全国新注册企业数量增长27.6%，民间投资比重上升到63%；2014年，新登记注册市场主体达到1293万户，其中新登记注册企业数量增长45.9%，形成新的创业热潮。

二 深化财税体制改革，建立与国家治理体系和治理能力现代化相适应的现代财税制度

"财政是国家治理的基础和重要支柱，财税体制在治国安邦中始终发挥

着基础性、制度性、保障性作用。财政制度安排体现并承载着政府与市场、政府与社会、中央与地方等方面的基本关系。"① 2014 年 6 月 30 日,中共中央政治局审议通过的《深化财税体制改革总体方案》提出:"深化财税体制改革的目标是建立统一完整、法治规范、公开透明、运行高效,有利于优化资源配置、维护市场统一、促进社会公平、实现国家长治久安的可持续的现代财政制度。"重点推进预算管理制度、税收制度、中央和地方政府间财政关系等 3 个方面的改革,提出:"新一轮财税体制改革 2016 年基本完成重点工作和任务,2020 年基本建立现代财政制度。"

这一轮财政体制改革,既是对 1994 年以来改革的继承与重构,也是对 2012 年以来"营改增"改革的扩展与深化。2013 年 8 月 1 日"营改增"改革扩展至全国后,行业也扩充到广播影视作品的制作、播映、发行等服务,新增试点企业 74 万户,2013 年全国新老试点企业合计将减轻负担 1200 亿元。"营改增"改革一方面调动了企业积极性,推进了现代服务业的发展;另一方面,服务业的发展也对制造业发展产生了拉动作用,促进了国民经济整体发展环境的改善。

三 推进投融资体制改革,鼓励民间资本进入铁路工程建设、金融、能源等领域

经过 30 多年的发展,我国民间资本增长很快,总规模不断壮大。一方面,民间资本壮大成为中国经济发展最活跃的力量,推动中国经济快速发展;另一方面,民间资本的逐利性又导致其无序流动和社会风险积累,放大了经济波动,也影响了社会稳定。民间资本对国民经济的不利影响在很大程度上是其投资渠道狭窄造成的,为此国务院先后两次颁布了鼓励和引导民间投资健康发展的指导意见,俗称"新旧 36 条",但行业壁垒和身份歧视短期仍难以得到改变,"玻璃门""玻璃屋顶"的桎梏依然存在,为此,2013年以来,新一届政府在铁路工程建设、金融、能源等领域加大了对民间资本

---

① 楼继伟:《深化财税体制改革,建立现代财政制度》,《求是》2014 年第 10 期。

开放的力度。2013 年 8 月 19 日，国务院发布《国务院关于改革铁路投融资体制加快推进铁路建设的意见》，鼓励社会资本投资铁路。2013 年 7 月 15 日，《国务院办公厅关于金融支持经济结构调整和转型升级的指导意见》提出"尝试由民间资本发起设立自担风险的民营银行、金融租赁公司和消费金融公司等金融机构"。2014 年第三季度，银监会先后批准筹建前海微众银行、天津金城银行、温州民商银行、浙江网商银行和上海华瑞银行等五家民营银行，标志民间资本进入银行业迈出了实质性一步。2012 年 6 月 20 日，《国家能源局关于鼓励和引导民间资本进一步扩大能源领域投资的实施意见》指出，将进一步拓宽民间资本投资范围，鼓励民间资本参与能源资源勘探开发，鼓励支持民间资本进入能源生产和利用产业。

四 深化金融体制改革，构建更加开放、更加规范的金融体系

金融是现代经济的核心，金融市场是现代市场体系的枢纽，[1] 资金的流向与流量决定着物资、技术、劳动力等生产要素的流向与流量，由此金融体系的完善程度决定着资源配置的优化程度。党的十八届三中全会明确了深化金融体制改革的方向、重点和具体措施，除金融领域向民间资本开放，加快发展民营金融机构外，还着重在以下几方面推进金融改革创新，提高金融服务实体经济的质量和水平，努力化解各种金融风险。

（1）利率市场化改革破冰起步。2013 年 7 月 19 日，中国人民银行宣布自当年 7 月 20 日起全面放开金融机构贷款利率管制，由金融机构根据商业原则自主确定贷款利率水平、贴现利率水平。在确保风险可控的前提下，加快推进利率市场化改革，使金融机构的自主定价空间进一步扩大，市场机制在利率形成中的作用显著增强，有利于培育形成较为完善的市场利率体系。

（2）完善人民币汇率市场化形成机制。2014 年 3 月 17 日，中国人民银行宣布外汇市场人民币兑美元交易价浮动幅度由 1% 扩大至 2%，使人民币

---

① 郑新立：《金融体制改革方案即将公布出台》，2014 年 8 月 20 日，http：//money.163.com/14/0820/11/A43CGIFE00252G50.html。

汇率由"区间+爬行"模式向"区间+管理浮动"模式过渡，汇率成为市场与央行共同作用的结果。当年12月9日，外汇管理局宣布放宽银行间外汇市场准入政策，取消事前资格许可，允许合格的货币经纪公司在银行间外汇市场开展相关业务，使更多机构获准进入银行间市场。这为建立以市场供求为基础的有管理的浮动汇率制度奠定了基础，有利于促进金融市场开放和资本项目可兑换，推进人民币国际化。

（3）其他金融方面的改革还有：允许居民直接投资境外项目和资产；建立存款保险制度（存款保险实行限额偿付，最高偿付限额为人民币50万元），完善金融机构市场化退出机制；按照"鼓励创新、防范风险、趋利避害、健康发展"的总体要求，促进互联网金融业务健康发展；健全多层次债券市场体系，支持建立可持续、市场化的城镇化发展融资机制；进一步扩大信贷资产证券化试点，支持"小微企业"和"三农"等薄弱环节的融资需求；发布《关于改革完善并严格实施上市公司退市制度的若干意见》，建立市场化、法治化和常态化的退市机制等。

五 深化重点领域的价格改革，完善主要由市场决定价格的机制

价格机制是市场经济的基本机制，是竞争机制发挥作用的基础。党的十八届三中全会已明确政府价格改革方向是完善主要由市场决定价格的机制。凡是市场自身能根据供需关系形成价格的，都应交给市场，政府不进行不当干预。为此，大幅缩小政府定价对于重要公用事业、公益性服务、网络型自然垄断等环节的影响，放开竞争性环节价格，推进资源性产品和交通、药品、医疗服务等重点领域的价格改革，减少具体定价种类和项目。

在资源性产品价格改革方面的主要做法是：取消电煤价格双轨制，继续实施煤电价格联动机制；完善成品油价格机制，缩短调价周期，取消调价幅度限制；建立天然气与可替代能源价格挂钩的动态调整机制；出台可再生能源加价和环保电价，推进节能减排；简化销售电价分类，将现行居民生活、非居民照明、商业、非工业、普通工业、大工业、农业生产用电价格等八大类销售电价，逐步归并为居民生活、农业生产、工商业及其他用电价格3个

用电类别；明确水资源费征收标准制定原则，规范水资源费标准分类，加强水资源费征收使用管理；在保障人民群众基本生活需求的前提下，建立健全居民生活用电、用水、用气等阶梯价格制度等。

在交通运输领域价格改革方面。对民航、铁路客货运等总体上暂不具备完全放开价格条件的竞争性环节，建立与可替代性产品（如公路运输）的市场价格相挂钩的联动机制，作为过渡办法制定反映市场供求、竞争情况的标杆价格，理顺铁路与公路等的比价关系，同时将铁路货物运价由政府定价改为政府指导价和上限控制，促进铁路运输企业积极参与市场竞争。

在药品及医疗服务价格改革方面。结合完善全民医保体系和公立医院改革的需要，建设反映医药和医疗资源稀缺性、体现药品和医疗服务真实价值的市场价格形成机制；建立以管理医保支付价为核心的市场价格形成机制，建立基于专家审议和利益相关方协商的药品价格决策机制；加快调整医疗服务价格，积极推进医疗服务定价方式改革，不断完善医疗服务管理体制。

六　以开放促改革，构建更高水平的改革开放体系

通过开放进行制度改革试验和引入必需的资源、知识，倒逼和推进国内改革，是中国经济建设的一大成功经验。在改革进入"深水区"时，既需要加大力度从内部推动，也迫切需要抓住当前全球贸易体系重塑和国际经济治理完善的机遇，以更大的勇气和智慧实现在更宽领域、更高水平的开放，利用开放的倒逼与锁定机制推进改革。

（1）发挥自贸区的创新试点作用。2013 年 9 月 29 日，中国（上海）自由贸易试验区挂牌成立，率先试行了负面清单的外资管理模式；2014年 6 月党中央决定启动中国洋港经济自由贸易区项目，该区不仅突破固有属地限制，而且由市场第三方经济体参与投资建设和提供各类专业服务（投资咨询、登记、财务、法律、税务和境内外合作等）；2014 年 12 月 28 日，全国人民代表大会常务委员会授权政府在中国（广东）自由贸易试验区、中国（天津）自由贸易试验区、中国（福建）自由贸易试验区以及中国（上海）自由贸易试验区扩展区域暂时调整有关法律规定。目标

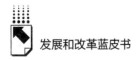

是建设投资贸易便利、货币兑换自由、监管高效便捷、法制环境规范的具有国际水准的自由贸易试验区，提高自贸区政策与经验的复制性和推广性。试点以来，自贸区在投资、金融、税收等方面已进行了一系列改革创新，其部分成功经验（如2014年3月1日工商登记制度改革）已开始推广到全国。

（2）推进"一带一路"建设。国家主席习近平在2013年9月和10月分别提出建设"丝绸之路经济带"和"21世纪海上丝绸之路"的战略构想，2014年中央经济工作会议也将"一带一路"提升至国家战略的高度。2014年10月24日，包括中国、印度、新加坡等在内的21个首批意向创始成员国的财长和授权代表在北京签约，共同决定成立亚洲基础设施投资银行。11月8日，国家主席习近平宣布，中国将出资400亿美元成立丝路基金。2015年4月，国家发改委、外交部和商务部联合发布了《推动共建丝绸之路经济带和21世纪海上丝绸之路的愿景与行动》，宣告"一带一路"进入全面推进阶段，提出以互联互通为抓手，以金融合作为前导，激发大市场活力，共享发展新成果。"一带一路"沿线国家人口总数与经济总量分别占全球的63%与29%，主要是新兴经济体与发展中国家，是世界经济发展中的"洼地"，未来潜力巨大，沿线国家以政府合作、产业合作、能源合作、投资合作、基础设施合作、金融合作、人才合作、科技合作、旅游合作、文化合作、民间组织合作等推进经济建设、文化繁荣、环境保护、社会发展。"一带一路"建设将改变我国目前主要向东开放的格局，在提升向东开放水平的同时加快向西开放的步伐，进而形成海陆统筹、东西互济、面向全球的开放新格局。①

（3）创新利用外资管理体制，扩大外商投资准入。改变逐案审批和产业指导目录的外资管理模式，以准入前国民待遇和负面清单为基础，推进外商投资管理体制改革。将以制造业为主的外资利用扩大到服务业，推进金融、教育、文化、医疗、商贸、物流等服务业领域有序开放，鼓励跨国

---

① 根据好搜词条"一带一路"整理，http：//baike.haosou.com/doc/7487210 - 7757266.html。

公司在华设立地区总部、研发中心、采购中心、财务管理中心等功能性机构，①鼓励外资投向科技中介、创新孵化器、生产力中心、技术交易市场等公共科技服务平台，用外资方式大力引进技术研发人才和经营管理人才。

七 2013年以来的其他重要改革

根据《国务院批转发展改革委关于 2014 年深化经济体制改革重点任务意见的通知》、《中央全面深化改革领导小组 2014 年工作要点》以及 2013 年与 2014 年政府工作报告的有关部署，中国还主要进行了以下几方面改革。

（1）深化国有企业改革，完善国有资产监管体制。明确国有企业、国有资本在国民经济中承担的使命和作用，根据国有企业所处不同行业或领域、不同业务属性、不同目标责任、不同市场地位进行科学分类，针对不同类型企业实施分类考核，确定不同的考核指标和考核标准，完善激励约束机制，不断增强国有经济的活力、控制力和影响力。推进国有企业布局结构的战略性调整，推动国有资本更多投向关系国家安全、国民经济命脉的重要行业和关键领域，重点提供公共服务、发展重要前瞻性战略性产业、保护生态环境、支持科技进步、保障国家安全。引导企业规范开展海外并购，在全球配置资源；加快推进国有企业特别是母公司层面的公司制、股份制改革，除少数涉及国家安全的企业和投资运营公司外，其他国有企业应当积极引入各类投资者，实现投资主体多元化，提高核心竞争力，逐步培育世界水平的跨国公司，引导国有资本从缺乏竞争优势的领域逐步平稳退出。以管资本为主加强国有资产监管，选择一批符合条件的国有企业，开展国有资本投资运营公司的改组和组建试点，在技术创新、管理创新、商业模式创新等方面发挥带动作用，提升企业运营效率，增强国有资本保值增值能力。

（2）深化教育领域综合改革及医药卫生改革。按照"保基本、兜底线、

---

① 商务部：《以开放促改革（今年改革重点任务解读④）》，《人民日报》2014 年 5 月 27 日。

促公平"的要求，以提高质量、促进公平、增强活力为目标，以资源配置方式、人才培养模式和管理体制改革为重点，扎扎实实推进各项教育改革，着力完善有利于教育科学发展的体制机制。扩大城乡居民大病保险覆盖范围至所有省份，基本建立疾病应急救助制度，实现全民医保覆盖面超过95%，深化基层医疗卫生机构综合改革，逐步完善县乡村服务网络，实现公立医院改革试点县市达到1300个。

（3）创新发展社会救助制度。社会救助制度是保障中国市场经济改革的最为重要的基础性制度。2014年国务院颁布实施了《社会救助暂行办法》，提出加强社会救助统筹，将原有分散的各个方面的救助制度整合起来，统一构建社会救助制度体系。强化救助制度的城乡统筹，提高制度的效能，加强政府救助和慈善救助的衔接配合。建立临时救助制度，国家对因火灾、交通事故等意外事件、家庭成员突发重大疾病等原因而基本生活暂时出现严重困难的家庭，或者因生活必需支出突然增加超出家庭承受能力而基本生活暂时出现严重困难的最低生活保障家庭，以及遭遇其他特殊困难的家庭，给予临时救助；国家为生活无着的流浪、乞讨人员提供临时食宿、急病救治、协助返回等救助。

（4）加快生态文明制度体系建设，建设美丽中国。优化国土空间开发格局，根据不同主体定位要求建立健全人口、资源、环境、土地、产业、财政、投资等配套政策和各有侧重的绩效考核评价体系。深入实施大气污染防治行动计划，健全政府、企业、公众共同参与的治污新机制，严格环境执法监督，加快大气环境监测预警体系建设。推动工业、建筑、交通运输、公共机构等重点领域和重点单位节能减排，建立全国节能量和碳排放总量控制分解落实机制，推进建立全国碳排放权交易市场；建立完善污染防治监管体制；完善污染物排放许可制，实行企事业单位污染物排放总量控制制度；推进排污权交易制度，推行环境污染第三方治理。探索编制自然资源资产负债表，推进对领导干部实行自然资源资产离任审计。

（5）有序推进公租房、廉租房并轨和机关事业单位养老保险体系建设。从2014年起，各地公租房和廉租住房并轨运行，并轨后统称为公共租赁住房。2014 年 12 月 23 日，《国务院关于统筹推进城乡社会保障体系建设工作情况的报告》指出，机关事业单位养老保险制度改革将与工资制度改革同步推进。2015 年 1 月 14 日，《国务院关于机关事业单位工作人员养老保险制度改革的决定》发布，标志着养老金"双轨制"正式终结，3700 万名机关事业单位工作人员与企业员工一样，纳入统一的养老保险制度体系。

八　改革元年的主要成效①

新一轮的深化改革自 2013 年起步，但改革总体方案的设计是在 2013 年底完成的，由此，2014 年被称为改革元年。2014 年中央全面深化改革领导小组共召开 8 次会议，到年底，所确定的 80 个重点改革任务基本完成，此外，中央有关部门还完成了 108 个改革任务，共出台 370 条改革举措，改革推进力度空前，效果也非常显著。一是经济体制改革成效显著，为新常态下经济发展提供了活力和动力。通过财税体制、价格体制、农村土地制度、金融体制、自贸区试验等一系列改革，使中国经济在新常态下继续保持平稳增长，运行处于合理区间，同时结构优化取得较明显成效，新的增长动力初步形成，展现出良好的韧性、充足的潜力和较大的回旋空间，应对风险的能力显著增强。二是政治体制改革不断深化，制度化、法治化建设迈出新步伐。2014 年 10 月，党的十八届四中全会通过《中共中央关于全面推进依法治国若干重大问题的决定》，全面部署了依法改革、依法治国的总方略，习近平总书记在中央全面深化改革领导小组第六次会议上指出，要把党的十八届四中全会提出的 190 项对依法治国具有重要意义的改革举措，纳入改革任务总台账，一体部署、一体落实、一体督办。司法制度的改革得到大幅度推进。三是文化体制改革开拓前行，推动社会主义文化大发展、大繁荣。中央通过《深化文化体制改革实施方案》，以创新体制机制为重点，增强发展活力；中央政府和有关部门还制定了 38 个政策性文件，为文化改革发展提供了有力支撑。四

---

① 本部分内容主要参考《以习近平同志为总书记的党中央深改元年工作述评》，2015 年 1 月 28 日，http://news.xinhuanet.com/zgjx/2015 - 01/28/c_ 133951994_ 2. htm。

是社会事业领域改革从保障和改善民生入手，推动改革成果更广泛、更直接惠及人民群众。重点推进社会救助制度、基本养老等社会保障制度、户籍制度、教育体制等方面改革，努力实现老有所养、病有所医、住有所居、学有所教、劳有所得。五是生态文明体制改革加快顶层设计，着力构建生态环境保护长效机制。党的十八届三中全会提出"用制度保护生态环境"，确立了生态文明制度体系，按照"源头严防、过程严管、后果严惩"的思路，为生态文明体制改革指明了方向、确定了任务。一年来，重点进行了排污权有偿使用和交易试点、水权交易试点、国家公园体制试点等改革，制定了《2014~2015年节能减排低碳发展行动方案》《大气污染防治行动计划实施情况考核办法（试行）》等规范，着力构建环境治理和生态环境保护长效机制。六是推进党的建设制度改革和党的纪律检查体制改革，铸就伟大事业的坚强领导核心。

第四节　当前改革推进中存在的主要困难和问题

党的十八届三中全会启动全面深化改革以来，改革的广度和深度均不断拓展，在世界经济危机和中国经济"三期叠加"的背景下，实现了经济平稳发展、民生持续改善、参与经济全球化和区域经济一体化进程显著加快、依法治国不断推进、社会治理进一步科学化、反对腐败取得重大胜利等成效，得到了国内外的一致好评："中国全面深化改革为世界各国做出了榜样，提供了经验。"[①] 虽然全面深化改革已取得了显著成效，但从改革推进的实践来看，改革越是向纵深挺进、范围越是拓展，所面临的困难和问题就越多。

一　当前的内外部环境对推进改革有不利之处

环境是机制设计的前提，以往的社会经济发展所形成的现实构成了对现行制度变迁的约束，影响着改革的成本和绩效，因此制度经济学认为历史非

---

① 《中国全面深化改革开局之年给世界带来惊喜》，2015年1月4日，http://finance.people.com.cn/n/2015/0104/c1004-26316148.html。

常重要。

1. 国内形势对改革成本的影响

与此前30多年的改革相同，全面深化改革呼应广大人民的需要而进行，有广泛的群众基础，符合制度的诱致性变迁与强制性变迁相结合的特征，上下合力本应有利于更快更经济地推进改革，但也存在与以往改革不同的约束，造成改革成本提高。

一是改革动力趋弱。虽然深化改革已成为一种社会共识，但对改革的具体方向和迫切性的认识有较大的不同，30多年前中国经济整体落后，在农村中仍有近3亿人不得温饱，中国的经济已到崩溃边缘，整个社会有极强的创富冲动，动力十足。而当前中国已成为位居世界第二的经济大国，温饱已解决并向小康水平迈进，公平已成社会最关心的问题，为此，多数人认为改革的主要目标不是创富而是分利，而分利不可避免会有利益冲突，从而使改革的动力被部分冲抵。

二是改革的组织成本提高。改革开放初期，国内的意识形态高度统一，社会信息来源渠道较为单一，新中国成立以来建立的大一统的触及社会各个角落的政治与社会管理体制，使中央政府的命令能及时得到贯彻，改革的组织成本相对较低。以往以地方竞争为重要特征的经济增长模式，使地方政府、各部门、各社会阶层已形成诸多利益共同体，他们的利益诉求与中央的利益不一定一致；此外，当前的信息时代，整个社会的意识形态和价值取向已出现了较大分化，形成"劲往一处使"的改革意识有较大困难，造成改革的组织成本提高。

三是改革的知识储备不足。前30多年的改革是从农村开始，农户对农、地结合的经营方式有深刻的历史记忆，城市经济改革也有初级市场经济理论和国际上诸多知识可供借鉴。而现有的改革虽有前30多年的经验，但由于中国经济在一定程度上走到了制度前沿，可供借鉴的知识较少，改革的风险加大，这也是深水区的重要含义。

2. 国际形势对改革的不利影响

中国全面深化改革的实施恰逢世界深陷经济危机之时，全球经济已看到复

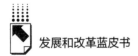

苏的曙光，但复苏的基础仍不明朗、不稳固，世界主要发达国家在经济危机中经济政策趋于保守，多采取以邻为壑的宏观经济政策和对外经济政策，增添了复苏的复杂性与不确定性，对我国改革的顺利推进造成不利影响。

一是知识和资本输入速度减慢。第一，经过近40年的快速发展，中国以空间换时间、以资源换技术的发展方式越走越困难，原因在于中国与发达国家在技术进步方面已出现了临界最小差距问题，此时引入知识、技术的成本已不再是免费或低价的，越接近知识、技术前沿，技术引进与模仿的成本越高；第二，由于长期以来以模仿为主的技术进步路径具有锁定性，国内自主创新体系仍在形成之中，而国际资本与技术流动的经验表明，资本和技术进入一国或一地区的速度与先进程度与一国或一地区技术进步速度和竞争能力高度相关，在我国通用技术未能对西方主要国家构成冲击之前，技术进入速度必然减缓；第三，全球性跨时代的大规模技术创新还未出现或还不明晰，技术前沿、接近前沿的国家或地区间的技术交流必将减缓；第四，在意识形态方面，西方国家在关键技术上对中国进行封锁；第五，经济危机爆发后，世界主要国家均认识到虚拟经济过度发展的危害，纷纷提出重建实体经济的口号，从而使资本输出减少。由此可见，中国要想像前30多年前一样，利用经济全球化大推进和美国网络技术大发展的机会，获取大量的资本和知识，进而快速地融入国际分工和贸易体系①来获得超常规高速增长已不再可能。

二是增长的条件变化。前30多年中国经济总量小，在贸易上是小国，其出口对国际市场影响小，同时在新技术革命的带动下，中国的产品与技术创新周期恰好对西方国家形成替代与互补，经济增长的需求约束小，从而使经济保持了长周期的强劲增长。但随着中国出口规模的不断扩大，出口量对国际市场的冲击也越来越大，近年来针对中国的贸易摩擦由此也持续增加；金融危机爆发后，西方发达国家"杠杆化"的金融政策、硬约束的财政政

---

① 《为什么深化改革如此困难?》，《南京日报》2011年1月5日，转引自网易新闻，http：//news. 163. com/11/0105/09/6PKHCFDR00014AED. html。

策与以邻为壑的贸易保护政策，使消费规模缩减或转向国内产品，进口大量减少，新兴经济体也因此减慢了发展步伐并转向结构调整，进而使中国不得不改变出口导向的增长模式。

三是摩擦多于支持。改革开放之初，西方主要发达国家对将中国纳入市场经济体系抱有很大的热情，从而支持中国发展。但美国等西方国家发现，中国经济增长的结果并未如所设想的那样纳入其价值体系，中国在某种程度上成为其竞争者，于是，对中国进行压制与批评成为其重要政策选择。

从这些方面来说，这次改革的外部环境远没有前期宽松和优越，对改革的顺利推进也造成了困扰。

二 改革目标多重性带来的困扰

前30多年的改革主要限于经济领域，其任务是通过从计划经济向市场经济体制的转变实现经济的快速增长，来化解各种社会矛盾并巩固社会主义国家的经济与物质基础，而经济的爆发式增长确实也在某种程度上起到"一俊遮百丑"的结果，许多重要的问题被有意无意地忽略了，如收入分配的均衡问题、基本公共服务供给的均等化问题、环境与可持续发展问题、城乡发展的分化问题、国有资产与企业的效率问题等，多个领域改革的滞后与不彻底已对经济的可持续发展和社会的公平正义构成制约，为获取经济、社会和政治进一步发展的动力和激励，我国的改革领域必须拓展，要求全面推进经济体制、社会管理体制、行政体制等改革，改革所涉及的议题已不限于价格、土地、国有企业以及宏观管理体制等，而是涵盖了政府治理转型、财税体制改革、垄断企业改革、收入分配调整以及教育、医疗卫生、社会保障、环境保护、户籍制度等方面的改革。改革议题的广泛性与改革目标的多重性，造成改革在资源占用方面存在冲突，而且不同目标之间有时也是冲突的，这对深化改革造成很大的困扰。

三 利益分化与既得利益集团对改革的阻碍

与前30多年普惠式改革或帕累托改进式改革（部分直接利益受损者

也通过价格双轨制等方式得到补偿，而且当时并未形成明显的利益集团），这一轮的全面深化改革主要是一种希克斯－卡尔多改进式的改革，有人可能从中受益，而有人可能会受损，不同的改革方案、不同的改革路径、不同的改革次序会使改革的结果不同，其利益损益群体也不同。于是，不同利益共同体通过各种声音和权力对政府施以影响，各个群体之间争论不断，或试图阻挠改革，或力图影响改革方案，从而对改革的速度、深度与范围产生影响。其中，在过去30多年改革中相对来说获益较多的部分人、部分地区所组成的各种既得利益集团是现行政策的主要保护者和改革的主要障碍，因为其现有利益的合法性和未来利益的进一步增加与现行制度紧密相关，他们极力维护现行制度，反对改革，是改革难以推向深入的主要阻力。

四　已有的体制与增长模式的阻碍

改革不仅是一场革命，而且是一场自我革命，对于改革的再改革来说，革命的性质就更明显了。

制度一旦形成，就有了从中获益的依附群体，各种制度之间相互关联导致制度灵活度不足，由此构成制度的自执行性质，而且由于转换成本、学习成本等方面的原因，制度的变迁并非是无成本的。改革开放注重效率的制度设计取向，使现有的制度存在过度偏袒精英阶层、过度追求经济利益、执政（法）者自由裁量权过大、守法成本和执法成本过高、权力监督缺位、违法成本过低等问题，而精英阶层和执法者是前期改革的主要推动者，掌握着国家主要资源，过去、现在和将来都是并将一直是推动经济建设和社会进步的中坚力量，他们的态度对改革的成败极其重要，如何促使这些人真正把思想统一到改革上来，进行真改革，对制度顶层设计者是一大考验。

以往的增长模式在动力方面注重投资和出口，在技术进步方面注重模仿，在增长成本方面注重直接成本而忽视资源环境成本，在增长成果分配方面注重效率而忽视公平；现有制度设计直接服务于增长模式，增长模式具有路径依赖特征，转变增长模式从国内外经验来看都是一个痛苦而漫长的过程，这使改革可能要经受一定时间的阵痛。

如何处理改革政策与现行体制的关系是深化改革首先要解决的关键问题。

五　群众对改革过高期待的挑战

过去 30 多年经济的快速增长与人民生活的较大改善，以及对建设更加公平、更加可持续发展的社会的希望，使社会对改革迅速取得较大成果充满了期待，若不能在短时间内让改革产生较明显的作用，社会就会对改革失去热情。而实际上，改革与轰轰烈烈的社会革命是有根本区别的，改革一旦涉及利益冲突、涉及根本性制度设计，就需要较长的时间，希望在短时间内见效的想法在某种程度上是违背改革规律的。再加上受国际金融危机和国内经济"三期叠加"的影响，经济下行的压力极大，经济增长和民生改革均受影响。也就是说，改革的目标是实现更好的发展和更优越的民生，但由于客观经济环境不利，改革问题变得复杂化。

六　干部积极性问题

1938 年 10 月，毛泽东在党的六届六中全会上说："政治路线确定之后，干部就是决定的因素。"干部队伍的状态和工作热情事关改革目标的顺利实现。但现有的一些倾向性问题的存在，使干部在某种程度上成为问题的一部分，也使改革面临更为复杂的局面。

一是面对全面从严治党、群众路线教育和反腐败的新规矩、严要求，部分干部出现不适应症，产生了观望情绪，尤其是在一些表面上成绩较多的官员被查处之后，部分干部存在多做不如少做、做好不如做对的心态，这种情绪的漫延是改革的大敌。

二是在经济新常态下，面对发展的新要求，原有只注重经济增长的方式不灵了，而且"权力被关进了笼子"，部分干部有本领恐慌、适应困难之感，抓发展、破难题的能力不足，对于难度大、复杂性强，需要勇气、担当

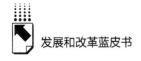

和智慧的改革就更力不从心了。

三是在推动改革、落实改革上存在畏难情绪，有等一等、看一看的思想。习近平总书记在中央全面深化改革领导小组第一次会议上指出："有的地方、单位、干部对三中全会精神理解不深、把握不准，对全面深化改革的艰巨性、复杂性、关联性、系统性估计不足；有的对全面深化改革的重要性和紧迫性认识不足，抓改革作风不扎实、工作不到位。"这一次的改革不同程度地触及现有干部队伍的利益，使他们也成为改革的对象，使其不愿意主动进行改革。

深化改革的方法是上下联动，但顶层设计是自上而下的，干部决定着改革方案设计的科学性及执行的规范性。

目前改革环境的复杂性、任务的艰巨性、利益集团的阻挠、群众的期待、干部队伍的素质、旧制度的影响等，使得改革面临诸多不确定性，风险也很大，不确定性的增加和风险的加大又使得改革充满变数，会使改革方案的设计更加谨慎，方案出台也更困难。

第五节　推进重要领域、关键环节的改革方案落地生根

党的十八届三中全会对中国未来改革做出了比较全面的部署，回应了全国上下对改革的关切，为我国全面建成小康社会、完善社会主义市场经济体制、推进社会治理现代化提供了理论与制度支持，中央成立了全面深化改革领导小组，负责改革的总体设计、统筹协调、整体推进、督促落实，主要职责是研究确定经济体制、政治体制、文化体制、社会体制、生态文明体制和党的建设制度等方面改革的重大原则、方针政策、总体方案；统一部署全国性重大改革；统筹协调处理全局性、长远性、跨地区跨部门的重大改革问题；指导、推动、督促有关重大改革政策措施的组织落实。[①] 地方的省、

---

① 《中国共产党第十八届中央委员会第三次全体会议公报》。

市、县三级政府也成立了相应的深化改革领导小组落实党中央的改革精神并设计地方性实施方案。

2014 年 8 月 18 日举行的中央全面深化改革小组（本文以下简称中央深改组）第四次会议审议通过了《党的十八届三中全会重要改革举措实施规划（2014~2020 年)》，提出"到 2020 年，在重要领域和关键环节改革上取得决定性成果，完成本决定提出的改革任务，形成系统完备、科学规范、运行有效的制度体系，使各方面制度更加成熟更加定型"。对未来 7 年的改革实施工作做出整体安排，突出了每项改革举措的改革路径、成果形式、时间进度，是指导今后一个时期改革的总施工图和总台账。

2015 年是全面深化改革的关键之年，是落实 7 年规划的第一年。紧紧围绕"四个全面"的战略布局，气可鼓不可泄，要强化责任意识、问题意识、攻坚意识，加强组织领导；要重点提出一些起标志性、关联性作用的改革举措；要把需要攻坚克难的"硬骨头"找出来，把需要闯的难关、需要蹚的险滩标出来；要加强对跨区域、跨部门重大改革事项的协调，一鼓作气攻克难点；要把提高改革质量放到重要位置，坚持速度服从质量；要就已出台的改革抓紧出台细化实施方案，坚决消除"中梗阻""肠梗阻"。① 根据这些要求，中央深改组截至 2015 年 8 月 18 日已召开了 8 次会议，2015 年会议主要内容见表 1。

表 1　2015 年中央深改组会议的主要内容

会议次序	时间	主要内容
第九次	2015 年 1 月 30 日	会议审议通过了《关于贯彻落实党的十八届四中全会决定进一步深化司法体制和社会体制改革的实施方案》《省(自治区、直辖市)纪委书记、副书记提名考察办法(试行)》《中央纪委派驻纪检组组长、副组长提名考察办法(试行)》《中管企业纪委书记、副书记提名考察办法(试行)》

① 《习近平主持召开中央全面深化改革领导小组第八次会议》，2014 年 12 月 30 日，http：// news. xinhuanet. com/2014 - 12/30/c_ 1113832774. htm。

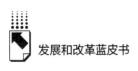

会议次序	时间	主要内容
第十次	2015年2月27日	会议审议通过了《中国足球改革总体方案》《关于领导干部干预司法活动、插手具体案件处理的记录、通报和责任追究规定》《深化人民监督员制度改革方案》《上海市开展进一步规范领导干部配偶、子女及其配偶经商办企业管理工作的意见》
第十一次	2015年4月1日	会议审议通过了《乡村教师支持计划(2015～2020年)》《关于城市公立医院综合改革试点的指导意见》《人民陪审员制度改革试点方案》《关于人民法院推行立案登记制改革的意见》《党的十八届四中全会重要举措实施规划(2015～2020年)》
第十二次	2015年5月5日	会议审议通过了《关于在部分区域系统推进全面创新改革试验的总体方案》《检察机关提起公益诉讼改革试点方案》《关于完善法律援助制度的意见》《深化科技体制改革实施方案》《中国科协所属学会有序承接政府转移职能扩大试点工作实施方案》
第十三次	2015年6月5日	会议审议通过了《关于在深化国有企业改革中坚持党的领导加强党的建设的若干意见》《关于加强和改进企业国有资产监督防止国有资产流失的意见》《关于完善国家统一法律职业资格制度的意见》等
第十四次	2015年7月1日	会议审议通过了《环境保护督察方案(试行)》《生态环境监测网络建设方案》《关于开展领导干部自然资源资产离任审计的试点方案》《党政领导干部生态环境损害责任追究办法(试行)》《关于推动国有文化企业把社会效益放在首位、实现社会效益和经济效益相统一的指导意见》
第十五次	2015年8月18日	会议审议通过了《关于改进审计查出突出问题整改情况向全国人大常委会报告机制的意见》《关于完善人民法院司法责任制的若干意见》《关于完善人民检察院司法责任制的若干意见》《统筹推进世界一流大学和一流学科建设总体方案》《全面改善贫困地区义务教育薄弱学校基本办学条件工作专项督导办法》《关于建立居民身份证异地受理挂失申报和丢失招领制度的意见》

从2015年中央深改组的会议议程来看，改革内容主要涉及司法、环境保护、经济建设、教育、科技、文化、医疗、社会救助、组织建设等方面，改革力度明显加大、范围更广、频次更高，体现了中央全面推进改革的紧迫感和决心。习近平总书记在中央深改组第十五次会议上指出：2015年，"在去年全面深化改革开局良好的基础上，各方面改革继续呈现蹄疾步稳、纵深推进的良好态势，在一些重要领域和关键环节取得新突破"。

　　改革的总目标已经明确，工程图已绘就，清晰的改革思路、缜密的改革布局、有力的改革举措，为改革政策的落实提供了制度和思想保障。接下来的工作，关键在于抓落实，确保改革方案落地生根，习近平总书记在中央深改组第四次会议上强调要做到五个到位："实施方案要抓到位，抓住突出问题和关键环节，找出体制机制症结，拿出解决办法，重大改革方案制定要确保质量。实施行动要抓到位，掌握节奏和步骤，搞好统筹协调，使相关改革协同配套、整体推进。督促检查要抓到位，强化督促考核机制，实行项目责任制，分兵把守，守土有责，主动出击，贴身紧逼。改革成果要抓到位，建立健全改革举措实施效果评价体系。宣传引导要抓到位，继续加大对党的十八届三中全会精神的宣传引导，积极宣传改革新进展新成效。"可以说，改革的成功与否取决于在未来一段时间内各级政府能否全面落实中央的改革精神并做出适当的制度安排，为此，在第十五会议上，习近平总书记又指出："各级党委和政府要增强改革定力、保持改革韧劲，加强思想引导，注重研究改革遇到的新情况新问题，锲而不舍、坚韧不拔，提高改革精确发力和精准落地能力，扎扎实实把改革举措落到实处。"在未来 7 年的实施过程中，应重点抓好以下几项工作。

一　以"四个全面"为统领，统一全社会的思想到改革上来

　　2014 年 12 月，习近平总书记提出协调推进全面建成小康社会、全面深化改革、全面依法治国、全面从严治党，推动改革开放和社会主义现代化建设迈上新台阶。进入 2015 年，习近平总书记要求全党必须从贯彻落实"四个全面"战略布局的高度，深刻把握全面深化改革的关键地位和重要作用，自觉运用改革思维谋划和推动工作，不断提高领导、谋划、推动、落实改革的能力和水平，切实做到人民有所呼、改革有所应。

　　改革要成功，凝心聚力是基础，是将改革拉上诱致性与强制性制度变迁相结合路径的条件。"诱致性制度变迁则比强制性制度变迁能获得更大收入流，同时付出更少变迁成本，是一种高效率的制度变迁。1949 年新中国成立以来农村三次大规模制度变迁表明，凡是有广泛制度需求基础的诱致性制

度变迁，都能取得好的绩效；而没有需求基础的强制性变迁则成本高昂并最终失败。"① 将诱致性变迁与强制性变迁结合起来，上下联动，既可获得顶层设计效率，减少试错成本，又可获得诱致性变迁之利。"四个全面"是党的十八大以来，党领导国家建设的战略总布局和总体发展纲领，必须在"四个全面"战略布局下统筹推进全面深化改革，明晰改革和发展的重点领域、主攻方向，为国家发展提供动力、活力、方法，进而起到凝聚全社会思想的作用。

全面建成小康社会是当前中国社会主义现代化建设的总目标。以发展为核心，实现"经济持续健康发展，人民民主不断扩大，文化软实力显著增强，人民生活水平全面提高，资源节约型、环境友好型社会建设取得重大进展"，党的十八大描绘了全面小康社会的清晰图景，为中国梦注入更多实实在在、鼓舞人心的内容，从最贴近民心的角度激发实现全面小康的热情，从而使群众能更有信心、更广泛地参与改革和制度建设。

全面推进依法治国是从根本上提升国家治理能力和构建现代化国家治理体系的主要依托。"建设中国特色社会主义法治体系，建设社会主义法治国家"将使改革和发展方案制度化、系统化，从而使社会发展形成明确的预期，降低社会运行成本，提高群众对改革的认可度。全面深化改革的顶层设计，需要从法治上提供可靠保障。

全面从严治党是增强党领导中国特色社会主义事业的能力和增强改革的顶层设计能力的基础工程。习近平总书记强调，新形势下坚持从严治党，就是要落实从严治党责任，坚持思想建党和制度治党紧密结合，严肃党内政治生活，从严管理干部，持续深入改进作风，严明党的纪律，发挥人民监督作用，深入把握从严治党规律。全面从严治党，核心问题是始终保持党同人民群众的血肉联系，始终保持党的先进性和纯洁性，重点是从严治吏、正风反腐、严明党纪，目标是增强自我净化、自我完善、自我革新、自我提高能

---

① 蔡立雄、何炼成：《诱致性制度变迁与农村发展——兼论社会主义新农村建设》，《经济评论》2007 年第 6 期，第 60～65 页。

力，确保党始终成为坚强领导核心。从严治党能坚定全体国民跟党走的信心，从而有利于减少改革的组织成本、滞后成本。党的十八大以来，以八项规定为开端，以作风建设为突破口，以群众路线教育实践活动为深入拓展抓手，以重拳反腐为强劲动力，新一届中央领导集体已在最大限度上获得群众的信任。

全面深化改革既是"四个全面"的组成部分，也是实现"四个全面"战略构想的基本保障。通过国有资产管理体制、国有企业、分配制度、市场体制等方面的改革，扫清发展的体制障碍，进一步解放和发展生产力，解放和增强社会活力，最大限度调动人民生产经营积极性，实现发展方式根本性转变和结构优化，实现平衡、协调、可持续的发展，加快全面建成小康社会进程；紧紧围绕提高科学执政、民主执政、依法执政水平深化党的建设制度改革，加强民主集中制建设，完善党的领导体制和执政方式，保持党的先进性和纯洁性；通过立法、执法和司法体制改革，从体制上规范和制约权力，建立保障国家治理现代化的法律体系，为向法治社会的转型扫除体制障碍，加快全面依法治国进程。可见，全面建成小康社会、全面依法治国、全面从严治党本身就是改革的重要内容，全面深化改革则是全面建成小康社会、全面依法治国、全面从严治党的基本路径，为实现全面建成小康社会注入动力，为全面依法治国扫除障碍，为全面从严治党提供保障。再者，全面深化改革既是对社会要求建设更加公平、公正、富裕、文明的中国的呼应，也是过去30多年间创造了更多财富与共享机会的改革的继续，具有广泛的社会需求基础。

"四个全面"相辅相成，呼应社会各个阶层、各个方面的关切，是实现全社会思想统一、共创"中国梦"的基石。

二 以过去30多年的改革经验为参照，提高改革成效

过去30多年改革开放的伟大实践，使中国成功实现了从高度集中的计划经济体制到充满活力的社会主义市场经济体制的伟大历史转折，成功实现了从封闭半封闭到全方位开放的伟大历史转折，创造了前所未有的灿烂辉

煌，国际上把这个时期中国的发展道路称为"中国模式"或"北京共识"。党的十八届三中全会指出："改革开放是党在新的时代条件下带领全国各族人民进行的新的伟大革命，是当代中国最鲜明的特色。党的十一届三中全会召开三十五年来，我们党以巨大的政治勇气，锐意推进经济体制、政治体制、文化体制、社会体制、生态文明体制和党的建设制度改革，不断扩大开放，决心之大、变革之深、影响之广前所未有，成就举世瞩目。""改革开放的成功实践为全面深化改革提供了重要经验，必须长期坚持。"对这些经验，《决定》认为："最重要的是，坚持党的领导，贯彻党的基本路线，不走封闭僵化的老路，不走改旗易帜的邪路，坚定走中国特色社会主义道路，始终确保改革正确方向；坚持解放思想、实事求是、与时俱进、求真务实，一切从实际出发，总结国内成功做法，借鉴国外有益经验，勇于推进理论和实践创新；坚持以人为本，尊重人民主体地位，发挥群众首创精神，紧紧依靠人民推动改革，促进人的全面发展；坚持正确处理改革发展稳定关系，胆子要大、步子要稳，加强顶层设计和摸着石头过河相结合，整体推进和重点突破相促进，提高改革决策科学性，广泛凝聚共识，形成改革合力。"

改革的经验大大丰富了市场经济的理论与实践，深化了对社会主义市场经济的认识，为世界文明发展做出了杰出的贡献；这些经验也是中国人根据实际，广泛吸收古今中外的优秀文明成果，基于10多亿人30多年的实践总结出来的，是最符合中国国情的理论与实践成果，对于全面深化改革、完善社会主义制度具有极为重要的价值；这些经验是全体中国人共同的思想财富，是一种共同知识，而根据新制度经济学的基本观点，共同知识本身就是制度，在此基础上推进的改革发展将是一种更加合意、更符合嵌入性特点的发展。为此，继承以往行之有效的改革经验，将使新时期的改革更富效率、也更易获得成功。

三 以营造良好的改革环境为基础，提升改革信心

改革是当代中国的历史抉择和伟大使命，良好的国内外环境是全面深化改革的重要基础。30多年的改革经验表明："改革的平稳性、有效性与改

措施所选择的时机、拥有的环境与条件等密切相关。"① 一个相对友好的环境有利于提高改革的协调程度并加快推进的速度，从而使改革更加稳妥地得以深化。作为一种现实条件下的社会实践，当代中国改革所面临的环境极其复杂，需要加以优化，实现对改革的聚焦、聚神和聚力。

一是营造良好的群众基础。人民群众是历史创造者，这是马克思主义的基本观点，也是中国革命和改革成功的基本经验总结。人民群众是改革开放的主力军，充分尊重人民的首创精神，把实现好、维护好、发展好最广大人民的根本利益作为全面深化改革的出发点和落脚点，把充分调动人民群众的积极性、主动性、创造性作为全面深化改革的着力点和支撑点，建立最广泛的社会参与机制，任何改革方案的制定和实施都要充分听取社会各方面特别是基层群众的意见和建议，充分考虑群众承受能力，最大限度地凝聚改革共识，妥善协调各方面利益关系，真正做到改革为了人民、改革依靠人民、改革成果由人民共享。当代中国的改革是一场深刻的社会革命，所要完成的是一个前所未有的自我更新运动，其进程不可能是一帆风顺的，困难可能来自于实现条件的不充分，来自于对问题的认识不深刻，来自于方案设计的不完善，也可能来自于利益集团的阻挠等，经验表明，只要改革真正惠及民众、有利于让民众形成合理、稳定、受益的预期，就能够调动群众支持改革、参与改革，并在前进中解决问题。营造良好的群众基础特别要重视发挥各级工会、共青团、妇联以及科协、文联、侨联、作协等人民团体的作用，它们组织体系完备、工作覆盖面广，在参与全面深化改革、推进发展稳定中具有明显的组织优势和工作优势，这些组织要做好群众的思想引导、利益表达、诉求反映、矛盾协调、释疑解惑等工作，形成推动改革的凝聚力和向心力。

二是营造良好的改革创新氛围。改革是一项重大创新工程，改革的复杂性和中国的国情特点决定了中国的改革方式、节奏的多样性。在党中央完成顶层设计之后，把自上而下的改革与自下而上的改革结合起来，鼓励部门、

---

① 范恒山：《中国经济体制改革30年的基本经验》，《前线》2009年第2期。

地方、基层和群众大胆探索，是实现改革目标的重要方法。营造良好的改革氛围，应当高度重视发挥各类综合配套改革试验区的示范带动作用和省、市级在"顶层设计"和"基层探索"中的承上启下作用，赋予其更多的改革权限和改革资源，鼓励先行先试；同时应当消除基层和群众的思想顾虑，使其勇于改革，大胆试、大胆闯，从实践中找出新路；应当提高社会对改革失误的容忍度，毕竟谁也看不透未来之幕，有时失误在所难免，单纯以成败论英雄不是正确的改革态度。

三是营造良好的舆论环境。全面深化改革，时间跨度大，牵涉面广，形势复杂多变，迫切需要加强改革的正面宣传和舆论导向，让民众了解改革、理解改革、参与改革，营造有利于全面深化改革的良好社会环境。首先应宣传为何要改革，大力宣传深化改革的重大意义和历史必然性，使全社会提高改革的自觉参与度；其次应宣传改革什么，积极宣传党中央关于深化改革的大政方针和重大部署，宣传解释各地区、各部门改革内容，使全社会自觉实现改革的协同；再次要宣传如何进行改革，宣传改革的主要方法、路径和节奏，宣传各地区、各部门推进改革的新举措、新方法，提高社会自觉推进改革的能力；最后要宣传改革的新进展、新成效，提升全社会推进改革、参与改革的信心。

四是营造良好的法治环境。深入推进改革开放，发展经济和社会各项事业离不开良好的法治环境。改革需要良好的法治环境支持，习近平总书记指出，"凡属重大改革都要于法有据"，这一重要论断鲜明指出了"改革"与"法治"辩证统一，使推进全面深化改革从一开始就纳入法治化轨道。2014年10月，党的十八届四中全会通过《中共中央关于全面推进依法治国若干重大问题的决定》，与《决定》共同为推动全面建成小康社会奋斗目标实现，推进国家治理体系和治理能力现代化提供了保障。营造良好的法制环境，是改革的需要，也是应对日益复杂的社会环境、社会矛盾和利益冲突的需要，这就要求，首先必须明确社会主义市场经济是法治经济，社会主义现代化国家是法治国家；其次要求立法机关应当根据建设社会主义法治国家、建设现代市场经济、建设社会主义国家治理体系的总要求，加强立法工作和对现有法律法规的梳理工作，不仅要做到有法可依，还应当有良法可依。在行政工作上，政府应带头守法、依法决策、文明执法，建立权责统一、权威高效的依法行政体制，加快建设职能科学、权责法定、执法严明、公开公正、廉洁高效、守法诚信的法治政府；在司法方面，明确公正是法治的生命线，完善司法管理体制和司法权力运行机制，规范司法行为，加强对司法活动的监督，努力让人民群众在每一个司法案件中感受到公平正义；在普法方面，应当深化开展法制宣传教育活动，把法治教育纳入国民教育体系，从青少年抓起，在中小学设立法治知识课程，培育公民的法律信仰，增强公民对法治精神的感悟和认同；同时注重发挥市民公约、乡规民约、行业规章、团体章程等社会规范在社会治理中的积极作用，注重法律救助体系建设，充分运用法律手段，帮助解决在全面深化改革中人民群众最关心、最直接、最现实的权益问题。

五是营造科学决策、民主决策的环境。改革任务的重大与复杂决定了改革必须广泛吸收多方面的智慧，尤其是党政机关一方面是改革的执行者，另一方面是改革的设计者，欲使改革方案有效实施，各方意见的一致性极其重要。为此，应充分利用民主集中制这一法宝，推进议事、决策的民主化、科学化。

六是营造良好的国际环境。充分利用开放倒逼改革，推动开放型经济发展升级需要一个良好的国际环境，这也是中国建设和发展的基本经验。营造良好的国际环境，应当充分把握当代国际格局的变化和时代主题，在与西方大国的竞争博弈中，既要据理力争，维护国家权益，又要寻求最大的利益公约数，推进合作与全球治理的民主化。在国际上广交朋友的同时，充分利用"金砖国家""一带一路""上合组织""中国－东盟自贸区"等合作平台，构建利益和命运共同体。在国际上广为宣传、树立中国文明、民主、进步、开放的形象。在更高水平上推进对外开放，继续推进、推广"负面清单"的投资管理模式。"有研究者注意到，2015 年版自贸区'负面清单'包含122 项特别管理措施，而 2013 年我国首份'负面清单'则包含 190 项，

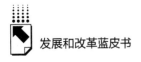

2014 年减为 139 项，'负面清单的逐步减少，大大提升了自贸区的开放度'。"①

四 以干部队伍建设为重点，提高改革的执行力

《决定》指出："全面深化改革，需要有力的组织保证和人才支撑。坚持党管干部原则，深化干部人事制度改革，构建有效管用、简便易行的选人用人机制，使各方面优秀干部充分涌现。""打破干部部门化，拓宽选人视野和渠道，加强干部跨条块跨领域交流。破除'官本位'观念，推进干部能上能下、能进能出。""建立集聚人才体制机制，择天下英才而用之。打破体制壁垒，扫除身份障碍，让人人都有成长成才、脱颖而出的通道，让各类人才都有施展才华的广阔天地。""完善和落实领导干部问责制，完善从严管理干部队伍制度体系。"

改革成败的关键在人，在执行，而干部队伍就是具体执行改革政策的人。党的十八届三中全会对如何选人、用人及干部交流与管理做了原则性的规定，可以说是抓住了干部队伍建设的关键。当前正处于经济发展爬坡过坎、改革攻坚克难的关键期，首先要选好人，强化标杆效应，同时应加强问责，做到"问责一个人、教育一片人"，克服干部队伍中的不作为、懒作为等问题。其次应着力提升干部队伍的素质，面对新的形势，部分干部陷于"老办法不灵、新办法缺失"的困境，应当采取措施着力提高干部队伍"适应经济新常态、抓发展的能力，运用法治思维、法治方式解决问题的能力，简政放权之后的服务与监管能力，全面深化改革的落实与创新能力"，使其成为"政治的明白人""发展的开路人""群众的贴心人""改革的带头人"，成为"思想领航员""人民的勤务员""前线指挥员""团队教练员"，做到"心中有党""心中有民""心中有责""心中有戒"。总之，既要解决选人用人问题，又要解

决干部队伍的履职状态问题，使其拥有改革的动力、做事的环境、成事的本领。

五　以制度建设为核心，完善改革发展的体制机制

从本质上讲，改革就是"制度变迁"的过程。由于制度本身具有较为强烈的"路径依赖"，因而一个制度好坏对改革的成败具有深刻的影响。全面深化改革以来，党和政府一方面废旧规、除陋习，另一方面立新矩、倡新风，在 2014 年"夏季达沃斯论坛"的开幕致辞中，李克强总理详解了本届政府开出的三张"清单"：政府要拿出"权力清单"，明确政府该做什么，做到"法无授权不可为"；给出"负面清单"，明确企业不该干什么，做到"法无禁止皆可为"；理出"责任清单"，明确政府该怎么管市场，做到"法定责任必须为"。

在改革中，制度承担着三种角色，一是改革的基础，因为制度在其实施期间是一种共同的信念、共同的知识，能为人的行动提供依据和稳定的预期，若无制度，改革就没有明确的行动边际，也就没有鉴别是非的标准，最终必然流于失败；二是改革的对象，改革之所以进行，是由于现有制度不适应形势和发展目标的要求，已成为发展障碍，马克思主义哲学关于生产力与生产关系、经济基础与上层建筑关系的原理，以及新制度经济学关于制度效率耗尽的观点均表明，实践无止境，生产力不断向前发展，制度、生产关系和上层建筑的相应变革也必然是无止境的；三是改革的目标，改革目标不是要否定已有的一切，而是既要大胆冲破一切妨碍生产力发展的思想观念、做法规定和体制弊端，又要科学对待历史文化积淀和原有体制基础，积极继承和吸收过去形成的有价值的思想理论成果、制度规定和管理方式，以适应时代发展的要求，形成新体制的集合优势，为新的发展提供合意的规范。过去30 多年改革成功的经验之一就是坚持改革与制度建设的统一，"一方面注重推进经济社会关系法律化，把一些经过实践证明收效良好、比较成熟的改革措施，及时地以规范的制度或法律的形式确定下来；另一方面注重通过立法支持改革向纵深推进，一些重要的改革措施一开始就提供相应的法律配套或

以法律的形式来推出，以排除改革障碍，防止改革措施走形变样。此外，在推进改革过程中，还根据需要与实际可能，制定了一些必不可少的基本法规，为改革深化提供良好的法制环境。"① 当前，改革确定的六大任务，其本质也是要进行六大方面的制度改革和制度建设。

六 以政策落实为基点，提高政策的实施效果

政策再好，若不落实，也是一场空。全面深化改革的目标是清晰的，思路是明确的，各种手段和方法也基本具备，但有些地方和部门只顾以文件落实文件、以会议贯彻会议，或只顾出政策，对政策的落实效果少有关注，政策落实效果大打折扣，甚至出现了所谓"政令不出中南海"的现象。2013年以来，党中央和国务院出台了许多政策，得到社会的广泛肯定和欢迎，这些政策举措虽然由党中央和国务院拟定发布的，但是最终要由国务院各部委局办和地方政府来落实、推进、付诸实践。这些政策举措在推进落实的过程中往往并不是一帆风顺的，而是会遭受各种各样的阻力，甚至会推进不下去，无法被贯彻落实。根据报道，"2015年5月下旬至6月中旬，国务院部署开展了对重大政策措施落实情况的第二次大督察。同时，审计署对有关政策措施落实情况进行了跟踪审计。督察和审计中发现，少数地区存在弄虚作假、欺上瞒下，不作为、乱作为的极个别现象"。② 政策不落实助长了懒政，也损害了改革的公信心。为此，应尽快建立相关政策的质量效果评价体系和政策执行与落实的责任制，将政策落实效果纳入政府官员的政绩考核指标体系中去，建立健全常态化督察机制，地区和部门也应通过强化内部监督问责，对明显不作为、整改不力的约谈问责。通过认真核查和严格问责，发现问题、纠正问题、推动落实，坚决打通政策落实的"最先和最后一公里"，全力推动党中央、国务院重大政策措施落地生根，加快落实政策实施的进度，确保各项政策取得实效。

---

① 范恒山：《中国经济体制改革30年的基本经验》，《前线》2009年第2期。
② 《打通政策落实的"最先和最后一公里"》，2015年8月3日，http://www.dangjian.cn/jrrd/xwmt/201508/t20150803_2769130.shtml。

七　以简政放权为抓手，充分发挥市场经济的决定性作用

正确划分政府与市场的边界，让政府归政府、市场归市场，加大简政放权力度，推进政府职能转变，让市场在资源配置中起决定作用，这是全面深化改革的重要目标。从以往的发展经验看，可以说，一部改革开放史就是市场经济体制逐步建立完善、市场地位逐渐提高的历史。

国内外的诸多经验证明，市场不仅是最有利于提高资源配置效率的机制，也是技术和制度创新最活跃的地方，重大的制度创新往往是呼应市场的要求而进行。市场不仅提供制度创新所必需的信息，而且还能通过发现相对利益的差别提供制度创新的方向与创新的动力。[①]

要通过进一步简政放权在更大程度上发挥市场在制度创新中的作用，必须进一步推进政企分开，进一步推进政府行业管理职能、国有资产管理职能与企业管理职能的分离，把企业该管的、能管的还给企业。要进一步推进宏观调控部门的职能转变，改变个别宏观调控部门既管宏观又管微观，既管规划又管审批的状况。重点加强对宏观调控部门的改革，促使其重点搞好宏观规划、政策制定及监督管理，实现从项目管理向规划管理、从直接管理向间接管理的转变，集中精力管大事。要进一步完善社会主义的基本经济制度，采取切实有效的措施鼓励和支持民营经济的发展，推进"万众创业、大众创新"工程，使民营经济不仅成为经济发展的重要力量，也成为推进制度创新的重要力量。要改革分配制度，由市场评价技术、资本、劳动等生产要素的贡献，按贡献进行初次分配，使创造财富的源泉充分涌流，使社会创新的热情和能力得以充分释放。

八　以统筹协调为方法，提高改革的耦合度

改革是个系统工程，各项改革相互关联、相互影响，涉及方方面面的利益关系，其效率的提高有赖于充分调动各方面的积极性，在相互影响中形成

---

① 蔡立雄、何炼成：《市场化、相对价格与中国农村制度变迁》，《改革》2006年第8期。

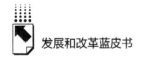
改革合力，提高改革的耦合度。要正确、准确、有序、协调推进改革，应当统筹协调好各种关系，切实做到以下 4 个有机结合。

一是坚持顶层设计与调动群众相结合。党和政府应把促进改革举措落地作为重要政治责任，强化责任意识，勇于担当，主动作为，以目标为引领，以实践为导向，以解决问题为着力点，坚持战略思维、辩证思维、法治思维、系统思维、底线思维和创新思维，统筹谋划，做好改革的顶层设计与科学实施工作。各地区、各部门应按照党中央部署制定贯彻落实的规划和计划，研究各个领域的改革方案和改革举措，确保改革方案落实到位。要坚持人民在全面深化改革中的主体地位，改革决策和实施的每一个环节都要征求采纳群众意见，努力解决事关群众切身利益的体制问题，激发人民群众参与和支持改革的积极性、主动性和创新性，最大限度增强全面深化改革的动力。①

二是坚持改革的统一部署与因地制宜实施相结合。改革是当代中国的主题，是全社会共同的任务，为此，一方面要"站在全局和长远发展的高度，从社会最广大人民群众的整体利益出发，加强顶层设计和整体谋划，加强各项改革的关联性、系统性、可行性研究，统筹考虑、全面论证、科学决策"②。另一方面要在重大改革方案中留出政策空间，鼓励不同区域差别化探索，把实践证明行之有效、具备复制和推广价值的经验及时在更大范围推行，推动改革顶层设计和基层探索互动，协调好、把握好当前和长远、局部与全局、个人与集体的利益关系，把改革持续引向深入。

三是坚持分清轻重与排序缓急相结合。全面深化改革任务千头万绪，纷繁复杂，各个领域改革任务轻重缓急程度各异，为此，要把握好重大改革次序，优先推进基础性改革、关键领域改革和群众最关切问题的改革，按照轻重缓急排列次序，有条不紊编制好改革的"工程图"，积极稳妥地加以推进。"对认识还不深入又必须推进的改革，要大胆探索，试点先行，找出规

① 慎海雄：《推动顶层设计和基层探索良性互动有机结合》，《瞭望》2014 年第 49 期。
② 郭金平：《深刻把握全面深化改革的关键地位和作用》，2015 年 5 月 17 日，http：//news.sohu.com/20150517/n413213985.shtml。

律，凝聚共识，为全面推开积累经验、创造条件。"① 对条件已经具备、风险已有预期的改革要发扬"立刻就办"的精神，大胆推进，坚决落地。

四是坚持调动最广大人民与调动既得利益者相结合。深化改革的出发点和立足点是最广大人民根本利益的最大化，而不是一部分人、一部分地区利益的最大化，必须使全体社会成员都能平等享受发展机会，共同享受发展成果，为此，是否能使最广大人民从改革中受益并自觉参与改革，决定着改革的成败。但也应清醒地认识到当前深化改革的本质虽是逐步消除既得利益者享有的特权，但应该说，这些既得利益者主要是前期改革的先行者、执行者，因而也是前期改革的主要受益者，对改革从本质上并无反感，只是因改革的推进和深入形成不同的依附于不成熟、不公平制度的利益集团，所以，他们才对某些至关重要的改革持保守和抵触态度。由此可见，既得利益者包括政府中的官员和社会各界精英，他们掌握着国家主要资源，过去、现在和将来都是并将一直是推动经济建设和社会进步的中坚力量。总之引导和鼓励大多数既得利益者成为深化改革的支持力量，对全面深化改革至关重要。

九 以改善民生为导向，提高群众的改革获得感

改革的目的是在更高水平上惠及民生，过去 30 多年的经验表明，群众之所以拥护改革、参与改革，重要的原因在于他们从改革中获得了实实在在的好处。新一届中央领导集体从上任伊始就坚定不移地高扬起群众路线的思想旗帜，并将其作为治国理政的全部价值追求。党的十八大以来，党中央一再强调，群众路线是我们党的生命线和根本工作路线。实现党的十八大确定的奋斗目标，实现中华民族伟大复兴的"中国梦"，必须紧紧依靠人民，充分调动最广大人民的积极性、主动性、创造性。要把解决了多少实际问题和人民群众对问题解决的满意度作为评价标准，让改革的思路、决策、措施更好地满足群众诉求，做到改革为了群众、改革依靠群众、改革让群众受益。

---

① 郭金平：《深刻把握全面深化改革的关键地位和作用》，2015 年 5 月 17 日，http：//news. sohu. com/20150517/n413213985. shtml。

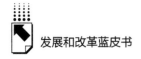

过去 30 多年的改革中，中国在财富共创方面取得了举世瞩目的成绩，但在财富共享方面存在不少问题，30 多年间，中国迅速由世界上收入分配最公平的国家之一变成最不公平的国家之一，区域发展差距、城乡差距、行业收入差距、不同人群的贫富分化成为中国发展的突出问题，使人民群众对党和政府的信任、对中国改革与发展的信心发生了动摇。为此，让人民群众分享改革开放的红利，增强人民群众的获得感就成了全面深化改革必须解决的关键问题。

在当前全面深化改革的关键阶段，中国经济面对"三期叠加"的严峻形势，改善民生的任务十分艰巨。没有经济平稳发展，改善民生、增强获得感就难以持续，如果在应对经济下行压力中不能稳妥处理发展与改革的关系，极易使改革倒退或停滞不前，为此，推进改善民生导向的改革，除了在民生领域加大投入力度和改革力度外，还应当在按党中央的部署推进经济发展的基础上，做好以下工作。

（一）支持打破行政区划限制，推进区域经济分工与合作领域。近年来，中央政府虽然发布了多个区域发展方案，但由于绩效考核是以行政区划为单位进行的，地方政府出于"守土有责"的考量，在实现区域分工与合作方面往往积极性不高，所采取的更多是一种"搭便车"的行动，这方面需要中央政府提供更多制度支持以打破地方利益壁垒。

（二）更好地参与国际经济合作，推进"走出去"战略。近年来，中国企业对外投资规模连年增加，但其投资领域多为初级产品开发、承包工程或商品销售，对技术开发与高端服务业的投资能力不足，其原因既有外国经济保护，也有我国企业在这些领域投资成本过高、风险过大，中央政府需在党的十八届三中全会所做的制度安排的基础上给予更多的支持。

（三）更好地推进低碳经济、互联网经济发展。低碳经济被认为是引领世界经济实现又一轮长波发展的经济模式，中国资源与环境的约束持续加大，促进经济转型、发展低碳经济的要求就更为迫切，政府需要在发展低碳技术、低碳金融以及税收减免等方面上给予更多制度安排。低碳经济、互联网经济蕴藏着实现大规模技术创新的可能，世界经济史表明，大规模技术创新才是后进国家超越发达国家的机遇和手段，而小规模的创新只是效率改进，难以解决临界差距问题。

（四）更好地促进中国制造业的发展。中国制造业现在面临的系统性问题主要是技术进步不足、适龄劳动力减少、新增劳动力进入制造业意愿不足等，这些问题使中国制造业成本急剧上升，竞争力明显减弱。先行国家的历史表明，当经济发展到一定水平，由于比较利益下降，实体经济的发展就会不足，进而会导致大国的衰落，中国必须对此持警惕态度，在制度上为制造业的做大做强提供条件。

十　坚持改革价值取向，以更大的勇气和魄力全面突破改革的难点

全面深化改革事关中国未来的命运，如何正确处理深化改革过程中的各种利益纠葛，如何以最低的成本来推进改革，如何避免改革中出现大的动荡，如何规避改革的风险，是对当前改革的主要考验。这就要求作为改革主导者的党和政府必须将全面深化改革放到实现中华民族伟大复兴的中国梦的历史高度上，坚定自我革新的信念，做好承受改革压力和付出改革代价的思想准备，大胆探索，大胆推进，大胆突破，坚定不移地将全面深化改革引向深入，建立科学发展的制度体系，不断引导形成良好预期，实现中国特色社会主义制度自我完善，实现国家治理体系和治理能力的现代化。

近两年，全面深化改革取得可喜成绩，重点领域和关键环节的改革成效十分显著，为实现发展预期和落实改革及民生建设任务打下了良好的基础。但是，相对于改革的总体目标以及人民群众的期待，改革发展的任务仍然十分繁重和艰巨。面对层层考验，全社会尤其是党和政府必须以更大的勇气和魄力、更高的智慧和能力，在关键领域实现突破，在重要环节破解瓶颈，使改革的方案落地生根，将规划变为发展的成果，为实现全面建成小康社会注入动力，为全面依法治国扫除障碍，为全面从严治党提供保障，为实现中华民族伟大复兴的中国梦开辟更加广阔的前景。

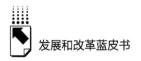

参考文献

[1] 中国共产党第十八届中央委员会历次全会报告。

[2] 中央全面深化改革领导小组历次会议公报。

[3] 2013～2015 年政府工作报告。

[4] 国务院新闻办公室、中共中央文献研究室、中国外文局编《习近平谈治国理政》，外文出版社，2004。

[5] 德隆·阿斯莫格鲁、詹姆斯·罗宾森：《权力、繁荣与贫穷的根源：为什么国家会失败》，湖南科技出版社，2015。

[6] 维托·坦茨：《政府与市场：变革中的政府职能》，王宇等译，商务印书馆，2014。

[7] 林毅夫：《新结构经济学：反思经济发展与政策的理论框架（增订版）》，北京大学出版社，2014。

[8] 张维迎：《市场的逻辑》，上海人民出版社，2010。

[9] 道格拉斯·C. 诺思：《制度、制度变迁及经济绩效》，杭行译，格致出版社，2008。

[10] 吴敬琏：《论中国改革的市场经济方向》，《经济社会体制比较》2009 年第 5 期。

专 题 篇

Thematic Report

B.2

完善基本经济制度

孙 莹 王睿哲*

摘 要: 党的十八届三中全会通过了《中共中央关于全面深化改革若干重大问题的决定》，明确指出国有资本、集体资本、非公有资本等交叉持股、相互融合的混合所有制经济，是基本经济制度的重要实现形式，要求积极发展混合所有制经济。此后，我国以混合所有制改革为重要着力点，以改革激发活力，进一步完善基本经济制度。混合所有制作为一种国有企业资本的组织形式，并不是要改变国有企业的性质，也不是以否定公有制为目标，而是要通过其他资产的融入来经营好国有资产，实现国有资本保值增值、提高竞争力。通过不同资本的结合，在市场机制下促使企业所有制进行调整，鼓励非公有

---

* 孙莹，北京大学战略研究所，研究员，研究方向为物流管理；王睿哲，北京交通大学经济管理学院，博士研究生，研究方向为运输经济、产业经济。

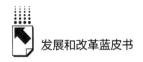

制经济积极参与国有企业改组改造，允许非公有制经济涉足基础设施、基础产业、公用事业等领域，不仅有利于推动国有企业向适应市场经济发展要求的现代企业制度转型，向战略投资者的角色发展，而且有利于拓展民间资本的发展空间，实现资本的优势互补、优化配置和优化组合。

关键词：　基本经济制度　　国企改革　　混合所有制经济

第一节　2013年以来我国完善基本经济制度的主要进展及评价

2013 年 11 月，党的十八届三中全会通过了《中共中央关于全面深化改革若干重大问题的决定》（本文以下简称《决定》），明确指出以公有制为主体、多种所有制经济共同发展的基本经济制度，是中国特色社会主义制度的重要支柱，也是社会主义市场经济体制的根基。公有制和非公有制两种经济都是社会主义市场经济的重要组成部分，都是我国经济社会发展的重要基础。因此，必须毫不动摇巩固和发展公有制经济，坚持公有制的主体地位，发挥国有经济的主导作用，不断增强国有经济活力、控制力和影响力。同时，必须毫不动摇地鼓励、支持和引导非公有制经济发展，激发非公有制经济的活力和创造力。

《决定》明确了国有企业改革的方向，即发展混合所有制经济，并对混合所有制经济做出了重要的新论断，混合所有制经济是国有资本、集体资本、非公有资本等交叉持股、相互融合而形成的，是基本经济制度的重要实现形式。混合所有制经济是新形势下坚持公有制主体地位，增强国有经济活力、控制力、影响力的一个有效途径和必然选择，要积极发展混合所有制经济。发展混合所有制经济，进一步指明了深化国企改革、国有资本战略性调整的方向，为非公有资本参与国有企业改革改组、与其他资本平等竞争进一步指明了方向，是今后完善基本经济制度的重要着力点。

一 混合所有制改革的概念

混合所有制是指界于公有制和私有制之间的所有制形式，是公有制和私有制的混合体。因此，混合所有制经济是指不同所有制的产权主体在同一个经济组织中进行共同投资、交叉持股、融合发展的经济形式，是相对于单一的公有制经济或非公有制经济而言的一种股权实现形式。

混合所有制经济的内涵，有广义和狭义的不同理解。广义的混合所有制经济，指的是两种或两种以上的所有制经济成分通过股份制、公司制、联营等形式，成立有限责任公司或股份有限公司，共同从事生产经营活动的所有制形式。广义的混合所有制经济的混合产权中不一定包含国有经济成分，而狭义的混合所有制经济的混合产权中一定包含国有经济成分。显然，股份制、有限责任制、股份合作制、合伙制、两合制等企业组织制度，和所有制结构是不同的范畴，不同所有制结构的企业的组织制度可能大致相同。

目前，中央提出的通过发展混合所有制经济来实现国企改革，对我国所有制结构会产生重大的影响，将进一步发挥私有制和民营经济在促进我国国民经济结构调整和产业转型中的作用。20 世纪 80 年代末，我国确立了以公有制为主体的原则，明确了私有制经济在国民经济中的地位，承认了私有制是社会主义经济的必要组成和有益补充。国内外学界、政界都对国有经济的主体地位开展了广泛而深入的讨论，对私有制经济和民营经济发展的管制逐渐放开，因此"脱帽子"成为 20 世纪 90 年代国有企业改革的重要内容。20 世纪 90 年代末，在进一步明确公有经济的主体地位和国有经济主导作用的基础上，提升了非公有制经济的重要程度，将其定位为"社会主义市场经济的重要组成成分"。至此，我国经济体制改革领域的所有制结构问题基本解决了，这为随后的"国进民退"奠定了政治基础和政策依据。改革开放以来，我国私人经济的引入和乡镇企业的快速发展成为我国经济活力的重要来源。近年来，我国要实现产业结构的转型升级以及经济的持续健康发

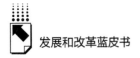

展，就要再次激活民间经济和民营经济的活力。

党的十八大以来，我国经济增长面临较大的下行压力，其主要原因之一在于民营经济的发展面临着许多领域进入壁垒的限制。一方面，我国仍然需要在交通、信息、水利等基础设施领域进行大规模投入，但在经历持续高速增长后，政府投融资能力不足的问题已经显现；另一方面，民营资本对公用基础设施和公用服务事业领域的投资，却存在着大量的准入限制。当前，我国经济增长仍然属于"投资驱动型"，经济持续发展面临着政府投资难以为继而民间投资难以激发的矛盾，导致投资面临无人接力的困境。

2003年以来，随着我国经济的持续高速增长，要素投入的边际效应递减，资源环境的承载力逐步达到顶峰，我国经济已经进入转型发展阶段，经济发展的思路和战略也出现了重大转变。首先是在坚持扩大外需的同时，不断扩大国内消费市场需求，通过扩张型货币政策、大力推动城镇化等手段来扩大内需，促进经济增长。其次是增强政府对经济发展的主导权，发挥"集中力量办大事"的体质优势将越来越多的资源集中到政府手中，由政府和国有企业来主导经济转型，"国进民退"格局日益演进。最后是放缓贸易自由化进程，在人民币持续升值的状况下，以贸易自由化为代价，继续维持出口顺差的格局。通过改革激发活力是当前中国经济走出"底部徘徊"困境的重要举措。而放松投融资领域的管制，增加对民间资本的开放度，减少项目审批内容是改革的重要领域和方向之一。推进这些领域的改革，需要加强顶层设计，进一步放松所有制结构，推进国有企业的混合所有制改革，确保各领域的改革目标能够顺利实现。

党的十八大"鼓励"对非公有制经济的发展，党的十八届三中全会则明确了公有制和非公有制的同等地位，认为"国有资本、集体资本、非公有资本等交叉持股、相互融合的混合所有制经济，是基本经济制度的重要实现形式"，因此提出要"积极发展混合所有制经济"，并"允许更多国有经济和其他所有制经济发展成为混合所有制经济"。

党的十八届三中全会之前，混合所有制一般仅限于狭义的理解，即鼓励非公有资本参股国有经济。而党的十八届三中全会则延伸了"混合所有制经济"的内涵和外延,指出"国有资本、集体资本、非公有资本等交叉持股、相互融合的混合所有制经济,是基本经济制度的重要实现形式"。因此,未来国有企业改革要把混合所有制经济作为基本经济制度的实现形式,而不能将其作为颠覆基本经济制度的途径。这是关系混合所有制经济发展的关键问题。通过"允许员工持股""鼓励发展非公有资本控股的混合所有制企业"等方式实现国有企业的混合所有制改革,力图在更高、更广的层面上发展混合所有制经济。

二 混合所有制改革的背景与意义

1. 提升国有经济经营效率

国有企业是我国国民经济的重要组成部分,在一些涉及国计民生的重要行业和关键领域起着重要的作用,为我国经济建设和改革开放做出了巨大的贡献。但是,一直以来,我国国有企业存在管理体制落后、经营效率低下、国有资源闲置等一系列问题,导致国有企业出现了大面积亏损、国有资产流失严重、国有资本贬值缩水等乱象。例如,2009～2013 年,我国 A 股上市企业中,国有企业的利润同比增长率和 ROE 都远远低于民营企业,说明我国国有企业的活力和经营效率远远低于民营企业。2013 年,外资企业利润同比增长率为 15.5%,尽管民营企业和国有企业利润增长率都为负,但国有企业利润同比增长率达到 -30.5%,远低于民营企业利润同比增长率(见图 1)。

在营业收入的增长速度方面,除 2010 年之外,我国国有企业与外资企业整体上水平接近,但与民营企业相比存在较大的差距。以 2013 年为例,国有企业的营业收入同比增长率仅为 9.4%,而同期民营企业和外资企业则分别达到了 17.64% 和 11.4%,民营企业的营业收入增长率接近国有企业的两倍(见图 2)。

在 ROE 方面,从图 3 可见,自 2009 年以来,国有企业、民营企业和外资企业的 ROE 都呈逐步下降的趋势,但同期国有企业的 ROE 水平与民营企业和外资企业始终保持着较大的差距。由此可见,单一的国有控股不利于企业的长远发展,发展混合所有制经济,在公有制经济中引入非公有制成分在

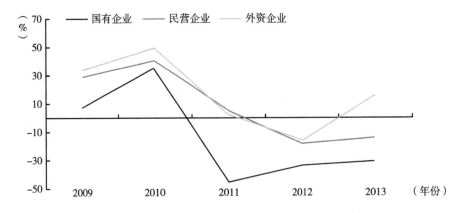

图1　A股上市企业利润同比增长率对比

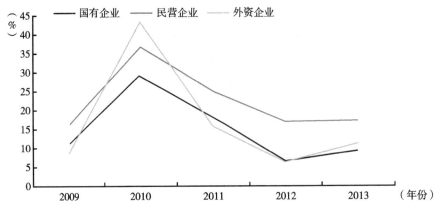

图2　A股上市企业营业收入同比增长率对比

一定程度上能够改变企业的经营结构和发展动力，提高企业的经营效率，从而增强企业的经营活力和市场竞争力。

从历史经验来看，自20世纪90年代开始，我国已经开始允许民营资本和国际资本参与国有企业改组改革，取得了积极成效，提升了国有资本的经营效率和市场竞争力，这充分说明混合所有制能够有效地促进生产力发展。改革开放以来，国有企业一直处于改革状态，国有企业进行了各种形式的股份制改造，很多国有企业也有不同比例的民营资本甚至国外资本，但在审批

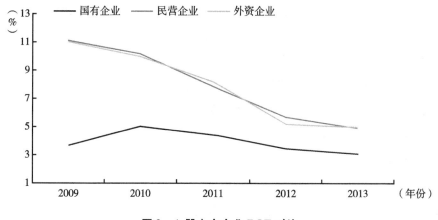

图 3　A 股上市企业 ROE 对比

集中保留的许多领域，行政化垄断体制仍然未被真正打破，混合所有制企业仍然采取传统的国有企业经营方式，混合所有制中的非公有制成分并未发挥应有的作用。以中国石化销售业务板块的改革为例，中国石化在其业务公告中，明确阐述了作为混合所有制改革的具体动作，即通过引入民营资本和国外资本等外部资本，推进完善现代企业制度，完善市场化的运行体制和管理机制，提升企业的创新能力和活力，提高企业的竞争力和可持续发展能力，推动销售公司从油品供应商向综合服务商转型，建设令消费者信赖、令人民满意的生活驿站。中国石化销售业务板块的改革，说明了国有企业引入民营资本会促进国有企业的经营业务和服务理念产生变革，也为国有企业的混合所有制改革树立了良好的开端。

2. 进一步放松行业准入限制

当前，我国非公有制经济发展迅速，但其发展空间和发展潜力受到很大的限制，制约了我国民营企业做大做强。一方面，非公有制经济虽然实体数量多，但单个企业的规模普遍偏小，不具备国有企业的规模效应和竞争力；另一方面，非公有制经济还面临着歧视性政策，如在市场准入、资金获取、政策扶持等方面难以享受国有企业同等待遇。不破除国有企业的行政性垄断，不消除非公有制经济涉足相关领域的障碍，就不能为公有制经济的发展营造公平的竞争环境，甚至会刺激寻租现象的蔓延，从而阻碍改革的进程。

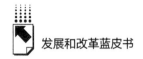

混合所有制作为一种国有企业资本的组织形式，并不是要改变国有企业的性质，也并不是要否定公有制的存在形式，而是要通过引入非公有资本来优化法人治理结构，从而实现国有资产的保值增值，提高国有资本的竞争力和控制力。混合所有制改革将会通过减少国有资本在国有企业的股份比例来换取企业规模的扩张，同时解决财政收入、就业问题，更为重要的是真正形成公平竞争、资源平等分配的市场竞争环境。通过不同资本的结合，在市场机制下促使企业所有制进行优化和调整，鼓励非公有制经济积极参与国有企业改组改造，放开基础设施、基础产业、公用事业等领域对非公有制经济的限制，不仅有利于推动国有企业向适应市场经济发展要求的现代企业转型，向战略投资者转变，同时也有利于拓展民间资本的发展空间，实现资本的优势互补、优化配置和优化组合。

3. 打破国有企业的行业垄断

国有企业混合所有制改革的本质是放松政府对竞争性领域的行业管制，减少民营资本、外国资本进入的限制和壁垒，让社会资本能够进入原先受管制的各个垄断领域，促进民间投资的繁荣与发展。在未来相当长一段时期内，我国经济增长仍然将面临较大的下行压力，经济增长依然要依靠投资来驱动。由于经济增速的平稳发展取决于投资增长的变动情况，在政府主导的基础设施建设投资和房地产投资明显放缓的背景下，通过推进国有企业的混合所有制改革可以有效地激发民营企业的投资意愿，释放民间投资的空间和潜力，从而在客观上有利于维持国民经济的持续、平稳、健康发展，达到稳增长、调结构、促转型的目的。

推进国有企业的混合所有制改革具有放松管制和打破垄断两大功效，这必然对现有的利益格局产生广泛而深刻的影响，使既得利益者的"蛋糕"被切割和分享，所以推进国有企业混合所有制改革必然会面临来自各方面的阻力。与20世纪80年代改革开放之初的家庭联产承包责任制改革不同，本轮国有企业的混合所有制改革不是简单的"帕累托改进"，而是通过对垄断格局的破除实现中国经济增长活力的全面提升，必然会面临较大的阻力。在当前政治经济格局下，不断完善改革的顶层设计，进行自上而下的改革，是打破现有僵化、低效运行模式的有效途径。因此，通过国有企业改革的形式，让央企成为率先推进混合所有制改革的先锋队，打破某些行业和领域的垄断，就成为我国实施经济转型升级和产业结构调整的首要选择。

三 混合所有制改革的历程与进展

1993 年党的十四届三中全会提出要发展混合所有制经济，1999 年党的十五届四中全会首次将"混合所有制经济"正式写入中央文件，党的十六大、十六届三中全会和十七大都再次强调了混合所有制经济的作用和意义，2010 年国务院出台了混合所有制经济发展的实施意见（见表1）。

表1 混合所有制改革历程回顾

时间	会议或相关决议	主要内容
1993 年	党的十四届三中全会	首次提出"混合所有制经济"，阐述了市场经济条件下以股份制为特征的混合所有制经济发展的必然趋势
1997 年	党的十五大	提出混合所有制经济概念，进一步阐述了公有制和混合所有制的关系。
1999 年	党的十五届三中全会	首次将"混合所有制经济"写入中央文件
2002 年	党的十六大	明确提出，积极推行股份制，发展混合所有制经济
2003 年	党的十六届三中全会	提出大力发展国有资本、集体资本和非公有资本等参股的混合所有制经济，使股份制成为公有制的主要实现形式
2005 年	《国务院关于鼓励支持和引导个体私营等非公有制经济发展的若干意见》	首部以促进非公有制经济发展为主题的中央政府文件
2007 年	党的十七大	强调国有资本、集体资本和非公有资本等交叉持股、相互融合的混合所有制经济是基本经济制度的重要实现形式
2010 年	《国务院关于鼓励和引导民间投资健康发展的若干意见》	第一份专门针对民间投资发展、管理和调控方面的综合性政策文件，对于引导和鼓励民间投资具有重要的意义

党的十八届三中全会以来，针对目前部分垄断性行业国有企业面临的赢利能力赢弱、融资难、融资贵等问题，国家明确了积极发展混合所有制的改

革方向。此次改革主要有两个目的：一是通过进一步促进股权结构的公众化和多元化以实现产权的规范；二是通过市场化的公司治理来提升企业的经营效率，最终通过深化国有资产的重组改造，来达到提升国有经济运行效率、促进社会经济健康有序发展的终极目标。

2013 年以来，国务院及各部委以推动混合所有制改革为方向，出台了一系列配套支持政策，以保证改革的平稳有序推进，例如，放宽市场主体准入条件，向民营资本开放非明确禁止进入的行业和领域，加快垄断行业改革。相关政策既包括激发社会投资活力的促进性政策，也包括对国企高管薪酬结构进行改革的限制性政策，还有具体到行业层面的规划，其政策手段之多、覆盖面之广、支持力度之大，实属罕见，详见表 2。

表 2　国务院及各部委配套政策推动"混改"

时间	政策名称	主要内容	单位
2013 年 11 月	《中共中央关于全面深化改革若干重大问题的决定》	提出"积极发展混合所有制经济"和"国有资本投资项目允许非国有资本参股"	国务院
2014 年 2 月	《关于废止和修改部分行政法规的决定》	运用法治方式推进政府职能转变,进一步放宽市场主体准入条件,激发社会投资活力	国务院
2014 年 3 月	《关于进一步优化企业兼并重组市场环境的意见》	放宽民营资本市场准入,向民营资本开放非明确禁止进入的行业和领域,加快垄断行业改革,规定优势企业不得利用垄断力量限制民营企业参与市场竞争。深化国有企业改革,加大国有企业内部资源整合力度,推动国有资本更多投向关系国家安全、国民经济命脉的重要行业和关键领域	国务院
2014 年 5 月	《关于 2014 年深化经济体制改革重点任务的意见》	强调有序推进电信、电力、石油、天然气等行业国企改革,加快发展混合所有制经济,建立政府和社会资本合作机制	国务院、国家发改委
2014 年 8 月	《中央管理企业负责薪酬制度改革方案》	深化中央管理企业负责人薪酬制度改革,实现薪酬水平适当、结构合理、管理规范、监督有效,调整不合理的偏高、过高收入。薪酬改革方案快速通过审核,显示国企改革特别是与"人"的因素相关的改革,已经成为中央工作的重点	中央政治局

时间	政策名称	主要内容	单位
2015 年 5 月	《关于 2015 年深化经济体制改革重点工作的意见》	国企改革"1＋N",强调推进政府自身改革,深化企业改革,落实财税改革,推进金融改革,加快推进城镇化、农业农村和科技体制改革,构建开放型经济新体制,深化民生保障相关改革,加快生态文明制度建设,同时完善工作机制,确保改革措施落地生效	国家发改委
2015 年 5 月	《2015 年度指导监督地方国资工作计划》	结合地方国有资产监管工作实际,制定 2015年度指导监督地方国有资产工作计划和具体分工	国资委
2015 年 6 月	《关于进一步做好中央企业增收节支工作有关事项的通知》	央企要加大内部资源整合力度,推动相关子企业整合发展,并加大资本运作力度,推动资产证券化,用好市值管理手段,盘活上市公司资源,实现资产价值最大化	国资委
2015 年 6 月	《关于在深化国有企业改革中坚持党的领导加强党的建设的若干意见》	坚持党的领导是我国国有企业的独特优势,坚持党的建设与国有企业改革同步谋划,党的组织及工作机构同步设置,坚持党管干部原则,把加强党的领导和完善公司治理统一起来,国有企业党组织要承担好从严管党、治党责任	中央深改组
2015 年 6 月	《关于加强和改进企业国有资产监督防止国有资产流失的意见》	坚持问题导向,立足机制制度创新,强化国有企业内部监督、出资人监督和审计、纪检巡视监督以及社会监督,加快形成全面覆盖、分工明确、协同配合、制约有力的国有资产监督体系	中央深改组

第二节　完善基本经济制度改革推进中的主要问题

　　党的十八大以来,推动国有企业混合所有制改革已经提上日程,各部委积极行动开展国有企业混合所有制改革的探索和实践。2015 年 9 月 13 日,《中共中央、国务院关于深化国有企业改革的指导意见》正式发布,为新一轮国企改革做出了"顶层设计"。但是我国推进国有企业改革,完善基本经济制度改革推进中仍然面临一系列问题。

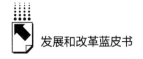

一　地方推进"混改"经验不足

党的十八大和十八届三中全会都对全面深化改革、推动国企改革做出了一系列重要的战略部署。但一直以来，国家层面的国有资本监管和国企改革一直在酝酿，直到前不久才出台了国有资本监管和国企改革的实施细则，新一轮的国有企业改革才刚刚开始，许多地方国有企业改革还处于探索之中。一是由于国有资本监管和国企改革相关的目标、内容、重点、步骤、措施等方面的指导性意见刚出台，具体怎么落实、如何落实尚不明确。二是国资委尚未出台国有企业功能定位、企业分类的依据和实施办法，国有企业的管理体制还处在探索之中。三是尽管部分省份已出台了国企改革方案，但各省份在国有企业管理体制等方面的做法不尽一致，许多省份在推进国企改革上力度不够，等待观望的现象较为严重。因此，国家层面应在深入研究、充分调研、试点推进的基础上，尽快制定并出台国企改革的总体规划、基本框架、路线图、时间表等具体细则，从而更好地指导地方国企改革。

二　"混改"社会认知尚需统一

新中国成立以来，国有企业的经营方式和国有资产的监管模式都处在改革和探索中，国有企业改革既有丰富的成功经验，也获得了大量深刻的教训，而对改革的认知度深浅和社会环境是否有利是改革成败的重要决定因素。党的十八届三中全会对全面深化改革若干重大问题做出了部署，进一步明确了国有资本监管和国企改革的方向，但仍有部分同志观念未能及时转变，对本轮国有企业混合所有制改革的重要性、紧迫性认识不到位。一种观点认为，国有企业是社会主义国家执政的经济基础，改革国企，使国企股份化和私有化，最终会影响国家对市场经济的控制权和影响力，从而动摇社会主义基本经济制度；另一种观点认为，国有企业改革就是简单的国有资产私有化，国有企业完全退出市场经济。此外，还有一种观点认为，当前经济下行压力较大，许多国有企业经营困难，正在结构调整和转型升级过程中，稳定是当前国有企业发展的首要任务，因此不适合在当前推进国有企业改革。

这些模糊认识和对国有企业改革的歪曲理解，不利于加快推进国有资本监管和国企改革，会影响我国经济结构的战略性调整和产业转型升级。

国有资本监管和国企改革涉及社会各方的利益，良好的经济社会环境是顺利推进改革的重要保障。国有资本监管和国企全面改革，特别是通过集体资本、非公有资本等交叉持股、相互融合推动混合所有制经济发展，其前提是不断完善产权保护制度、职业经理人选聘激励等有关制度，健全法律、法规保障体系，否则民营企业或社会资本参与国企改革往往担心权益得不到有效保护，从而其参与国企改革的积极性和主动性就会受影响。目前，国有企业混合所有制改革缺乏良好的政策环境，制约了国企改革的有效推进。

三 国企改革动力不足

国有企业既是混合所有制改革的主体和对象，也是主要推动者和执行者，因此混合所有制改革取得成功的关键涉及两个方面，一是政府的积极推动，二是国有企业的自身意愿。由于国有企业在我国经济社会发展中具有特殊的地位，不仅占有高端的人才、雄厚的资本、先进的技术、完善的管理、良好的政企关系等资源优势，而且具有很高的社会地位和政治地位，已经形成了国有企业固有的利益格局。当前，通过推进国企改革，充分发挥市场在资源配置中的决定作用，不仅要建立市场化的职业经理人选聘制度，严格规范国有企业管理人员薪酬水平、职务待遇、职务消费、业务消费等待遇，而且要建立以管资本为主的国有资产监管体系，同时还包括完善国有企业和国有资产的长效激励约束机制，强化国有企业经营投资责任主体等改革内容。这些，必然会影响国有企业原有的利益分配格局。因此，国有企业缺乏改革动力，这也是一直以来阻碍和影响国有企业混合所有制改革的重要因素之一。

国有企业属于全民所有，由政府委托国有资产监管部门进行监督和管理，因此自国有企业成立之日起，国有企业就与政府机构建立了天然的联系。无论从出资人的职能看，还是从管理者的角度看，两者之间都存在权利的延伸和资源的控制，组织部门代表着国有资产的出资人和管理者，决定着

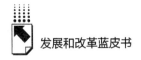

国有企业领导人的级别和任免，一些国有企业自然成为其主管部门的资金、资源提供者。因此，通过混合所有制改革，实行政企分开、政资分开，仍然需要经历一个十分艰难的过程。

四　产权多元化改革存在困难

共识是行动的先导，没有统一的认识，就不可能有统一的行动。这一点在过去我国国企改革实践中得到充分证明。但是，大型国企产权多元化改革的最大难点恰恰在此。特别是在国际金融危机影响下，国有企业的一些表现使关于大型国企改革的争论卷土重来，形成推进大型国企产权多元化改革的思维障碍和舆论阻力。一方面，垄断领域的国企缺乏改革意愿。随着我国技术进步的加快和经济体制改革的不断深入，垄断的产业范围不断缩小。但由于垄断企业所享受的政策待遇和服务待遇等十分特殊，因此，企业仍然崇尚垄断、依恋垄断甚至千方百计追求"进入"垄断领域。同样，已"身处"垄断领域的企业更是不愿意退出垄断。另一方面，利益相关的管理机构缺乏改革动力。由于垄断领域国企是"赢利"的主力军，经营状况大大好于非垄断领域国企，大型国企及其相关管理机构都是既得利益者，在维护垄断以继续获得利益方面的立场是一致的。因此，其利益相关的管理机构没有动力推进国企的产权多元化改革。在垄断领域，它们对改革的阻挠会成为未来垄断领域国企产权多元化改革的重大难题。

五　预算软约束问题严重

预算软约束指国有企业预期政府作为出资人会在其经营不景气或者经营困难的时候出面资助，企业缺乏有效的激励，导致国有企业经理人不努力提高企业经济绩效，企业经营效率低下，于是出现国有企业连年亏损、濒临倒闭的境况。国有企业的预算软约束问题实际上可以归结为委托－代理问题，即委托人不能事前有效承诺不向代理人提供帮助，从而导致代理人激励不足的问题。

国有企业改革成效不理想、经营效率普遍较低与预算软约束具有很大的关系。我国政府不是很重视或忽视对国有企业的预算硬约束，表现为国家对国有企业实行预算软约束。因此，大部分国有企业经理人都没有足够的动力去改善或提高国有企业的经营效率。企业经营好了，国有企业管理人员就失去了对利润等的剩余索取权；即使企业经营不善，国家也会兜底，国家可以通过银行信贷、股市融资等方式继续增加对国有企业的贷款，甚至会通过财政补贴的方式为企业"输血"。同时，国有企业倒闭不仅会减少大量税收，而且会影响就业，形成巨大的社会成本和不稳定因素，所以政府也不允许国有企业倒闭。因此，在预算软约束下，绝大部分国有企业的经营绩效总是低于民营企业的平均水平。

六 国企改革缺乏系统设计

一直以来，我国国有企业改革都存在严重的"重单体、轻系统"现象，比较注重推进单个企业或单个领域、单个地区国有企业的改革，而忽视国企改革的系统性和整体性，忽略国有企业原有的系统价值，从而造成国有资产的潜在流失。从改革的实际效果来看，国有企业改革存在以下两方面问题。一方面是企业的生存和发展问题仍然没有解决。改制以后，虽然企业的产权已经明晰、职工的身份已经转换，但这些企业由于缺乏比较优势和经营动力，企业经营仍然较为困难。另一方面是丧失了产业链优势。以单个企业为对象的改革打破了原有的产业链生态，使得企业过去建立和维系的产业生态系统断裂，原料、物流、品牌、仓储等产业链整体优势丧失，改革后许多工业企业不得不自建原料基地和营销网络，营运成本居高不下，造成社会资源的浪费。

七 国有产权退出不够规范

国有企业从一般竞争性领域和行业退出，在宏观政策层面和法律层面已没有任何障碍。但在国有产权退出的过程中，由于操作不够规范、监管不到位等原因，还存在许多国有资产流失的现象。一是评估减值。中小型国有企业的生存和发展，在一定程度上取决于经营者的能力。这些企业进行改制时，内部人往往会在评估环节上做文章，出现联手侵吞国有资产的现象。如在某中小型国有企业改制时，原企业经营者通过虚增应付账款、隐匿资产等方式侵吞国有资产 80 多万元。二是过度核销资产。由于中小型国有企业的经营管理不够规范，国有资产监管不到位，企业经营处于混乱状态。在清产核资时，经常发现存在账实不符的情况。为加快改制速度，国有企业在推进改革过程中往往随意核销各种资产，从而造成大量的国有资产损失。三是资产变现缺乏透明度。国企改革过程中有两大主要任务需要特别注意，分别是明晰企业产权和妥善安置职工。在国有资产退出时，企业为解决职工的再就业问题，会鼓励内部职工优先购买国有资产，这种操作的透明度相对较差，在内部投标过程中，串标、压标行为时有发生。

八 国有资产后续管理乏力

国有企业改革以后，国有资本管理部门在国有股权、剥离资产、核销资产、土地资产等的后续管理上乏力，导致国有权益、资产的贬值或流失。首先，国有股权管理不到位。由于缺乏健全的管理营运体系，改制后企业的国有股权管理处于混乱状态。一方面，国有资本管理部门很难行使股东的权利。如许多改制后的国有企业，国有股权虽占比最大，但国有股权代表难以按正常程序进入董事会。另一方面，存在侵蚀国有股权收益的现象。企业保留国有股权以后，通过增加职工的工资、福利等分配方式，冲抵企业的股权收益，内部股东与外部股东之间的实际收益存在巨大的差距。其次，剥离、核销资产缺乏管理。按照改制政策，国企改革需要大量剥离非经营性资产和核销不良资产，国有资本管理部门对已剥离、核销资产缺乏专门的管理，已剥离的非经营性资产经常被新企业无偿占有、使用甚至随意处置，而已核销不良资产常处于管理的真空状态，造成国有权益的流失。最后，土地资产流失严重。改制时，优惠处置土地资产的目的是减少企业的经营成本，土地出让金的终极收益原则上是国有的。但实际上，企业对土地优惠政策的理解和执行存在偏差，部分企业将低价取得的土地资产按市值变现后分配给股东，造成国有土地资产的流失。因此，应该对改制企业的土地使用权转让进行规范和制约，防止土地资产的流失，如改制土地资产变现时要足额补缴减免的土地出让金，并如数缴纳增值税和所得税。

第三节　进一步改革的主要方向、重点任务及政策建议

明确国有企业改革的主要方向、重点任务是确保国有企业改革得以顺利推进的重要保障。一直以来，我国在推进国有企业改革方面做了大量探索，通过在多个行业、多个地区开展试点的方式来探索国有企业混合所有制的实现模式，同时探索国有资产监督管理模式。

一　国有企业混合所有制改革的主要方向

1. "四线并进"突出重点

（1）立足于国有企业，吸引民营资本、国外资本与国有资本融合。当前，国有资本是我国国民经济和社会发展最重要的资本力量，国有企业改革也是我国经济转型和结构调整的重要推动力。经过 30 多年的对内改革和对外开放，目前国有及国有控股企业的混合所有制得到快速发展。在中央企业及其下属企业中，引入民营资本、国外资本等非公有资本形成的混合所有制企业约占企业总数的 50%，地方国有企业的这一比例更高。但也存在一些问题：在中央企业及其下属企业中，尚未引入非公有资本形成混合所有制的企业比重仍然达到 50%；即使引入非公有资本形成混合所有制的，绝大多数依然是国有控股，非公有资本参股的比重较小；引入非公有资本主要在央企下属企业层面进行，而央企母公司寥寥无几。由此可见，国有企业发展混合所有制仍然具有较大的发展空间。

（2）立足于民营企业，让国有资本、国外资本与民营资本融合。民营资本是改革开放以来新崛起的一支重要资本力量，存在机制灵活、就业带动性强等优点，具有发展混合所有制的潜力，但过去对混合所有制改革主要采取第一种方式，即吸引民营资本、国外资本与国有资本融合，而将民营独资企业改造成混合所有制企业的比较少。中央提出"鼓励发展非公有资本控股的

混合所有制企业",是对混合所有制企业的一个重大创新,具有广阔的发展空间。国有资本参与民营企业的经营,既扩大了民营企业的资本来源,又规范了民营企业的治理结构,还能够带动民营企业进入一些限制进入领域,是支持民营经济发展的实际体现,也有利于国有资本分享民间经济发展的成果。

(3)立足于外资企业,让国有资本、民营资本与国外资本融合。随着国际经济一体化的发展,平等对待国内外资本成为当今世界的新要求。过去我们吸引外资的手段主要集中在税收优惠、土地供应等政策上,手段有限,也造成了对其他资本的不公平。引导国内的各类资本(包括国有资本)参与外资项目,不仅是吸引外资的新举措,也是国有资本投资的新方向,为国有资本的保值增值提供了新手段。1978年以来,我国大量引进国外的先进技术、管理经验和资本,外资在我国已经具有较大的规模。随着外资企业资本扩张需求的不断增强,它们可能通过引入国有资本和民营资本的方式进行变革,因此外资是发展混合所有制的另一支重要力量。由于外资在我国具有较大的市场规模,利用跨国并购的方式发展混合所有制具有很大的发展潜力。

(4)立足于企业员工,实行员工持股。尽管各类企业员工拥有的财产数量不大,但由于员工的人数较多,因此企业员工在混合所有制改革中的力量不可忽视。员工持股主要是对关键管理人员和技术骨干等实行股权激励,留住企业内的优秀人才,使其长期或终生为企业效力,有利于"形成资本所有者和劳动者利益共同体"。从过去的经验可以看出,国有企业推行员工持股执行起来比较困难,容易造成国有资产的流失。而混合所有制经济不同,它本身就是股份制经济的一种形式,国有股权的边界清晰,在企业内推行员工持股,使员工既是持股者又是劳动者,有利于进一步调动企业员工的积极性、主动性和创造性,从而提高企业的营运水平和竞争力。但是,要注意加强对混合所有制改革过程中员工持股计划执行过程的监管,严禁把员工持股搞成私分公有资产。

2.放宽行业准入,实行负面清单

(1)把握底线。民营资本如何进入限制性行业甚至垄断性行业是混合所有制改革的一个关键问题。党的十八届三中全会明确指出,实行统一的市场准入制度，在制定负面清单的基础上，各类市场主体可依法平等进入清单之外的领域。在行业准入的问题上，国资委提出了混合所有制改革的四种实现形式（见表3）。

表3　混合所有制改革的四种实现形式

国企类型	建议的混合形式
涉及国家安全	国有独资
涉及国民经济命脉的重要行业和关键领域	国有绝对控股
涉及支柱产业和高新技术产业等的行业	国有相对控股
国有资本不需要控制并可以由社会资本控股	国有参股或者全部退出

混合所有制改革的关键在于明确国有资本的控制底线，在底线之上应积极推进垄断性行业和限制性领域的开放，逐步使民营资本通过混合所有制方式进入垄断性行业。国有资本控制底线主要包括：首先是涉及国家安全的产业，如航空、航天等军工领域；其次是真正的自然垄断性环节，即具有网络系统性特征的环节，如电网、通信网、民航网、铁路网、邮政网等，但要实行在一定范围内的市场竞争；再次是公益性行业，应尽快把那些非公益性业务和竞争性业务从公益性行业中剥离出去，同时对这类企业的预算、资金来源、资金使用等细节实施严格的管理；最后是真正的法令性垄断，如烟草、医药、盐业等行业，这些行业在一定程度上实行专卖制度。

（2）积极突破。在坚持底线的基础上，混合所有制改革将在战略性行业中的非核心业务领域、自然垄断中的竞争性环节领域、纯粹行政垄断领域等三个领域实现突破。

战略性行业中存在着众多的非核心业务。钢铁、汽车、化工、电子、造船等战略性竞争行业，往往关系到国家安全和经济命脉，必须维持国有资本的支配性地位。但由于此类行业业务繁多，可以充分利用和引导非公有制经济参与非核心业务的合作，以提高整体的经营管理效率。即便是军品生产，只要不涉及国家安全和军事机密，如在监管到位的情况下，常规武器的一些非核心零部件，也可以让民营企业充分参与，打造混合所有制经济。但在此

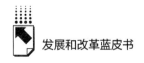

过程中，必须坚持和加强国有经济的控制力，防止非公有制经济成分和企业反客为主，蚕食国有企业的核心地位。

邮政、电网、交通运输、城市供水供暖供气等自然垄断行业，具有对严格统一的运营与管理的内在要求而不可能充分竞争。但随着技术进步、垄断行业改革和我国产业结构调整步伐的加快，许多过去处于自然垄断形态的业务或环节，已经不再具有自然垄断属性，基本具备了竞争性行业的特征，完全可以放开垄断以提高经营效率和提升服务质量。中国石化对销售环节业务的重组，将国企垄断行业的部分环节独立出来向社会资本开放，提升了企业的服务效率，成为当前我国混合所有制改革的典范。

现阶段，我国经济运行中还存在文化、教育、医疗、法律服务等公共服务行业，这些行业属于纯粹的行政性垄断行业，民间资本进入这些行政垄断行业面临严格的制度障碍或壁垒。这些单纯由行政造成的垄断，完全不具有经济效益的优势，可以成为混合所有制改革首先推进的对象。在打破行政性垄断过程中，强化政府监管独立性的同时，要着力遏制既得利益集团通过寻租来影响政府决策，或出于小集团利益而故意阻碍民营资本进入的行为，为各类社会资本进入垄断行业打造方便之门。

3. 两层面、三市场共同推进

（1）两层面：存量调整，增量引入

在存量层面，要通过优化重组改善企业的组织结构，支持外部企业通过合作合伙、联合兼并等方式转换国有企业的经营机制，实现股份制改造，建立法人治理结构，推动国有企业成为混合制企业，不断提升国有企业的经营效率，实现国有资产的保值增值。

在增量层面，党的十八届三中全会提出国有资本投资项目要允许非国有资本参股，因此，应当适度放宽非公有资本进入竞争性领域的限制和壁垒，鼓励和支持民营资本通过更多渠道参与国家重要行业非关键性领域的建设，扩大非公有资本的投资空间。

（2）三市场：股票市场，产权市场，私募市场

在股票市场，由于股票市场的股本具有流动性强、定价公开、价格随时

变化的特征，为国有企业混合所有制改革提供了一个很好的平台。国有企业混合所有制改革可以通过不断完善企业的法人治理结构，利用股票市场的资本经营手段引入各种民间资本和国外资本，实现股本结构的多元化，从而使国有企业实现更广泛、更高水平的混合所有制。

在产权市场，作为公开市场，产权市场在股本流通、交易中的重要性也日益提高，目前国内产权交易日益成熟，为国有企业混合所有制改革创造了条件。对于非上市、没有公开市场报价的国有企业而言，产权市场可以提供更为公开、透明的交易框架，使企业按照更为规范的方式进行企业重组并重新梳理股权与治理结构，是国有企业更为市场化的重组平台。

在私募市场，随着 PE 等投资机构的发展，私募市场也越来越成为处于初级发展阶段企业的重要股本交易场所。一般来讲，单个国有企业把 PE 作为融通资本、转换机制的工具，而多个国有企业联合把 PE 作为联合投资境外并购的伙伴，因此国有资本、民营资本混合可以将 PE 作为吸收民间资本参与自然垄断企业或特许经营行业投资的平台。

由于不同发展阶段和规模的企业股本流通特点存在差异，股票市场、产权市场、私募市场各自为不同类型企业提供了适宜的股本流通场所。以上三类市场的发展为我国推进"混改"提供了重要操作场所和工作平台。

（3）一企一策，规范运作

由于每个国有企业的所处行业、股权结构、发展历史等都存在较大的差异，因此在具体实施中，应当实行一企一策，对国有企业进行分类研究，从而有针对性地根据企业类型提出改革和经营措施，避免国有企业混合所有制改革"一刀切"。同时，国有企业混合所有制改革要统筹安排、系统推进、稳妥操作，确保改革过程的公开透明和规范运作，坚决杜绝改革中发生腐败行为，严格防止国有资产的流失。

二　国有企业混合所有制改革的政策建议

1. 实施国有企业分类改革

推进混合所有制改革需要对国有企业进行准确定位和分类，在此基础上推进混合所有制改革。首先，应根据不同国有企业的功能定位、地位作用进行分类改革。目前，根据企业不同类型，可以将国有企业划分为公益类或公共服务类、保障类或战略类以及商业类或竞争类三大类。《决定》指出："国有资本投资运营要服务于国家战略目标，更多投向关系国家安全、国民经济命脉的重要行业和关键领域，重点提供公共服务、发展重要前瞻性战略性产业、保护生态环境、支持科技进步、保障国家安全。"同时，《决定》强调，国有资本要加大对公益性企业的投入，在提供公共服务方面做出更大贡献。按照"有进有退，有所为有所不为"的原则，对关系国家安全或国家经济命脉的行业和领域，如航天、航空、核电等重要企业以及某些由生产技术特点决定的自然垄断环节和重要的基础设施企业、提供公共产品和劳务的公共企业等，可实行国有独资或绝对控股形式；对体现国家战略导向的行业和领域，可以实行相对控股形式；对竞争类行业的企业，可实行国有参股经营，甚至国有股全部退出。采取"负面清单"模式，明确划定少数不宜开展混合所有制行业和企业的负面清单，即使在自然垄断行业，也要区分自然垄断环节和非自然垄断环节。逐步放开非自然垄断环节。随着科技进步和商业模式的创新，一些自然垄断领域也将转变为非自然垄断领域，从而可以引入竞争。

2. 完善国有资产监管体制

《决定》提出，"完善国有资产管理体制，以管资本为主加强国有资产监管，改革国有资本授权经营体制，组建若干国有资本运营公司，支持有条件的国有企业改组为国有资本投资公司"。这意味着，我国国有企业和国有资产管理体制改革已经进入全新的阶段。国有资本监管部门要转变国有资本监管方式，形成与混合所有制经济相适应的国有资产监督和管理体系，真正实现从"管企业"到"管资本"的转变。积极探索"以管资本为主加强国有资本监管"的新方法、新手段和新模式，重点加强发展战略和规划的制定，通过管理资本投向、规范资本运作、提高资本回报逐步致力于国有资本的优化配置。国有资产监督管理机构要适应国有资产资本化的趋势，代表国家行使出资人权力，在公司法的范围内运作，而不能再以国有资产的监管主体身份来干扰混合所有制企业的正常运转和具体业务，要充分发挥市场的作用，将国有企业真正推向市场。

3. 完善投资管理体制

当前，在许多以国有企业为主的行业和领域中非公有资本进入的限制太多、准入门槛太高，制约了国有企业改革的推进。为此，应当进一步放宽行业准入限制，制定非公有资本进入负面清单，允许非公有资本进入法律法规未禁入的基础设施、公用事业及其他行业和领域，允许和支持非公有制企业参与国企改革。在许多不涉及国家安全的行业和领域，应该充分允许民营资本进入，甚至达到控股地位；在某些不适合民营资本控股的行业，在保证国有资本绝对控股地位的前提下，也应该放开对社会资本的股权比例限制。《决定》提出，"国有资本投资项目允许非国有资本参股"，同时李克强总理在 2015 年的政府工作报告中提出，要制定非国有资本参与中央企业投资项目的办法，在金融、石油、电力、铁路、电信、资源开发、公共事业等领域，向非国有资本推出一批投资项目，实施铁路投融资体制改革，在更多领域放开竞争性业务，为民间资本提供大显身手的舞台。为此，要做好混合所有制改革的顶层设计，制定非国有资本参与中央企业投资项目的实施细则和办法，国有企业要拿出一批实实在在的项目吸引非公有资本进入，形成示范和带动效应。需要提及的是，未来混合所有制经济的发展，不仅是国有企业引入民间资本的单向混合，而且是包括国有资本参股民营企业的双向混合。

4. 进一步深化产权改革

产权制度改革，尤其是产权（股权）结构优化，是国有企业混合所有制改革的关键和重点内容。充分利用市场机制，通过产（股）权转让、增资扩股、资产重组、规范上市等方式引入多元化投资主体，实现企业产权（股权）结构的多元化、分散化和合理化。首先是积极引入战略投资者参与大型国有企业改革。国内许多大型民营企业、国内外其他优势产业资本作为重要战略投资者，具有实业经验丰富、市场化经营机制完善、富于企业家精神的优势，要通过存量购买和增量稀释的方式受让国有股权，实现股权多元化。其次是积极培育和发展机构投资者。重点培育包括社保基金、养老基金、保险基金和股权投资基金等在内的机构投资者，支持机构投资者参与国有企业混合所有制改革，充实企业的资本金，优化国有企业的股权结构。最后是推进国企经营者和员工持股。经营者持股有利于建立长效激励机制，减少经营者的道德风险；员工持股有利于充分调动职工的积极性和主动性，增强企业的活力和竞争力。党的十八届三中全会提出，"允许混合所有制经济实行企业员工持股，形成资本所有者和劳动者利益共同体"。为此，要从维护国家利益、维护社会分配公平正义出发，探索混合所有制企业经营者和员工持股的有效途径和办法，有条件的企业可先行先试，明确划定实行混合所有制的行业和企业不宜搞员工持股的禁区清单。

5. 推进企业股份制和公司制改革

创新国有企业改革的实现形式，采取多种形式对国有企业进行股份制和公司制改造。首先是推进股份制改革。通过引入民营资本、港澳资本以及国外资本对国有企业进行股份制改革，用国有企业的存量资本吸收非国有资本、国外资本，鼓励通过注入资本的方式建立由多个国有法人、非国有法人、国外投资者组成的股份制企业。积极实施"股权均等化"，使民营资本和国有资本享受"同股同权"待遇，充分发挥市场机制在混合所有制改革中的核心作用。非公有制经济的所有权主体明确，具有更加关注企业的效率和长远发展的优势，他们参与企业的决策能够有效制约国有企业管理者的短期行为，提高企业的决策质量和水平。其次是通过资本市场实现国企的公司制改造。发挥资本市场对国有企业改革的作用，大力推进企业利用国内外资本市场融资，通过推动企业整体上市或核心业务资产上市等方式使上市成为混合所有制改革的重要渠道。进一步规范资本市场发展，增强股权的流动性，通过资本市场实现产权的流动和重组。允许国有股、法人股上市流通，通过国有股转让、股权置换等方式减持国有股。再次是通过培育和发展产权市场推动国有企业的公司化改造。通过兼并、收购、拍卖、转让、接管等多形式、多渠道、多层次的产权交易，促进国有产权的流动与转让。国家通过交易平台为其中的交易者提供一定的政策支持和税收优惠，支持国有企业的混合所有制改革。最后是完善公司治理结构。混合所有制企业要按照股权结构、经营行业、企业特征有针对性地设计法人治理结构，从而建立与之相匹配的国有资产监督与制衡机制。

6. 加强国有资产的监督和管理

积极推动国有企业改革，通过明晰产权关系、强化资产评估、规范产权流转、加强资产监管等手段来加强对国有资产的监督和管理，防止国有资产各种形式的流失，保护国家和人民的权益。一是要建立国有股权的市场化定价机制。充分发挥市场的价格发现作用和对资源配置的决定性作用，通过公开竞价的形势来决定国企资产价格。二是要完善国企审计和评估流程。完善审计和评估机制，确保审计与评估相互独立、相互验证和相互监督，保证评估结果的客观与中立。注意减少乃至杜绝寻租行为及暗箱操作，避免国有资本流失，让民营资本、国有资本共享混合所有制改革的成果。三是要规范国企股权转让程序。完善信息披露机制，确保信息披露具有及时性、持续性和完整性并接受社会监督，实现阳光化、透明化操作，强化国有股权转让的公开透明和规范运作。四是要建立惩戒机制。要加强职能部门的监管，引入社会监督，形成重大违法案件的终身责任追究机制，坚决杜绝混合所有制改革过程中的不当利益输送和腐败。

7. 营造公平的市场竞争环境

建立公平、公正的市场竞争环境是完善基本经济制度、确保经济平稳运行的基础和保障。首先要建立产权清晰、权责明确、保护严格、流转顺畅的现代产权制度。万华炜、程启智（2008）认为，只有合理的产权制度安排才能减少市场交易成本，提高配置资源的效率，使国民福利最大化。制度经济学理论认为，产权是现代企业制度的核心，各种产权得到公平、有效的保护是完善产权制度的核心。要加强市场机制和法律体系建设，努力完善产权流动的市场机制和产权保护的法律体系，及时废止和修订不能保护各类市场主体合法权益的相关法律法规，打破体制机制障碍，清除对民营资本和外资的歧视，切实保护各类市场主体的权益，保护法人和自然人的资产、收益以及其他合法权益。其次要完善各类市场规则，建立统一、公正、开放、有序

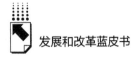
的现代市场体系。坚持权利平等、机会平等、规则平等，清理和修订限制非公有制经济发展的政策法规，消除体制机制障碍，使不同性质和所有制的企业能够公平地参与市场竞争，获得平等的发展机会。打破地方垄断和保护，确保跨地区投资形成的混合所有制企业与当地企业享有同样的待遇。最后要简政放权，推进政府管理体制改革，切实转变政府行政职能，减少和下放审批事项，同时加强对审批事项的事中、事后监管，营造有利于企业发展的服务环境。

参考文献

［1］《中共中央关于全面深化改革若干重大问题的决定》，人民出版社，2013，第31～35页。

［2］《党的十八届三中全会〈决定〉学习辅导百问》，学习出版社、党建读物出版社，2013，第47页。

［3］应焕红：《发展混合所有制经济的制约因素与政策选择》，《学习论坛》2015年第2期。

［4］周新城：《关于巩固和完善基本经济制度的若干问题》，《学习论坛》2014年第8期，第31～35页。

［5］肖贵清、乔惠波：《混合所有制经济与国有企业改革》，《社会主义研究》2015年第3期，第50～56页。

［6］卫兴华、郭召鹏：《从理论和实践的结合上弄清和搞好混合所有制经济》，《经济理论与经济管理》2015年第1期。

［7］刘泉红：《以混合所有制经济为载体深化国企改革》，《前线》2014年第2期。

［8］宁志：《公司法人治理结构的来由及案例启示》，中国烟草资讯网，2008年1月1日，http://www.echinatobacco.com/zhongguoyancao/2008-01/01/content_128356.htm。

［9］朱珍：《经济新常态下混合所有制的改革方式与推进要点》，《江南大学学报》2015年第3期。

［10］万华炜、程启智：《中国混合所有制经济的产权经济学分析》，《宏观经济研究》2008年第2期，第35～38页。

B.3
现代市场体系建设

姜 磊*

摘　要：　由于我国采取先易后难的渐进式改革，在改革开放实施30多年后的今天，改革进入了攻坚阶段的"深水区"，很多体制性问题已经严重掣肘当前的经济增长，并且阻碍着我国经济的升级转型。本报告回顾了2013年以来我国出台的大量建设和完善现代市场体系的改革政策，对当前面对的很多突出的体制性问题进行了梳理和分析，并提出了相应的政策建议。

关键词：　现代市场体系　资本市场　土地市场　劳动力市场　科技体制

第一节　2013年以来我国现代市场体系
建设的主要进展及评价

现代市场体系不仅包括消费品和生产资料等商品市场，而且包括资本市场、劳动力市场、技术市场、信息市场以及房地产市场等生产要素市场。其中，商品市场、资本市场和劳动力市场是现代市场体系的核心，现代市场经济只有借助于完整的市场体系，才能实现资源的有效配置。

现代市场体系主要具有以下特征。第一，统一性。现代市场体系是各种相互作用、相互联系在一起的子市场的有机结合体。第二，开放性。市场主

---

* 姜磊，中国社会科学院研究生院，经济学博士，研究方向为制度经济学、宏观经济政策。

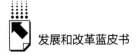

体能够自由地进入市场参与竞争，商品和要素能够在不同行业、部门、地区、国家间自由流动，对外开放是渐进的、全方位的。第三，竞争性。在各类市场竞争中，垄断竞争对当代市场体系的开放具有特别重要的意义，它要求并且促进了国际分工，扩大了产品的市场空间，促进了市场一体化。第四，有序性。有序的市场体系才有高效率的配置资源。第五，脆弱性。经济全球化存在一系列矛盾，易于形成对市场体系的冲击，各种外部冲击导致市场体系的脆弱性，这些冲击可能来自商品市场，也可能来自资本市场，还可能来自资本市场和货币市场的投机性冲击。

党的十八届三中全会通过的《中共中央关于全面深化改革若干重大问题的决定》（本文以下简称《决定》）对现代市场体系建设做出了重要指导："建设统一开放、竞争有序的市场体系，是使市场在资源配置中起决定性作用的基础。必须加快形成企业自主经营、公平竞争，消费者自由选择、自主消费，商品和要素自由流动、平等交换的现代市场体系，着力清除市场壁垒，提高资源配置效率和公平性。"这一提法是我党在发展市场经济和建设现代市场体系方面的重大理论突破，使得我国现代市场体系建设取得了突飞猛进的进展。《决定》的重点内容见表1。

表1 《决定》的重点内容

市场规则	实行统一的市场准入制度，在制定负面清单基础上，各类市场主体可依法平等进入清单之外领域。探索对外商投资实行准入前国民待遇加负面清单的管理模式。推进工商注册制度便利化，削减资质认定项目，由先证后照改为先照后证，把注册资本实缴登记制逐步改为认缴登记制。推进国内贸易流通体制改革，建设法治化营商环境
	改革市场监管体系，实行统一的市场监管，清理和废除妨碍全国统一市场和公平竞争的各种规定和做法，严禁和惩处各类违法实行优惠政策行为，反对地方保护，反对垄断和不正当竞争。建立健全社会征信体系，褒扬诚信，惩戒失信。健全优胜劣汰的市场化退出机制，完善企业破产制度
价格机制	凡是能由市场形成价格的都交给市场，政府不进行不当干预。推进水、石油、天然气、电力、交通、电信等领域价格改革，放开竞争性环节价格。政府定价范围主要限定在重要公用事业、公益性服务、网络型自然垄断环节，提高透明度，接受社会监督。完善农产品价格形成机制，注重发挥市场形成价格作用

土地市场	在符合规划和用途管制的前提下,允许农村集体经营性建设用地出让、租赁、入股,实行与国有土地同等入市、同权同价。缩小征地范围,规范征地程序,完善对被征地农民合理、规范、多元保障机制。扩大国有土地有偿使用范围,减少非公益性用地划拨。建立兼顾国家、集体、个人的土地增值收益分配机制,合理提高个人收益。完善土地租赁、转让、抵押二级市场
资本市场	扩大金融业对内对外开放,在加强监管前提下,允许具备条件的民间资本依法发起设立中小型银行等金融机构。推进政策性金融机构改革。健全多层次资本市场体系,推进股票发行注册制改革,多渠道推动股权融资,发展并规范债券市场,提高直接融资比重。完善保险经济补偿机制,建立巨灾保险制度。发展普惠金融。鼓励金融创新,丰富金融市场层次和产品
	完善人民币汇率市场化形成机制,加快推进利率市场化,健全反映市场供求关系的国债收益率曲线。推动资本市场双向开放,有序提高跨境资本和金融交易可兑换程度,建立健全宏观审慎管理框架下的外债和资本流动管理体系,加快实现人民币资本项目可兑换
	落实金融监管改革措施和稳健标准,完善监管协调机制,界定中央和地方金融监管职责和风险处置责任。建立存款保险制度,完善金融机构市场化退出机制。加强金融基础设施建设,保障金融市场安全高效运行和整体稳定
科技体制	建立健全鼓励原始创新、集成创新、引进消化吸收再创新的体制机制,健全技术创新市场导向机制,发挥市场对技术研发方向、路线选择、要素价格、各类创新要素配置的导向作用。建立产学研协同创新机制,强化企业在技术创新中的主体地位,发挥大型企业创新骨干作用,激发中小企业创新活力,推进应用型技术研发机构市场化、企业化改革,建设国家创新体系
	加强知识产权运用和保护,健全技术创新激励机制,探索建立知识产权法院。打破行政主导和部门分割,建立主要由市场决定技术创新项目和经费分配、评价成果的机制。发展技术市场,健全技术转移机制,改善科技型中小企业融资条件,完善风险投资机制,创新商业模式,促进科技成果资本化、产业化
	整合科技规划和资源,完善政府对基础性、战略性、前沿性科学研究和共性技术研究的支持机制。国家重大科研基础设施依照规定应该开放的一律对社会开放。建立创新调查制度和创新报告制度,构建公开透明的国家科研资源管理和项目评价机制
	改革院士遴选和管理体制,优化学科布局,提高中青年人才比例,实行院士退休和退出制度

一 市场规则

2014 年 11 月 26 日,国务院印发了《国务院关于创新重点领域投融资机制鼓励社会投资的指导意见》(本文以下简称《指导意见》),从顶层设计角度出发整体部署,激发市场主体活力和发展潜力,稳定有效投资,加强薄弱环节建设，增加公共产品有效供给，促进经济结构的升级转型和惠及民生。《指导意见》针对我国经济社会发展中暴露的薄弱环节，如公共服务、生态建设、基础设施等，提出了共7个方面措施（见表2）。

表2　《指导意见》提出的措施

序号	内容
1	创新生态环保投资运营机制。鼓励林权依法规范流转，推进生态建设主体多元化，推动环境污染治理市场化，积极开展排污权、碳排放权交易试点
2	鼓励社会资本投资运营农业和水利工程
3	推进市政基础设施投资运营市场化。推动市政建设运营事业单位企业化管理，改进市政基础设施价格机制，支持县城和重点镇市政建设运营引入市场化机制
4	改革完善交通投融资机制。用好铁路发展基金平台和铁路土地综合开发政策，完善铁路运价形成机制，逐步建立高速公路与普通公路统筹发展机制
5	鼓励社会资本加强能源设施投资。理顺能源价格机制，鼓励社会资本参与清洁能源、电网以及油气管网和储存设施建设
6	推进信息和民用空间基础设施投资主体多元化。鼓励民间资本投资宽带接入网络建设，参与民用空间基础设施建设
7	鼓励社会资本加大社会事业投资力度，加快社会事业公立机构分类改革

在《指导意见》的精神下，各部委出台了大量重点政策措施，以明确分工（见表3）。

表3　各部委主要政策措施

序号	政策措施	负责单位	出台时间
1	大力推行环境污染第三方治理	国家发改委、环境保护部	2014年底
2	推进排污权、碳排放权交易试点，鼓励社会资本参与污染减排和排污权、碳排放权交易	财政部、环保部、国家发改委、林业局、证监会（其中碳排放权交易由国家发改委牵头）	2015年3月底
3	鼓励和引导社会资本参与节水供水重大水利工程建设运营的实施意见，积极探索多种形式的水权交易流转方式，鼓励社会资本参与节水供水重大水利工程投资建设	水利部、国家发改委、证监会	2015年3月底

序号	政策措施文件	负责单位	出台时间
4	选择若干县城和重点镇推行试点,加大对市政基础设施建设运营引入市场机制的政策支持力度	住建部、国家发改委	2014 年底
5	通过业主招标等方式,鼓励社会资本投资常规水电站和抽水蓄能电站	国家能源局	2014 年底
6	支持民间资本投资宽带接入网络建设和业务运营	工信部	2015 年 3 月底
7	政府投资支持社会投资项目的管理办法	国家发改委、财政部	2015 年 3 月
8	创新融资方式,拓宽融资渠道	中国人民银行、银监会、证监会、保监会、财政部	2015 年 3 月
9	政府使用包括中央预算内投资在内的财政性资金,支持重点领域产业投资基金管理办法	国家发改委	2015 年 3 月
10	完善价格形成机制,增强重点领域建设吸引社会投资能力	国家发改委、国务院有关部门	2015 年 3 月

在监管体系改革方面,国务院于2014年6月4日印发了《国务院关于促进市场公平竞争维护市场正常秩序的若干意见》(本文以下简称《意见》)。《意见》指出:"贯彻落实党中央和国务院各项决策部署,围绕使市场在资源配置中起决定性作用和更好发挥政府作用,着力解决市场体系不完善、政府干预过多和监管不到位问题,实行宽进严管,以管促放,放管并重,激发市场主体活力,平等保护各类市场主体合法权益,维护公平竞争的市场秩序,促进经济社会持续健康发展。"《意见》明确了简政放权、依法监管、公正透明、权责一致和社会共治等基本原则,强调立足于促进企业自主经营、公平竞争,消费者自由选择、自主消费,商品和要素自由流动、平等交换,建设统一开放、竞争有序、诚信守法、监管有力的现代市场体系,加快形成权责明确、公平公正、透明高效、法治保障的市场监管格局,到2020年建成体制比较成熟、制度更加定型的市场监管体系。

《意见》提出了 7 个方面的工作任务。一是放宽市场准入。凡是市场主体基于自愿的投资经营和民商事行为,只要不违反法律法规,不损害国

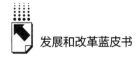

家安全、第三方利益和社会公共利益，政府不得对其加以限制。改革市场准入制度、大力减少行政审批事项、禁止变相审批、打破地区封锁和行业垄断、完善市场退出机制。二是强化市场行为监管。创新监管方式，强化生产经营者主体责任、严格依据标准监管、严厉惩处垄断行为和不正当竞争行为、强化风险管理、广泛运用科技手段实施监管，保障公平竞争。三是夯实监管信用基础。加快市场主体信用信息平台建设、建立健全守信激励和失信惩戒机制、积极促进信用信息的社会运用，营造诚实、自律、守信、互信的社会信用环境。四是改进市场监管执法。严格依法履行职责、规范市场执法行为、公开市场监管执法信息、强化执法考核和行政问责，确保依法执法、公正执法、文明执法。五是改革监管执法体制。解决多头执法，消除多层重复执法，规范和完善监管执法协作配合机制，做好市场监管执法与司法的衔接，整合优化执法资源，提高监管效能。六是健全社会监督机制。发挥行业协会商会的自律作用、发挥市场专业化服务组织的监督作用、发挥公众和舆论的监督作用，调动一切积极因素，促进市场自我管理、自我规范、自我净化。七是完善监管执法保障。及时完善相关法律规范，健全法律责任制度，加强执法队伍建设，强化执法能力保障，确保市场监管有法可依、执法必严、清正廉洁、公正为民。《意见》强调，各级政府要建立健全市场监管体系建设的领导和协调机制，各地区、各部门要结合实际研究出台具体方案和实施办法。要把人民群众反映强烈、关系人民群众身体健康和生命财产安全、对经济社会发展可能造成大的危害的问题放在突出位置，切实解决食品药品、生态环境、安全生产、金融服务、网络信息、电子商务、房地产等领域的问题。要加强督察，务求实效，确保各项任务和措施落实到位。

在监管体系改革中，最大的亮点就是首次提出了负面清单式管理模式。负面清单是相对于正面清单而言的概念。它指仅列举法律法规禁止的事项，对于列举以外的事项，法律法规不进行干预，市场主体有行为的自由。负面清单符合"法不禁止即自由"的法治理念。在中国（上海）自由贸易试验区（本文以下简称上海自贸区）实行负面清单制度，已经形成了在全国范围内可复制和推广的管理模式。李克强总理曾指出："清单以外，一律不得实施行政审批，更不得违规新设审批事项。"这实际上是在整个经济管理中认可了负面清单管理模式。与正面清单管理模式相比较，负面清单管理模式具有以下优越性。①激活了市场主体的活力。②限制了政府的自由裁量权。③促进了政府行政行为的公开化、透明化。④对市场主体的监管更为高效。负面清单管理模式是法治理念和社会管理理念的根本转变，遵循了市民社会管理的基本规律，也是市场经济内在发展需要的体现。同时，从法治层面看，负面清单管理模式体现了私法自治的基本价值：在负面清单管理模式下，市场主体的行为，除非法律明确限制，否则都属合法；而行政机关的行为，除非法律明确许可，否则都是非法。

二　价格机制

改革开放以来，我国价格改革的取向无疑是市场化。价格改革走过30多年，剩下的都是"硬骨头"，而这些"硬骨头"牵制着中国经济的转型升级。目前在资金、土地、能源以及水、电、天然气等要素市场上，政府干预过多，导致价格不能反映市场供求与资源的稀缺程度，也导致了经济增长方式粗放，产业结构失衡，以及高污染、高能耗等问题。

价格改革是经济体制改革的重要突破口。要利用价格改革带来的市场倒逼机制，促进垄断行业、税制、环保体制、质量体系以及其他领域的改革，由市场来决定更多的价格，减少政府对市场不必要的干预。

（一）放开52项商品和服务价格

充分发挥市场决定性作用，大幅减少政府定价范围，2014年以来我国已放开52项商品和服务价格，其中2014年11月以来放开了26项。主要包括：种子、桑蚕茧、两碱外工业用盐、烟叶、民用爆破器材等价格，医保目录内低价药品、非公立医疗机构医疗服务等医药价格，全部电信业务资费，铁路货物运输和客运专线旅客运输、全部民航国内航线货物运输、港口竞争性服务等交通运输服务价格，以及报关、专利代理、房地产和土地价格评

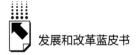
估、会计师、税务师、律师等专业服务价格。放开上述商品和服务价格，在更大限度上让市场定价，有利于调动经营者积极性，撬动社会资本加快进入相关领域，激发市场活力，有利于为用户提供更多选择，保障消费者选择权利。

（二）开展农产品目标价格改革试点

在继续完善稻谷、小麦最低收购价格政策，调动农民种粮积极性，保障基本口粮安全的基础上，开展新疆棉花、东北和内蒙古大豆目标价格改革试点。制定并发布棉花、大豆目标价格，制定相关改革试点方案，批复试点地区具体实施方案，合理引导市场价格形成。改革试点总体进展顺利，市场活力逐渐增强，企业效益提高，改革效果初步显现。

（三）完善资源环境价格形成机制

坚持市场取向，在暂不具备放开价格的领域，采取建立价格动态调整或开展试点的方法，培育和建立竞争性市场体系。同时，进一步发挥价格杠杆作用，促进节能减排。①水资源价格。按照"十二五"期末水资源费调整的指导标准，督促地方加快调整步伐。出台南水北调东线一期主体工程运行初期供水价格，并实行两部制水价。出台居民用水阶梯价格政策，全国约30%的设市城市已推行阶梯水价制度，节水效果明显。②电力价格。启动深圳市输配电价改革试点，建立电网企业输配电成本激励和约束机制。利用电煤价格下降腾出的电价空间，将燃煤发电企业上网电价平均每千瓦时降低0.93分钱，进一步疏导环保电价矛盾。对立窑水泥生产企业生产用电实行更严格的差别电价政策，每千瓦时加价0.4元，加快淘汰落后产能。完善水电、风电、抽水蓄能等价格形成机制，出台电动汽车用电价格政策，促进清洁能源发展。③天然气价格。按照与可替代能源保持合理比价关系的原则和区分存量气、增量气分步推进的改革思路，将非居民用存量天然气价格每立方米再提高0.4元，为实现增量气与存量气价格并轨的改革目标奠定基础。全面推行城镇居民用气阶梯价格政策，已在5个省份的多个城市实施。④环保收费。提高排污费、污水处理费征收标准，实行差别化收费政策，加大征收力度，提高收缴率，合理制定排污权有偿使用和交易试点初始价格，建立有效的约束和激励机制，促进企业主动治污减排。此外，根据2013年3月完善的成品油价格形成机制，大幅降低了经济运行成本。

（四）进一步理顺铁路运输价格

2014年和2015年分别将国铁货物统一运价每吨公里提高1.5分和1分，理顺了铁路与公路等的比价关系，同时将铁路货物运价由政府定价改为政府指导价和上限控制，为铁路运输企业积极参与市场竞争、发挥市场决定作用、形成合理运价水平提供了政策支持。

三　土地市场

2014年，国土资源部印发了《关于强化管控落实最严格耕地保护制度的通知》、《节约集约利用土地规定》和《国土资源部关于推进土地节约集约利用的指导意见》等政策性文件，进一步强化了最严格的耕地保护制度和节约集约用地制度。四部委联合下发的《关于开展市县"多规合一"试点工作的通知》，部署开展了市县"多规合一"试点工作。同时，还部署开展了城市开发边界划定试点和土地利用总体规划调整完善工作。《不动产登记暂行条例》正式颁布，农房被纳入不动产统一登记范畴。对房地产调控政策进行了有针对性的调整，逐步降低了限购、限贷等行政调控手段的使用范围和力度，完善住房、土地、财税、金融等各方面政策，着手建立促进房地产市场长期稳定健康发展的长效机制。进一步加大取消和下放行政审批事项力度，推进法制建设，颁布了《国土资源行政处罚办法》，不断提高国土资源管理依法行政和科学化水平。积极稳妥推进农村土地制度改革试点方案设计研究工作，进一步细化完善养老用地、铁路用地等差别化的土地政策。可以看出，土地政策仍然延续以往保发展、保红线、保权益的方向。

中央全面深化改革领导小组分别在第五次和第七次会议上审议了《关于引导农村土地承包经营权有序流转发展农业适度规模经营的意见》《积极发展农民股份合作赋予集体资产股份权能改革试点方案》《关于深化中央财

政科技计划（专项、基金等）管理改革的方案》《关于农村土地征收、集体经营性建设用地入市、宅基地制度改革试点工作的意见》。土地改革是农村集体经济组织制度、村民自治制度等大量农村重要制度的基础，对"土地公有制性质不改变、耕地红线不突破、农民利益不受损"这三条原则的贯彻执行要丝毫不打折扣，在试点基础上有序推进，为新型城镇化和农业现代化进程提供强有力的动力。

四　资本市场

国务院于 2014 年 5 月 9 日发布了《国务院关于进一步促进资本市场健康发展的若干意见》（本文以下简称"新国九条"）。"新国九条"是在新的经济发展形势下针对整个资本市场的顶层设计，意在通过全面改革促进资本市场健康发展，使资本市场更好地发挥资源配置作用，进而推动经济结构调整和发展方式转变。多年来，我国资本市场快速发展，初步形成了涵盖股票、债券、期货的市场体系，为促进改革开放和经济社会发展、建立和完善现代企业制度做出了重要贡献。但总体上看，我国资本市场起步晚、发展时间短，仍处在新兴加转轨阶段，十分不成熟，大量体制方面的问题依然存在，新情况、新问题不断出现。我国资本市场的发展一直伴随改革进程，不断出台的改革措施都对完善市场的体制机制发挥了重要作用。近两年，资本市场的改革更是走在了前沿（见表 4）。然而，由于缺少顶层设计和长远规划，部分改革的效果大打折扣，一些领域的改革甚至出现反复，让市场参与者无所适从。"新国九条"的适时推出无疑为茫然的资本市场指明了前进的方向。从明确 2020 年发展目标到鼓励金融创新、简化行政审批，再到加大投资者保护力度，这一全方位的顶层设计彰显了以改革促发展、释放改革红利的决心，让投资者对资本市场的未来重拾信心。然而必须看到，改革必然伴随着风险，改革红利的真正释放仍然需要时间。可喜的是，沿着"新国九条"铺就的市场化改革之路，随着各项改革措施的真正落实，中国资本市场的长期健康发展值得期待。

表4　我国资本市场改革进展概况

时间	改革具体措施
2014 年 3 月 14 日	戴姆勒股份有限公司作为境外非金融企业在我国银行间债券市场发行的首只债务融资工具
2014 年 3 月 21 日	证监会发布《优先股试点管理办法》，上证 50 指数成分股上市公司纳入公开发行优先股的试点范围
2014 年 8 月 25 日	新三板正式实施做市商制度
2014 年 9 月 16 日	证监会发布《关于进一步推进期货经营机构创新发展的意见》对推进期货经营机构创新发展做出了部署和安排
2014 年 9 月 18 日	上海黄金交易所国际板正式启动交易
2014 年 10 月 15 日	证监会正式发布了《关于改革完善并严格实施上市公司退市制度的若干意见》
2014 年 10 月 24 日	证监会发布修订后的《上市公司重大资产重组管理办法》和《关于修改〈上市公司收购管理办法〉的决定》，进一步减少和简化并购重组行政许可
2014 年 11 月 3 日	央行发布《关于非金融机构合格投资人进入银行间债券市场有关事项的通知》
2014 年 11 月 17 日	沪港股票市场交易互联互通机制试点正式启动
2014 年 12 月 1 日	央行发布《关于做好部分合格机构投资者进入银行间债券市场有关工作的通知》，允许农村金融机构和四类非法人投资者进入银行间债券市场
2015 年 5 月 1 日	存款保险制度开始实施

五　科技体制

近几年，科技体制改革主要体现了两个思路。

一是科技体制改革的主要发展方向转变为规范化、科学化。自 1985 年科技体制改革引入项目制后，科研项目的获取成为各个科研单位的重要考核指标，以激励科研人员承担来自政府和企业的项目与课题，实现科研能力与外部需求的充分对接。科研单位的这些措施十分明显地提高了科研人员的积极性和产出，营造了激励创新的氛围，使科研资源的配置效率有了明显的提高。然而，随着政府和企业在科技研发领域的投入不断增加，当前的科研体制在科研经费配置与管理方面暴露了很多严重的问题，其中对项目过度、无序的竞争尤为严重。规范化改革的目的就是解决这些问题。但是，在保持和继续提高科研人员的竞争力和积极性的前提下实现规范化管理的问题，仍然需要在实践中摸索和逐步解决。

二是重视理顺政府、市场和科学共同体三者之间的关系。①从政府与市场的关系来看,建设现代科技治理体系、在科技计划管理中政府回归宏观管理的角色、取消院士的行政推荐渠道、科技成果"三权"下放、大力鼓励科技服务业发展等,都是政府应该在科技体制运行中发挥作用的地方。政府应该尊重和支持市场在资源配置中的决定性作用,把营造全社会的创新环境、培养能满足市场需求的人才作为自己的主要任务,让市场来选择技术路线。②从政府与科学共同体的关系来看,科学共同体应该是生产者、组织者和评价者,政府的角色应该是监督者、协调者、资助者和消费者。今后科技体制改革的主要任务仍然是理顺三者之间的关系,不断提高科学技术领域的产出。近年来,科技计划重组、科研经费管理改革、科技成果"三权"下放、压缩评价评审时间等方面的进展十分明显,效果显著。国务院发布的《事业单位人事管理条例》和《国务院关于机关事业单位工作人员养老保险制度改革的决定》,也为科技人员流动和工资待遇等方面的改革奠定了较好基础。

科技体制改革主要内容见表5。

表5　科技体制改革主要内容*

重点方面	具体措施
科技计划和经费 管理改革	《关于改进加强中央财政科研项目和资金管理的若干意见》
	新修订《自然科学基金项目资助经费管理办法》
	《关于深化中央财政科技计划(专项、基金等)管理改革的方案》
科技与经济结合	《关于开展深化中央级事业单位科技成果使用、处置和收益管理改革试点的通知》
	《关于加快科技服务业发展的若干意见》
	《关于国家重大科研基础设施和大型科研仪器向社会开放的意见》
规范科技评价和 价值导向	清理项目评价、人才评价、机构评价的"三评"行动
	两院修订院士章程
	中科院开展基于重大成果产出导向的评价体系建设
完善现代治理体系	中科院启动"率先行动"计划,以研究所分类改革为突破口,探索建立适应国家创新驱动发展战略要求的现代科研院所治理体系
	47所大学的章程获得教育部批准,建立现代大学制度迈出了重要的一步

*《科技体制奏响深改曲——2014年科技体制改革评述》,《光明日报》2015年1月9日。

第二节　现代市场体系建设改革推进中的主要问题

经过 30 多年的改革开放，可以看出我国的改革是渐进式、先易后难的。目前，商品市场日趋完善，后续的改革思路和方向也相对清晰，今后的问题和困难主要集中在劳动力市场、资本市场和土地市场等方面。

一　劳动力市场

我国劳动力市场改革走的是一条渐进的改革路径，为了化解各种利益矛盾，减少改革阻力，改革削弱了城乡二元分割而强化了城市内部的二元分割。

党的十八届三中全会提出："要发挥市场机制在资源配置中的决定性作用。"劳动力市场是生产要素的重要组成部分，但是其资源配置机制仍然很不完善，体制性干扰和扭曲十分严重，突出表现就是城乡之间和城市内部并存的二元分割。双重的二元分割严重降低了劳动力市场的资源配置效率。当前劳动力市场改革的核心内容应该是消除这样的双重二元分割。

事实上，在过去的经济体制改革过程中，城乡二元分割的严重程度不断降低。与工业化相伴，城镇化也在加速推进，户籍制度改革出现了新局面，中小型城市逐步放宽了户籍准入，附着于城镇户籍上的各种福利逐渐减少。尽管在住房、医疗、教育、社会保障及其他方面，城镇劳动力和农村劳动力之间实现公共服务的均等化还有待努力，但毕竟前期改革效果显著。当前问题的焦点已集中到城市内部的二元分割。由于存在大量的既得利益集团，相比打破城乡二元分割的改革，统一城市内部的劳动力市场将遭遇更大的阻力，因此需要更大的改革勇气和制度设计的智慧。劳动力市场是要素市场的核心。总体来看，改革推进的速度并不快，在改革的过程中将城市劳动力市场人为分割成体制内和体制外两大部门：前者收入高、福利待遇好、相对比较稳定，因此成为既得利益集团的天然"领地"；后者收入低、福利待遇差、稳定性差，开始的就业对象主要是农民工，后来随着就业压力变大，一些城镇劳动力也被迫涌入这类部门。政府机关、事业单位、国有企业等体制内部门与过去相比，优越程度不减反增，特别是国有企业，在国进民退的大背景下，进入门槛越来越高。与之相反，体制外部门特别是民营企业，劳动强度大、稳定性差，收入和福利待遇水平不高，本应活力最强、最能创造就业的民营企业反而沦为次级部门。两大部门间的落差被迅速放大。

二　资本市场

当前，中国资本市场主要面临三大问题。

一是资本市场发展不足。①资本市场相对经济总量规模较小。2014年中国GDP为63.65万亿元，排名世界第二，但同期刚刚创造历史新高的A股总市值仅约为37万亿元，证券化率明显落后于发达国家。有关资料显示，股市市值占GDP的比例，美国为130%，日本、韩国、印度等国约为100%，东盟国家则为70%~80%。中国债券市场发展也较为落后，截至2015年6月末，中国债券市场总托管量达到30.56万亿元，占GDP的比例为48%，同样远远落后于发达国家。②直接融资占比仍然较低。目前，我国的金融体系仍由银行主导，股市、债市等直接融资市场发展仍然相对滞后。2014年，根据中国人民银行发布的《2014年金融机构贷款投向统计报告》，银行业共投放本外币贷款10.14万亿元，约占当期社会融资规模的62%，中国金融结构的失衡问题依旧非常突出。③对实体经济的服务和支持依旧不足。目前，我国国有大型企业有数千家，中型企业有几十万家，小微型企业有1000多万家。截至2015年7月22日，中国主板、中小板、创业板上市公司数量总和仅有2800家，新三板挂牌的企业数仅有2811家。④国际化程度不高。近年来我国企业参与海外并购重组、试图进行产业布局和扩张的需求不断增加，相比而言国内金融机构能为其提供的服务无论是数量还是水平依旧难以令人满意。

二是重融资、轻投资的局面仍然没有明显改观。目前，企业融资难、融资成本高的问题非常突出，而资本市场回报率很低，提供给广大投资者的投资渠道依旧有限，上市公司分红比例低，回报投资者意识淡漠。

三是行政垄断较严重，主要包括牌照垄断、业务垄断、民营资本禁入、交易所市场垄断。

以上问题的核心是行政垄断和竞争不足，应当加强对权力的监督和制约，加强市场的竞争程度并树立为投资者服务的意识，不断提高我国资本市场的发展水平。

第三节　进一步改革的主要方向、重点任务及政策建议

2015 年 5 月 8 日，国务院发布《关于 2015 年深化经济体制改革重点工作的意见》。其中大量条款涉及市场体系建设，也为进一步改革指明了方向。今后，现代市场体系建设的主战场将集中在投融资体制、价格改革、户籍制度改革和完善金融体系这些方面，核心思想是提高生产要素的流动性，充分释放其活力，从而实现资源的有效配置，而关键是界定政府和市场之间的关系，使"看得见的手"不要变成"闲不住的手"。

当前我国经济进入新常态，推动经济增长的核心动力在于深化改革，应该以完善产权制度为基础，提高以土地、资本、劳动力、技术等生产要素市场为重点的现代市场体系的发展水平，打破市场壁垒，提高资源配置效率，激发其蕴藏的活力。

一　土地市场

深化土地制度改革，应当把明确产权关系作为基础，强化用途管理，从而完善城乡土地市场体系。减少政府对城市建设用地市场的垄断，在符合规划和用途管理的前提下，允许农村集体经营性建设用地出让、租赁、入股，对不同来源和种类的土地实现同地、同权、同价。以城市住宅用益物权交易

法规法则为参考,早日实现农村宅基地的融资抵押、自由流转和有偿退出,使农民能够充分行使其对宅基地的财产权利,为农民工通过出售其在农村的资产来增强在城市的发展能力提供便利,使其能够更加容易和快速地实现市民化。建立健全承包地流转市场,使农村土地作为资本的流动性得到提高,降低交易成本,早日实现农村土地的自由流转和规模化经营。对非公益性用途应减少土地划拨,使土地通过市场竞争得到优化配置。完善征地制度和征地补偿机制,在征地补偿安置模式方面努力进行探索,推进征地过程中公众参与和信息公开程度。

二 金融市场

金融市场的建设应该通过扩大对内、对外的开放程度提高市场化水平,实现提高资本资源配置效率和支持实体经济转型升级的目的。

增加能够为中小企业发展、技术创新和产业结构升级转型提供支持的信贷服务机构的数量并提升其经营水平,使信贷供给的来源实现多元化。提高信贷服务机构的定价能力,不断推进利率市场化,利用利率信号实现资金的有效配置。发展创业投资基金,在资金方面为万众创新提供支持。建设多层次、完备的资本市场体系,促进交易所市场、柜台交易市场(OTC)、产权交易市场的协调发展,在金融服务方面为技术创新和产业结构升级转型提供支持。提高地方政府债券的发行规模和债务管理水平,规范融资渠道,降低地方政府的融资成本和对项目的依赖,促进产业结构的升级和调整。为以边远地区、低收入人群和小微企业为代表的传统弱势群体提供价格合理、安全便捷的金融服务,尽可能扩大金融市场的惠及面。

三 劳动力市场

2014年4月颁布的《国家新型城镇化规划(2014~2020年)》和《关于进一步推进户籍制度改革的意见》,明确提出建立以人为本、科学高效、规范有序的新型户籍制度,努力实现1亿名左右农业转移人口和其他常住人口在城镇落户。①

当前，应当把新型城镇化建设和户籍制度改革作为新的契机，对各方面现存的就业制度障碍和歧视，如城乡、行业、身份等，进行全面彻底的清理，在用工准入、工资待遇和就业服务方面实现平等。推进用工制度改革，提高人才选拔的竞争程度，选人范围面向全社会开放，保持合理的工资水平。根据《国务院关于建立统一的城乡居民基本养老保险制度的意见》和《城乡养老保险制度衔接暂行办法》，完善和落实社会保险制度衔接和关系转移接续政策，降低和消除社会保障制度对劳动力自由流动的阻碍。通过职业经理人市场的不断发展，在人才储备方面为国有企业经营者的去行政化和市场化提供良好环境。

四 技术市场

健全技术创新市场的引导机制，在研发方向、路线选择、要素价格和各类要素的配置方面让市场充分发挥其决定性作用。加快专利技术和知识产权的市场化程度和科技成果的产业化。切实落实《促进科技成果转化法》，对财政性资金支持的知识成果应当明确其产权归属，完善其流转和分配机制，通过许可、转让、质押等方式提高知识产权的市场化程度。鼓励和规范中介服务机构，完善鉴定、评估、交易和定价等市场机制，使知识产权通过市场实现交易和变现的能力不断提高。

五 统一区域市场

打破行政分割和地区、部门的封锁，在全国范围内全面清除市场壁垒和地方保护，提高资源的配置效率。建立统一、开放、竞争和有序的现代市场体系，降低资本、劳动力等生产要素跨区域流动的交易费用。对有所限制的市场应尽可能扩大其准入范围，全面清除歧视性准入条件、

---

① 国务院：《国家新型城镇化规划（2014～2020年）》和《关于进一步推进户籍制度改革的意见》。

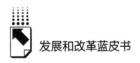

收费项目、地方保护主义措施，以及与全国性统一市场相悖的地方法规和政策。

参考文献

[1] 新华社：《中共中央关于全面深化改革若干重大问题的决定》，2013 年 11 月 15 日，http：//news. xinhuanet. com/politics/2013 – 11/15/c_ 118164235. htm。

[2] 中新网：《关于创新重点领域投融资机制鼓励社会投资的指导意见》，2014 年 11 月 26 日，http：//www. chinanews. com/gn/2014/11 – 26/6816005. shtml。

[3] 新华网：《关于促进市场公平竞争维护市场正常秩序的若干意见》，2014 年 7 月 8 日，http：//news. xinhuanet. com/fortune/2014 – 07/08/c_ 126725145. htm。

[4] 新华网：《关于进一步促进资本市场健康发展的若干意见》，2014 年 5 月 9 日，http：//news. xinhuanet. com/fortune/2014 – 05/09/c_ 1110623133. htm。

[5] 《光明日报》：《科技体制奏响深改曲——2014 年科技体制改革评述》，2015 年 1 月 9 日，http：//news. gmw. cn/2015 – 01/09/content_ 14457949. htm。

[6] 新华网：《关于 2015 年深化经济体制改革重点工作的意见》，2015 年 5 月 18 日，http：//news. xinhuanet. com/2015 – 05/18/c_ 1115317665. htm。

加快转变政府职能

续总成[*]

摘　要：　我国的政府职能转变是从优化管理经济的职能开始的。新一轮政府职能转变以"大部制"机构改革为起点，以简政放权为主线。中央政府改革与地方政府改革，构成了我国政府职能转变的上篇和下篇。面对重重困难，无论是从历史的角度考量，还是从现实需要审视，改革的方向都必须继续推进简政放权，继续推进政企、政事分开，还权于市场、分权于社会。

关键词：　政府职能　机构改革　简政放权

关于政府及其职能，众说纷纭。笔者认为，纽约城市大学巴鲁克学院教授萨瓦斯为我们提供了一个比较简单和形象的说法。"政府"一词，来自希腊词根 gov – 和 gover，表示驾船的舵手或者控制和掌握。据此，萨瓦斯认为，政府的职责是"掌舵"而不是"划桨"。学界基本认为，政府直接提供服务犹如"划桨"，可政府似乎并不擅长这个角色。概括学界各种观点，在审视政府职能时，至少要弄清楚两个基本关系，即政府与市场的关系、政府与社会的关系。还有，从经济学和公共选择理论角度考量，政府属于第二类社会部门，另外两类社会部门是企业部门和第三部门。因此，我们可以毫不犹豫地拟定一个理论前提，就是政府与企业、社会的关系是我们衡量政府职能转变的"坐标"。

---

[*] 续总成，中国社会科学院研究生院政府与政策系，在职博士研究生。

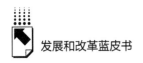

第一节　2013年以来我国加快转变政府职能的主要进展及评价

2013 年的"两会"留给人们的记忆不仅有全国人大、国务院和全国政协的人事更迭，还有"大部制"改革、简政放权等"政府那些事儿"。

2013 年 3 月 28 日，国务院对外发布《国务院办公厅关于实施〈国务院机构改革和职能转变方案〉任务分工的通知》，机构改革进入"加速期"。改革从明确时间表和路线图开始，一刻也未停歇。5 月 14 日新华网的一条消息足以概括这一"不拖不等、言出必行"的决心：《国务院一月三提简政放权　新一轮转变政府职能大幕拉开》。①

4 月 24 日，李克强总理主持召开国务院常务会议，决定第一批先行取消和下放 71 项行政审批事项。

5 月 6 日，李克强总理主持召开国务院常务会议，决定再取消和下放 62 项行政审批事项，并列出了九大领域的改革清单。

5 月 13 日，李克强总理召开全国电视电话会议，国务院动员部署机构职能转变工作，要求把职能转变工作纳入年度考核。

国务院决定取消和下放的行政审批事项包括 95 项关系企事业单位和社会组织生产经营和业务活动、资质资格许可认定的项目，25 项投资审批项目，10 项评比达标表彰项目，3 项行政事业性收费项目。从各种信息来看，这次政府职能转变可谓"动静大"。

一　我国政府职能转变的前世今生

我国政府的职能转变，大致呈现两条脉络，即政企分开、政事分开。理解这一特点，必须回顾政府创建之初的特殊历史背景，必须联系中国共产党对中国特色社会主义道路的探索历程。

---

① 《国务院一月三提简政放权　新一轮转变政府职能大幕拉开》，新华网，2013 年 5 月 14 日。

我国计划经济体制是学习苏联建立的，基本特征体现为中央对生产活动的集中、统一领导，政府直接投资办企业，直接兴办附属于政府部门的事业单位。政府集三大社会生产部门的职能于一身，实行"政企合一"和"政事合一"。从新中国诞生建立中央人民政府，到 1978 年实施改革开放，再到全面深化改革，我国政府职能几经调整和改革，但是长期以来，政府职能变化并没有实质性意义。改革开放之前，政府职能的调整局限于政府内部自我修复，调整目标主要取决于各类职能的合理划分，与市场、社会的关系处理并不是职能调整的价值导向。从中央政府与地方政府之间职权调整看，早在20 个世纪 50 年代，国务院就进行了第一次大调整，主要内容是由"条"到"块"，中央权力下放地方，从部门的"条条"管理，调整为地方的"块块"管理。随后不久，中央又强调集中统一，"权力"上收。据有关资料介绍，20 世纪 70 年代，有 2400 多个中央直属企业、事业单位的管理职能经中央同意，先后下放给地方。在 1975 年开始进行的第四次调整中，中央又上收部分经济管理权限。与此同时，政府各部门之间，通过机构设置的增减，逐步划清了管理职能界限。①

我国政府转变职能的实质变化，主要是从优化管理经济的职能开始的。1979 年以来，经济体制改革基本上围绕着一件事展开，就是"政企分开"。这是由经济体制改革的内容决定的。改革开放以来，改革的基本路线是"一个中心、两个基本点"。因此，历届政府都把发展经济置于中心地位。"天下事错综复杂，风云变幻，遇到什么问题就解决什么问题，不能偏离经济建设这个中心，各项工作都要服从和服务于这个中心。"② 30 多年来的政府职能改革，实质上是经济体制改革与行政体制改革并举的改革，主要表现为行政审批事项的清理和改革，其间经济手段、法律手段、市场手段得到更多、更广泛的运用。比如，20 世纪 70 年代末 80 年代初，开始实行以"简政放权"或"放权让利"为思路的改革。改革的指导方向是党政分开。与

---

① 侯保疆：《我国政府职能转变的历史考察与反思》，《政治学研究》2003 年第 1 期。
② 《1993 年政府工作报告——1993 年 3 月 15 日在第八届全国人民代表大会第一次会议上》1993 年 3 月 15 日。

改革前相比，变化最大的是，政府部门在财政、行政方面都获得一定的自主权。在企业领域，改革方向是政企分开，实质是解决企业所有权与经营权分开的问题，具体做法是进行承包制改革和股份制改革。随着改革的探索和经验的积累，1984 年，中共中央正式决定启动经济体制改革。第一次在党的文件中，系统地论述了如何实现政企职责分开的问题，并对政府管理经济的主要职能做了具体规定。此后的政府机构改革，无论是国务院层面的，还是地方层面的，都是以转变政府经济职能为中心进行的。

二 以"大部制"为起点，既有"面子"又有"里子"

2012 年 11 月，党的十八大报告提出，稳步推进"大部制"改革，健全部门职责体系。2013 年 2 月，党的十八届二中全会进一步强调：行政体制改革要深入推进政企分开、政资分开、政事分开、政社分开，健全部门职责体系，建设职能科学、结构优化、廉洁高效、人民满意的服务型政府①。由此可见，此次国务院机构改革可谓"小处着手""逐步推进"。"大部制"改革备受国内各界期待。

"大部制"改革是经济市场化发展的一个大方向。对于"大部制"，许多人都不陌生，但对其利弊得失的理解就是仁者见仁、智者见智了。一般意义上讲，"大部制"就是将那些职能相近、业务范围相同的政府事项相对集中设置，并授权给一个部门统一进行管理。形象地说，也可理解成改"九龙治水"为"一龙治水"，或者接近"一龙治水"。从这个角度看，"大部制"可以最大限度地避免政府职能交叉、政出多门、多头管理，从而达到提高行政效率、降低行政成本的目标。在国外，"大部制"一般都是市场化程度比较高的国家实行的一种政府管理模式，如美国的"大国土""大运输""大农业"等②。从市场与政府之间关系的角度进一步理解，"大部制"最本质的目标是建立政府与企业、社会的新关系。否则，大部制改革就变成

① 《中国共产党第十八届中央委员会第二次全体会议公报》，2013 年 2 月 28 日。
② 管前程：《政治学视阈中的大部制改革》，《宁夏党校学报》2008 年第 4 期。

部门合并、人员调整的游戏了。这一点，在我国是有"深刻"教训的。

从新中国成立至今，我国政府机构改革有近 20 次，但政府、市场、社会三者之间的关系始终没有理顺，其原因在于政府职能的"角色"坐标尚未校准。不少学者将我国机构改革的怪象描述为"帕金森怪圈"，即精简——膨胀——再精简——再膨胀。1949 年政务院时期政府组成部门为 35 个。经历多次机构改革后，1981 年增加到 100 个，达到新中国成立以来的最高峰（见图 1）。仅自 1982 年以后，针对机构臃肿问题，我国政府就先后进行了 7 次部门调整。

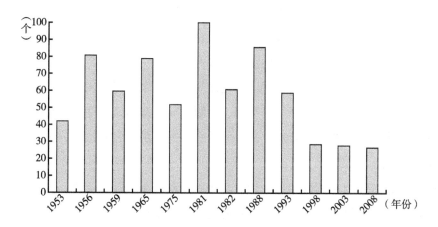

图 1　我国政府历次机构调整后政府部门数量

无论是从学者角度评价，还是从市场、社会立场来看，政府部门调整是"面"，而职能转变才是"里"。从新一轮政府机构改革指导思想、工作举措看，既有"面子"又有"里子"。

2013 年 3 月 10 日，第十二届全国人大一次会议审议了《国务院机构改革和职能转变方案》，可以看出，这次改革的"出色表现"可圈可点。①

一是发挥市场在资源配置中的基础性作用。减少投资项目审批事项，减少生产经营活动审批事项，减少资质资格许可事项，减少行政事业性收费，

---

① 马凯：《关于国务院机构改革和职能转变方案的说明》，2013 年 3 月 10 日。

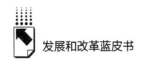
逐步改革工商登记制度等。

二是发挥社会力量在管理社会事务中的作用。推进行业协会商会与行政机关脱钩，发展行业协会商会类、科技类、公益慈善类、城乡社区服务类社会组织，建立健全统一登记、各司其职、协调配合、分级负责、依法监管的社会组织管理体制等。

三是发挥中央和地方两个积极性。下放投资审批事项，下放生产经营活动审批事项，减少专项转移支付。

四是优化职能配置。整合房屋登记、林地登记、草原登记、土地登记的职责，整合城镇职工基本医疗保险、城镇居民基本医疗保险、新型农村合作医疗保险，整合业务相同或相近的检验、检测、认证机构，整合建立统一规范的公共资源交易平台、信用信息平台等。

五是改善和加强宏观管理。强化发展规划制定、经济发展趋势研判、制度机制设计、全局性事项统筹管理、体制改革统筹协调等职能；加强社会管理能力建设，创新社会管理方式；国务院各部门加强自身改革，大力推进本系统改革。

六是加强制度建设和依法行政。建立不动产统一登记制度、建立以公民身份证号码和组织机构代码为基础的统一社会信用代码制度等，加强基础性制度建设；完善依法行政的制度，健全科学民主依法决策机制，建立决策评估和纠错制度，严格依照法定权限和程序履行职责，建立健全各项监督制度，加强依法行政。

三 新一轮政府职能转变以"简政放权"为主线，既大张旗鼓又落地有声

机构改革不易，职能转变更难。与历次机构改革相比，这一轮政府职能改革，从机构改革方案到每一份权力清单的落实，都更加突出职能的调整和依法行政理念，不纠缠于机构减一个、增一个，不拘泥于政府部门利益"一城一池"的得失，始终强调把宪法和法律作为基本原则，把简政放权作为更高的要求。改革后国务院机构组成见图2。

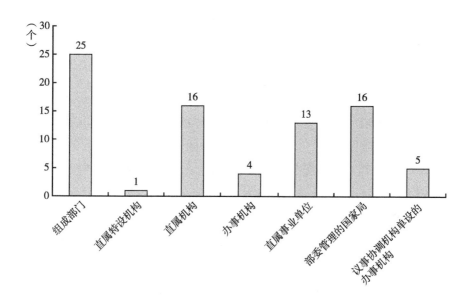

图 2　改革后国务院机构组成

历史清晰地记载了改革轨迹。2012 年，党的十八大报告提出，要继续深化行政审批制度改革，继续简政放权。2013 年，《国务院机构改革和职能转变方案》提出，这轮改革重在向市场、社会放权，减少政府对微观事务的干预。最能直观了解政府施政理念的窗口是每年"两会"后总理的记者招待会。2013 年，李克强总理表示，简政放权就是为社会和民众松绑。对政府而言，这是削权，是自我革命，会很痛，甚至有割腕的感觉。2014 年，李克强总理又表示：开了弓哪还有回头箭？我们只能是一抓到底、一往无前。2015 年，李克强总理再次论述简政放权时强调：大道至简，有权不可任性。①

　1. 突破口——减少行政审批

　2013 年，广州新城市投资控股集团董事长、广州市政协委员曹志伟提交了一份提案——《关于大幅缩短广州投资项目建设审批时间的建议案》，

---

① 赵义：《新一轮"简政放权"》，《南风窗》2013 年 3 月 30 日。

并展示了由他调研绘制的一幅投资项目审批流程图"万里长征图"。这张图与众不同。一般提案涉及个别部门，也不会长篇大论，而曹志伟的图表明：在广州投资一个项目，完成整个审批流程需要799天，盖108个章，经过100个审批环节，涉及20个委、办、局和53个处、室、中心、站。随后，媒体对"万里长征图"的报道铺天盖地。由此一场关于行政审批流程优化的改革大幕徐徐拉开。

2015年，李克强总理考察中国（广东）自由贸易试验区时指着长4米、耗时近800天的"万里长征图"说："这些多余的审批项目都该'打叉'！把它送进历史。"①

从广州到北京，减少行政审批之所以轰动网络、震惊朝野，就在于其破除了行政审批制度对市场活力的束缚。简政放权就好比一把"剪刀"，只有对行政审批权及时进行"修枝剪叶"，经济和社会才能更好地开展。

如今，广州行政审批时间大幅缩短至37个工作日。国务院分批进行行政审批事项取消和下放，截至2014年11月，国家部委1700余项审批权中的632项已分7批先后取消和下放。简政放权的进程见图3。

2. 市场之"穴"——放权让利于市场

2013年8月，国务院批准设立中国（上海）自由贸易试验区（本文以下简称上海自贸区）。上海自贸区是中国政府设立在上海的区域性自由贸易园区，也是中国大陆第一个自由贸易区。中国四大自由贸易试验区如图4所示。

截至2014年11月底，上海自贸区投资企业累计2.2万余家，新设企业近1.4万家，境外投资办结160个项目，中方对外投资额38亿美元，进口通关速度加快41.3%，企业盈利水平增长20%，设自由贸易账户6925个，存款余额达48.9亿元。在该区域设立的企业数量，2013年比2012年增加了近4倍。一年时间后反差为何如此之大？业内专家对此的解释是，这得益于上海自贸区对公司注册资本登记条件的放宽。这招确实抓住了"牛鼻

① 《李克强为"万里审批图"打叉》，《北京晨报》2015年1月6日。

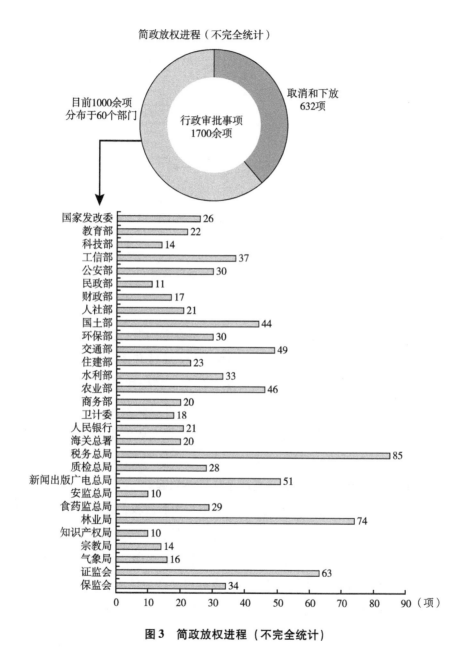

图3　简政放权进程（不完全统计）

子"，蕴含着放权给市场，放权给社会，降低市场准入门槛，减少行政干预的市场发展真理。

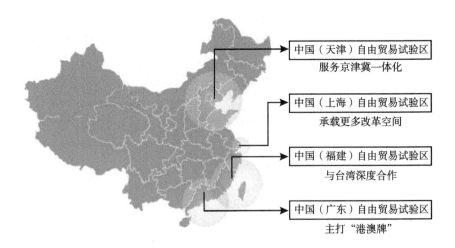

图4 中国自由贸易试验区示意

资料来源:《当代广西杂志》。

2013年10月,中国实行企业登记注册资本零门槛。国务院印发的《注册资本登记制度改革方案》明确,除法律、法规另有规定外,取消有限责任公司最低注册资本3万元、一人有限责任公司最低注册资本10万元、股份有限公司最低注册资本500万元的限制;不再限制公司设立时股东(发起人)的首次出资比例和缴足出资的期限。公司实收资本不再作为工商登记事项。①

从上海到全国,工商登记制度改革已悄然兴起。

把政府的"手"换成市场的"手"。中央大胆放权,鼓励更多的民间资本进入服务业,可谓是一剂妙方。政府能管好的,自己必须管好;市场能办的,都交给市场。同时,把社会可以做好的交给社会。这样一来,市场主体、政府主体都将迸发活力,经济社会发展也会产生倍增效应。

来自权威部门的数据显示,2013年以来全国各类企业登记数比上年同期增长25%,其中民营个体企业增长37%,带动民间投资以23%左右的

---

① 《关于印发注册资本登记制度改革方案的通知》(国发〔2014〕7号)。

速度增长。① 对此，李克强总理表示，中国经济已进入提质增效的"第二季"。

3. 看得见与看不见的手——政府找到"再平衡"的感觉

简政放权不是撒手不管、一放了之，而是切实做到放、管结合，坚持权力和责任同步下放、调控和监管同步强化，防止出现"一放就乱、一乱就收"的问题。② 简政放权下的政府职能，从事前审批转变为事中和事后监督、宏观监测、督促指导等③。管是为了确保放而不乱，为各类市场主体营造公平竞争的发展环境，杜绝"劣币驱逐良币"的扭曲现象。目前，市场主体、社会主体发展不成熟。一下子放开，政府也不习惯，市场也不踏实。比如，假冒伪劣商品、侵犯知识产权现象，以及地沟油、毒奶粉、掺假羊肉等，这些都需要政府加强监管，切实把市场管好。

2014 年 6 月李克强总理在国务院部门行政审批制度改革工作推进会上说："'放'是放活，而不是放任；'管'要管好，而不是管死。"他对此曾要求，改变管理方式，加强事中事后监管，切实做到"放""管"结合。只有把那些该放的放了，才能抓大事、议长远、谋全局。

简政放权"大事"已定，关键在执行。

媒体报道，在京务工青年小周为了办理护照，从北京到老家河北衡水跑了 6 趟才办成；河南郑州周女士，从怀孕开始办理准生证，4 个月跑了 20 趟仍未办成；江苏徐州青年小狄，为办营业执照和法人执照，在市、县两地往返跑了 11 次。对于政府部门和人员来说，随着政府职能的转变，需要在管理理念、管理方式上及时做出相应改变。拖延应付和搞变通的行为、自由发挥的"潜规则"会使中央"简政放权"的政策效果大打折扣，李克强总理曾斥之为"中梗阻""堰塞湖"。

---

① 李斌等：《稳中求进开新——党的十八大以来改革发展述评》，新华网，2013 年 11 月 9 日。
② 江国成：《坚持权力和责任同步下放、调控和监管同步强化——国家发展改革委秘书长谈加快政府职能转变、深化行政审批制度改革》，新华网，2013 年 10 月 14 日。
③ 江国成：《坚持权力和责任同步下放、调控和监管同步强化——国家发展改革委秘书长谈加快政府职能转变、深化行政审批制度改革》，新华网，2013 年 10 月 14 日。

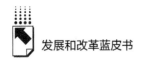

不难看出，"放"和"收"是我国政府职能转变历程中绕不开的"孪生兄弟"。放有放的道理，收有收的必要，个中妙处在于"度"的把握。只有用好"看得见的手"，政府真正找到感觉，市场才能感觉良好。

第二节　加快转变政府职能改革面临的主要难题

从1988年提出转变政府职能以来，经过近30年的改革探索，最大的变化或者趋势是，政府正从全能型政府向有限政府转变。但由于体制转轨、利益调整的复杂性、渐进性，政府职能转变的道路不但不平坦，有时甚至"泥泞不堪"。概括起来主要有两个方面，其一，政府直接干预微观经济活动的现象时有发生，仍然管了一些不该管、管不好、管不了的事；其二，政府在履行社会管理和公共服务职能方面还有所欠缺，有些该由政府管的事仍然没有管到位。

新一轮转变政府职能扭住简政放权，大动作简政，大幅度放权，不仅在短时间内为改革注入了新能量，也为长远谋划定位政府职能奠定了基础。对此，学界普遍看好。但是从实际情况看，也存在一些难题，亟待更大程度地推进和更加科学地破解。

一　触及利益比触及灵魂还难

简政放权的关键在落实，落实的主体在地方政府。部门数量、权限转移、人员调整等，利益调整的主要任务都落在地方政府。"触及利益比触及灵魂还难。"李克强总理曾在地方政府职能转变和机构改革工作电视电话会议上强调，中央政府改革是政府改革这篇大文章的上篇，地方政府改革是下篇，地方政府职能转变要重点抓好"接、放、管"，地方机构改革要着力搞好"控、调、改"。①

六字箴言，个个是难题。

---

① 《接放管控调改做好地方政府改革文章》，新华网，2013年11月1日。

"接"的是中央下放给地方政府的审批事项,"放"的是地方政府该放手的权力,"管"的是事中事后监管行为,主要是要减少事前审批后需要关注的事项。"接、放、管"的目标是解决"简单的放、无畏的管"。其中的主要问题是,中央明令取消的,会不会打折扣、被截留,使市场、社会接收不到?地方本级该放的权力是否真正放到位?特别是不符合法律规定、利用"红头文件"设定的管理、收费、罚款项目,会不会被打"小算盘"、搞"小九九"?会不会"上动下不动、头转身不转"?

地方政府职能转变抓好"接、放、管",关键在"放",难点在"管"。"管"之所以是难点,是因为在减少直接干预与防止放任不管之间,地方政府很难把握有度、游刃有余。早些年进行的"政企分开"改革,也是要求政府减少直接干预市场和企业的行为,减少直接出资兴办企业的行为。从历史实践看,地方政府很难做到"不求所有、但求所在"。这一点好比城市交通管理,一方面,地方政府要设置好、管理好"路灯","路灯"给市场主体提供正确的信号,保障经济道路顺畅、安全;另一方面,地方政府要当好"警察","警察"对损害市场主体的行为和市场主体违法违规行为等进行管理、惩治,营造公平竞争的市场环境。

"控"指的是严控机构编制总量,"调"是指优化机构编制结构,"改"就是指通过改革进一步挖掘机构编制潜力。地方政府机构改革目标之一是降低成本,或者少花钱甚至不花钱。不花钱要办事,不加人也要办事,其难度可想而知。在地方政府机构改革中,与成本有最直接关联的是财政供养人员规模。李克强总理曾就本届政府任期内的作为"约法三章":一是政府性的楼堂馆所一律不得新建;二是财政供养的人员只减不增;三是公费接待、公费出国、公费购车只减不增。① 光靠严格控制机构编制规模还不够,要通过优化现有机构编制结构,解决人浮于事、"庸懒散奢"和"吃空饷"问题,确保有所加强、有所调整。

① 《李克强:本届政府内财政供养的人员只减不增》,中国广播网,2013 年 3 月 17 日。

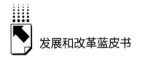
上篇好,下篇也要好。地方政府改革与中央政府改革衔接得当、运行平稳、力收实效,才能释放更多市场活力,更好地服务人民群众。

链接1:简政放权与破除"红顶中介"

湖南长沙一民营环保企业的总经理袁海伟通过媒体披露,2014年1月,国务院取消了由环保部门审批的"环境保护(污染治理)设施运营单位甲级资质认定"。同年3月,环保部办公厅通知省环保部门负责的乙级、临时级资质审批也予以废止。但袁海伟发现,在环保部办公厅发出通知一个月后,中国环境保护产业协会《关于进一步做好环境污染治理设施运营管理工作的通知》提到,"我协会决定开展环境污染治理设施运营评价工作","评价合格者颁发环境污染治理设施运营证书,证书由中国环境保护产业协会统一格式,甲级证书和自动连续监测证书由中国环境保护产业协会颁发,乙级证书由省级环境保护产业协会颁发,证书有效期为两年"。而该协会的主管单位正是环保部。

为此,袁海伟将疑问诉诸《南方周末》。让他感到"幸运"的是,国务院审改办看到了他的文章,并立即发函给环保部督促整改。2014年8月5日,中国环境保护产业协会废止了其印发的相关通知。

国务院总理李克强对此类现象也是深有感触:"我到地方调研,听到基层反映,有的审批'明放暗不放',名义上取消了,但换了'马甲',又以备案的名目出现了。"

在地方政府改革中,政府的确放权降低了门槛,但在有的地方,中介"高墙"依然林立,个别中介甚至打着政府的旗号,被称为"二政府""红顶中介"。

二 做正确的事和正确地做事,难中有难

政府职能的转变有两个方向,一是政府做自己该做的事情,二是政府要有效地做事。因此,学界有一个共识就是,政府职能转变的关键不在于政府

是大是小，而是在于它是不是干了正事。政府的大小，最终也要由市场决定，由社会决定。

新一轮政府职能转变强调简政放权，这是大方向，也是正确的方向。但在有些领域，不是简政放权的问题，而是如何定位政府与市场关系的问题。尽管党的十八届三中全会对这一问题给出了政策性的破解路径，但真理与现实之间还有一定的距离，需要我们在有限的时间和无限的实践中去跨越。

比如，政府如何管国有企业。这个问题让我们纠结了很多年，出路也找到了，可是总解决不好，"扭扭捏捏不像样"。只要是国有企业，政府就必须管。但政府是管理国有资产还是管理企业事务，这两者虽然有联系，但是区别也很大。从目前看，产权制度改革仍然需要继续推进。

比如，政府对"未来利益"的代表和顾及问题。在我国干部人事体制下，地方政府的"主官"虽然都是按法律程序选举产生，但其人选必须经上级党委批准。因此，从其利益角度考虑，地方政府"主官"更多受上级的制约。关于官员"政绩观"的问题，也大多是因此而生。地方政府官员在决定土地的批租上，通常会重点考虑任期内的成效和风险。樊纲对此曾指出，我们缺少一个"未来潜在的市长"对现任的市长进行制衡的机制。① 这种机制的不完善，在短期和长期都会带来不良后果。从短期看，过多批租土地，实质上是把长远的资源集中到近期使用，有些地方甚至是过度使用，这在短期很容易造成宏观经济过热。从长期看，因为政府要出更多"政绩"，财政需求大，需要大量批租土地，解决短期提升财政收入的问题，但从较长时间看，就会导致土地廉价、利用率低。

中国的改革已经进入全面深化阶段，国家治理体系和治理能力现代化目标的实现离不开政府改革。这是因为，政府改革是经济体制改革、行政体制改革以及政治体制改革的具体表现，集中反映了中国政府治理制度的改革。由于政府改革涉及旧有利益藩篱的打破，新的利益调整和再平衡需要理论探

① 樊纲：《在中国（海南）改革发展研究院"中国改革国际论坛（第50次）"上的演讲》，《中国（海南）改革发展研究院简报》2004年11月6日，总第524期。

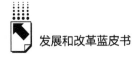
索、实践摸索。因此，从这些角度思考，政府改革不是短期能完成的事情，也不是水到渠成的事情。治疗沉疴、调养生息，既要有壮士断腕的决心，也要有灵活有度、手法高明的"医术"。

链接2：资格许可

国务院在取消下放行政审批事项的同时，还取消了一些资格认定，有些看起来"匪夷所思"。农业部此前一直对"割草机操作工"进行资格认定，但没有任何依据。国家林业局甚至对"木材搬运工"也要进行资格认定，其依据是1992年制定的中国工种分类目录，这一资格认定最终也被取消。

类似的"匪夷所思"在审批改革过程中时有出现。

一位接触过国务院审改办的人士说，审改办在分析各部门审批权时，发现国土资源部有一项审批权是对矿泉水的跨省销售进行审批，其设定依据是2003年国土资源部的一则通知，并无法律效力。国土资源部保留这一审批权的理由是"防止无序开发"，最终国务院审改办取消了国土资源部的这一审批权限。

李克强总理在主持会议研究取消职业资格许可和认定时，指着一项即将被取消的国际商务专业人员认证资格，询问商务部国际贸易谈判代表兼副部长钟山："'国际商务专业人员'是做什么的？钟山，你有这个资格许可吗？"钟山摇了摇头，会场顿时响起一片笑声。总理也乐了："你可是我们的国际贸易谈判代表啊！连你都没有资格，这个资格许可不是莫名其妙吗？"①

三 政令不出中南海

"政令不出中南海"一直是中国的一个顽疾，它反映了久已存在的央地博弈关系。李克强总理在国务院常务会议上批评过政令不畅的"堰塞湖"

---

① 《李克强谈简政放权：放活不是放任 管好不是管死》，中国新闻网，2014年6月4日。

现象。与此相关，一则民间顺口溜极为形象：国务院发文件，一层一层往下念，念完文件进饭店，文件根本不兑现。还有媒体分析报道称，政策从"出海"到落地面临一连串的"抵触"或不作为，有强有弱。从各部委到相关利益群体，再到地方政府，都习惯于"屁股指挥脑袋"。

《李克强：国务院决不发空头文件》，对李克强总理批评落实不力问题是这样描述的："我在基层调研时注意到，有些地方确实出现了为官不为的现象，一些政府官员抱着只要不出事，宁愿不做事，甚至不求过得硬，只求过得去的态度，敷衍了事。"① 在讨论对国务院已出台政策措施落实情况开展全面督察时李克强总理说："说得难听点儿，这不就是尸位素餐吗？这样的庸政、懒政同样是腐败，是对国家和人民的极大不负责！"李克强总理在国务院常务会议上严词批评"抓落实"："在座的各部委，国务院的各项政策措施落实到位了没有？你们各自的责任履行了没有？各位，你们要守土有责啊！"又说道："国务院决不发空头文件，所有政策措施必须不折不扣落实到位。"②

地方政府或者基层政府不愿意接受来自中央或上级的政令，可能原因比较多。比如，有些政策可能在制定实施过程中没有向民众解释好、解释清楚，可能在基层实施的时候会遇到一些抵触。此外，毋庸讳言，不少地方出于对利益的考虑而奉行"上有政策、下有对策"。转变政府职能直接涉及政府部门或者官员本身的利益。有些经济改革方面的措施落实不力跟利益集团有直接的关系，所以整个利益链以及官员本身的地位和利益的问题，都是非常大的障碍。

链接3：国务院大督察③

2014 年 5 月，李克强总理亲自召开会议部署工作，抽调精兵强将组成 8 个督察组进行实地督察。媒体称，这是新一届政府开展的第一次全面督察。

---

① 傅旭：《李克强：国务院决不发空头文件》，中央政府网，2014 年 5 月 30 日。
② 傅旭：《李克强：国务院决不发空头文件》，中央政府网，2014 年 5 月 30 日。
③ 林战、孙文祥：《国务院大督察》，《财经国家周刊》2014 年第 15 期。

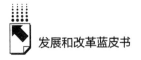

督察工作并非本届政府首创，但这次督察显然与以往不同。

范围广。涉及 27 个中央部委及 16 个省份。

内容全。包括 19 个方面，涉及 2013 年以来国务院出台的政策措施，2014 年各项重点工作。

方式体现"组合拳"。自查与实地检查相结合、督察与第三方评估相结合、督察与社会评价相结合、督察与舆论引导相结合，以使督察机制的作用和功效发挥得更加充分。

目标动真格。一句话，不尽责就问责。督察"只要不出事、宁愿不做事"的为官不为，督察"不求过得硬、只求过得去"的敷衍了事。打通国务院决策部署的"最先一公里"和政策措施贯彻落实的"最后一公里"，力破"中梗阻"。

第三节　进一步改革的主要方向、重点任务及政策建议

政府职能转变是一个渐进的过程，不可能一蹴而就。改革如逆水行舟，不进则退。本届政府在服务型政府、法治政府建设方面已经取得了阶段性成果。但也应该看到，改革已行至中流，进入攻坚期。深水搏浪，需要"弄潮儿"的勇气和智慧，方能冲破激流险滩而不断前行。

一　继续推进简政放权，减少政府对微观事务的管理

政府职能是多方面的，管理经济只是政府的一种职能。今天，需要指出的是，公共服务是一项更为重要的职能。如果认识不到这一点，或者没有形成共识，转变职能可能就会后劲不足。

事实证明，政府如果一味专注于经济发展，就很容易忽略履行公共服务职能。2003 年暴发的"非典"（SARS）疫情席卷全球、波及我国。SARS 危机在某种程度上反映了我国政府在公共管理和服务方面的"迟钝"。除此之外，食品、药品安全事故，公共场所安全突发事件，环境污染、资源破坏等

问题导致的群体性事件,把政府职能转变推到了改革的"前沿"。能否转"危"为"机",是衡量一个组织是否具有生命力的重要标准。针对SARS危机中暴露的问题,我国政府在2004年提出,应更多关注社会管理和公共服务。2013年,新一届政府把加快转变政府职能作为第一件大事。

面对职能转变已取得的阶段性成果,新一届政府不骄不躁、一以贯之。正如李克强总理本人所说,政府要自我革命。毫无疑问,在这场政府自觉"革命"中,"先手棋"就是简政放权。通过简政放权,厘清政府和市场的界限,打掉体制机制"拦路虎";通过放管结合,深挖政府、市场潜力,把政府放在依法行政的轨道上,为市场主体参与市场经济开路、松绑。

1. 破除部门利益的"一亩三分地",提高取消和下放审批事项的"含金量"

当前和今后一段时期,从现有行政审批项目中重点梳理涉及投资、创业创新、生产经营、高技术服务等领域的项目,对这些社会关注度高的"硬骨头"进行攻关,力争拿出更多的"真金白银"。对拟取消或下放的审批事项,按照行政许可法的规定和政府职能转变的具体要求进行筛选,广泛听取企业、行业协会和地方政府以及相关部门的意见,再与实施部门研究协商,避免各部门自说自话、自己改自己。①

2. 在加强事中事后监管和完善监管体系中顺利推进简政放权

按照发展社会主义市场经济的要求,全面梳理各级政府管理的事务,坚决把那些政府不该管、管不好、管不了的事项转移出去。② 2014年,国务院公布《政府核准的投资项目目录(2014年本)》③,取消、下放38项核准权限,加上2013年修订的项目,需中央层面核准的投资项目数量合计减少约76%;由核准改为备案的项目凸显"放"的质量,如钢铁、水泥项目。

① 杨晶:《国务院关于深化行政审批制度改革加快政府职能转变工作情况的报告》,2014年8月27日。

② 中央党校中国特色社会主义理论体系研究中心:《为什么要充分发挥市场在资源配置中的决定性作用?——四谈深入学习贯彻十八届三中全会精神》,《光明日报》2012年11月30日。

③ 《国务院关于发布政府核准的投资项目目录(2014年本)的通知》(国发〔2014〕53号)2014年10月31日。

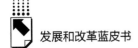

同时，健全监管体制机制，整合优化执法资源，建立纵横联动协同管理机制；运用大数据等现代信息技术加强监管和服务，完善以随机抽查为重点的日常监督检查制度，公开政府市场监管执法信息，强化执法考核和行政问责；健全社会监督机制，充分发挥行业协会商会自律作用以及市场专业化服务组织和公众舆论的监督作用；加快社会信用体系建设，建立健全守信激励和失信惩戒机制，完善科学规范的责任追溯制度、经营异常名录和黑名单制度，对违背市场竞争原则和侵害消费者、劳动者合法权益的市场主体进行重点监控，对违法违规者严厉惩处，营造公平法治的市场环境，尽政府应尽的职责。[①]

3. 腾出更多精力抓大事、议长远、谋全局

政府与市场、政府与社会的关系，是政府职能转变的核心主题。简而言之，就是要把该放的权力放好，把该管的事务管好。

健全以国家发展战略和规划为导向、以财政政策和货币政策为主要手段的宏观调控体系，推进宏观调控目标制定和政策手段运用机制化。继续实施积极的财政政策和稳健的货币政策，在坚持区间调控中更加注重定向调控，在精准、及时、适度上下功夫，增强宏观调控的前瞻性、针对性、协同性。坚持宏观政策要稳、微观政策要活、社会政策要托底，大力推进社会主义经济建设、政治建设、文化建设、社会建设、生态文明建设，推动经济持续健康发展和社会和谐稳定。[②]

4. 改进政府公共服务提供方式

提供基本公共服务是政府的责任，因此，政府职能转变必须要具备提供公共服务的能力。民生问题无小事。在"十二五"期间和"十三五"期间，全面建成小康社会两个方面不可偏废：其一，经济持续健康发展；其二，人民生活水平持续改善。

---

① 杨晶：《国务院关于深化行政审批制度改革加快政府职能转变工作情况的报告》，2014年8月27日。

② 杨晶：《国务院关于深化行政审批制度改革加快政府职能转变工作情况的报告》，2014年8月27日。

做好"补短板""兜底线"的民生保障工作，必然要求我们在发挥好政府作用的同时，整合运用好市场和社会的力量。比如，加快推行政府向社会力量购买服务制度，努力形成公共服务提供新机制。在非基本公共服务领域，进一步放开市场准入，积极引导社会力量参与服务供给，以满足社会多样化需求；在基本公共服务领域，创新供给方式，利用市场机制，更多地利用社会力量。凡社会能办好的，尽可能交给社会力量承担，进一步提高政府公共服务水平。[①]

二 继续推进政企、政事分开，还权于市场、分权于社会

契约社会的成功之道在于权力界限分明、主体地位平等、诚信互信有约。现代政府的权力是有限的，必须有所制约。

计划经济时代，政府无所不管，是全能型的政府。尤其是，我国政府是为人民谋利益的政府，所以民众对政府的权力没有怀疑，实际上也形成不了制约。这就在客观上导致民众对政府权力盲目顺从，政府权力很难受到制约，容易无限膨胀并被无节制地运用。计划经济时代我国政府的权力覆盖整个社会事务，包括一些不该管的事情，结果就是管了也没管好或想管却又管不了。

改革开放后，随着市场经济不断发育，新的社会、经济组织应运而生，政府、社会和市场三分局面开始形成。但是，由于存在封建社会传统、计划经济体制烙印、市场经济不完善等问题，政府还是占据了独大的地位。在处理与社会、市场的关系中，政府越位、错位、缺位的情况时有发生。"政企分开、政事分开"问题始终得不到有效解决。这些问题，直至新中国成立60多年后，我们还在呼吁、努力。

党的十八届四中全会提出法治政府建设目标，这对于改变我国政府"审批经济"的特征至关重要。在我国走向现代市场经济过程中，"审批经

---

① 杨晶：《国务院关于深化行政审批制度改革加快政府职能转变工作情况的报告》，2014 年 8 月 27 日。

济"无疑是一个巨大的"绊脚石",它不仅用行政手段干扰市场秩序,而且很多审批没有法律明确授权,影响了市场公平竞争,给腐败和权力寻租留下空间。为此,国务院提出,行政审批制度改革和政府职能转变,必须在法治轨道上推进。

1. 严格遵循职权法定、程序合法、公开透明、法制统一的原则

建设法治政府不可一蹴而就,在引导、规范、促进和保障改革中,立法不能省步骤也不能缺环节。全面清理相关法规规章和规范性文件,及时提请修改有关法律,把改革攻坚克难与法律法规立、改、废、释更好地结合起来。要研究制定政府投资条例、企业投资项目核准和备案管理条例等法规,着力规范投资、生产经营等重点领域的审批行为,完善行政执法程序,细化执法裁量标准,加强行政执法监督和规范性文件备案审查等方面的制度建设。①

2. 以法律或规章制度的方式确定政府的权力边界

建设法治政府,必须明确哪些是政府可以做的,哪些是政府不可以做的。改革涉及的每个项目都要经过深入论证、专家评估、多方协调、国务院审议等慎重研究决策过程。对法律设定的审批事项拟取消和下放的,国务院要及时向全国人大常委会提出修改法律的议案;对行政法规设定的审批事项拟取消和下放的,经国务院常务会议审议通过后,以国务院令形式发布。行政法规设定的审批事项是以法律为依据的,应待全国人大常委会修改有关法律后,再修改相关行政法规。②

3. 加大政府的信息公开,继续推进"三个清单"的实施

现代政府应该是一个透明政府,民众对政府活动有知情权和参与权。政府做了什么、正在做什么和将要做什么,要主动告知民众,或者使民众有渠道及时了解相关情况。但是,现在的问题是,这个主动权掌握在政府手里。

---

① 杨晶:《国务院关于深化行政审批制度改革加快政府职能转变工作情况的报告》,2014年8月27日。
② 杨晶:《国务院关于深化行政审批制度改革加快政府职能转变工作情况的报告》,2014年8月27日。

不少地方政府以内部情况、保密需要为由，不敢、不愿公开政府信息。

法治社会中，对企业、民众而言，法无禁止即可为。但政府则不同，必须法无授权不可为。坚持职权法定，加快建立权力清单、责任清单、负面清单。权力清单和责任清单，目标是规范政府的行为，解决"不作为"和"乱作为"的问题。负面清单是为了释放市场活力，赋予市场主体界限清晰的平等地位。

除法律、行政法规有规定的外，凡是公民、法人和其他组织能够自主解决的事项，凡是市场机制能够自行调节的事项，凡是行业组织通过自律能够解决的事项，政府都不应再管。要继续清理行政许可项目和非行政许可审批项目，该取消的要坚决取消，能下放的要尽量下放，对必须保留的行政审批项目要减少环节、简化程序、提高透明度。①

4. 加快培育规范社会组织，增强政府职能退出后的社会接管能力

"政社分开"是政府职能转变的题中应有之义，目的是激发社会组织活力，实质是正确处理政府和社会关系。《中共中央关于全面深化改革若干重大问题的决定》明确提出，适合由社会组织提供的公共服务和适合由社会组织解决的事项，交由社会组织承担。②

推进社会组织管理制度改革，对行业协会商会类、科技类、公益慈善类、城乡社区服务类社会组织实行直接登记，推进行业协会商会与行政机关脱钩，探索"一业多会"，着力去除行政化。加快转移适合由行业协会商会承担的职能，清理规范行政审批前置环节的技术审查、评估、鉴证、咨询等有偿中介服务事项，促进社会组织健康有序发展，切实发挥应有作用。③

三 有序推进"大部制"改革，规范权力运行机制

坚持市场至上的理论家、经济学家都赞成"小政府、大社会"。视角不同，观点也不同。专家对"小政府、大社会"的观点是，政府规模不要太

---

① 国研室：《如何加快转变政府职能》，中央政府网，2008 年 3 月 19 日。
② 《中共中央关于全面深化改革若干重大问题的决定》，2013 年 11 月 15 日。
③ 《中共中央关于全面深化改革若干重大问题的决定》，2013 年 11 月 15 日。

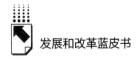

大，要少花钱、多办事。但是，政府的规模必须和它承担的责任相适应。我们必须承认和坚持一个前提，政府规模不是越小越好。

随着现代社会的发展，一些新领域需要政府管理，比如，互联网领域的治理，过去政府没有也不可能形成这方面的职能。但是，"互联网＋"时代的政府就不得不面对这个问题。为此，政府需要设置必要的专门机构，提供管理和公共服务；需要培养专业干部，对互联网带来的公共问题进行梳理和引导。因此，"大部制"与"小政府"并不冲突，关键是看"大部制"是否能够适应市场经济发展和科学管理需求。

"大部制"会不会产生新的"超级部"？"大部制"的初衷是解决原有"权力部门化，部门利益化，利益集团化"等问题，避免部门利益凌驾于公众利益之上。但是，这也可能走上另一面。"大部制"可能会因为权力集中，形成"超级部"。比如，国家发改委就是把若干政府部门整合到一起的"大部"。有人戏称，国家发改委成了"小国务院"。众所周知，很多地方官员都热衷于"跑"发改委，因为钱、物、政策都集中在这里。这个在历史上并不鲜见。

"大部制"改革会继续走"发改委模式"吗？学界对此观点不一，其中比较流行的一种观点认为，"发改委模式"并不科学。汪玉凯认为，把整个体制改革方案设计部门放在一个机构内不一定合适，这个部门应该是超越部门利益的，如果放在一个政府部门内，这个部门很容易受到部门利益的影响，进而影响改革政策的公正和公平。[①]

因此，"大部制"改革必然要有一个渐进的过程。我国政府"大部制"改革，必须适应我国的政治制度，正确处理好党的领导和科学施政的关系。比如，为了实现坚持党的领导与人民当家做主统一，如何将党委（党组）的设置与政府部门"大部制"进行对接？在"大部制"管理模式下，人大如何加强对大部门权力的监督和控制？

---

① 汪玉凯：《中国推行大部制改革改变政出多门多头管理局面》，中国网，2007年12月17日。

结束语：中国要前进，就要全面深化改革开放

改革开放是决定当代中国前途命运的关键一招。"中国要前进，就要全面深化改革开放。"习近平总书记这番话，代表了全党和全国人民对深化改革的共识和决心。

政府既是社会管理者，也是市场"守夜人"。不解决好政府职能错位、越位、缺位问题，全面深化改革将难以推进。在改革开放已经走过35年之际，中国政府启动新一轮政府职能转变之时，新华社发表评论称：简政放权，无异于政府自我革命。这既是自我宣示，也是一种社会共识。

1978年开始的改革开放，开创了中国发展新时代。以简政放权为突破口的政府职能转变，必将为中国经济发展的"第二季"增添强劲动力。

B.5

深化财税体制改革

孙凤仪 *

摘　要：　本报告主要依据改革顶层规划文本构建评价指标体系，利用
　　　　　目标一致法集中监测评价我国财税体制改革进展。综合监测
　　　　　评价发现，1994年实施分税制后的财税体制改革更多呈现渐
　　　　　进式、试验性和选择性改革特征。党的十八届三中全会是一
　　　　　次立足全局、着眼长远的制度创新和系统性重构。对照全面
　　　　　深化财税改革的基本目标，一年多来预算改革和"营改增"
　　　　　进展较快，其他领域改革进展相对不够显著，关键环节的改
　　　　　革尚待突破，改革任务仍相当艰巨。报告最后提出了进一步
　　　　　推进财税体制改革的重点、工作机制和建议。

关键词：　财税体制改革　监测评价　进展

财政是国家治理的基础和重要支柱，自古以来财税体制始终发挥着治国
安邦的基础性和保障性作用。改革开放以来，财税体制改革成为体制改革的
突破口和先行军。1994年分税制改革为促进我国经济社会持续快速发展发
挥了重要作用。党的十八届三中全会适应新形势，对深化财税体制改革做了
系统部署。1994年财税改革是为了建立与社会主义市场经济体制相匹配的

---

　* 孙凤仪，国家发展改革委经济体制与管理研究所，副研究员；中央财经大学中国发展和改革
　　研究院特邀研究员；经济学博士；主要研究方向为公共经济、经济体制改革、地方政府投融
　　资。

体制框架，而本轮财税体制改革则是为了奠定与国家治理体系和治理能力现代化相适应的制度基础。本报告主要监测评价党的十四届三中全会以来，特别是党的十八届三中全会以来我国财税体制改革的进展，并提出相关建议。

第一节　我国财税体制改革监测评价方法和指标构建

与以往的改革监测评价方法不同，对于改革规划的合目的性评估，我们主要采用定性与定量混合的方法，根据基本事实与核心数据，对财税体制改革进行分项评价，结合目标—致性评估法开展总体定量评估。

一　我国财税体制改革监测评价的主要原则

目前多数改革评价文献的主要依据是改革顶层规划，而改革顶层规划的原则性与方法性内容较多，量化性内容极少。另外，改革作为一种制度变迁，其绩效难以反映为连续的时间序列数据，以"走走停停"为特征的渐进式改革更是如此。因此，那种利用主成分分析法等现代计量方法获取分析指标权重、勉强捕捉时间序列数据的改革监测评价方法并不科学。既有改革文献中也有部分文献重在事实梳理和案例挖掘，这类改革评价帮助大家形成改革直觉，为判断改革进展提供了基础支撑，但无法以标准化的范式提供对改革总体进展的科学判断。本报告主要采用定性评价与定量评价混合的方法，该方法包括四项基本内容。首先是增量评价，主要对改革前后财税体制状态变化的动态过程进行对照，将主要变革作为评价的基本依据。其次是分解评价，根据改革规划文本分解提炼评价指标，分块评价。再次是正负向二元评价，既有对改革进展的正向评价，又有对改革偏离、徘徊或倒退的负向评价。最后是综合评价，主要由结果性指标与手段性指标综合构成。评估既要有改革进展指标也要有改革效果指标，综合不同角度进行评价指标体系的设计。

二　我国财税体制改革监测评价方法

财税体制改革监测评价主要采取定性与定量相结合的评价方法。在定性

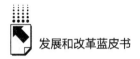
评价上，归纳梳理党的十四届三中全会以来各方面改革所出台的政策决议、法律法规、实施方案等及其绩效并开展正负向二元评价；在定量评价上，尝试建立相应的指标体系及打分方法，运用专家评价法给出量化评价结果，结合目标一致性评估法开展定量评估。

1993 年党的十四届三中全会通过的《中共中央关于建立社会主义市场经济体制若干问题的决定》是我国建立社会主义市场经济体制的蓝图。同年国务院颁发《国务院关于实行分税制财政管理体制的决定》，为分税制改革提供了依据。因此，我们将 1993 年设定为评价时段起点。2013 年党的十八届三中全会《关于全面深化改革若干重大问题的决定》（本文以下简称《决定》）明确，"到 2020 年，在重要领域和关键环节改革上取得决定性成果"，"形成系统完备、科学规范、运行有效的制度体系，使各方面制度更加成熟更加定型"。① 据此，本报告将 2020 年设定为评价的目标终点。我们将党的十八届三中全会的召开作为改革监测评价的中间节点，分两个阶段对改革进展进行评价，即 1993 年党的十四届三中全会召开至 2013 年党的十八届三中全会召开的改革进展，以及党的十八届三中全会召开至今的新进展。

本次财税体制改革监测评价将党的十四届三中全会、党的十六届三中全会和党的十八届三中全会等谋划重大改革的会议决定与实践结合起来，将顶层改革文本中财税体制改革的总分目标及相应的改革重大任务与主要举措，与党的十四届三中全会以来的具体改革实践相联系进行评价分析。具体而言，将顶层改革文本中的财税体制改革总分目标以及重要改革任务进行细分，对 1993 年至 2015 年 7 月的改革进展分别进行百分制打分，同时根据改革任务重要程度和紧迫程度不同进行不同权重的赋值，最后通过加权平均法得出对 1993 ~ 2015 年我国财税体制改革进展的评估分。

三 财税体制改革监测评价指标构建

构建财税体制改革监测评价指标首先要弄清财税体制改革总目标和分目

---

① 《关于全面深化改革若干重大问题的决定》，人民出版社，2013，第 19 页。

标所提出的改革重大任务和主要举措。

（一）我国财税体制改革的目标

1994 年财税体制改革是为了建立与社会主义市场经济体制相匹配的体制框架。作为党的十四届三中全会决定中财税改革的行动纲领，《国务院关于实行分税制财政管理体制的决定》开宗明义地指出，分税制旨在理顺中央与地方的分配关系，增强中央宏观调控能力，促进社会主义市场经济体制的建立与发展。分税制财政体制主要包括三方面内容：中央财政与地方财政税收划分、中央财政与地方财政支出划分以及中央财政对地方税收返还额的确定。党的十六届三中全会通过的《中共中央关于完善社会主义市场经济体制若干问题的决定》要求"健全公共财政"，其中第 20 条概括了此轮税制改革的 8 个主要方面：完善增值税制度；完善消费税；统一企业税收制度；改进和完善个人所得税；完善地方税制度；深化农村税费改革；改革出口退税制度；实施城镇建设税费改革。党的十八届三中全会提出要建立现代财政制度，作为财税改革的实施纲领，2014 年 6 月 30 日中共中央政治局审议通过的《深化财税体制改革总体方案》明确指出本轮财税体制改革的目标是："按照完善和发展中国特色社会主义制度、推进国家治理体系和治理能力现代化的全面深化改革总目标，坚持稳中求进、改革创新，充分发挥中央和地方两个积极性，以改进预算管理、完善税收制度、明确事权和支出责任为重点，建立统一完整、法制规范、公开透明、运行高效，有利于优化资源配置、维护市场统一、促进社会公平、实现国家长治久安的可持续的现代财政制度，为实现'两个一百年'奋斗目标提供财税制度保障。"[1]

（二）我国财税体制改革监测评价指标体系

本报告选取监测评价指标的标准主要有以下 3 个：一是具有较高的表面效度，能够反映改革实践；二是能够进行历史比较；三是指标体系应该是一个要素全面且相互独立的整体，能够从不同角度动态反映财税体制改革的主要特征和状态。

---

[1] 楼继伟：《深化财税体制改革 建立现代财政制度》，《求是》2014 年第 20 期，第 27 页。

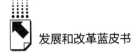
根据历史经验和党的十八届三中全会决定以及《深化财税体制改革总体方案》的部署，财税体制改革主要沿着现代财政制度体系的 3 个维度展开：建立全面规范、公开透明的预算制度，公平统一的税收制度，中央和地方事权与支出责任相适应的制度。《深化财税体制改革总体方案》具体转化为包括深化预算管理制度改革、加强地方政府性债务管理、清理税收优惠、清理重点支出挂钩、中期预算规划、转移支付体制、预算绩效管理、预算公开以及盘活存量资金等在内的 10 项改革任务。2014 年 10 月 8 日国务院印发的《国务院关于深化预算管理制度改革的决定》具体部署了预算管理制度改革的 7 个方面 25 项工作。改革监测评价指标主要通过提炼以上顶层改革规划文本中的重点事项和主要举措得到。

深化财税体制改革领域的重大任务和主要举措涉及三大领域 32 项改革事项。我们以深化财税体制改革进展为一级指标，以改进预算管理制度、完善税收制度、建立事权和支出责任相适应的制度 3 项改革领域为二级指标，以完善政府预算体系等 32 项改革事项为三级指标，将每一项改革所提出的目标、任务与党的十四届三中全会以来的具体改革实践相比较，采用目标一致性评估法仔细整理、深入分析、反复核对、全面评价、逐一赋值。在具体实施上，32 项改革事项，均以 2020 年为评价目标的阶段性终点，目标状态设定为 100 分；以 1993 年为评价基期，将该年各改革事项的实际状态设定为 0 分，作为起点。先对每项三级指标采取专家打分法给出具体评分，然后逐级加权汇总，最后形成深化财税体制改革进展的总评分。

（三）我国财税体制改革监测评价指标权重设计

财税体制各项改革要着眼于系统性、协调性、整体性，注重各领域、环节、要素之间的功能协调和整体配合。改进预算管理制度、完善税收制度、建立事权和支出责任相适应的制度 3 项改革领域之间关联性非常强。从价值逻辑上看，健全中央和地方事权和支出责任相适应的财政体制是财税体制改革诉求的顶层，财政收支和预算管理改革紧紧围绕它展开，出发于此，落脚于此。建立完整、规范、透明、高效的现代政府预算管理制度，完善税收制度是财税体制改革诉求的基础层。从行动逻辑上看，改进预算管理制度是基础和先导；完善税收制度改革需要按照条件成熟度和战略重要性随后进行；建立事权与支出责任相适应的制度需要先达成共识，谋定而行。

综合深化财税体制改革的目标、各改革事项之间的逻辑关系以及 32 项深化财税体制改革重大事项在 3 项改革领域之间的分布状况和相关指标的权重设计为：改进预算管理、完善税收制度和建立事权和支出责任相适应的制度 3 项改革领域分别占 35%、39%、26%；改进预算管理制度共含 12 项改革事项，除清理规范重点支出同财政收支增幅或 GDP 挂钩事项占 2% 外，其余 11 项改革事项各占 3%；完善税收制度共含 16 项改革事项，优化税制结构、加强税收征管、依法治税、改革企业所得税、深化农村税费改革、完善地方税体系、推进增值税改革 7 项各占 3%，其余 9 项改革事项各占 2%；建立事权和支出责任相适应的制度共含 4 项改革事项，理顺中央和地方收入划分、改革省级以下财政管理体制各占 6%，其余 2 项改革事项各占 7%。

笔者设计的深化财税体制改革进展监测评价指标体系见表1。

表1　深化财税体制改革进展监测评价指标体系

一级指标	二级指标	权重(%)	三级指标	权重(%)	评分区间(分)
深化财税体制改革进展	改进预算管理制度	35	1. 改进预算编制,完善政府预算体系	3	0~100
			2. 优化财政支出结构	3	
			3. 加强预算执行管理,提高财政支出绩效	3	
			4. 规范政府理财行为	3	
			5. *实施全面规范、公开透明的预算制度	3	
			6. *审核重点转向支出预算与政策	3	
			7. *清理规范重点支出同财政收支增幅或 GDP 挂钩事项	2	
			8. *建立跨年度预算平衡机制	3	
			9. *建立权责发生制的政府综合财务报告制度	3	
			10. *建立中央和地方债务管理及风险预警机制	3	
			11. *完善一般转移支付	3	
			12. *改革专项转移支付	3	

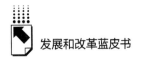
续表

一级指标	二级指标	权重（%）	三级指标	权重（%）	评分区间（分）
深化财税体制改革进展	完善税收制度	39	13. 优化税制结构	3	0～100
			14. 加强税收征管	3	
			15. 加强非税收入管理	2	
			16. 依法治税	3	
			17. 改革企业所得税	3	
			18. 深化农村税费改革	3	
			19. 改革出口退税	2	
			20. ＊完善地方税体系,提高直接税比重	3	
			21. ＊推进增值税改革,简化税率	3	
			22. ＊改革消费税:调整范围、环节与税率	2	
			23. ＊改革个人所得税	2	
			24. ＊加快房地产税立法与适时改革	2	
			25. ＊改革资源税	2	
			26. ＊改革环境保护税费制度	2	
			27. ＊清理规范税收优惠	2	
			28. ＊完善国税、地税征管体制	2	
	建立事权和支出责任相适应的制度	26	29. ＊加强中央事权和支出责任	7	
			30. ＊合理划分中央地方事权和支出责任	7	
			31. ＊理顺中央和地方收入划分	6	
			32. 改革省级以下财政管理体制	6	

注：①带＊号改革事项为党的十八届三中全会提出的改革事项。
②评分办法是以1993年建立社会主义市场经济体制为改革起点，赋值为0分，以2020年实现全面深化改革目标为阶段性终点，全部完成预期目标赋值100分，对该时间区间内某一时点的改革进展进行评估赋值。

第二节　党的十八届三中全会前我国财税体制改革重要进展及其评价

　　1994年，我国依据社会主义市场经济的内在要求实行了分税制改革，为促进我国经济社会持续快速发展发挥了重要作用，为建立现代财政制度奠定了良好的基础。

一 1993年至党的十八届三中全会我国财税体制改革的重要节点

（一）改进预算管理制度的重要节点

- 1995 年 1 月，预算法施行。

- 2000 年，部门预算改革。

- 2001 年，国库集中支付改革。

- 2001 年 12 月，收支两条线改革。

- 2002 年，政府采购改革。

- 2007 年起，试行国有资本经营预算和社会保障预算。

- 2009 年起，预算公开。

- 2011 年起，预算外资金纳入预算管理。

- 2012 年 5 月起，财政监督覆盖全部政府性资金。

- 2013 年 11 月，要求实施全面规范、公开透明的预算制度。

（二）完善税收制度的重要节点

- 1994 年，税制全面改革。

- 2006 年 1 月 1 日起，农业税取消。

- 2008 年 1 月 1 日起，内外资企业所得税统一。

- 2009 年起，生产型增值税转型为消费型增值税。

- 2009 年，燃油税改革。

- 2011 年 9 月 1 日起，个税调整。

- 重庆、上海先后明确于 2011 年 1 月 28 日起正式试点开征房产税。

- 2012 年 1 月 1 日起，"营改增"试点。

- 2013 年 11 月，六税一法改革。

- 2013 年 11 月，《中共中央关于全面深化改革若干重大问题的决定》要求建立公平统一、调节有力的税收制度，包括"营改增"、消费税、资源税、个人所得税、房地产税、环境保护税等改革或立法以及《税收征管法》的修订。

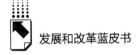

（三）建立事权和支出责任相适应的制度领域的重要节点

- 1994 年 1 月 1 日起，实施分税制。

- 1996 年 3 月，省级以下分税制。

- 2002 年，试点"省管县"。

- 2002 年 1 月，所得税分享改革。

- 2005 年，缓解县乡财政困难。

- 2007 年，规范转移支付制度，协调区域发展。

- 2013 年 11 月，建立事权和支出责任相适应的制度。

二 1993年至党的十八届三中全会财税体制改革进展

1993 年分税制改革的基本着眼点是以建立社会主义市场经济内在要求的财税体制为主线索，支撑经济体制改革全局。之后的 20 年，虽然财税体制的大框架没有发生实质性变革，但政策的局部调整与完善持续不断，并逐步确立了公共财政体制框架。这一框架主要包括 3 个板块：一是以部门预算、国库集中支付、政府集中采购及收支两条线等为支撑的现代预算管理制度，二是以流转税为支撑的复合税制，三是中央与地方之间较为规范的事权与支出责任划分体制。

（一）1993年以来预算管理领域的改革

《中华人民共和国预算法》（本文以下简称《预算法》）自 1995 年 1 月起实施，预算管理得以逐渐规范，财政运行日趋健康。2000 年起实施部门预算，改变传统的预算编制方法，将一个部门的全部收支在一本预算中完整地反映出来，即一个部门一本预算。2001 年底，以强调收支脱钩为中心，以预算外资金为重点目标，深化"收支两条线"改革。2001 年初，国务院明确提出，建立国库单一账户体系和以国库集中收付为主渠道的财政国库管理制度。2003 年 1 月，全面实施政府采购制度。2009 年以来预算公开深化。2007 年以来预算体系加速完善，2007 年在中央本级试行国有资本经营预算编制。2010 年 3 月，国有资本经营预算首次提交全国人大审议。2013 年 3 月，社会保障预算首次提交全国人大审议。

（二）1993年以来的税收体制改革

1993 年以来的税制改革，重点是调整中央和地方、国家和企业的利益分配关系，构建适应社会主义市场经济内在要求的复合税制，改革取得了显著成效。

1994 年税制改革主要包括以下内容。全面改革流转税，以实行规范化的增值税为核心，相应设置消费税、营业税，建立新的流转税课税体系。对内资企业实行统一的企业所得税，取消原来分别设置的国有企业所得税、国有企业调节税、集体企业所得税和私营企业所得税。统一个人所得税，取消原个人收入调节税和城乡个体工商户所得税，对个人收入和个体工商户的生产经营所得统一实行修订后的个人所得税法。调整、撤并和开征其他一些税种：调整资源税、城市维护建设税和城镇土地使用税；取消集市交易税、牲畜交易税、烧油特别税、奖金和工资调节税；开征土地增值税、证券交易印花税；盐税并入资源税，特别消费税并入消费税。①1994 年税制改革后，我国的税制简化、规范和统一，初步建立了适应社会主义市场经济体制需要的税制框架。

2004 年开始了第二次重大税制改革。2003 年《中共中央关于完善社会主义市场经济体制若干问题的决定》概括了此次重大税制改革的主要内容：完善增值税制度；完善消费税；统一企业税收制度；改进和完善个人所得税；完善地方税制度；深化农村税费改革；改革出口退税制度；实施城镇建设税费改革。

（三）1993年以来事权与支出责任相适应领域的改革

1993 年以来事权与支出责任相适应领域的改革力度最大的当属 1994 年分税制改革。分税制改革的主要内容包括：一是按照中央政府和地方政府的"基本事权"，划分各级财政的支出范围；二是根据财权事权相统一的原则，合理划分中央和地方收入；三是与分税制相配套，建立中央和地方两套税务机构分别征税；四是税收返还承认现状，各省（区市）分别确定税收返还的数额。②

1994 年的分税制改革初步理顺了中央与地方、国家与企业的利益分配

---

① 倪红日、谭敦阳：《中国税收制度改革 30 年：进程、经验与展望》，《经济研究参考》2008 年第 50 期，第 41 页。

② 项怀诚：《中国财政体制改革六十年》，《中国财政》2009 年第 19 期，第 20 页。

关系，确立了事权与支出责任划分的基本框架，为促进我国经济社会持续快速发展发挥了重要作用。此后，根据经济社会形势的发展变化，党和国家对财政体制进行了一些调整和改革。一是调整中央与地方收入安排。2002 年推行所得税收入分享改革，将企业所得税改为中央、地方统一按比例分享，建立了由中央与地方共同负担出口退税的新机制。二是完善政府间转移支付制度。[①] 自 1995 年起，中央财政对财力薄弱地区实行过渡期转移支付；自 2005 年起，实行对县乡"三奖一补"财政奖补转移支付制度；财政部要求，财政"省直管县"的改革试点于 2012 年在除民族地区之外的各省级行政区实现全覆盖。"省直管县"财政体制的实行，在提高政府管理效能、减少行政成本、推动县域经济发展和民营经济发展、实现城乡协调和省级以下区域协调发展等方面，已体现出值得重视的体制保障和激励机制作用。另外，在农村税推进费改革，到取消农业税之后，"乡财乡用县管"的改革试验在安徽等地应运而生，并在全国大部分省份得到推行。

总之，1993 年以来的财税体制改革适应了市场化改革的要求，既为国家的长治久安提供了坚实的财力支撑，也为现代财政制度的构建提供了历史性前提。但是，随着国内外经济社会形势的发展变化，财税体制也凸显一些问题，迫切需要进行整体性、适应性的改革。

三 1993 年至党的十八届三中全会财税体制改革进展评价

根据专家评分法评价结果发现，从 1992 年党的十四大至 2013 年党的十八届三中全会之前，我国财税体制改革进展得分为 48.5 分。表明 1993 年以来改革取得了明显的进步，但如果对照党的十八届三中全会《决定》关于新一轮财税改革的目标，即建立现代财政制度，监测评价分数偏低，未来改革的空间还很大，时间十分紧迫，改革任务相当艰巨。从 3 个二级指标来看，改进预算管理制度、完善税收制度、建立事权和支出责任相适应的制度三项改革领域的得分依次为 42.4 分、55.9 分和 45.7 分（见表 2）。这表明在整体得分都较低的情况下，改进

---

① 项怀诚：《中国财政体制改革六十年》，《中国财政》2009 年第 19 期，第 20 页。

预算管理制度更为急迫。在 2000 年以来以部门预算、国库集中支付、收支两条线、政府采购等为支撑的预算管理制度逐渐成熟，2009 年以来预算体得以完善、预算公开发展较快的实践背景下，改进预算管理制度评分较低的原因可能是：改进预算管理制度的 12 个三级指标中 8 个指标为根据党的十八届三中全会《决定》部署新设，改革基础十分薄弱，其中新设立的清理规范重点支出同财政收支增幅和 GDP 挂钩事项、建立跨年度预算平衡机制、建立权责发生制的政府综合财务报告制度、建立中央和地方债务管理及风险预警机制和改革专项转移支付 5 个改革事项评分均在 40 分以下甚至 30 分以下。其余传统改革事项得分并不很低。改进预算编制，完善政府预算体系和优化财政支出结构、加强预算执行管理 3 个改革事项得分相对较高，意味着改革进展较快、成效较大。

表 2 深化财税体制改革进展监测评价

一级指标	二级指标	权重（%）	三级指标	权重（%）	至党的十八届三中全会改革进展评分（分）	至党的十八届三中全会改革进展加权平均分（分）	至今改革进展评分（分）	至今改革进展加权平均分（分）
深化财税体制改革进展	改进预算管理制度	35	1. 改进预算编制,完善政府预算体系	3	62	42.4	72	60.6
			2. 优化财政支出结构	3	59		68	
			3. 加强预算执行管理,提高财政支出绩效	3	56		69	
			4. 规范政府理财行为	3	52		68	
			5. *实施全面规范、公开透明的预算制度	3	50		65	
			6. *审核重点转向支出预算与政策	3	53		67	
			7. *清理规范重点支出同财政收支增幅或 GDP 挂钩事项	2	22		43	
			8. *建立跨年度预算平衡机制	3	17		45	
			9. *建立权责发生制的政府综合财务报告制度	3	16		51	
			10. *建立中央和地方债务管理及风险预警机制	3	37		60	
			11. *完善一般转移支付	3	54		61	
			12. *改革专项转移支付	3	24		52	

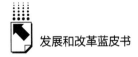

发展和改革蓝皮书

续表

一级指标	二级指标	权重（%）	三级指标	权重（%）	至党的十八届三中全会改革进展评分（分）	至党的十八届三中全会改革进展加权平均分（分）	至今改革进展评分（分）	至今改革进展加权平均分（分）
深化财税体制改革进展	完善税收制度	39	13. 优化税制结构	3	65	55.9	70	66.1
			14. 加强税收征管	3	67		72	
			15. 加强非税收入管理	2	51		67	
			16. 依法治税	3	43		65	
			17. 改革企业所得税	3	68		70	
			18. 深化农村税费改革	3	82		82	
			19. 改革出口退税	2	69		75	
			20. *完善地方税体系，提高直接税比重	3	50		61	
			21. *推进增值税改革，简化税率	3	68		79	
			22. *改革消费税：调整范围、环节与税率	2	53		65	
			23. *改革个人所得税	2	50		50	
			24. *加快房地产税立法与适时改革	2	15		37	
			25. *改革资源税	2	63		78	
			26. *改革环境保护税费制度	2	41		61	
			27. *清理规范税收优惠	2	28		51	
			28. *完善国税、地税征管体制	2	56		56	
	建立事权和支出责任相适应的制度	26	29. *加强中央事权和支出责任	7	34	45.7	38	48.3
			30. *合理划分中央地方事权和支出责任	7	51		54	
			31. *理顺中央和地方收入划分	6	61		61	
			32. 改革省级以下财政管理体制	6	38		41	
本阶段改革加权总得分						48.5		59.5

注：①带 * 号改革事项为党的十八届三中全会提出的改革事项。

②评分办法是以 1993 年建立社会主义市场经济体制为改革起点，赋值为 0 分，以 2020 年实现全面深化改革目标为阶段性终点，全部完成预期目标赋值 100 分，对该时间区间内某一时点的改革进展进行评估赋值。

134

完善税收制度共含 16 项改革事项，其中优化税制结构、加强税收征管、改革企业所得税、深化农村税费改革、推进增值税改革、改革出口退税 6 项改革评分均超过 65 分，改革进展较快、成效相对明显，深化农村税费改革得 82 分，为 32 项改革中最高。加快房地产税立法与适时改革、改革环境保护税费制度、清理规范税收优惠、依法治税、改革个人所得税和完善地方税体系 6 项改革评分较低，其中前 3 项为根据党的十八届三中全会《决定》部署新设事项，评分均低于 42 分，改革亟待深化。建立事权和支出责任相适应的制度共含 4 项改革事项，其中理顺中央和地方收入划分得分最高，得 61 分，改革进展较快、成效相对明显。加强中央事权和支出责任、改革省级以下财政管理体制分别获评 34 分、38 分，改革进展较慢、亟待突破。

综合监测评价发现，在经历了新中国成立以来规模最大、内容最丰富、影响最深刻的 1994 年分税制改革后，财税体制改革在复杂的利益博弈中政策调整多于制度创新，更多呈现渐进式、试验性和选择性改革特征，这种状况一直持续到党的十八届三中全会召开。许多改革事项早已提出，历经多年却进展不大，如个人所得税改革、清理规范税收优惠、改革专项转移支付、改革省级以下财政管理体制、完善地方税体系等。特别是中央地方事权和支出责任划分不合理成为众多经济社会问题滋生的关键原因。由于分税制改革的动因之一就是解决中央政府财力不足的难题，因而，很多改革措施都体现出了"政府与市场的分配关系上向政府倾斜，中央与地方的财力配置上向中央倾斜"的改革理念。当前中央与地方之间事权与支出责任不匹配的问题早已积累到非常严重的程度。

第三节　党的十八届三中全会以来我国财税体制改革进展及其评价

2013 年 11 月召开的党的十八届三中全会把财税体制提升到"国家治理的基础和重要支柱"的战略高度和特殊地位。紧接着，中央经济工作会议

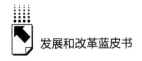

和全国财政工作会议围绕实现党的十八届三中全会确定的财税改革目标做了进一步部署，一些重点领域的改革举措相继推出，财税体制改革不断深化。

一 党的十八届三中全会以来财税体制改革进展

党的十八届三中全会以来，财税体制改革在预算管理制度、税收制度以及财政体制等方面系统、协调推进，成效明显。

（一）改进预算管理制度改革进展

2013 年末，国务院先后发布两部新规定，要求将公务接待费和因公出国的经费全部纳入预算管理。地方政府积极建立健全政府预算体系，实行全口径预算管理，深入推进政府和部门预算公开。

2013 年末，简政放权要求政府"瘦身"，按照党中央要求，中央国家机关各部门 2014 年一般性支出继续统一按 5% 压减。

2013 年末，全国部分地级市在编制 2014 年预算过程中，首次实行国有资本经营预算与公共财政预算同步编制，合理分配和使用国有资本收益。

2013 年末，中央政府和多数省份试编权责发生制的政府综合财务报告，全面完整反映政府收支全貌，准确掌握政府资产、负债等长期资源和责任情况。

2013 年 12 月 30 日，国家审计署公布，截至 2013 年 6 月底，地方政府负有偿还责任、负有担保责任及可能承担一定救助责任的债务，三项合计约为 17.9 万亿元，比 2010 年底统计的 10.7 万亿元增长了 67.3%。我国地方政府性债务负债率仍在国际警戒线之下，但存在结构性风险。

2014 年 4 月，财政部要求，地方政府预决算全部细化到支出功能分类的项级科目，专项转移支付预决算细化到具体项目。扩大地方部门预决算公开范围。

2014 年 4 月 11 日，财政部、工信部、科技部、商务部出台《中小企业发展专项资金管理暂行办法》，以专项资金综合运用无偿资助、股权投资、业务补助或奖励、代偿补偿、购买服务等支持方式，采取市场化手段，引入竞争性分配办法，鼓励创业投资机构、担保机构、公共服务机构等支持中小企业，充分发挥财政资金的引导和促进作用。

2014 年 4 月 17 日财政部、国家税务总局下发《关于进一步提高中央企业国有资本收益收取比例的通知》（财企〔2014〕59 号），决定从 2014 年起，国有独资企业应缴利润收取比例在现有基础上提高 5 个百分点。

2014 年 5 月 22 日，财政部印发《2014 年地方政府债券自发自还试点办法》（本文以下简称《办法》），2014 年上海、浙江、广东、深圳、江苏、山东、北京、江西、宁夏等地试点地方政府债券自发自还。自发自还是指试点地区在国务院批准的发债规模限额内，自行组织本地区政府债券发行、支付利息和偿还本金的机制。相比 2011～2013 年，2014 年试点办法实现了多方面的突破：首先，地方政府债券首次以地方政府信用资质为基础，由地方政府自主发行和偿还；其次，地方政府债券期限由以前的 3 年、5 年和 7 年拉长至 5 年、7 年和 10 年；最后，本轮试点首次要求地方政府债券要进行信用评级，并要公开披露发债主体的经济、财政状况以及债务数据。

2014 年 6 月 30 日，中央政治局会议审议通过了《深化财税体制改革总体方案》，明确"深化财税体制改革不是政策上的修修补补，更不是扬汤止沸，而是一场关系国家治理现代化的深刻变革，是一次立足全局、着眼长远的制度创新和系统性重构"。并要求，2016 年要基本完成深化财税改革的重点工作与任务，2020 年主要改革事项要基本到位，基本建立现代财政制度。2014 年和 2015 年两年改进预算管理要取得决定性进展，税制改革要取得明显进展，而事权和支出责任划分要基本达成共识，谋定而动。

2014 年 8 月 28 日，楼继伟向全国人大常委会汇报预算执行情况时说，专项转移支付项目已由 2013 年的 220 个压减到 2014 年的 150 个，完成了政府工作报告 2014 年压缩 1/3 的目标。

2014 年 8 月 31 日，《预算法》经由第十二届全国人大常委会第十次会议修订，实行"全口径预算"，落实"预算全公开"，在严控风险的基础上有限有序放开地方政府发债。

2014 年 10 月 2 日，国务院发布《关于加强地方政府性债务管理的意见》，系统部署加强地方政府性债务管理。

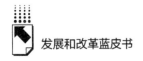

2014 年 10 月 8 日，国务院发布《关于深化预算管理制度改革的决定》，明确要求改进预算管理和控制，建立跨年度预算平衡机制，着力构建规范的现代预算制度，涉及预算编制、执行、公开和监督等各个方面，规划了预算管理制度的 7 个方面 25 项工作，同时明确一般性转移支付应增至转移支付总额的 60%。国务院禁止开立新的财政专户，而现有的账户应在未来两年内逐步取消（经国务院特许批准的除外）。

2014 年 10 月 23 日，财政部发布《关于印发〈地方政府存量债务纳入预算管理清理甄别办法〉的通知》（财预〔2014〕351 号），其可以看成《国务院关于加强地方政府性债务管理的意见》的实施细则，旨在做好地方政府性债务存量甄别工作，妥善处理存量债务，化解债务风险，要求截至2014 年底的存量债务余额在 2015 年 1 月 5 日前上报；将存量债务分类纳入预算管理；统筹财政资金优先偿还到期债务；2016 年起只能通过省级政府发行地方政府债券方式举借政府债务。

2014 年 11 月 1 日，《青岛市预算绩效管理条例》开始实施，这是国内第一部专门规范预算绩效管理的地方性法规。

2014 年 11 月 21 日，财政部发布《关于完善政府预算体系有关问题的通知》，要求加快完善政府预算体系，加大政府性基金预算与一般公共预算的统筹力度，加大国有资本经营预算与一般公共预算的统筹力度，加强一般公共预算资金的统筹使用。

2014 年 12 月 24 日，国务院常务会议决定，进一步盘活财政存量资金，更好地服务经济社会发展；在水利投资运营、义务教育、卫生、社保、环保等领域开展三年滚动预算试点，确保资金和项目对接。

2015 年 1 月 19 日，财政部发布了《关于规范政府和社会资本合作合同管理工作的通知》，要求在推进 PPP 工作中，遵循依法治理、平等合作、维护公益、诚实守信、公平效率、兼顾灵活的原则，并发布了《PPP 合同指南（试行）》。

2015 年 2 月 2 日，国务院提出了要完善中央对地方转移支付制度。主要内容包括：优化转移支付结构，完善一般性转移支付制度，从严控制专项转移支付，规范专项转移支付分配和使用，逐步取消竞争性领域专项转移支付，强化转移支付预算管理，调整优化中央基建投资专项，完善省级以下转移支付制度，加快转移支付立法和制度建设，加强组织领导。

2015年2月27日，国务院提出要推进地方盘活财政存量资金，要求明确结转结余资金的范围及清理措施，规范结转结余资金收回程序，建立财政存量资金定期报告制度，完善相关保障措施。

2015年3月3日，国务院又提出要盘活中央部门存量资金，并分别就盘活一般公共预算存量资金和盘活政府性基金预算存量资金提出了具体做法。

2015年4月14日，财政部印发了《政府和社会资本合作项目财政承受能力论证指引》，对PPP模式双方的责任、支出、信息披露、能力等进行了论述。

2015年4月28日，财政部就推动地方财政部门履职尽责、奋力发展、全面完成各项财税改革管理任务提出一系列意见。

2015年5月7日，财政部提出支持在收费公路领域推广运用政府和社会资本合作，并就该模式提出了具体要求。

2015年5月22日，财政部发布了《关于调整完善农业三项补贴政策的指导意见》，要求在全国范围内调整20%的农资综合补贴资金用于支持粮食适度规模经营，选择部分地区开展农业"三项补贴"改革试点，切实做好调整完善农业"三项补贴"政策的各项工作。

2015年6月11日，财政部印发了《中央部门预算绩效目标管理办法》，对预算绩效目标的设定、审核、批复、调整与应用进行了详细说明。

2015年6也19日，国务院印发了《推进财政资金统筹使用方案》，提出了具体的推进措施和保障方式。

2015年7月9日，国务院发布了《关于调整和完善农业综合开发扶持农业产业化发展相关政策的通知》，内容包括：单个财政补助项目的财政资金申请额度不高于自筹资金额度，单个贷款贴息项目的贷款额度一般不高于1亿元人民币；鼓励各省份实行财政补助项目资金"先建后补"的管理方

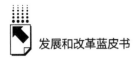

式；有条件的省份，可积极探索采取财政股权投资基金等投入方式，扶持农业产业化发展。

（二）完善税收制度改革进展

完善税收制度改革领域，党的十八届三中全会《决定》提出了完善立法、改革税制、稳定税负的基本思路。税收改革包括推进增值税改革、完善消费税制度、改革资源税和环境保护税制度、加快房地产税立法并适时推进改革。

2013年12月12日，《关于将铁路运输和邮政业纳入营业税改征增值税试点的通知》（财税〔2013〕106号）规定，自2014年1月1日起，在全国开展铁路运输和邮政业"营改增"试点。2014年4月30日，《关于将电信业纳入营业税改征增值税试点的通知》（财税〔2014〕43号）指出，自2014年6月1日起，在全国将电信业纳入"营改增"试点范围。

根据财政部、人力资源和社会保障部和国家税务总局《关于企业年金职业年金个人所得税有关问题的通知》（财税〔2013〕103号），自2014年1月1日起，实施企业年金、职业年金个人所得税递延纳税政策。

根据国家税务总局《关于贯彻落实〈国务院关于取消和下放一批行政审批项目的决定〉的通知》（税总发〔2014〕6号），国务院决定取消和下放管理层级的行政审批项目，包括7项涉税项目。

2014年4月18日，国家税务总局发布了《关于扩大小型微利企业减半征收企业所得税范围有关问题的公告》，将核定征收小微企业纳入享受所得税优惠征税范围，明确了小微企业减半征税管理方式、预缴办法、汇算清缴、政策衔接等内容。

2014年4月29日，财政部、国家税务总局、人力资源和社会保障部发布《关于继续实施支持和促进重点群体创业就业有关税收政策的通知》（财税〔2014〕39号）。对以税收政策支持扩大就业，鼓励以创业带动就业做出了具体部署，取消了享受优惠政策的行业和人员范围限制，提高了征税扣除额上限，增加了扣减税费种类，简化了税收优惠程序。

2014年6月11日召开的国务院常务会议决定简化合并增值税特定一般

纳税人征收率，减轻企业负担。

2014 年 8 月底，国务院发布《不动产登记暂行条例（征求意见稿）》，将房屋所有权等 10 类不动产权纳入登记，并规定权利人、利害关系人可以查询不动产登记资料。

2014 年 9 月 17 日，国务院常务会议决定，在现行对月销售额不超过 2 万元的小微企业、个体工商户和其他个人暂免征收增值税、营业税的基础上，从 2014 年 10 月 1 日至 2015 年底，将月销售额 2 万 ~3 万元的也纳入暂免征税范围。

2014 年 9 月 29 日，国务院常务会议决定实施煤炭资源税改革，推进清费立税、减轻企业负担。10 月 9 日，财政部和国家税务总局联合发布《关于实施煤炭资源税改革的通知》，为促进资源节约集约利用和环境保护，规范资源税费制度，2014 年 12 月 1 日起在全国范围内实施煤炭资源税从价计征改革，正式从计量征税改为计价征税，同时清理各种相关收费基金，税率按 2% ~10% 从价计征，具体税率由省级政府在规定幅度内确定。

2014 年 10 月 13 日，财政部部长楼继伟在《求是》杂志上撰文称，《税收征管法修正案》正在做最后阶段的意见征求和修改。按目前的修法进程，2014 年底前有望提交国务院常务会议讨论通过，"最快在 12 月全国人大常委会会议上审议"。

2014 年 11 月 27 日，国务院发布《关于清理规范税收等优惠政策的通知》，要求坚持税收法定原则，各地区严禁自定税收优惠政策，未经国务院批准，各地区、各部门不得对企业规定财政优惠政策。

2015 年 1 月 16 日，国务院在促进服务外包产业发展的文件中要求，要加大财政对国际服务外包的支持力度，通过财政资金杠杆引导作用，引导社会资金的投入。税收方面，从区域和领域上扩大对技术先进型服务企业减按 15% 税率缴纳企业所得税和职工教育经费不超过工资薪金总额 8% 部分税前扣除的税收优惠政策实施范围。将中国服务外包示范城市数量从 21 个有序增加到 31 个。实行国际服务外包增值税零税率和免税

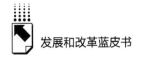

政策。

2015 年 3 月 3 日，国务院就完善出口退税负担机制有关问题进行了通知，出口退税全部由中央财政负担，地方 2014 年原负担的出口退税基数定额上解中央；中央对地方消费税不再实行增量返还，改为以 2014 年消费税返还数为基数，实行定额返还；具体出口退税上解基数、消费税返还基数由财政部核定。

2015 年 5 月 10 日起，经国务院批准，卷烟批发环节消费税税率由 5%提高至 11%，并在批发环节加征 0.005 元/支的从量消费税。

2015 年 6 月 29 日，财政部为鼓励利用风力发电，促进相关产业健康发展，提出自 2015 年 7 月 1 日起，对纳税人销售自产的利用风力生产的电力产品，实行增值税即征即退 50%的政策。

（三）建立事权和支出责任相适应的制度改革进展

党的十八届三中全会《决定》明确：适度加强中央事权，减少委托事务；将部分社会保障、跨区域重大项目建设维护等作为共同事权；将区域性公共服务作为地方事权。在明晰事权的基础上，中央、地方各自承担自身事权的支出责任，中央和地方按规定分担共同事权的支出责任。中央可通过安排转移支付将部分事权支出责任委托地方承担；对于跨区域且对其他地区影响较大的公共服务，中央通过转移支付承担一部分地区地方事权支出责任。

2014 年 10 月 31 日，浙江发布全国首张省级政府责任清单，43 个省级部门的责任清单在浙江政务服务网上公开亮相。

2015 年 6 月 4 日，山东发布省级政府部门责任清单。

总体上，党的十八届三中全会《决定》规划的财税体制改革立意高远、切中时弊。而 2014 年的财税体制改革先抑后扬，《深化财税体制改革总体方案》迟至 6 月 30 日方经中央政治局会议审议通过，至今未能公布，滞后于人民的预期，以至于 2014 年 5 月有专家公开表示，国务院转批国家发改委《关于 2014 年深化经济体制改革重点任务的意见》中的剥离融资平台的改革当年不可能推动。但是，2014 年 8 月底以来的改革进展使得 2014 年无愧于全面深化财税改革元年的称谓，尤其是预算改革和"营改增"进展较快，其他领域改革推进相对不明显。

二 党的十八届三中全会以来财税体制改革进展评价

根据专家评分法评价结果发现，从1993年至今我国财税体制改革进展得分为59.5分，比从1993年至党的十八届三中全会改革进展评分增加11分。表明一年多来改革取得了一些进步，但如果对照党的十八届三中全会《决定》关于新一轮财税体制改革的基本目标即建立与国家治理体系和治理能力现代化相匹配的现代财政制度，监测评价分数仍然偏低，改革任务仍相当艰巨。3个二级指标改进预算管理制度、完善税收制度、建立事权和支出责任相适应的制度从1993年至今改革进展的得分依次为60.6分、66.1分和48.3分，分别比从1993年至党的十八届三中全会改革进展评分增加18.2分、10.2分、2.6分（见表2）。这表明在整体得分仍然不高的情况下，改进预算管理制度进展最快。进一步看，改进预算管理制度12个三级指标中改革专项转移支付、建立中央和地方债务管理及风险预警机制、建立权责发生制的政府综合财务报告制度、建立跨年度预算平衡机制、规范政府理财行为、改进预算编制、审核重点转向支出预算与政策等进展较快，而完善一般转移支付等事项改革进展不够显著。但是，改进预算管理制度领域找不到没有进展的改革事项。

完善税收制度改革领域共含16项改革事项，其中依法治税、推进增值税改革、改革资源税、清理规范税收优惠从1993年至今改革进展得分依次为65分、79分、78分和51分，分别比从1993年至党的十八届三中全会改革进展评分增加12分、11分、15分、23分，进展最快。完善国税、地税征管体制，改革个人所得税，深化农村税费改革一年多来几乎没有改革进展（其中深化农村税费改革在党的十八届三中全会之前已相对较成功）。其他9项改革略有进展（见表2）。

建立事权和支出责任相适应的制度共含4项改革事项，总体改革进展较慢、亟待突破。其中理顺中央和地方收入划分改革一年多来几乎没有改革进展。其他改革事项稍有进展。

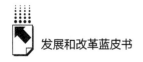

综合监测评价发现，财税体制改革在经历了漫长的政策调整和渐进式、试验性和选择性改革之后，终于再次迎来制度创新和系统重构的历史时刻。党的十八届三中全会《决定》和《深化财税体制改革总体方案》为财税体制改革制定了比较清晰的路线图和时间表。一年多来预算改革和"营改增"进展较快，其他领域改革推进相对不明显，关键环节的改革尚未突破，这个评分结果和党中央规划的改革路线图是一致的。2014年和2015年两年预算改革被作为财税改革的"先头炮"，税制改革主要任务是立法、推进，事权和支出责任相适应的制度则需要积累条件。

党的十八届三中全会至今财税体制改革进展不够顺利的主要原因在于思想观念、改革机制、既得利益、配套改革等方面的障碍。当前和今后一个时期，应全面贯彻落实《深化财税体制改革总体方案》，继续努力改进预算管理制度，加快形成有利于科学发展、社会公平、市场统一的现代税制。近期应抓住难得的"时间窗口"，尽快将建筑、房地产、金融和生活服务等行业纳入改革序列，全面推进"营改增"；积极推进房地产税、环境保护税的立法工作，抓紧完成消费税的调整，以房产税、资源税和消费税等改革为突破口，重构地方税系，为合理划分中央、地方事权和支出责任，最终构建现代财政制度打下坚实基础。

回顾1993年以来财税改革的历程，可以得出以下四点启示。

第一，财政是国家治理的基础和重要支柱，唯有管住公共资源的获取、分配和使用，才有可能真正约束与引导公共权力和公共政策的运作，为全面深化财税改革和实现中国梦奠定坚实基础。

第二，财税改革的关键在于建立规范、与时俱进、可持续的制度体系。财税改革必须着眼长远，并适应经济改革与发展的要求，不断调整、完善，与时俱进，不能局限于小修小补，必要时要有大动作。

第三，财税改革要统筹兼顾，正确处理各方面利益关系。30多年财税改革的全过程，既是统筹兼顾中央与地方，国家与企业、个人利益分配关系的过程，也是处理全局与局部、部门间、地区间、长远和眼前利益关系的过程。

第四，深化财税体制改革要敢于正视问题、化解矛盾，要有敢于触及矛盾、解决问题的责任担当，坚持用科学的方法研究和解决问题。

第四节　进一步推进财税体制改革的重点、工作机制和建议

综合以上分析，当前财税体制改革任务仍相当艰巨。必须统一思想、坚定信心、周密部署、革弊鼎新、攻坚克难，确保党中央改革决策的顺利有序实施。必须以敢于触及矛盾、敢于涉险滩的历史担当，既审慎稳妥又坚定果敢地推进《深化财税体制改革总体方案》落地生根。必须厘清进一步推进财税体制改革的重点、工作机制和建议。

一　进一步推进财税体制改革的重点

第一，地方政府彻底转变观念，退出投资权，转向中性政府，集中精力做足做好公共服务。

第二，创新财政资金投入方式，推广 PPP 模式，以财政资金撬动和引导社会资金，有效引导和聚集市场资源。

第三，严格遵守税收法定，严禁越权税收减免。清理规范税收、土地等优惠，彻底推进"营改增"改革。探索实施公平竞争审查制度，纠正地方政府不当补贴或利用行政权力限制、排除竞争的行为。打破地区和行政封锁，维护全国统一市场和公平竞争。

第四，尽快建立运行有效、规范透明的现代全口径预算制度。预算审查的重点转向支出预算和政策，清理规范专项转移支付，完善一般转移支付增长机制，实行跨年度预算平衡，清理规范重点支出与财政收支增幅或 GDP 挂钩事项，建立科学规范的中央和地方债务管理和风险预警机制，在权责发生制基础上建立政府综合财务报告制度，促进政府职能转变。

第五，提高直接税比重，促进社会公平。推动建立综合和分类相结合的个人所得税制，加快推进房地产税改革。个人所得税和房地产税是财政支持市场起决定性作用的重要抓手。如果地方政府退出生产经营职能，专心致志于优化本地公共服务，教育、医疗、就业等的改善首先会增加收入从而扩大

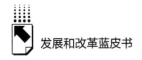

所得税税基，其次会扩大房地产税税基，而税收增加反过来有利于改善公共服务，形成良性循环。

二 进一步推进财税体制改革的工作机制

第一，推动建立财税改革协调工作机制，确定各地区、各部门任务和责任清单。各地区、各部门、各相关单位要形成统一领导、分工协作、部门联动、齐抓共管的工作格局，按照职责分工抓紧落实各项改革任务，积极研究解决工作中的重点、难点问题，积极妥善化解矛盾，确保财税改革平稳有序开展。

第二，建立财税改革评估机制，及时跟踪进度、评估实施效果。建立健全财税改革推进实施情况的科学评估机制。对深化财税改革进展进行监测和评估，通过上级督察、第三方评估、公众评价等多种评估方式，及时跟踪评估和反馈。

第三，建立健全改革监督问责机制，加强各项任务的督促落实。及时建立督察制度、定期考核制度和奖惩制度，强力推进改革工作落实。采取经常性督察、随机抽查等方式，定期到相关部门和单位检查改革进展情况，总结交流经验，研究解决问题。对改革进展缓慢、落实不力的单位和责任人，及时提出批评，责令限期整改，严重的要加以处罚，确保各项改革工作顺利开展。对改革进展较快的单位和责任人或创新典型予以多种形式的鼓励和奖励。每年定期检查的情况提交同级组织部门，并抄送上级财政部门，对检查中发现的重要问题要提请同级纪检监察或司法部门依法追究责任人的责任。

三 进一步推进财税体制改革的建议

第一，尽快收缩政府和财政的生产建设职能。地方政府按照建立现代财政制度的要求，彻底转变观念，退出投资权，中央财政适度介入部分长周期、特大型、跨地区的战略性、支撑性重大项目。

第二，统一公平税制，加强市场监管，维护公平竞争，促进社会公平。继续清理、废除妨碍统一市场与公平竞争的税收优惠政策和措施，加强市场监管，为市场主体创造机会平等和规则平等的环境。按照财税改革总体方案要求，尽快彻底完成"营改增"。推动建立综合和分类相结合的个人所得税制，加快推进房地产税改革，改革消费税，加快推进环境税制改革，完善资源税。

第三，进一步减少财政行政审批，加大减税清费力度。对国务院、财政部明确取消的行政审批项目，地方财政部门的初审事项和对应的行政审批项目一律予以取消；对没有法律法规依据，未按规定批准的行政审批性质的财政管理措施，一律予以取消；对市场机制能有效调节的经济活动，一律取消审批；对直接面向基层、量大面广、由地方管理更方便有效的转移支付事项，一律下放基层政府。制定地方政府权力清单、责任清单，出台市场准入负面清单制度改革试点办法。加强依法治税，继续实施以低收入端、小微企业端、创业大学生端、实体经济端等为重点的结构性减税。全面清理规范涉企收费，坚决取缔违规设立的收费基金项目，坚决取消不合理的经营服务性收费，整顿规范行业协会商会收费，坚决落实国家统一制定的普遍性降费，对冲不良市场预期，支持实体经济发展。

第四，创新财政资金管理方式和政府投融资模式。积极创新财政资金管理，盘活财政存量资金，多渠道积极筹措资金。全面核实地方财政、部门存量资金基数，限期办理存量资金收回、交回手续。抓紧制定财政存量资金盘活方案，对统筹使用沉淀的存量资金建立任务清单和时间表，用于增加公共服务供给以及急需资金支持的重大领域和项目。建立财政存量资金与转移支付安排、地方政府债券发行、库款调拨等挂钩机制。创新财政资金投入方式，以财政杠杆撬动市场机制优化资源配置。充分发挥 PPP、股权投资、特许经营、信用担保等市场化模式引导带动社会资本和鼓励大众创业的功能，促进国家创投引导资金、产业基金等与其他社会资金混合参与投资重点项目，放大财政资金效应，更好服务稳增长、调结构、惠民生、防风险。要特别重视在"一带一路"、京津冀和长江经济带基建投资中运用和发展新型投融资模式。进一步将 PPP 模式扩大到交通服务、市政公用服务、社会公共服务、城市生活服务等四大领域，管理好契约风险、市场风险和自然风险。加强中央的顶层设计和对地方的监督指导，建立 PPP 监察报告制度，定期开展培训、第三方评估、典型案件处理等工作。

第五，加快地方政府债券发行和安排。尽快建立健全权责发生制政府综合财务报告制度，建立健全政府会计核算体系，建立健全政府财务报告审计和公开机制，为开展地方政府债券风险评估和硬化地方政府预算约束奠定制度基础。建立财政存量资金储蓄与地方政府债券发行挂钩机制，允许商业银行以购买的地方政府债券抵押获得流动性，促进银行购买地方政府债券。根据国务院确定的重点方面，地方政府债务融资优先用于保障性安居工程建设、普通公路建设发展、城市地下管网建设改造等重大公益性项目支出，要注意科学合理遴选项目。

第六，尽快建立完整、规范、透明、高效的现代预算制度。实行跨年度预算平衡，在权责发生制基础上建立政府综合财务报告制度，硬化支出预算约束。完善和规范社会保障预算和国有资本经营预算，健全复式预算体系，科学编制国家资产负债表。

第七，健全中央和地方事权和支出责任相适应的财政体制。科学划分政府间事权和支出责任，适度加强中央事权和支出责任。加强中央宏观调控和统筹协调职责。完善顶层设计，制定规范、制度和标准，防范和处置系统性风险，推进强制性标准体系改革。强化省级政府促进基本公共服务均等化、维护市场统一和公平竞争的职责，明确省级以下政府的执行职责，进一步理顺中央和地方收入划分。

参考文献

[1]《中共中央关于全面深化改革若干重大问题的决定》，人民出版社，2013。
[2]《〈中共中央关于全面深化改革若干重大问题的决定〉辅导读本》，人民出版社，2013。
[3] 贾康：《贾康自选集：理论创新制度变革政策优化》，人民出版社，2013。
[4] 楼继伟：《建立现代财政制度》，《人民日报》2013年12月16日，第7版。
[5] 楼继伟：《认真贯彻新预算法　依法加强预算管理》，《人民日报》2014年9月1日。

［6］楼继伟：《深化财税体制改革　建立现代财政制度》，《求是》2014 年第 20 期。

［7］孙凤仪：《市场起决定性作用条件下的财税体制改革》，《宏观经济管理》2014 年第 10 期。

［8］倪红日、谭敦阳：《中国税收制度改革 30 年：进程、经验与展望》，《经济研究参考》2008 年第 33 期。

［9］马海涛、肖鹏：《中国财税体制改革 30 年经验回顾与展望》，《中央财经大学学报》2008 年第 2 期。

［10］项怀诚：《中国财政体制改革六十年》，《中国财政》2009 年第 19 期。

B.6
深化金融体制改革

牟善刚*

摘　要：　本报告从利率市场化、汇率市场化、人民币资本项目可兑换、
货币政策工具创新、信贷政策、金融机构改革与开放（包括存
款保险制度建设）、金融市场制度建设以及保险业改革发展8
个方面回顾了2013年初至2015年3月末我国金融体制改革的
主要进展情况。报告指出，虽然我国金融体制与传统经济增长
方式彼此一致，但已经不适应新常态下经济持续健康发展对金
融体系和宏观调控的要求，并指出了目前金融体制改革政策可
能存在的问题以及下一步金融体制改革的主要方面：一是完成
利率市场化改革；二是发展直接融资市场，培育多元金融业
态；三是坚持市场化导向，重构我国宏观调控框架；四是构建
货币政策、宏观审慎和微观审慎三位一体的金融管理体制；五
是完善金融监管体制，严肃市场纪律，鼓励金融创新。

关键词：　金融改革　利率市场化　汇率改革

2013～2015年是我国经济增长和经济体制改革转折时代。一方面，
2008年全球金融危机以来，国际国内经济再平衡进程持久深入进行，我
国经济发展的外围环境恶化，内部资源约束加剧，经济从高速增长转为
中高速增长，我国处于增长换挡期、结构调整期和前期政策消化期"三

＊　牟善刚，任职于中国人民银行，中国社会科学院博士研究生，研究方向为金融改革与公共管理。

期叠加"阶段，转方式、调结构压力不断加大，经济滑入中等收入陷阱风险增大，经济发展进入新常态（见图1）。另一方面，2012年底召开党的十八大后，新一届党中央和中央政府展示了巨大的反腐和改革决心，2013年11月党的十八届三中全会指出，"经济体制改革是全面深化改革的重点，核心问题是处理好政府和市场的关系，使市场在资源配置中起决定性作用和更好发挥政府作用"，从而吹响了全面深化改革的号角，释放改革红利成为新常态下我国经济持续增长的动力源泉。

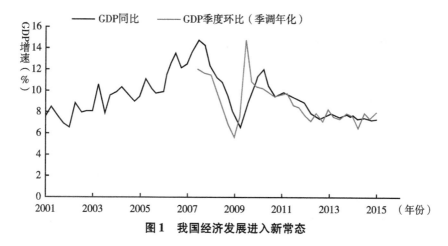

图1　我国经济发展进入新常态

第一节　2013年以来深化金融体制改革
主要进展及评价

在经济新常态和全面深化改革背景下，继2013年7月国务院出台《国务院办公厅关于金融支持经济结构调整和转型升级的指导意见》①，为金融

---

① 即"金融国十条"，主要内容包括"继续执行稳健的货币政策，合理保持货币信贷总量；引导、推动重点领域与行业转型和调整；整合金融资源支持小微企业发展，优化小微企业金融服务；加大对'三农'领域的信贷支持力度；进一步发展消费金融促进消费升级；支持企业'走出去'；加快发展多层次资本市场；进一步发挥保险的保障作用；扩大民间资本进入金融业；严密防范金融风险"共10项政策措施。

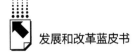

支持经济结构调整和转型升级提出指导意见后，党的十八届三中全会《中共中央关于全面深化改革若干重大问题的决定》（本文以下简称《决定》）① 对包括金融改革的全面深化改革做出了战略部署。按照《决定》精神，我国金融改革在 2013 ~ 2015 年迈出重要步伐，各项金融改革有条不紊地进行，并已取得显著成果。

一　利率市场化改革迈出实质性步伐

（一）逐步放开金融机构利率管制

2013 年 7 月，中国人民银行全面放开金融机构贷款利率管制，金融机构贷款利率上下限管制至此全面放开，只有存款利率上限仍存在。2014 年两会期间，中国人民银行行长周小川提出，"利率市场化有可能在一两年内实现"，此后存款利率市场化进程明显加速。2014 年 3 月，中国人民银行放开上海自贸区的小额外币存款利率上限，为全面推进小额外币存款利率市场化提供了宝贵经验。2014 年 6 月，试点推广至上海全境。2014 年 11 月，中国人民银行结合基准利率的调整，将存款利率浮动区间扩大到基准利率的 1.2 倍，同时简化了存贷款基准利率的期限档次，扩大了利率市场化定价的空间。2015 年 3 月，中国人民银行再次在下调基准利率的同时上调存款利率浮动区间上限，从基准利率的 1.2 倍上调到 1.3 倍。至此，我国利率市场

---

① 党的十八届三中全会《中共中央关于全面深化改革若干重大问题的决定》在"加快完善现代市场体系"一节中明确指出"建设统一开放、竞争有序的市场体系，是使市场在资源配置中起决定性作用的基础"，并就"完善金融市场体系"提出明确要求。"(1) 扩大金融业对内对外开放，在加强监管前提下，允许具备条件的民间资本依法发起设立中小型银行等金融机构。推进政策性金融机构改革。健全多层次资本市场体系，推进股票发行注册制改革，多渠道推动股权融资，发展并规范债券市场，提高直接融资比重。完善保险经济补偿机制，建立巨灾保险制度。发展普惠金融。鼓励金融创新，丰富金融市场层次和产品。(2) 完善人民币汇率市场化形成机制，加快推进利率市场化，健全反映市场供求关系的国债收益率曲线。推动资本市场双向开放，有序提高跨境资本和金融交易可兑换程度，建立健全宏观审慎管理框架下的外债和资本流动管理体系，加快实现人民币资本项目可兑换。(3) 落实金融监管改革措施和稳健标准，完善监管协调机制，界定中央和地方金融监管职责和风险处置责任。建立存款保险制度，完善金融机构市场化退出机制。加强金融基础设施建设，保障金融市场安全高效运行和整体稳定。"

化进程已近尾声。

（二）建立并完善市场利率定价自律机制

2013 年 9 月，市场利率定价自律机制成立暨第一次工作会议召开，会议通过了《市场利率定价自律机制工作指引》，继 10 家银行成为自律机制核心成员后，基础成员数量不断扩充，这为贷款基础利率集中报价和发布机制的运行打下基础。自律机制在符合国家有关利率管理规定的前提下，对金融机构自主定价进行自律管理，在推进利率市场化改革、维护市场利率定价秩序和促进市场规范发展方面发挥了重要作用。随着利率市场化改革的加快推进，金融机构的自主定价和风险管理能力有所提升。

（三）同业存单交易稳步进行

2013 年 12 月，中国人民银行公布《同业存单管理暂行办法》，10 家银行获得了首批试点发行资格，此后发行主体不断扩大，发行交易量日益增加。进入 2015 年，银行同业存单发行呈现火爆场面，据统计，截至 2015 年 3 月 4 日，已有 74 家银行发布今年的同业存单额度，累计达 28620 亿元。同业存单发行提速，最重要的意义就是为大额可转让存单的发行铺路。根据国外经验，存款利率市场化改革的重要举措就是发行大额可转让存单，因此同业存单推动了人民币存款利率市场化。

二 完善人民币汇率形成机制

中国汇率市场化改革从 1994 年起步，比利率市场化改革早两年。从改革开始至今，中国经历了五次重大的汇率制度改革和政策调整。目前推进人民币汇率改革的目标，就是要建立以市场供求为基础的有管理的浮动汇率制度，增强汇率双向浮动弹性，保证汇率在合理范围内基本稳定。

最近两年，中国人民银行按照主动性、可控性和渐进性原则，不断完善人民币汇率形成机制，增强人民币汇率弹性。2014 年 3 月，央行再次宣布扩大人民币兑美元交易价的浮动区间，由 1% 提高至 2%，并扩大银行柜台汇率报价区间，由 2% 提高至 3%。同时，2014 年 7 月，中国人民银行取消了银行对客户美元挂牌买卖差价管理，由银行根据市场供求自主定价，促进汇率定价市场化，这也标志着中国人民银行基本退出了常态外汇干预，在建立有管理的浮动汇率制度方面又迈出一步。从整体上看，自汇率市场化改革以来，人民币汇率双向浮动弹性有明显增强。2015 年 3 月 31 日，人民币兑美元中间价为 6.1422 元，比 2014 年末升值 232 个基点，升值幅度达 0.38%。2005 年人民币汇率形成机制改革以来至 2014 年末，人民币兑美元汇率累计升值 35.26%，兑欧元汇率累计升值 34.32%，兑日元汇率累计升值 42.22%，同时人民币名义有效汇率升值 40.51%，实际有效汇率升值 51.04%。

2013 年以来，我国银行间外汇市场先后展开了人民币与澳元、新西兰元、英镑、欧元以及新加坡元之间的直接买卖，并于 2014 年 12 月开展人民币兑哈萨克斯坦坚戈银行间市场区域交易。总体上说，人民币兑外币直接交易十分活跃，整体上降低了汇兑成本，提高了价格透明度，推动了人民币国际化，促进了外汇市场发展，有效地服务于实体经济。同样，这也是推动汇率形成机制改革的重要举措，对增强人民币汇率弹性意义重大。2014 年，在双边本币互换协议下，境外货币当局共开展交易达 11305.50 亿元人民币，共实际动用 380.07 亿元人民币，动用余额达 158.01 亿元人民币，这无疑积极有效地促进了双边贸易投资。

三 稳步推进人民币资本项目可兑换

中国在 1996 年实现了经常项目可兑换，而资本项目一直存在管制。1997 年亚洲金融危机和 2008 年全球金融危机两次搁置了资本项目可兑换的进程，该进程近期明显加快。一是在前期试点的基础上将跨国公司外汇资金集中管理的试点推广到全国，有 200 多家跨国公司集中管理外汇资金，这大大降低了其运营成本。二是 2014 年发布了《关于在部分地区开展外商投资企业外汇资本金管理方式改革试点有关问题的通知》，在年初试点中国（上海）自由贸易试验区（本文以下简称上海自贸区）的基础上，8 月在全国 16 个地区开展外商意愿结汇试点。三是稳步实施合格境外机构投资者（QFII）、人民币合格境外机构投资者（RQFII）和合格境内机构投资者（QDII）制度。截至 2015 年 3 月 26 日，共批准 QFII 投资额度 721.49 亿美元，RQFII 投资额度 3298.00 亿元人民币，QDII 投资额度 899.93 亿美元。

四是大幅削减行政审批项目，推进简政放权和贸易投资便利化。据统计，资本项目下行政许可项目减少近七成，并初步建立了以登记管理为核心的外汇管理构架。为了简化行政审批程序，促进贸易投资便利化，国家外管局于2014年1月发布《进一步改进和调整资本项目外汇管理政策的通知》，要求落实简化融资租赁类公司对外债权外汇管理，简化境外投资者受让境内不良资产外汇管理等具体措施；2015年2月进一步发布《进一步简化和改进直接投资外汇管理政策的通知》，取消了两项关于登记核准的行政审批项目，简化部分直接投资外汇业务办理手续。五是在上海、青岛等部分地区开展合格境内有限合伙人（DQLP）试点，该试点有助于推进资本项目可兑换，对拓宽资本投资渠道具有重要意义。

此外，2014年4月10日，有关部门宣布开展沪港通试点。沪港通是联通上海和香港股票市场的机制安排，两地交易所和结算机构建立技术连接，两地投资者通过当地证券公司买卖对方交易所上市的股票。沪港通包括沪股通和港股通两部分，投资者均采用人民币买卖对方市场股票，有利于促进国内资本市场发展，拓宽居民投资渠道，推动离岸人民币市场发展。2014年5月22日，《中国（上海）自由贸易试验区分账核算业务实施细则（试行）》和《中国（上海）自由贸易试验区分账核算业务风险审慎管理细则（试行）》发布。分账核算业务相关细则为上海自贸区投融资创新业务搭建了技术和管理平台，既有利于促进投融资便利化，又有助于有效防范风险。

四　创新货币政策工具，完善货币政策调控

（一）中国人民银行创设常备借贷便利

2013年初，为了满足金融机构期限较长的大额流动性需求，中国人民银行创设了常备借贷便利。常备借贷便利的期限为3个月，以1~3个月操作为主，借贷对象主要是商业银行和政策性银行。2014年1月，中国人民银行在北京、江苏等10个省份开展常备借贷便利操作试点，由各地的中国人民银行分支机构向符合条件的中小金融机构提供短期流动性支持。2015年2月，中国人民银行宣布，在前期试点的基础上，继续在全国推广常备借

贷便利。据统计，2015 年第 1 季度，中国人民银行累计开展常备借贷便利 3347 亿元，期末常备借贷便利余额达 1700 亿元（见表 1）。该措施有效地完善了对中小金融机构提供流动性支持的渠道，促进了货币市场平稳运行。

表 1 2014 年以来常备借贷便利余额

单位：亿元

时　间	2014 年 1 月	2014 年 2 月	2014 年 3 月	2015 年 1 月	2015 年 2 月	2015 年 3 月
常备借贷便利余额	2900	700	0	0	1606	1700

数据来源：中国人民银行。

（二）中国人民银行创设中期借贷便利

2014 年 9 月中国人民银行创设的中期借贷便利能够既满足稳定当前利率的要求而不至于直接向市场投放高能货币。据统计，2015 年第 1 季度中国人民银行通过中期借贷便利向金融机构净投放 3700 亿元（见表 2）。从总体上看，常备和中期借贷便利较好地补充了基础货币，保证了货币信贷和金融市场的稳定，同时为中国人民银行使用货币政策手段增加了新的货币工具。

表 2 2014 年以来中期借贷便利余额

单位：亿元

时　间	2014 年 9 月	2014 年 10 月	2014 年 11 月	2014 年 12 月	2015 年 1 月	2015 年 2 月	2015 年 3 月
中期借贷便利余额	5000	7695	7945	6445	6945	6945	10145

数据来源：中国人民银行。

（三）信贷政策支持再贷款和抵押补充贷款

为了贯彻落实党中央和国务院关于支持实体经济发展指导意见的精神，不断优化信贷结构，使金融服务实体经济的能力得到提高，2014 年初，中国人民银行新设信贷政策支持再贷款，包括支农再贷款和支小再贷款，同时创设抵押补充贷款（PSL），其目的就是以调整再贷款分类有效缓解"三农"

和小微企业"融资难，融资贵"的问题。2014 年 3 月，发布《关于全面做好扶贫开发金融服务工作的指导意见》，对贫困地区达到要求的法人金融机构发放的支农再贷款降低利率 1 个百分点。2015 年 1 月，中国人民银行宣布增加信贷政策支持再贷款额度 500 亿元，其中支农再贷款 200 亿元，支小再贷款 300 亿元。中国人民银行意图通过定向调控增加对"三农"和小微企业的信贷投放，以此继续降低社会融资成本。

（四）完善央行抵押品管理框架

为了保障央行债券安全，解决中小金融机构合格抵押品不足的情况，增加市场流动性，2014 年中国人民银行在山东和广东两地开展了信贷资产质押和中国人民银行内部评级试点，并将金融机构信贷资产纳入抵押品范围，完善中国人民银行抵押品管理框架。根据近一年的试点运行情况来看，虽然试点规模不大，但是初步建立了系统性的操作程序和中国人民银行内部评级数据库。

五 加强信贷指导，优化信贷结构

进一步完善信贷政策指导效果评估，不断优化金融机构信贷结构，努力提高对"三农"、小微企业和棚改等国民经济薄弱环节的贷款比例。2013 年 8 月，中国人民银行发布《关于建立连片特困地区扶贫开发金融服务联动协调机制的通知》，在这些地区全面建立了服务联动协调机制。同时加大对具有发展前景的新兴产业的信贷支持力度，增加对棚户区改造、铁路、水利等惠及民生的基础设施建设的信贷投放。

从实施效果上看，信贷结构不断优化，对于中西部地区和小微企业的信贷支持力度显著加大。一是小微企业贷款增长较快。截至 2015 年 3 月末，小微企业贷款余额 15.89 万亿元，同比增长 16%，增速比上年末高了 0.5 个百分点，比同期大型和中型企业增速分别高出 7.4 个和 4 个百分点，比各项贷款增速高出 2 个百分点。二是中西部地区贷款增速持续高于东部地区，信贷资金向中西部地区流动。三是"三农"领域贷款增速高于各项贷款增速的平均水平。截至 2015 年 3 月末，农村贷款余额 20.3 万亿元，同比增长 13.4%，增速比上年末高 1 个百分点；农户贷款余额 5.6 万亿元，同比增长

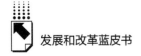

16.7%，增速比上年末低 2.3 个百分点；农业贷款余额 3.46 万亿元，同比增长 8.5%，增速比上年末低 1.2 个百分点。

六 深入推进金融机构体系改革开放

（一）存款保险制度取得实质性突破，风险自担的民营银行开始设立

2014 年 11 月，中国人民银行发布《存款保险条例（征求意见稿）》，向全社会征求意见。2015 年 3 月，国务院颁布《存款保险条例》，并于 5 月 1 日正式施行。存款保险制度是在利率市场化条件下保护存款者权益的重要制度，能够提高金融系统的稳定性，防范金融风险，维护金融秩序。存款保险条例规定最高赔付 50 万元，据统计，存款在 50 万元以下的账户数量占全部存款账户的 99.70%。这就意味着存款保险条例的出台能够切实地保障绝大多数存款者的利益，增加公众对金融体系的信心。

在逐步建立存款保险制度的同时，银行对内开放和设立民营银行的改革逐步扩大。2013 年，国务院发布《关于金融支持经济结构调整和转型升级的指导意见》，明确提出要尝试设立风险自担的民营银行，鼓励民间资本进入银行业。2014 年 3 月，首批 5 家民营银行的试点方案确定。同年 12 月首家试点民营银行深圳前海微众银行获准开业，银监会审时度势，提出要扩大民营银行试点范围。2015 年 3 月，全国首个民营银行温州民商银行正式营业，截至当年 4 月，首批 5 家试点银行已全部获准筹建。大力支持民营银行的发展，促进民间资本进入银行业，可以将竞争机制引入金融业，促进金融机构股权结构多元化，激发金融机构的市场活力，从而进一步促进国有金融机构改革。

此外，为了进一步引导民间资本进入金融业，深化农信社产权改革，2014 年 12 月银监会发布了《参与农村信用社产权改革工作的通知》，通知要求鼓励民间资本参与农村商业银行增资扩股，引导其对农村信用社并购重组，保障民营股东有效行使权利和发挥治理功能。这些措施无疑有利于加快农村经济发展，充分发挥农信社作为"三农"金融服务主力军的作用。

（二）政策性银行金融机构改革加快提速

自从 1994 年中国设立三大政策性银行以来，政策性银行一直致力于配

合商业银行，弥补商业银行在资金配置上的缺陷。随着金融机构改革不断深化，政策性银行改革也在加快提速。2015 年 4 月，国家开发银行（本文以下简称国开行）、中国农业发展银行（本文以下简称农发行）和中国进出口银行（本文以下简称进出口银行）的改革方案得到正式批准。这次改革的最大亮点就是首次将国家开发银行定位为开发性金融机构，允许其完全以市场化运作来配合国家战略，可参与开发性项目建设。同时方案指出，进出口银行改革要强化政策性职能定位，而农发行要以政策性业务为主体。据统计，截至 2015 年第 1 季度末，国开行资产总额 10.12 万亿元，贷款余额突破 8 万亿元，不良贷款率 0.63%，连续 10 年低于 1%。截至 2015 年 3 月 20 日，农发行各项人民币贷款余额达到 30049.04 亿元，首次突破 3 万亿元。2014 年，进出口银行签约贷款 9946 亿元，发放贷款 9210 亿元，支持了 4324 亿美元的产品进出口和"走出去"项目，年末表内外总资产为 2.47 万亿元。

此外，国开行住宅金融事业部于 2014 年 6 月正式批准设立。该事业部作为国开行下设的专门机构，致力于为全国棚改提供稳定合理的建设资金，努力实现住宅金融服务工作长期可持续化。

（三）银行业对外开放步伐加快

银行业对外开放既是中国经济融入世界经济的必然要求，也是促进自身发展、提高国际竞争力的必经之路。我国银行业在多方面与国际性大银行相比仍有明显差距。因此，我国银行业"引进来"和"走出去"相协调的整体思路将更加明确和坚定，从而不断地扩大对外开放的力度。为了配合银行业对外开放的需要，2014 年 9 月《外资银行行政许可事项实施办法》发布：一是最大限度简化行政许可程序；二是强化审慎监管要求；三是统一中外资银行市场准入标准。11 月国务院修订了《外资银行管理条例》，自 2015 年 1 月 1 日正式实施，降低了外资银行在中国设立机构、办理业务的门槛，减少了对外资银行的限制，是银行业对外开放加快步伐的一个重大突破。此外，2014 年 12 月，内地与香港、澳门签署了《〈内地与香港（澳门）关于建立更紧密经贸关系的安排〉关于内地在广东与香港（澳门）基本实现服

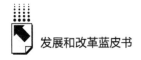

务贸易自由化的协议》，明确了广东率先与港澳基本实现服务贸易自由化，扩大与港澳两地金融服务业开放程度。

七　完善金融市场制度建设

（一）促进我国证券市场健康发展

2013年以来，我国证券市场基础设施建设取得显著成效。一是新的《证券投资基金法》于2013年6月正式实施，明确了"公开募集"和"非公开募集"的界限，将非公募基金纳入法律监管范畴，进一步规范了证券投资基金活动，保护相关投资者的合法权益，促进证券市场的健康发展。二是2013年11月，证监会发布《关于进一步推进新股发行体制改革的意见》，这意味着我国新股IPO发行实现了从审核制向注册制的重大过渡，以及从单向监管向市场化的明显转变。三是开展优先股试点工作。2013年11月国务院发布《关于开展优先股试点的指导意见》，决定开展优先股试点。2014年3月，《优先股试点管理办法》正式公布，三类上市公司可以公开发行优先股，非上市公司可以非公开发行优先股。继2014年12月首批银行优先股入市后，2015年银行优先股再次活跃起来，截至2015年3月19日，商业银行中已有4家银行发行了1830亿元的境内优先股。2015年优先股试点有望进一步扩大。四是为了引导上市公司规范运作，降低并购重组的成本，证监会一直致力于《上市公司监督管理条例》的制定，主要包括公司治理、信息披露、并购重组等四方面内容，目前已完成起草工作。五是沪港通正式启动。2014年4月，证监会正式批准开展沪港股票市场交易互联互通机制试点。《沪港通若干规定》明确了市场主体的责任和义务，对相关业务做了一般性规定。自2014年11月正式启动以来，两地市场整体运行良好。六是随着资本市场改革的不断深化，原有的退市制度在操作中逐渐显露一些问题，因此退市制度改革刻不容缓。2014年11月《关于改革完善并严格实施上市公司退市制度的若干意见》发布，新一轮退市制度改革正式启动。这次改革重点在于一方面健全自主退市制度，顺应资本市场的市场化进程，另一方面完善重大违法公司强制退市制度，有效约束重大违法行为相关者。七是规范债券交易行为，推进多层次市场体系建设。努力完善债券规章制度建设和债券市场风险防控体系建设，积极推动债券市场的创新。2014 年 11 月，非金融机构合格投资人交易平台正式上线交易，该平台以降低实体经济融资成本，完善多层次债券资本市场为核心，引导资金合理流动和分配，符合银行间债券市场发展的需要。八是《期货公司监督管理办法》于 2014 年 10 月正式公布，要求落实简政放权，降低准入门槛，明确期货公司业务范围，完善其监管制度和相关措施，努力维护投资人合法权益。

（二）加强外汇市场管理，推进黄金市场制度建设

推动外汇市场发展是推进汇率市场化的必然要求。2014 年，《银行间外汇市场交易汇价和银行挂牌汇价管理有关事项的通知》（本文以下简称《通知》）、《银行办理结售汇业务管理办法》（本文以下简称《管理办法》）和《银行对客户办理人民币与外汇衍生产品业务管理规定》（本文以下简称《规定》）等文件先后发布。《通知》取消了银行对客户美元挂牌买卖差价浮动区间的限制，是人民币汇率走向市场化的重要举措。《管理办法》明确了人民币与外汇衍生品业务的监管原则等，另外将权利更多地下放给银行，增加银行的自主权。《规定》重点提到了外汇期权等汇率避险工具，在完善市场管理和推进简政放权上也大有作为。在新的国际形势下，这 3 个政策文件共同推动了外汇市场的健康发展。另外，2014 年 7 月规范外汇市场交易的自律性文件《银行间外汇市场职业操守和市场惯例指引》发布，该文件有助于形成以行业自律为主、政府监管为辅的管理新构架。

逐步推进黄金市场制度建设。为了规范黄金租借市场的发展，降低交易成本，提高交易效率，2014 年《上海黄金交易所租借业务总协议》发布。2014 年 9 月，上海黄金交易所在上海自贸区设立国际业务板块，意味着我国黄金市场将拥有"上海金"的独立价格指标，彻底改变黄金市场缺乏定价权的旧况。

八　推进保险业改革和制度建设

改革开放以来，我国保险业改革发展取得了显著进步，在促进社会经济

发展和提高人民生活水平方面发挥了明显的作用。据统计，2015 年第 1 季度，保险业原保险保费收入 8425.4 亿元，同比增长 20.4%；赔款与给付支出 2311.2 亿元，同比增长 24.3%；预计利润总额 870.9 亿元，同比增长 142.6%。然而，我国保险业建设并不完善，保险整体服务水平有待提高，不少民众对保险业持有怀疑态度。

在此背景下，2014 年 8 月，国务院发布《关于加快发展现代保险服务业的若干意见》，被称为新的"国十条"，为进一步深化保险业改革指明了方向。一是建立市场化定价机制，继续推进费率市场化进程。2013 年 8 月，普通型人身保险费率改革正式启动，新方案将放开人身保险利率，取消之前的上限管制。2015 年 3 月《深化商业车险条款费率管理制度改革试点工作方案》发布，确定了全国共 6 个试点地区。商业车险改革的目的在于使风险和费率挂钩，将车险产品定价权交给保险公司，而产品选择权交给消费者，保障大多数消费者得到切实优惠。这是费率市场化进程中取得的可喜进步。二是成立中国保险资产管理业协会，协会致力于发挥市场和监管部门的纽带作用，加强彼此沟通协调，同时制定行业标准，推动业务创新，推动保险资产管理业健康发展。三是建立并完善保险市场准入和退出机制，确保保险公司履行义务，充分保障消费者的合法权益。为了配合该机制的正常实施，2014 年 3 月保监会发布《保险公司收购合并管理办法》，适度放宽资金来源，取消之前禁止同业收购的限制。四是发布了《关于加强和改进保险资金运用比例监管的通知》，对保险资产进行分类，形成多层次比例监管框架，目的是强化保险公司防范风险能力，将防范化解风险放在监管工作的突出位置。五是发布了《关于加强保险消费者权益保护工作的意见》，明确了要强化保险公司主体责任，加强信息披露，完善消费者维权机制，提高消费者的保险知识和风险意识等。

第二节　深化金融体制改革推进中的主要问题

虽然过去两年金融改革已取得显著进展，但必须看到内嵌于现行经济体制并作为其一部分存在的金融体制与传统经济增长方式逻辑一致，显然并不适应目前及今后一段时间内我国经济新常态下跨越中等收入陷阱、实施创新驱动战略的需要；而目前正着力推动的各项金融改革，实际上也难以单兵突进取得成效，只有在适当配套政策支持下方能取得预期成效。

一 现行金融体制已不适应新常态下经济增长的需求

我国目前的金融制度与传统经济增长方式具有内在逻辑统一性。政府主导的外生性金融制度安排以间接融资为主，利率、汇率等关键要素价格受政府管制，资本市场主要为国有企业和政府项目服务，这些特征都曾服务于传统时代的高速增长，有利于集中金融资源持续支持传统模式下的经济增长，并化解这一模式内生的金融风险，避免金融危机。

但是，我国目前的金融制度不能适应新常态下经济增长要求。从宏观层面看，近年来我国金融业配置资源的成本不断提高。如图 2 所示，2005 年以来，除了中国和俄罗斯以外，包括美国、德国、日本在内的西方发达国家和作为"金砖国家"的巴西，其金融业增加值占 GDP 的比重均呈不断降低的趋势。需要注意的是，我国金融业增加值占比不断提高，发生在我国金融体系开放程度并未大幅提高（对内开放方面，金融机构准入政策并没有大幅调整，也没有多少增量机构对市场结构和竞争程度产生强烈影响；对外开放方面，没有多少金融资产在全球配置并从国外为金融业带来额外收益），我国金融业整体基本处于独立存在状态且自身垄断程度较高的情况下，它不能被理解为我国金融业自身竞争力提高的结果，而应理解为我国金融业受更高程度保护的结果。实际上，2005 年前后恰好是我国金融业新一轮改革实施的时间，包括国有商业银行改革、2004 年开始实施的"两头放活，保住中段（利差）"的利率管制政策，都与金融业增加值占 GDP 比重不断提高有关。金融业增加值占比不断提高，意味着金融业"无功受禄"，在国民经济初次分配中瓜分了更大份额，从宏观经济角度看，我国经济中国民储蓄转化为投资的成本由此不断提高。从经济结构看，随着近年来货币信贷总量高速增长，软约束部门融资平台迅速发展（Kornai，1980；Dewatripont and Maskin，1995；Boyck，et al.，1996），金融脱实向虚，小微企业和民营企业"融资难、融资贵"问题始终难以解决。

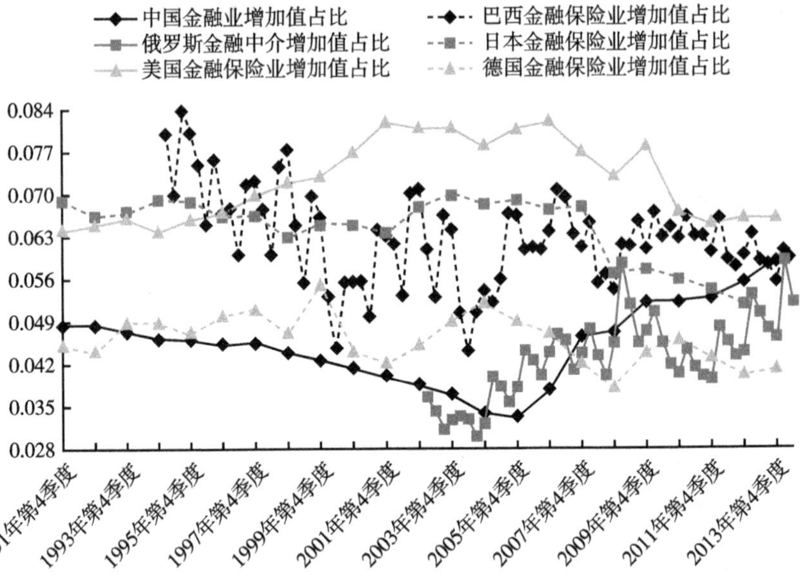

图2　2005年以来我国金融业增加值占GDP的比重不断提高

二　当前我国金融改革政策存在的问题

利率市场化改革已近尾声，但进一步推进利率市场化存在一些制约因素。部分金融机构及企业等微观主体的公司治理和内部管理机制尚不完善；利率定价机制建设有待增强，金融市场及基准利率体系建设仍有待进一步发展，利率传导和调控机制也需继续完善；金融机构市场退出机制、一些资源和能源等生产要素价格市场化等配套改革措施仍未到位；国内外宏观形势仍存在很大不确定性；等等。尤其需要注意，在存在大量软约束部门的情况下，利率市场化可能导致与预期背道而驰的宏观经济效应。周小川（2013）指出，推进软预算约束主体的改革是利率市场化改革的必要配套工作。马骏（2014）指出，向新的货币政策框架转型所面临的一个重要挑战是部分借款主体的软预算约束问题。所以，利率市场化改革是有前提条件的。易纲（2009）指出，进一步推进利率市场化改革的深层次问题是，利率完全市场化和国家对大银行控股、存款保险以及国家注资银行等是有矛盾的……过度竞争和道德风险将难以避免，（商业银行）产权清晰和所有制多元化、打破垄断、有序退出、硬预算约束是深层次的必要条件。Tanhan Fezioglu，Nathan Porter 和 Elod Takats（2009）援引国际经验并指出，宏观经济稳定、健康灵活的银行法人治理和金融监管政策以及货币政策能够有效应对利率自由化后可能出现的总需求过度扩张等，是保证利率自由化改革顺利进行的前提条件。

人民币汇率波动不确定性增加，当前主要发达经济体经济增长逐步恢复，随着市场对美联储升息预期的波动，资本跨境流动不确定性增加，必然对外汇供求和人民币汇率产生较大影响。当前人民币汇率形成机制仍存在一些问题，包括市场化程度不高，市场决定汇率的力度不足，汇率灵活性不强，人民币汇率波动幅度远远低于发达国家和新兴市场国家货币波幅，导致货币政策有效性减弱等。

金融业对内对外开放水平总体还比较低。存款保险制度刚刚开始建立，激励相容的存款保险制度还有待进一步完善。民营银行还很少，不足以发挥以点带面的作用。商业银行公司治理虽然在过去多年改革中取得长足进步，但仍然问题重重。国开行面临资金来源、资本充足压力等问题，需加快推进深化改革，但目前开发性金融和开发性金融机构性质尚不清楚。进出口银行和农发行面临业务分类模糊、资本严重不足、治理结构不健全、风险补偿机制缺乏等问题，解决上述问题需要动用较多的财务资源，并对现行体制做出一些调整，因而阻力较大。

第三节　下一步金融改革的主要方向

新常态下经济持续健康增长需要推进以市场化为核心的金融改革。要在金融改革中落实党的十八届三中全会关于"使市场在资源配置中起决定性作用"的精神，进一步推进以市场化为核心的金融改革，建立一个更加开放包容的竞争性金融体系，主要依靠市场力量支持实体经济发现和培育新的增长动力。

金融业市场化改革首先意味着逐步放开对金融要素价格的行政管制，这就要进一步推进并最终完成利率市场化和汇率形成机制改革。但是利率、汇率的"去（行政）管制化"并不一定意味着"市场化"，市场化除了意味着价格自由浮动，更重要的是意味着价格应该在"竞争性市场"中自由形成。目前我国间接金融（银行业）基本上是一个受管制行业，直接融资市场的发展也受到严格限制。因此，除了金融要素价格"去（行政）管制化"，金融业市场化改革另一个更重要的维度就是让更多金融交易在"竞争性市场"中自由形成，即大力发展直接融资市场，大幅提高直接融资在金融体系中的占比，并完善直接融资市场制度，构建公平开放、注重信息披露和市场纪律维护的直接融资监管制度。

一 价格维度：推进并最终完成利率市场化改革

市场化利率定价机制是金融有效配置经济资源的前提条件，党的十八届三中全会要求"加快推进利率市场化"改革。目前，我国利率市场化任务仅剩存款利率市场化改革这"最后一大步"，不过这一大步也分成若干小步来实现（周小川，2015）。下一步，利率市场化改革可在继续扩大存款利率上浮幅度的同时推出大额存单产品，即由银行业金融机构面向非金融机构投资人包括个人和非金融企业发行大额存款凭证，大额存单产品发行利率以市场化方式确定，这可以大幅度提高银行业负债总额中以市场化利率形成负债的占比。在推进利率市场化改革的同时，应该对利率市场化的宏观绩效（总量效应和结构效应）以及不同改革发展形式（表内市场化和表外市场化）进行持续观察和评估，这事关我们对潜在改革风险（金融危机）的研判。

二 市场维度：发展直接融资市场，培育多元金融业态

第一，发展股票债券等资本市场融资工具，提高直接融资在社会融资规

模中的占比。我国金融结构仍以银行间接融资为主，股票和债券融资在社会融资总额中占比不到20%。在以间接融资为主且银行业本身竞争并不充分的金融结构中，企业和居民投融资渠道狭窄，在面对银行时缺乏谈判能力，在这种情况下单纯放弃贷款利率和存款利率管制并不能提高效率。旨在落实党的十八届三中全会"使市场在资源配置中起决定性作用"的金融市场化改革，不仅意味着价格自由浮动，还意味着价格应该在竞争性市场中自由形成。为此，要改善金融结构，提高直接融资比重，建设统一开放的多层次资本市场。一是发展多层次股权市场，缓解企业杠杆率高的问题。应改变传统只注重融资功能的监管理念，更加注重股票市场投资功能，应以信息披露和执法检查为核心建立股票注册发行制度，兼顾主板、中小板、创业板，并完善中小企业股份转让系统，规范区域性股权市场。在注重中小投资者保护基础上完善退市制度，建立良性循环机制。二是继续发展债券市场。统一各类债券市场监管标准，建立债券公开发行制度，创新债券市场交易品种尤其是适合小微企业的品种，积极开展资产证券化，加速债务流转。发展市政债券，解决城镇化融资问题。

第二，鼓励金融创新，发展普惠金融。我国经济在新常态下持续增长，需要建立一个"统一开放、竞争有序"从而更加开放包容的竞争性金融体系，以支持实体经济发展和培育新的增长动力。这就需要进一步开放金融体系，在适度监管的情况下鼓励金融业综合经营以及互联网金融等创新活动。应该在完善负面清单管理、加强监管的前提下，加快中小金融机构的发展，建立多种所有制、多种业态和大中小型机构并存的金融体系。一是应研究在防范风险前提下如何进一步开放金融体系。目前，虽然我国金融对内开放形成了村镇银行、民营银行等多种法人形式并存的组织体系，但总体来说，由于村镇银行发起人和控制人限于现有银行而民营银行则总量太少，它们发挥的作用都十分有限。二是近年来我国银行、保险和证券互相渗透，金融业综合经营渐成趋势，应在改善监管基础上，积极稳妥开展金融业综合经营，提高金融业竞争力。三是鼓励互联网金融、小额信贷组织等创新性金融业态的发展。随着互联网发展，以P2P融资平台、第三方支付和"众筹"股权融资为代表的各种互联网金融业态迅猛发展，包括小额贷款公司、NGO 微型金融以及资金互助社在内的小额信贷组织也发展较快，这些创新性金融组织和业务在改善小微企业等弱势群体金融服务方面发挥了一定作用。应在分类监管、适度监管、协同监管和创新监管原则下，引导这些新型金融业态健康发展。

三 坚持市场化导向，重构我国宏观调控框架

应按照党的十八届三中全会的要求，建立以财政政策与货币政策为主的宏观调控体系，主要有以下几个方面。

一是坚持不懈地逐步扩大我国经济金融体系中的市场化成分。在以宏观政策刺激经济增长时，限制使用（软预算约束部门）扩张性投资计划作为刺激工具，而更多使用价格型货币政策工具，根据近年来我国宏观经济运行和调控经验，这样的政策组合具有正向总量效应和正向结构效应，能够在刺激经济增长的同时促进结构优化。

二是处理好中央与地方关系，改变我国长期以来侧重 GDP 的中央对地方考核机制，在关注生产性指标的同时，应更多考虑居民收入、环境保护、科技创新、社会保障、健康安全等方面的因素。

三是提高货币政策独立性，处理好货币政策与财政政策关系。欧洲主权债务危机的经验表明，财政政策对货币稳定具有举足轻重的影响。部分研究也表明，在我国过去几十年的某些阶段中，财政因素是导致通货膨胀的主导因素。今后的改革中，应进一步明确我国财政政策、货币政策的职能定位，完善财政部门与中央银行之间的合作机制。此外，还应注意掌握财政资产负债真实情况，提高中央财政和地方财政透明度，切实防范财政负债隐性化的潜在风险。

四 构建货币政策、宏观审慎和微观审慎三位一体的金融管理体制

国际金融危机后，主要经济体引入宏观审慎理念，重构了微观审慎与宏观审慎彼此强化、审慎监管与宏观调控协调统一的新的金融管理体制。

首先，宏观审慎管理和货币调控政策协调统一。虽然宏观审慎管理和货币调控框架的目标与工具均不相同，前者以监管工具如资本、杠杆率、拨备等逆周期调控防范内生于金融体系顺周期性的系统性风险，后者以货币供应量、利率等工具实现产出、就业和价格稳定目标，但两者均具有"逆周期调控"特性。两种逆周期调控政策若缺乏协调而同时实施，则必然彼此干扰并导致"双边失效"，如何协调宏观审慎和货币政策呢？就是要把宏观审慎纳入货币政策框架，把两组逆周期管理工具统一归口于中央银行，从而统一货币政策职能和金融稳定职能。

其次，宏观审慎管理与微观审慎监管互为补充。从金融危机经验及其后的监管改革理论来看，宏观审慎管理自上而下地关注金融体系系统性风险，微观审慎监管自下而上地关注金融体系中单个金融机构的风险，两者互相补充，不可或缺。更重要的是，宏观审慎管理用以调控和缓释系统性风险的政策工具主要是对传统的微观审慎监管工具进行改良和强化而来，并无本质不同，可以说，宏观审慎是微观审慎的升级，微观审慎是宏观审慎的基础。实际上，宏观审慎与微观审慎是金融监管的不同层面，两者既不能割裂也不能对立，离开任何一方都难以确保实现金融体系整体稳定。所以也应该将微观审慎与宏观审慎有机结合起来。

借鉴国际经验，应在条件成熟时对我国金融管理组织架构进行必要改革。当前，我国新常态下经济下行压力和金融机构杠杆率高企并存，这也对协调货币政策和宏观审慎政策提出了更高要求。而危机后我国初步建立起来的宏观审慎政策框架，实际上由分散于不同管理部门如中国人民银行和银监会的各种政策工具组成，彼此目标并不一致，工具使用也缺乏协调，难以有效应对新常态下宏观经济放缓和系统性风险积聚造成的双重挑战。所以，应在条件成熟时，对我国金融管理体制进行改革，构建货币政策、宏观审慎和微观审慎三位一体、彼此协调的新金融管理体制，唯有如此才能更好协调宏观经济目标和金融稳定目标。

五　完善金融监管体制，严肃市场纪律，鼓励金融创新

第一，借鉴国际经验推动监管理念由机构监管向功能监管转变，分业监

管体制向综合经营监管体制转变。功能监管下，每个监管机构对特定金融功能（业务）负责，而无论开展此项业务的主体是什么性质，功能监管能够有效应对金融集团和交叉型金融业务的挑战，能够减少监管套利并最终鼓励金融创新。应在功能监管理念下，对我国分业监管体制进行改革，以有效应对跨业风险和跨域风险。针对当前金融综合经营试点发展以及以理财产品、私募基金为代表的跨行业、跨市场的交叉性金融业务发展，要加强跨部门的监管协调，并尽快明确金融控股公司监管体制，同时实现对影子银行、互联网金融等新金融业态有效监管。此外，对中央和地方在监管和风险处置中的权责不对称问题，要尝试建立中央和地方双层监管体制，可以考虑将地方设立的非存款类金融机构和类金融组织交给地方政府监管，在条件成熟时可研究是否将地方性存款类机构交给地方。

第二，完善存款保险制度，构建金融安全网。在存款保险制度建立以前，中央银行在预防和处置金融风险中，往往以其最后贷款人身份承担全额隐性担保责任，这一体制除了混淆审慎监管和货币政策边界，侵害货币政策独立地位以外，监管部门风险态度趋于保守往往导致金融体系创新不足，新的机构和业务难以获准入市。在存款保险制度初步建立后，要真正确立金融机构市场化退出机制，在风险出现时切断危机传导链条，保护存款人利益，维护市场和投资者信心，维护金融稳定，这样才能真正在严肃市场纪律条件下建立鼓励创新的体制机制。

参考文献

[1] 周小川：《利率市场化改革需减少软约束的行为和实体》，《经济参考报》，http：//gb. cri. cn/42071/2013/12/18/6851s4360582. htm。

[2] 马骏：《政策利率传导机制的理论模型》，《金融研究》2014 年第 12 期，第 1～22 页。

[3] 易纲：《中国改革开放三十年的利率市场化进程》，《金融研究》2009 年第 1 期，第 1～14 页。

［4］ Tarhan Feyzioğlu, Nathan Porter, and Előd Takáts, 2009, *Interest Rate Liberalization in China* (IMF working paper, WP/09/171, 2009).

［5］ Kornai, Janos, *Economics of Shortage* (Amsterdam: North2Holland, 1980).

［6］ Dewatripont, Mathias and Eric Maskin, "Credit and Efficiency in Centralized and Decentralized Economies", *Review of Economic Studies* 62 (1995), pp. 541 –555.

［7］ Maxim Boycko, Andrei Sheleifer and Robert Vishny, "A Theory of Privatization", *The Economic Journal* 106 (1996), pp. 309 –319.

［8］ 周小川:《中国金融改革发展的历程和逻辑》, 在全国政协委员学习报告会暨 2015 年第一场全国政协机关干部系列学习讲座上的演讲, 2015。

B.7
构建开放型经济新体制

郭纹廷*

摘　要：　改革开放以来，我国经济持续高速增长、综合国力和国际影响力迅速提升，实行对外开放使中国经济发展获得了巨大的成功，对外贸易与外商直接投资在中国经济发展中发挥着越来越重要的作用，中国经济与世界经济融合度不断提高，全方位、宽领域、多层次的对外开放格局已基本形成。目前，我国经济已经进入改革创新的关键时期，进一步推进以开放促发展、促改革、促创新的相关制度变迁和创新是当前工作的重中之重。构建开放型经济新体制，必须完善开放型经济的制度建设，必须减少政策性调控，强化制度性调控，从体制制度层面提供保障。

关键词：　开放型经济　对外贸易　进出口

　　经过30多年的改革开放，我国开放型经济达到了新水平，经济总量和进出口总额已跃居世界第二位，其中出口额跃居世界第一位。我国经济的高速发展在很大程度上得益于全球化提供的难得机遇。但随着全球化的发展，世界各国在经济交往中的各种矛盾和问题愈加凸显，我国开放型经济乃至国家经济安全正面临日趋严峻的挑战。如何在世界经济进入深度转型调整期的

---

* 郭纹廷，女，中央民族干部学院，经济学博士，企业管理博士后，研究方向为区域经济、组织行为与创新管理。

背景下，适应经济全球化发展的新形势，谋求更大的国家利益，是值得我们深思的问题。

党的十八大报告提出要全面提高开放型经济水平，党的十八届三中全会进一步提出要坚持改革开放的成功实践，构建开放型经济新体制，加快培育参与和引领国际经济合作竞争的新优势。习近平总书记指出，中国越是发展就越要开放，要面对世情国情的变化，构建开放型经济新体制。在新的历史起点上推动对外开放，不是选择的问题，而是必须这么做的问题。2013 年，我国已经成为全球性贸易大国，但是仍然大而不强，与世界其他贸易强国比，还有很大的差距。要使我国由贸易大国走向贸易强国，就必须构建开放型经济新体制。

第一节　2013年以来我国构建开放型经济新体制改革的主要进展及评价

改革开放以来，中国经济取得了巨大的成就，经济持续高速增长、综合国力和国际影响力迅速提升，实行对外开放使中国经济发展获得了巨大的成功，对外贸易与外商直接投资在中国经济发展中发挥着越来越重要的作用，中国经济与世界经济融合度不断提高，基本形成了全方位、宽领域、多层次的对外开放格局。

一　我国构建开放型经济新体制改革的主要进展

党的十八报告提出，要全面深化改革，并在经济体制改革目标中提出，要完善开放型经济体系，形成互利共赢、多元平衡、安全高效的对外经济格局。2013 年以来，我国发展开放型经济进入了"快车道"，在对外贸易、外商投资、利用外资、自贸区建设等方面研究出台了一系列政策，为构建开放型经济的体制机制提供了制度保障。

2013 年 8 月，国务院批准建立中国（上海）自由贸易试验区（本文以

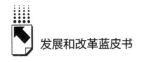

下简称上海自贸区），上海自贸区的设立是我国政府在新的历史时期的一项
重要制度创新，具有里程碑意义。上海自贸区在政策上扩大了对金融服务、
商贸服务、航运服务以及专业服务等领域的市场开放，提出了开放人民币资
本项目、构建离岸金融中心、企业所得税优惠、贸易领域监管创新等一揽子
创新计划，而且试行了准入前国民待遇加负面清单的外资管理模式。上海自
贸区的建立为我国探索新一轮开放格局和开放新模式做了有益的尝试，为下
一步与各国发展新的合作平台、培育面向世界的竞争新优势创造了基础性
条件。

2013 年 9 月，习近平总书记在哈萨克斯坦纳扎尔巴耶夫大学发表演
讲提出了共同构建途经俄罗斯、哈萨克斯坦等上海合作组织主要成员
国，延伸至地中海中岸和东岸以及连接东亚、中亚、欧洲与非洲的"丝
绸之路经济带"。同年 10 月，习总书记巡访东南亚国家时在印度尼西亚
提出了"建设 21 世纪海上丝绸之路"的构想，海上丝绸之路的首要目
标是扩大中国和东盟十国之间的贸易规模。习总书记提出的"一带一
路"战略构想，目的就是大力推进对外合作创新，努力打造全球经济新
格局。

2013 年 9 月，在"夏季达沃斯论坛"上，国务院总理李克强在致辞中
强调：中国的发展要依靠改革，要释放对外开放的红利，不断探索对外开放
的新路子。

2013 年 11 月，党的十八届三中全会召开，会议审议通过了《中共中
央关于全面深化改革若干重大问题的决定》，强调要紧紧围绕使市场在资
源配置中起决定性作用深化经济体制改革，加快转变经济发展方式，构建
开放型经济新体制，提出了要加快自由贸易区建设，推动内陆与沿边开
放，培育稳定、透明和可预期的营商环境，改革行业（协会）管理体制等
具体措施。党的十八届三中全会再次提出要加快完善开放型经济，目的就
是提升我国开放型经济发展水平，进一步扩大对外开放，参与国际经济分
工与合作，形成全方位开放的新格局。

2014 年 3 月，国务院发布《关于加快发展对外文化贸易的意见》；12

月，发布《关于促进服务外包产业加快发展的意见》。这两项意见的出台，进一步明确了我国对外贸易的发展方向和实施策略，为做强我国服务贸易做了制度上的铺垫。

2014 年 5 月，国务院办公厅发布《关于支持外贸稳定增长的若干意见》，从优化外贸结构、改善外贸环境、强化政策保障、增强企业竞争力、加强组织领导 5 个方面提出了 16 条政策措施，为下一步稳住我国外贸发展势头提供了坚强的政策支撑。

2014 年 10 月，国务院办公厅出台了《关于加强进口的若干意见》，提出了 8 个方面的政策措施。在促进进口方面，制定了积极的战略措施，这些措施主要起到 3 个方面的作用：一是增加了技术、产品和服务的进口，满足国内不断增长的生产需求和生活需求；二是促进进口和出口产品质量的提高，推进中小企业的创业与创新，推动产业结构转型和经济结构的优化升级；三是加强对外汇储备使用的引导，提高外汇的使用效率，在平衡国际收支的基础上，提升国际合作水平。

2015 年 1 月，国务院发布了《关于加快发展服务贸易的若干意见》，提出大力发展服务贸易是扩大开放、拓展发展空间的重要着力点，有利于稳定和增加就业、调整经济结构、提高发展质量效率、培育新的增长点，并要求各地区、各有关部门根据实际情况制定行动计划和配套支持政策。这是国务院第一次对服务贸易发展的战略目标和主要任务做出系统论述与全面部署，相信该项政策的实施，对促进我国服务贸易的发展必将产生深远的影响。

2015 年 3 月 18 日，国务院常务会议针对扩大开放和促进外贸稳定发展提出了改进口岸工作的政策措施。一要取消和下放一批涉及口岸通关及进出口环节的审批事项，全部取消相关非行政许可审批；二要改进通关服务，提高非侵入、非干扰式查验比例，加强口岸执法政务公开；三要创新大通关协作机制，加快跨区域、跨部门大通关建设，推进全国一体化通关；四要优化口岸布局，支持跨境电子商务综合试验区建设，为创业创新营造更为宽松便捷的环境。

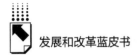

2015 年 3 月,国家发改委、外交部、商务部联合发布《推动共建丝绸之路经济带和 21 世纪丝绸之路的愿景与行动》,表明"一带一路"战略从倡议逐步走向落实。中国与"一带一路"沿线国家合作具有较好的基础。2014 年,中国与沿线国家的货物贸易额达到 1.12 万亿美元,占中国货物贸易总额的 26%。预计未来 10 年这一数字有望翻一番,突破2.5 万亿美元。2014 年,中国企业在沿线国家非金融类对外直接投资额达到 125 亿美元,占非金融类对外直接投资总额的 12.2%,承包工程完成营业额达到 644 亿美元,占全部对外承包工程完成营业额的 45.2%。中国承接"一带一路"沿线国家服务外包合同金额和执行金额分别为125 亿美元和 98.4 亿美元,同比增长 25.2% 和 36.3%。其中承接东南亚国家的服务外包执行金额 53.8 亿美元,同比增长 58.3%。①

2015 年 5 月,国家海关总署开始在全国范围内推开通关一体化改革,落实"三互",即信息互换、监管互认、执法互助;推进国际贸易单一窗口试点,深化海关和出入境检验检疫局合作"三个一",即一次申报、一次查验、一次放行;创新海关国际合作,促进跨境电子商务等外贸新型业态发展;简政放权,全面清理非行政许可审批,重点精简和优化内部核批手续;进一步规范进出口环节经营性、服务性收费,切实为企业减轻负担;进一步提高海关查验的针对性、有效性,提高集装箱机检查验比例。与传统转关流程相比,通关一体化改革减少了通关环节和时间。企业可自主选择通关地点、通关方式,实现 24 小时报关。对于跨关区通关的进口货物,企业可以自行选择运输方式,大大缩减了物流时间和成本。

构建开放型经济是我国 30 多年来对外开放政策的传承延续,是经济全球化、竞争国际化背景下我国经济发展面临的新要求。要构建开放型经济新体制,适应经济全球化新形势,必须同时推动对内开放和对外开放,只有将"引进来"和"走出去"有效地结合,才能形成全方位、主动对外开放的格局,才能进一步促进我国改革向纵深发展。

---

① 商务部网站:《中国对外贸易形势报告(2015 年春季)》。

二　我国构建开放型经济新体制的主要成绩

（一）我国对外开放的基本情况

2013 年，全年国内生产总值 568845 亿元，经济总量跃升至世界第 2 位，位居发展中国家第 1 位。2013 年国内进出口稳中有升。全年货物进出口总额 258267 亿元人民币，其中，出口 137170 亿元人民币，进口 121097 亿元人民币，进出口差额 16072 亿元人民币，比上年增加 1514 亿元人民币。全年服务进出口（按国际收支口径统计，不含政府服务，下同）总额 5396 亿美元，其中，服务出口 2106 亿美元，服务进口 3291 亿美元，服务进出口逆差 1185 亿美元。全年非金融领域新批外商直接投资企业 22773 家，比上年下降 8.6%。实际使用外商直接投资金额 1176 亿美元。全年非金融领域对外直接投资额 902 亿美元，比上年增长 16.8%。全年对外承包工程业务完成营业额 1371 亿美元，比上年增长 17.6%；对外劳务合作派出各类劳务人员 52.7 万人，比上年增长 2.9%。[1]

2014 年全年国内生产总值 636463 亿元，全年货物进出口总额 264334 亿元，比上年增长 2.3%。其中，出口 143912 亿元，进口 120423 亿元，进出口差额 23489 亿元。全年服务进出口总额 6043 亿美元，其中，服务出口 2222 亿美元，服务进口 3821 亿美元，服务进出口逆差 1599 亿美元。全年非金融领域新设立外商直接投资企业 23778 家，实际使用外商直接投资金额 7364 亿元。全年非金融领域对外直接投资额 6321 亿元，比上年增长 14.1%。全年对外承包工程业务完成营业额 8748 亿元。对外劳务合作派出各类劳务人员 56.2 万人，增长 6.6%[2]。2014 年，我国境内投资者共对全球 156 个国家或地区的 6128 家境外企业进行了直接投资，累计实现投资额 6320.5 亿元，同比增长 14.1%[3]。

2015 年第 1 季度，中国进出口总额 9042 亿美元，同比下降 6.3%；出口 5139 亿美元，同比增长 4.7%；进口 3902 亿美元，同比下降 17.6%（见表 1）。贸易顺差 1237 亿美元，增长 6.1 倍。一般贸易进出口 5002 亿美元，

---

① 国家统计局：《2013 年统计公报》。
② 国家统计局：《2014 年统计公报》。
③ 商务部网站。

下降 6%，加工贸易进出口 2842 亿美元，下降 7%①。中国坚持对外开放，稳步推进外商投资体制改革，不断改善投资环境，增强了跨国公司来华投资的信心。2015 年第 1 季度，实际使用外资金额 2145.7 亿元，同比增长 11.3%（未含银行、证券、保险领域数据），较上年同期提高了 5.8 个百分点。利用外资结构进一步优化，服务业实际使用外资同比增长 24.1%，在外资总额中的比重为 61.9%，较上年同期提高 6.8 个百分点。其中金融服务业、分销服务业、运输服务业实际使用外资规模较大，占外资服务业比重分别为 25.2%、8.7% 和 4.7%。制造业实际使用外资 112.2 亿美元，同比下降 3.6%，但部分高端制造业引资较快增长。其中，通信设备、计算机及其他电子设备制造业，交通运输设备制造业，化学原料及化学制品业分别占外资制造业总额的 20%、9.6% 及 9%。东部地区实际使用外资快速增长 18.8%，中西部地区实际使用外资分别下降了 26% 及 15.2%。中国境内非金融类投资者共对全球 142 个国家或地区的 2331 家境外企业进行了直接投资，累计实现投资额 257.9 亿美元，同比增长 29.6%。

表 1　2013 年至 2015 年第 1 季度中国进出口总体情况

单位：亿美元，%

时间	进出口		出口		进口		进出口差额
	总额	增速	总额	增速	总额	增速	
2013 年	41603.08	7.6	22100.19	7.9	19502.89	7.3	2597.30
2014 年	43030.37	3.4	23427.47	6.1	19602.90	0.4	3824.56
2015 年第 1 季度	9041.66	-6.3	5139.33	4.7	3902.33	-17.6	1236.99

资料来源：中国海关统计数据。

（二）我国对外开放的主要成绩

2013 年以来，世界经济增长低迷，中国经济增长逐步放缓，结构性矛盾凸显。在严峻复杂的国内外环境与背景下，对外贸易总体保持稳定增长，国际市场份额逐步提高，进出口结构不断优化，进出口产品的质量和企业的

---

① 中国海关网站。

效益不断得到改善，贸易大国的地位进一步得到巩固。

1. 确立全球第一货物贸易大国地位

在2013年货物进出口的基础上，2014年中国政府积极扩大进口、促进贸易平衡，出台了一系列加强进口的政策措施。2014年，中国进出口增速比全球贸易增速高2.7%，比美国、欧盟、日本、印度、巴西等主要经济体的增速还要高，其中，出口占全球份额12.7%，比2013年高0.6%，依然保持着全球第一大货物贸易大国的地位。

2013年至2015年第1季度中国出口贸易情况见表2。

表2　2013年至2015年第1季度中国出口贸易

单位：亿美元

项目	2013年	2014年	2015年第1季度
总值	22100.19	23427.5	5139.3
一般贸易	10875.31	12036.8	2776.4
加工贸易	8608.16	8843.6	1820.1
其他	2616.72	2547.1	542.9

资料来源：中国海关统计数据。

2014年至2015年3月中国月度进出口情况见图1。

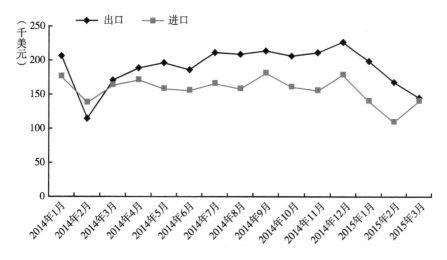

图1　2014年至2015年3月中国月度进出口情况

2. 国际市场稳步增长，自贸区战略初见成效

进出口市场结构更趋平衡，对发达国家和地区的进出口保持稳定增长，2014 年我国对欧盟和美国进出口分别增长 9.9% 和 6.6%。开拓新兴市场也取得了一定的成绩，对东盟、印度、俄罗斯、非洲和中东欧国家的进出口均在快速增长。自贸区战略的实施对促进出口起到了明显的增进效果，对自贸伙伴（不含港澳台地区）出口增长 10.6%，占出口总额的比重为 13.4%，较 2013 年上升 0.6 个百分点。

2014 年中国前十大贸易伙伴进口额及占比见图 2。

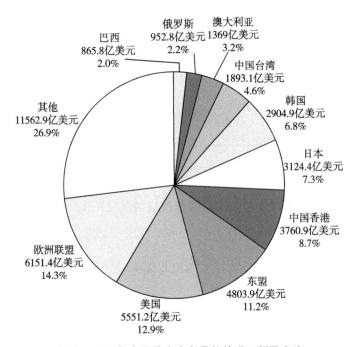

图 2 2014 年中国前十大贸易伙伴进口额及占比

3. 中西部地区外贸发展潜力巨大

近年来，中西部地区积极承接东部沿海和国外产业转移，外贸发展能力明显增强。2014 年，中部地区进出口额达 3127 亿美元，西部地区进出口额达 3344 亿美元，同比分别增长 10% 和 20.2%，合计占全国进出口的比重为 15%，较 2013 年上升了 1.5 个百分点，对整体进出口增量贡献率为 60.3%，

贡献率首次超过东部，中西部地区外贸发展蕴藏着巨大的潜力。东部地区进出口额为 3.66 万亿美元，同比增长 1.6%，占全国进出口总额的 85%，较 2013 年下降 1.5 个百分点（见表 3）。

表3 2014 年中国东中西部进出口情况

单位：亿美元，%

	进出口额	同比增长	占比	出口额	同比增长	占比	进口额	同比增长	占比
全国	43030.4	3.4	100.0	23427.5	6.0	100.0	19602.9	0.5	100.0
东部	36559.5	1.6	85.0	19436.4	3.9	83.0	17123.0	-0.9	87.3
中部	3127.1	10.0	7.3	1816.4	12.8	7.8	1310.6	6.3	6.7
西部	3343.8	20.2	7.8	2174.6	22.0	9.3	1169.2	17.0	6.0

注：东部地区包括北京、天津、河北、辽宁、上海、江苏、浙江、福建、山东、广东和海南共 11 个省份；中部地区包括山西、吉林、黑龙江、安徽、江西、河南、湖北和湖南共 8 个省份；西部地区包括内蒙古、广西、四川、重庆、贵州、云南、西藏、陕西、甘肃、青海、宁夏和新疆共 12 个省份。

4. 进出口商品结构和经营主体结构进一步改善

装备制造业具有扎实的技术基础和产品质量，是我国开放程度较高的行业，也是我国出口创汇的重要增长点。2014 年，机电产品出口增长 3.7%，占出口总额的比重达 56%。电力、通信、机车等大型成套设备出口增长 10% 以上。纺织品、服装等七大类劳动密集型产品出口额达 4851 亿美元，增长 5%。进口商品的结构得到进一步优化，先进技术设备进口快速增长，生物技术产品、航空航天技术产品、计算机集成制造技术产品、光纤技术产品等高新技术产品进口增速均在 15% 以上，为国内产业结构调整与转型升级提供了支撑。消费品进口额达 1524 亿美元，占进口总额的 7.8%，比 2013 年提高 1 个百分点，对满足多层次、多样化消费需求发挥了重要作用。

5. 贸易方式与结构得到有效调整

2014 年，一般贸易进出口额达 2.31 万亿美元，增长 5.3%，占全国进出口总额的 53.8%，连续两年占据进出口总额的半壁江山（见表 4）。其中，出口同比增长 10.7%，占出口总值比重为 51.4%，20 年来首次过半，对出口增长的贡献率达到87.8%。加工贸易进出口额达1.41万亿美元，增长3.8%。新型贸易方式蓬勃发展，跨境电子商务、市场采购贸易、外贸综合服务企业等新型贸易方式顺应了个性化的全球消费潮流，也满足了广大中小企业发展外贸业务的市场需要，正逐步成为外贸市场的新增长点。2014年，跨境电子商务的增速超过30%。进出口企业的贸易方式不断调整提升，从代工生产、贴牌出口向自创品牌、自主设计、自主研发转变，在全球价值链中的地位不断提高。

表4 2014年中国进出口贸易方式和企业性质情况

项目		出口			进口		
		金额(亿美元)	同比增长(%)	占比(%)	金额(亿美元)	同比增长(%)	占比(%)
总值		23427.5	6.1	100.0	19602.9	0.4	100.0
贸易方式	一般贸易	12036.8	10.7	51.4	11095.1	0.0	56.6
	加工贸易	8843.6	2.7	37.7	5243.8	5.5	26.8
	其他贸易	2547.1	-2.7	10.9	3264.0	-5.0	16.7
企业性质	国有企业	2564.9	3.1	10.9	4910.5	-1.9	25.0
	外商投资企业	10747.3	3.0	45.9	9093.1	3.9	46.4
	民营企业	10115.2	10.4	43.1	5599.3	-2.9	28.5

数据来源：商务部统计数据。

2015年第1季度，民营企业进出口额达3154.1亿美元，下降6.1%。国有企业进出口1578.3亿美元，下降14.4%，降幅比整体进出口高出8个百分点。外资企业进出口4309.2亿美元，下降3%。

6. 贸易条件进一步改善

受全球经济衰退的影响，2014年全年进口商品价格指数下降3.3%，出口商品价格指数下降0.7%，对我国而言，则表现为进出口贸易条件的改善。2014年，中国铁矿砂、大豆和原油进口数量分别增长了13.8%、12.7%和9.5%，进口价格分别下降22.5%、5.9%和5%。由于全球大宗商品价格普遍下跌，国内大宗商品的进口不但满足了生产和生活的需要，而且有效地降低了企业的生产成本，外汇支出减少的同时，提高了进口的整体效益。

7. 服务贸易再上新台阶

2014 年中国服务进出口总额达到 6043 亿美元，比 2013 年增长 12.6%，远高于全球服务贸易 4.7% 的平均增长水平。其中，服务出口 2222.1 亿美元，增长 5.5%；服务进口 3821.3 亿美元，增长 16.1%。服务贸易逆差扩大至 1599.3 亿美元。据世界贸易组织（WTO）最新统计，2014 年中国服务业吸收外资 662.3 亿美元，占比达到 55.4%，比制造业高 22 个百分点，成为吸收外资的重要力量。服务出口额与进口额的全球占比分别为 4.6% 和 8.1%，居全球第五位和第二位。其中，高端服务贸易增长迅猛，金融、通信、计算机和信息服务进出口增速分别达到 59.5%、24.6%、25.4%。高端服务进出口快速增长提升了中国服务业现代化水平，为中国产业结构调整做出了积极贡献。2015 年 1 ~ 3 月，中国服务贸易继续保持快速增长态势，进出口总额达 1495.4 亿美元，同比增长 10.6%。

2013 ~ 2014 年我国对外贸易构成情况见表 5。

表 5　2013 ~ 2014 年我国对外贸易构成

单位：%

年份	一般贸易所占比重	加工贸易所占比重	服务贸易所占比重	其他所占比重
2013	52.8	35.7	11.5	—
2014	53.8	32.7	12.3	1.2

数据来源：国家统计局。

三　我国构建开放型经济新体制改革的评价

新时期新常态下，在国际政治经济格局深刻调整的战略时期，我国政府确立了推动更高水平对外开放的战略目标，在加快构建开放型经济新体制方面推出了一系列重大举措，提出构建"丝绸之路经济带"和"21 世纪海上丝绸之路"，建设上海自贸区并总结推广试点经验，深化以备案制为主的对外投资管理方式改革，推进贸易投资便利化，推行通关一体化改革，强化进口，等等，通过顶层谋划与设计构建未来中国对外开放新格局。

可以说，上海自贸区为开放型经济新体制构建提供了标杆。以上海自贸区建立为契机，我国在构建开放型经济新体制方面所进行的一系列制度改革与创新是非常成功的，不仅改善了市场活力、提高了资源使用效率，而且提升了我国参与全球化竞争的整体优势。

一是涉外投资管理体制改革为开放型经济提供了微观制度保证。主要制定了外商投资审批事项规范化试点工作方案，同时拟定了将没有限制措施的鼓励类、允许类外商投资审批事项改为备案管理的工作方案。自 2014 年 10 月开始实行的《境外投资管理办法》，对外投资实行"备案为主、核准为辅"的管理模式，国内企业在境外投资开办除金融企业之外的企业事项，涉及敏感国家和地区、敏感行业的，由商务部核准；属其他情形的，中央管理企业报商务部备案，地方企业报省级政府备案。该办法最大限度地缩小了对境外投资设立企业的核准范围，简化了核准程序，提高了境外投资效率，为企业更好地"走出去"提供了制度保障。

二是上海自贸区改革试点为进一步深化开放做了有益探索。经国务院批准，上海自贸区已经形成了进一步扩大开放的 31 条措施。2014 年 7 月 1 日发布的外商投资负面清单总共有 139 条限制措施，比 2013 年版的限制措施减少了 26.8%。负面清单以外的领域按照内外资一致原则，由核准制改为备案制。据统计，制度实行起始，首月办结外资新设企业 21 家，平均注册资本 2500 万美元，是 2013 年同期的 7 倍。上海自贸区是顺应全球经贸发展新趋势，更加积极主动对外开放的重大举措。上海自贸区改革坚持以制度创新推进经济转型和发展，在投资领域管理和创新、贸易便利化管理方式的创新、金融制度的创新、政府监管模式的创新等方面做了大量的工作。上海自贸区的先行先试，为进一步在全国推广经验、扩大开放领域做了有益的探索与铺垫。

三是创新加工贸易模式，深化加工贸易行政审批制度改革。2014 年 7 月下旬国务院常务会议出台了一揽子推动进出口稳定发展的措施，包括通关模式改革、暂免出口商品法定检验费用等在内的多项举措，这些措施 8 月起陆续"落地"实施，很多企业体会到商业环境有所改善。

四是坚持双边和多边贸易发展体制。除了中瑞自由贸易协定外，2014年以来我国还与冰岛签署了自由贸易协定，最近又与东盟领导人商议打造中国－东盟自由贸易区升级版。同时，中澳、中韩、中日韩自贸区谈判以及《区域全面经济伙伴关系协定》均有不同程度进展。尽管当前以多哈回合谈判为代表的多边贸易体制进展艰难而曲折，但中国始终是多边贸易体制的坚定支持者，将发展区域和双边贸易安排作为多边贸易体制的有益补充。

五是与开放型经济相关的其他工作也得到了积极推进。例如，积极推进环境保护、投资保护、政府采购、电子商务、能源开发、医疗合作等议题的谈判，落实 WTO 的贸易便利化措施，建立贸易政策合规工作制度等。

"改革"必须与"开放"结合起来，以开放促改革是我们的一条重要经验。一方面是对内对外开放相结合、国际国内市场相统一；另一方面是以开放促改革，形成改革倒逼机制。上海自贸区的建立为我国对外开放的新路径和新模式的探索提供了有益的经验，而"一带一路"战略的落地实施则有利于实现以开放促发展、促改革、促创新，从而提高我国整体竞争优势。当前我国对外开放型经济新体制的构建无疑将在加快转变政府职能和行政体制改革，转变经济增长方式和优化经济结构等方面发挥巨大的作用，上海自贸区这种大胆推进的改革将有助于形成服务于全国的发展经验。

第二节　构建开放型经济新体制改革
推进中的主要问题

中国改革开放经历了 30 多年的快速发展，受国内外条件的深刻变化，中国经济已经进入改革创新的关键时期，如果说中国 1978 年开始的改革开放是以体制改革促开放的制度变迁，那么当今中国面临的是进一步以开放促改革的制度变迁和创新。构建开放型经济新体制，必须建立适合开放型经济发展、有效参与国际分工与竞争的组织机构和法律法规，这就需要我们在组织、程序、管理以及配套的法律法规等方面建立健全相关制度。然而,从目前情况来看,我国开放型经济体制在制度建设方面还存在着不平衡、不协调、不健全的突出问题,一些体制机制不能适应国内外经济形势的变化和开放型经济自身发展的需要。

(一)对外贸易稳定增长面临压力,贸易保护主义抬头

虽然世界经济将延续温和复苏态势,但不稳定、不确定因素较多,国际竞争将更加激烈。WTO 预计,2015 年和 2016 年,世界货物贸易量增长率分别只有 3.3% 和 4%,较 2014 年有所提高,但仍低于 20 世纪 90 年代以来 5.1% 的平均增速(见表 6)。2009~2013 年全球贸易年均增长率仅为 3.3%。目前我国已经成为制造业大国和贸易大国,在全球市场中所占份额接近 10%,虽然,出口产品的竞争力不断增强,但出口的难度也同时在增加,原因在于,我国出口的产品在很多产业领域都遭到贸易保护主义的压力。例如,在中低端产业领域,周边新兴经济体凭借低廉的劳动力、土地等要素成本的优势和优惠的引资政策,主动承接发达国家和地区转移的加工制造业,极大地促进了出口增长。这在很大程度上造成中国和许多发展中国家之间的利益冲突。而在高端产业领域,发达经济体利用科技、人才优势抢占新兴技术前沿,促进"再工业化",开拓国际市场,取得了明显成效。我们要提升外贸发展的水平和方式,提高在全球产业分工链条中的地位,又不可避免地对发达国家的核心利益造成威胁。在此背景下,我国外贸的深入发展将面临困境。

表 6　2013~2016 年世界贸易增长速度

单位:%

项目	2013 年	2014 年	2015 年	2016 年
世界货物贸易量	2.4	2.8	3.3	4.0
出口:发达国家	1.6	2.2	3.2	4.4
发展中国家和新兴经济体	3.9	3.3	3.6	4.1
进口:发达国家	-0.2	3.2	3.2	3.5
发展中国家和新兴经济体	5.3	2.0	3.7	5.0

注:2015 年和 2016 年为预测值。

资料来源:WTO《贸易快讯》,2015 年 4 月。

（二）对外贸易体制改革较为缓慢

世界经济论坛发布的《2014 年全球贸易促进报告》显示，在"金砖国家"中，中国作为最大的出口国，在 138 个经济体中排名第 54，其中在基础设施、运输服务、操作环境等方面表现相对较好，分别排在全球第 16 位、31 位、37 位，但在国内市场准入、商业纠纷的司法公正性和外国市场准入方面效率明显不足，分别排在第 98 位、100 位和 125 位。当前，我国的投资环境在国际化、规范化、法制化方面与国际标准还有一定差距，政策不稳定不透明、知识产权和商业秘密保护力度不够等问题的存在对外商来华投资形成了一定的制度障碍。相对于货物贸易，服务贸易部门目前开放的深度和广度仍然不够。在跨境交付、境外消费、商业存在、自然人流动这四种服务贸易模式中，我国在商业存在与自然人流动这两个领域的开放尤其不足，在跨境交付、境外消费方面的开放程度比晚加入 WTO 的俄罗斯还低。在 160 个开放的服务部门中，不附加条件而完全开放的服务部门占比尚不足 1/5，这在很大程度上影响了我国服务贸易的发展。目前，我国在外商投资准入尤其是服务领域的投资准入方面仍有较多的限制。

（三）实际利用外资低端化

改革开放以来，我国累计利用外商直接投资达 1.4 万亿美元。从 1993 年起，中国实际利用外资连续 22 年居发展中国家的首位。2014 年，我国实际利用外资 1196 亿美元，同比增长 1.7%。在世界经济增长整体趋缓的背景下，取得这样的成绩实属不易。但值得注意的是，我国在利用外资方面一直只注重对数量的要求，而缺乏对外资利用效率的监督与管理，在进行对外合作时，不能将吸引外资与引进技术和管理经验相结合，不能将国外开放经验与地区优势及发展规划相结合，不能运用多种开放形式促进区域经济发展。从实际利用外资的结构来看，改革开放以来我国外资绝大部分投向了第二产业中的制造业。2011 年服务业实际使用 FDI 规模首次超过制造业后，服务业吸收 FDI 数量就一直占据各产业第一位。在服务业内部，外资主要进入了房地产业、批发和零售业、租赁和商务服务业等少数服务行业；科学研究、技术服务和地质勘查业，信息传输、计算机服务和软件业，水利、环境

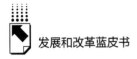

和公共设施管理业，文化、体育和娱乐业，卫生、社会保障和社会福利业等关系国计民生的高端服务性行业，吸收外资比重很低（见表7）。

表7　中国吸收外商直接投资分行业统计

行业名称	截至2013年累计				2013年新增			
	企业数（个）	比重（%）	合同外资金额（亿美元）	比重（%）	企业数（个）	比重（%）	实际使用外资金额（亿美元）	比重（%）
总计	786051	100.00	30640.65	100.00	22819	100.00	1239.11	100.00
农、林、木、渔业	22766	2.90	710.86	2.32	757	3.32	18.00	1.45
采矿业	2024	0.26	158.25	0.52	47	0.21	3.65	0.29
制造业	501219	63.76	17261.08	56.33	6504	28.50	455.55	36.76
电力、燃气及水的生产和供应业	3595	0.46	437.50	1.43	200	0.88	24.29	1.96
建筑业	12930	1.64	539.78	1.76	180	0.79	12.20	0.98
交通运输、仓储和邮政业	10455	1.33	870.29	2.84	401	1.76	42.17	3.40
信息传输、计算机服务和软件业	12013	1.53	520.49	1.70	796	3.49	28.82	2.32
批发和零售业	78246	9.95	1533.22	5.00	7349	32.21	115.11	9.29
住宿和餐饮业	7547	0.96	216.69	0.71	436	1.91	7.72	0.62
金融业	1343	0.17	300.86	0.98	555	2.43	86.55	6.98
房地产业	51848	6.60	4825.41	15.75	530	2.32	287.98	23.24
租赁和商务服务业	47030	5.98	1819.61	5.94	3359	14.72	103.62	8.36
科学研究、技术服务和地质勘查业	15923	2.03	656.61	2.14	1241	5.44	27.50	2.22
水利、环境和公共设施管理业	1433	0.18	184.24	0.60	107	0.47	10.36	0.84

续表

行业名称	截至2013年累计				2013年新增			
	企业数（个）	比重（%）	合同外资金额（亿美元）	比重（%）	企业数（个）	比重（%）	实际使用外资金额（亿美元）	比重（%）
居民服务和其他服务业	12618	1.61	372.13	1.21	166	0.73	6.57	0.53
教育	1738	0.22	33.91	0.11	22	0.10	0.18	0.01
卫生、社会保障和社会福利业	1373	0.17	74.00	0.24	18	0.08	0.64	0.05
文化、体育和娱乐业	1936	0.25	125.31	0.41	151	0.66	8.21	0.66

数据来源：《中国商务年鉴2014》。

2013年中国对外直接投资流量行业分布情况见图3。

（四）服务贸易发展较为缓慢

从贸易方式看，多年来，我国基本保持"一平、一顺、一逆"的外贸格局。一般贸易基本保持平衡，加工贸易呈现巨额顺差，服务贸易逆差向上。"十二五"以来，我国服务贸易虽然在不断发展，但服务贸易逆差不断扩大，2013年服务贸易在对外贸易总值中的占比为11.5%，2014年为13.5%，但世界平均水平约为20%。我国服务贸易发展不仅大大低于世界平均水平，而且与我国世界贸易第二大国的地位极不相称。服务贸易一直是我国对外贸易的一个短板，服务贸易出口中，传统服务贸易如旅游、运输服务、咨询等服务项目的比重偏高，现代服务贸易比重偏低；而在服务贸易进口中，计算机及信息服务、金融服务、广告宣传、通信服务等高附加值服务进口保持增长较快（见表8）。未来，随着人口数量结构的不断变化和调整，我国在教育培训、养老服务、医疗保健等生活服务方面将有巨大的消费潜力，同时，为了保证经济结构调整的有序进行，我国还需要从国外引进大量的先进技术和高端服务项目，因此，将来我国无论在生产性服务贸易还是在消费性服务贸易方面都存在巨大的市场空间。

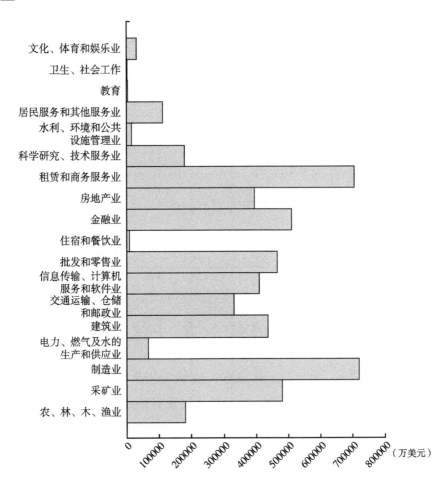

图 3　2013 年中国对外直接投资流量行业分布情况

表 8　2014 年中国服务贸易进出口

服务类别	进出口			出口			进口			贸易差额（亿美元）
	金额（亿美元）	同比（%）	占比（%）	金额（亿美元）	同比（%）	占比（%）	金额（亿美元）	同比（%）	占比（%）	
总额	6043.4	12.6	100.0	2222.1	7.6	100.0	3821.3	15.8	100.0	-1599.3
运输服务	1345.0	1.9	22.5	383.0	1.7	17.7	962.0	2.0	25.2	-579.0
旅游	2217.1	23.0	36.7	569.1	10.2	25.6	1648.0	28.2	43.1	-1078.9
通信服务	41.2	24.6	0.7	18.1	8.9	0.8	23.0	40.7	0.6	-4.9
建筑服务	203.4	39.8	3.4	154.2	44.6	7.1	49.3	26.7	1.3	104.9

续表

服务类别	进出口			出口			进口			贸易差额（亿美元）
	金额（亿美元）	同比（%）	占比（%）	金额（亿美元）	同比（%）	占比（%）	金额（亿美元）	同比（%）	占比（%）	
保险服务	270.6	3.7	4.5	45.6	14.1	2.1	225.0	1.8	5.9	-179.4
金融服务	101.0	59.5	1.7	46.0	57.8	2.1	55.0	61.0	1.4	-9.0
计算机及信息服务	268.6	25.4	4.5	183.6	19.0	8.5	85.0	42.0	2.2	98.6
专利使用费和特许费	232.3	6.0	3.9	6.3	-29.4	0.3	226.0	7.4	5.9	-219.7
咨询	692.0	7.9	11.6	429.0	5.8	19.8	263.0	11.5	6.9	166.0
广告宣传	88.0	9.4	1.5	50.0	1.9	2.3	38.0	21.2	1.0	12.0
电影音像	10.8	16.1	0.2	1.8	22.3	0.1	9.0	15.0	0.2	-7.2
其他商业服务	573.4	-0.7	9.6	335.4	-7.1	15.5	238.0	10.0	6.2	97.4

数据来源：中国海关统计数据。

（五）加快"走出去"存在一些障碍

据《世界投资报告2013》，中国全球价值链参与率为59%，列全球第11位，中国国内附加值占出口总值的比重为70%，低于俄罗斯、印度、巴西、澳大利亚等国，在全球排前25位的出口经济体中列第12位。近十年，我国对外投资以年均40%以上的速度高速增长，2014年全年非金融领域对外直接投资额为1029亿美元，比上年增长14.1%，跻身对外投资大国行列。2014年完成的并购交易金额为1828亿美元，较2013年增长7.8%，再创跨国并购新高。但与此同时，一些国家对我国投资能源资源类项目、参与重大工程建设以及投资国有企业等方面仍存在贸易保护的思想，设置各种法规制度加以保护，导致我国对外投资常常遇到各种障碍。此外，部分国家和地区社会动荡，安全问题突出，对我国企业在海外投资的预警与风险防范能力提出了较高要求。

（六）多边贸易合作和区域双边合作斗争激烈

多哈回合谈判进展艰难而曲折，各国纷纷转变贸易合作方式，积极推动

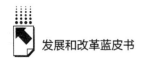

自由贸易谈判，国际服务贸易协定（TISA）、跨太平洋伙伴关系协定（TPP）、跨大西洋贸易与投资伙伴关系协定（TTIP）谈判均在加速推进。发达国家开始致力于制定新的国际贸易投资规则，探索新的谈判议题并推动达成协议，以便在未来的国际竞争市场上获得先发力量。日本、俄罗斯、印度、韩国等周边国家也纷纷对外发展自由贸易关系。新一轮区域贸易自由化浪潮将建立更高标准的国际自由贸易协定，在框架、内容、要义等方面也提出了更为严格的要求与规定，使我国面临新一轮世界贸易投资规则制定的挑战。

（七）开放型经济建设呈现区域性不平衡

在过去的改革开放 30 多年中，东部沿海地区利用区位优势与政策优惠，积极参与国际分工与国际竞争，以出口创汇为目的，吸引了国内外大量的资金、技术与人才，使地区和国家经济得到快速发展。但对外开放体系不应该是局部的区域性的对外开放，而应该是全面的全方位的对内开放，不仅包括东部地区，还包括内陆中西部地区，不仅面向外部开放，还面向内部区域间市场充分开放，各地区结合各自优势，积极参与国际和国内的分工与合作，在相互协作的基础上满足国内外的生产和消费需求。2008 年爆发的金融危机造成国际市场收缩，外部需求下降，一度对东部沿海地区经济造成巨大的影响，很多以外部市场为主的外向型企业陷入困境，区域经济增长速度明显减慢，国家总体经济发展速度下滑，这种状况的出现说明，区域性外向型经济不足以支撑我国经济整体的持续稳定发展。此外，在东部沿海开放地区的经济发展出现瓶颈、生态环境受到严重威胁的同时，承接这类产业的中西部地区经济发展也受到相应的困扰。

（八）外向产业结构单一、产品附加值偏低

我国对外开放主要集中在第二产业，通过对外贸易、利用外资、引进技术人才与管理经验等方式进行。各地区通常先制定发展规划，通过建立经济开发区或工业园区发展对外贸易的制造业，特别是发展以劳动力密集型为主的制造业。这些产业对我国经济及区域经济的发展起到重要促进作用，但是它们大多是以能源资源为支撑，以环境破坏为代价的高投入、高消耗、高污染、低效益的产业，这类产业多数处于国际分工的中低端环节，产品的技术含量和附加值普遍较低，这导致我国自主品牌的产品没有足够的实力，在国际上没有竞争力。因此，我们不仅要发展以制造业为主的外向型经济，还要加快包括服务业在内的在其他产业领域的开放程度与水平，以促进各区域协调发展。

中国各产业吸收外商直接投资的情况见表9。

表9 中国吸收外商直接投资分产业统计

单位：亿美元

产业名称	截至 2013 年累计				2013 年新增			
	企业数（个）	比重（%）	合同外资金额	比重（%）	企业数（个）	比重（%）	实际使用外资金额	比重（%）
总计	786217	100.00	30640.65	100.00	22819	100.00	1239.11	100.00
第一产业	22766	2.90	710.86	2.32	757	3.32	18.00	1.45
第二产业	519768	66.11	18396.61	60.04	6931	30.37	495.69	40.00
第三产业	243683	30.99	11533.18	37.64	15131	66.31	725.42	58.54

数据来源：《中国商务年鉴2014》。

总体来看，我国开放型经济体制建设还不够完善，一些体制不适应国内外形势和开放型经济发展的需要。

第三节 进一步改革的主要方向、重点任务及政策建议

构建开放型经济新体制，要处理好政府和市场的关系，充分发挥市场在资源配置中的基础性作用，逐步建立以企业为主导、以市场为决定性力量的开放模式。同时，构建开放型经济新体制，要完善开放型经济的制度建设。在规范的市场经济体系中，政府主要是规则的执行者和秩序的维护者。必须减少政策性调控，强化制度性调控，这就要求从体制层面提供强大的保障。

（一）放宽外商投资市场准入

在外资管理上，我国采取的是逐案审批的方式，这种管理方式具有产业政策导向性强的优点，但审批环节多，政策不够稳定，容易提高企业的行政

成本和营商成本。目前国际上实行较为普遍的是"准入前国民待遇"和"负面清单"的管理模式，这是一种效率较高的投资准入管理制度。上海自贸区建立之后，我国也发布了投资准入管理的负面清单，按照"非禁止即开放"的原则，清单之外的行业及项目全都开放。从目前我国产业开放和发展状况来看，制造业因对外开放程度较为深入而使整体竞争力得到较大的提升，我国已成为全球最大的制成品出口国。相比之下，我国服务业的开放程度相对较低，整体竞争实力较弱。目前我国实施调整经济结构的战略目标也需要进一步深化服务业改革，壮大服务业，因此，下一步要有序地推进金融、教育、文化、医疗等服务业领域的开放，在育幼养老、建筑设计、会计审计、商贸物流、电子商务等服务业领域放开外资准入限制。

（二）创新利用外资的管理体制

目前，世界上越来越多国家采取"准入前国民待遇"和"负面清单"的外资管理方式，这种管理方式有利于规范和约束政府行为，为企业创造有序的投资营商环境。这应该是我国外商投资管理体制改革的方向。第一，最大限度地减少和规范行政审批，在对资本流入进行有效监管的基础上，提高投资便利化程度。第二，完善内外资企业公平竞争的市场环境，赋予各类投资主体公平参与市场竞争的机会。第三，加强对外资的引导和规范，促进相关产业稳定健康发展。根据国家宏观经济政策实施情况有针对性地制定利用外资的政策。在外商投资产业政策中，通过产业优惠政策实现外商投资重心的转移。第四，进一步推进多边、区域、双边投资合作，拓展合作广度和深度。第五，建立并完善相关的法律政策框架体系，如建立外商投资并购国企的相关法律，畅通外商投资企业境内股票市场的通路，允许境外企业参与国内企业的产权交易等。第六，借鉴上海自贸区试行的成功经验，让更多具备条件的地方发展自由贸易园（港）区，实行"准入前国民待遇"和"负面清单"的外资管理方式。

（三）建立对外投资贸易便利化体制

近十年来，我国对外投资的年均增速保持在40%以上，累计对外直接投资超过5000亿美元，成为对外投资的大国，从事跨国投资与经营的各类企业已经发展到3万多家，对外投资遍及160多个国家。要加快实施"走出去"战略，就需要放宽对外投资的各类限制，建立健全对外投资贸易便利化体制，切实为企业走出去"松绑"，扩大企业及个人对外投资。对此，《中共中央关于全面深化改革若干重大问题的决定》提出，"允许企业和个人发挥自身优势到境外开展投资合作，允许自担风险到各国各地区自由承揽工程和劳务合作项目，允许创新方式走出去开展绿地投资、并购投资、证券投资、联合投资等"。这是国家支持企业加快走出去政策导向的具体体现。因此我们在政策制定、法律保护和支持体系上要保证投资主体的权利。第一，制定系统性的战略，确定政策目标，如通过规划引导支持各种所有制企业建立海外营销网络；第二，加强立法支持，如制定海外投资促进保护法，通过法律手段规范和引导企业在海外有序竞争；第三，放松管制，强化市场主体，简化审批程序，如在跟外商签订投资协定方面，减少制度性障碍，扩大投资合作空间；第四，政府给企业提供必要的服务；第五，切实减少企业的各项负担，如避免出现财税政策上"双重征税"等。

（四）建立空间广阔的自由贸易区网络

近年来，美国和欧盟正致力于推动建立下一代自由贸易协定，这是一种高标准的贸易合作协议，对开放的部门和程度有很高的要求，同时，他们在政府采购、知识产权、投资、人权、劳工、环境等领域力图形成新的规则，以便为未来全球各种自由贸易协定树立新的标准。目前，我国虽然已签署了12个自由贸易协定，但与我国开放战略和整体的开放格局还不相适应，今后，我们要继续加快区域经济合作步伐，拓宽经济发展空间和对外开放层次，要以周边国家为基础，拓展自由贸易区的合作空间，建立面向全球的高标准的自由贸易区网络。要进一步拓展中国－东盟自由贸易区，提升区内贸易投资自由化、便利化水平；加快推进中韩、中日韩、中澳区域全面经济伙伴关系（RCEP）等自由贸易协定谈判，推动亚太经济一体化进程；我国与中亚及俄罗斯具有良好的贸易互补性，要加强与这些国家的经贸往来，适时地启动与经贸合作伙伴的自由贸易协定谈判。

（五）加快内陆地区对外开放步伐

我国内陆地区发展开放型经济存在许多制约因素，如开放口岸少、物流费用高、区域转关难等。因此，内陆地区要加强体制机制、政策环境等方面的制度建设，通过完善贸易、产业、财税、金融、知识产权等相关政策，增强企业技术创新、自我转型的内生动力，夯实内陆地区发展开放型经济的基础。第一，在体现技术能力的加工贸易方面，要创新内陆地区加工贸易模式，促进加工贸易技术水平升级，从组装加工逐步向研发、设计、整机生产、核心零部件制造、物流运输、营销网络等产业链环节拓展。第二，要重视内陆地区发展对外贸易的国际大通道建设，我国内陆地区与东南亚、中亚、欧洲等地区建立贸易联系必然需要有畅通的物流通道，因此，内陆城市要加快航空、陆地、江海等多种运输方式的基础设施建设，发展陆航、铁海、江海等多种联运方式，形成立体化的空间网络经济通道。第三，要推动内陆地区与沿海、沿边地区的通关协作，口岸管理部门要加强职能协作，在信息互换、监管互认、执法互助等方面加强沟通与协作，提高口岸通行效率，降低通关成本，使内陆地区货物进出口逐步实现"一次申报、一次查验、一次放行"。第四，更大限度地开放中西部地区市场，积极推进金融、电信、商贸、旅游、教育、文化、社会服务以及农产品生产、加工、仓储、运输、销售等领域的外商投资，放开外商对商业、外贸、旅行社以及律师、会计师事务所等中介服务机构的投资，地方政府应率先扩大外商投资农业、基础设施、非限制类制造业项目的审批权限等。

（六）优化沿边地区开放格局

我国与14个国家接壤，陆路边境总长2.28万公里，沿边有139个县级行政区，土地面积合计约200万平方公里，居住着45个少数民族。近年来，沿边地区因地制宜地实施了对外开放，但受历史、自然条件和周边环境等条件的限制，沿边地区发展开放型经济的水平依然不高，出现总体规模偏小，经贸合作层次低，合作机制不健全，经贸和人员往来便利化水平不高等问题。因此，加快沿边地区对外开放步伐、优化沿边地区开放格局对于促进我国区域经济协调发展，建设和谐稳定的边疆具有重大的战略意义。我国在推进沿边开放时应在创新合作机制和开放政策上多下功夫。第一，在制定沿边开放政策方面，对沿边重点口岸和地区在人员往来、物流、交通运输、旅游、文化交流等方面实行特殊政策，以提高贸易和投资便利化水平。第二，在金融支持方面，国家应在沿边地区建立多个开发性金融机构，为区域内基础设施的互联互通建设提供必要的支持。第三，沿边地区与周边国家的政府之间应协商建立高效务实的工作机制，提高解决各种经贸问题的效率，为沿边地区与毗邻国之间在贸易和人员往来等方面提供便利。

（七）建立明确的行业商（协）会等中介机构和社会服务组织的管理体制

在国际贸易中，商（协）会等中介机构和社会服务组织在制定行业标准、规范行业秩序、开拓国际市场、应对贸易摩擦等方面发挥着重要的中间协调作用，尤其是在降低外商投资进入成本，提高外商投资进入效率方面发挥着不可替代的作用。但是，目前我国对商（协）会的法律地位没有明确的定义，对商（协）会管理的职能定位也不清晰，商（协）会存在发展活力不足、服务不到位、行政色彩浓厚等问题。因此，发展和规范商（协）会，要从思想认识、政策环境、机构建设、管理制度等多方面着手，通过建立正式的行业规范和相关法律准则，明确商（协）会的职能和运行规则。只要建立大批面向市场、依法运行的商（协）会，相信政府宏观管理和市场配置资源的效率必将大幅提高。

参考文献

[1] 习近平：《共同维护和发展开放型世界经济——在二十国集团领导人峰会第一阶段会议上关于世界经济形势的发言》（2013 年 9 月 5 日），《人民日报》2013年 9 月 6 日。

[2] 习近平：《深化改革开放共创美好亚太——在亚太经合组织工商领导人峰会上的演讲》（2013 年 10 月 7 日），《人民日报》2013 年 10 月 8 日。

[3] 崔大沪：《开放经济中的中国产业增长模式转变》，《世界经济研究》2004 年第9 期。

[4] 裴长洪、郑文：《中国开放型经济新体制的基本目标和主要特征》，《经济学动态》2014 年第 4 期。

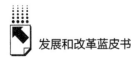

［5］景维民、张璐：《环境管制、对外开放与中国工业的绿色技术进步》，《经济研究》2014 年第 9 期。

［6］李翠兰：《促进区域经济协调的开放型经济体系思考》，《对外经贸》2015 年第 2 期。

［7］姜长云、邱灵：《扩大和深化我国服务业对外开放的新思路》，《经济纵横》2014 年第 10 期。

［8］王志乐：《以开放促改革——对外开放理论的创新》，《经济体制改革》2014 年第 1 期。

［9］方平：《构建开放型经济新体制 打造全方位开放新局面》，《企业经济》2014 年第 1 期。

［10］陆善勇、黄智：《加快发展开放型经济的现实矛盾与路径选择》，《学术论坛》2014 年第 11 期。

［11］马小芳：《构建开放型经济新体制》，《经济研究参考》2014 年第 46 期。

［12］张八五：《关于发展内陆开放型经济的思考》，《中国经济导刊》2015 年第 2 期。

［13］景朝阳、涂舒：《新兴经济一体化趋势下的中国开放型经济发展路径研究》，《经济体制改革》2015 年第 01 期。

［14］吴传淑：《新一代丝绸之路开创新兴开放型经济》，《商业时代》2014 年第 13 期。

［15］杨帆：《上海自贸区与中国对外开放》，《福建论坛》（人文社会科学版）2014 年第 6 期。

B.8

2013～2015年中国法治状况研究报告

薛克鹏 郭传凯 韩 书*

摘　要：　2013年1月至2015年3月，党的十八届三中全会和十八届四中全会先后召开，分别做出了全面深化改革和全面推进依法治国的重大决定，对中国的法治建设做出了战略性部署。本报告回顾了这一时期的法治建设状况，总结了法治建设的经验，并提出了进一步改革的方向和建议。

关键词：　依法治国　法治状况　市场经济

依法治国，就是要求遵照宪法和法律的规定治理社会，使社会事务依法运行，实现"科学立法、严格执法、公正司法、全民守法"，使国家权力在运行中尊重市场、灵活高效，使社会主体的权利、义务、责任在动态实施中得以落实。回顾过去两年中国的法治状况，就是要进行有关的立法梳理，总结法律、行政法规、执法体制、司法解释等方面的突出成果，在此基础上进行法律制度完善与实施状况的总结；就是要在立法状况总结的基础上汲取经验，为全面深化改革阶段提供着力点；就是要加快全面深化改革阶段的法治建设部署，明确新问题、提出新方向、勾画新思路。

＊　薛克鹏，中国政法大学民商经济法学院，博士，教授，博士生导师，研究方向为经济法学；郭传凯，中国政法大学民商经济法学院，博士研究生，研究方向为经济法学；韩书，女，中国政法大学民商经济法学院，硕士研究生，研究方向为经济法学。

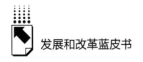

第一节 2013年至2015年法治建设状况

2013 年至 2015 年 3 月是我国法治进程中一个具有重大影响的时期。在此期间,党的十八届三中全会和十八届四中全会先后召开,通过了两个与法治建设关系密切的决定。党的十八届三中全会通过的《关于全面深化改革的若干重大问题的决定》(本文以下简称十八届三中全会《决定》)指出,"切实推进法治中国建设是当前改革的重要任务,必须坚持依法治国、依法执政、依法行政共同推进,坚持法治国家、法治政府、法治社会一体建设。深化司法体制改革,加快建设公正高效权威的社会主义司法制度,维护人民权益,让人民群众在每一个司法案件中都感受到公平正义"。对此,该决定对全面推进法治中国建设提出以下具体要求:维护宪法法律权威,建立健全全社会忠于、遵守、维护、运用宪法法律的制度;深化行政执法体制改革;健全司法权力运行机制;完善人权司法保障制度。与此同时,十八届三中全会《决定》还对强化权力运行制约和监督体系提出了新的要求。

为落实十八届三中全会决定,进一步加快建设社会主义法治国家,党的十八届四中全会《关于全面推进依法治国若干重大问题的决定》(本文以下简称十八届四中全会《决定》)指出:要坚持走中国特色社会主义法治道路,建设中国特色社会主义法治体系;要完善以宪法为核心的中国特色社会主义法律体系,加强宪法实施;要深入推进依法行政,加快建设法治政府;要保证公正司法,提高司法公信力;要增强全民法治观念,推进法治社会建设;要加强法治工作队伍建设;要加强和改进党对全面推进依法治国的领导。

上述两个决定是 2013 年至 2015 年我国法治建设的指导思想和行动指南,是中国共产党在法治中国建设上的真知灼见,为本阶段立法、执法、司法提供了方向指引和精神支持。本阶段法治建设取得的成果与党的正确领导紧密相连。

本报告对 2013 年 1 月至 2015 年 3 月的法治建设状况进行总结——分为立法概况梳理和法律制度完善两个部分。前者主要从横向关注这一阶段的主要立法成果,后者则从法律制度内容的角度进行纵向分析。

一　立法概况

立法概况梳理将从立法及立法解释、行政法规及行政执法体制改革、"两高"司法解释及司法改革三个方面展开。

（一）全国人大及其常委会的立法工作

自 2013 年 1 月至 2015 年 3 月，全国人大及其常委会制定或修改了多部法律文件，另外还做出了相关的法律解释。依照《立法法》制定或修改法律是将立法权制度化的表现，也是不断完善我国社会主义法律体系的具体步骤。

依时间顺序，全国人大常委会的主要立法成果可概括如下：制定了《中华人民共和国旅游法》和《中华人民共和国特种设备安全法》；先后修改了《中华人民共和国商标法》、《中华人民共和国消费者权益保护法》、《中华人民共和国公司法》、《中华人民共和国环境保护法》、《中华人民共和国海洋环境保护法》、《中华人民共和国军事设施保护法》、《中华人民共和国保险法》、《中华人民共和国证券法》、《中华人民共和国注册会计师法》、《中华人民共和国政府采购法》、《中华人民共和国气象法》、《中华人民共和国预算法》、《中华人民共和国安全生产法》、《中华人民共和国反间谍法》和《中华人民共和国航道法》。为贯彻实施十八届四中全会《决定》精神，第十八届全国人民代表大会第三次会议修改了《中华人民共和国立法法》。除此之外，全国人大常委会还对刑法、刑事诉讼法、民法通则、婚姻法相关条文做出立法解释。

经过两年多的努力，中国特色的社会主义法律体系不断完善。不难发现，过去两年多的时间里，全国人大及其常委会的立法活动大多发生在经济领域，其他领域的立法活动也或多或少与经济领域存在关联，这体现了国家完善市场经济规则，建立健全市场经济法律体系，厘清政府与市场关系的主导思想。

（二）国务院行政法规及行政执法体制改革成果

2013 年 1 月至 2015 年 3 月，国务院根据宪法和法律，制定和修改了许多行政法规。包括制定了《征信业管理条例》；修改了《计算机软件条例》、《中华人民共和国著作权法实施条例》、《信息网络传播权保护条例》和《中华人民共和国外资保险公司管理条例》；制定了《中华人民共和国外国人入境出境管理条例》、《中华人民共和国保守秘密法实施条例》、《医疗器械监督管理条例》、《中华人民共和国商标法实施条例》、《事业单位人事管理条例》、《企业信息公示暂行条例》、《关于地方改革完善食品药品监督管理体制的指导意见》、《中华人民共和国政府采购法实施条例》和《存款保险条例》等，废止了《煤炭生产许可证管理办法》、《中外合资经营企业合营各方出资的若干规定》和《〈中外合资经营企业合营各方出资的若干规定〉的补充规定》。

国务院出台的行政法规除了立足传统的社会管理事务以外，将越来越多的精力转移到经济建设领域，这使得政府干预经济活动在细节上更加具有可操作性。具体的经济立法内容更加重视对政府权力的规范：在市场机制完善的领域或行业，国家干预应当立即退出而放权市场；在市场机制不太完善但将来将要完善的领域，国家干预应当保持克制并择时退出；在市场机制很不完善或不能较好发挥资源配置功能的领域或行业，以及存在较多市场非理性行为的行业，政府干预不仅不退出，而且要进一步加强监管，同时注意政府监管的灵活性、动态性。两年间国务院的行政立法体现了国家行政能力的不断提升。

严格执法是依法治国的基本要求，是将书面的法律转化为实践的法律的方式之一。仅仅依靠立法活动不足以满足法治化的时代要求，要实现依法治国的目标，严格执法是必不可少的重要一环。注重执法效率和执法质量是实现国家法治现代化的内在要求。我国的执法问题较为突出，主要表现在执法方式落后、执法积极性低、执法效果差等方面，这些问题严重阻碍了法律的有效实施，使法律条文形同虚设，依法治国成为空谈。我国市场经济的健康发展和社会的稳定运行都要以法律的严格执行予以保障，人民的各项权利得以实现和法治精神得以贯彻也都要以法律的严格执行予以落实。因而只有紧抓严格执法这一关键环节，才能有力推进我国的法治化建设向正确的方向迈进。而促进严格执法，必然要落脚于执法体制的完善。针对多头执法、职权交叉、各自为政的执法现象，十八届四中全会《决定》提出，将深化行政体制改革，建立权责统一、权威高效的行政执法体制，并将推进综合执法，着力解决权责交叉、多头执法问题确立为深化行政体制改革的重点之一。

2013～2015年，行政体制改革一方面以机构精简和开门放权为突破口，实现政府"瘦身"，另一方面向"创造良好发展环境、提供优质公共服务、维护社会公平正义"这一核心转变，开创行政体制改革的新局面，具有明显的结构性、协同性、系统性、创新性等特点。在优化机构设置、控制编制规模方面，调整了政府机构设置，减少国务院正部级机构4个，实现机构精简；控制人员编制和领导职数，使机构编制得到严格控制，财政供养人员总量得到严格控制；启动了新一轮行政执法体制改革。在推进简政放权、强化监管服务方面，不断推进中央向地方放权，实现审批权、财权下放，建立了沿海自由贸易区；推进政府向市场和社会放权；加强政府市场监管职能，完善宏观调控，启动不动产登记制度改革，加强了食品药品的监督管理；强化了政府公开服务职能，实现财政支出更多向民生倾斜，开展了公共服务均等化改革试点，开展政府购买公共服务改革。在强化权力制约、树立行政新风方面，加快政府透明建设；严格管控财政经费；推动权力与利益相分离，制定并公示权力清单；构建促进行政新风正气的制度体系。

（三）司法解释及司法改革

2013年1月至2015年3月，根据十八届三中全会《决定》和十八届四中全会《决定》，最高人民法院、最高人民检察院对原有司法解释进行了修改或制定了新的解释，主要有《最高人民法院关于适用〈中华人民共和国民事诉讼法〉的解释》、《最高人民法院关于审理环境民事公益诉讼案件适用法律若干问题的解释》、《最高人民法院、最高人民检察院关于办理危害药品安全刑事案件适用法律若干问题的解释》、《最高人民法院、最高人民检察院关于办理走私刑事案件适用法律若干问题的解释》、《最高人民法院关于执行程序中计算迟延履行期间的债务利息适用法律若干问题的解释》、《最高人民法院关于商标法修改决定施行后商标案件管辖和法律适用问题的

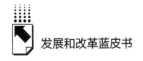

解释》、《最高人民法院关于审理融资租赁合同纠纷案件适用法律问题的解释》、《最高人民法院关于修改关于适用〈中华人民共和国公司法〉若干问题的规定的决定》、《最高人民法院关于审理涉及农村土地承包经营纠纷调解仲裁案件适用法律若干问题的解释》、《最高人民法院、最高人民检察院关于办理抢夺刑事案件适用法律若干问题的解释》、《最高人民法院关于适用〈中华人民共和国企业破产法〉若干问题的规定》、《最高人民法院、最高人民检察院关于办理危害食品安全刑事案件适用法律若干问题的解释》和《最高人民法院关于审理劳动争议案件适用法律若干问题的解释（四）》等。

为实现司法公正，保障人民法院和人民检察院依法独立行使审判权和检察权，司法机关进行了一系列改革。司法机关独立行使权力是司法公正的前提，必须从制度上保证司法机关独立行使审判权和检察权，使法官只服从法律，做到意志独立，裁判行为规范，使审判机关不受任何个人、社会团体和机关的干涉。一直以来，党政机关和领导干部的违法干预是干扰司法的重要因素。党的十八届四中全会明确指出，对于违法干预司法活动的，根据是否造成冤假错案等严重后果决定是否给予党纪处分或追究刑事责任。这使法官心理上摆脱了受到压制和威胁的恐惧，从制度上缓解了法官办案的心理压力，也使得法官行动上能够不受外界权威力量束缚，在独立的环境和内心支配下依法裁判，以合乎实体和程序的法律规范做出司法行为，从而更好地体现司法公正的要求。这些应是当前司法体制改革的应有之义。

本阶段司法体制改革有诸多亮点：建立最高法院巡回法庭；变立案审查制为立案登记制；探索建立检察机关提起公益诉讼制度；实行办案质量终身负责制和错案责任倒查问责制；建立生效法律文书统一上网和公开查询制度；等等。

中央权力和地方自治的冲突在司法层面主要表现为地方保护主义。我国幅员辽阔，各地区之间差异巨大、发展不平衡，加之我国为单一制国家，地方自治权有限，如何使中央到地方的司法公正标准统一而有公信力，成为当前司法改革的一大难题。因此，最高人民法院建立立案登记制是对当事人诉权的保护，重在更为高效地发挥司法解决纠纷功能。2015年2月4日起开始施行的《最高人民法院关于适用〈中华人民共和国民事诉讼法〉的解释》对立案登记制做出明确规定，"对于符合民事诉讼法普通一审程序起诉条件，不存在民诉法一百二十四条规定的特殊情形的，应当立案登记，当场不能判定，也应当收取起诉材料，并出具收到日期的书面凭证"。立案审查制向立案登记制的转变，有利于克服司法机关专断滥权的不正之风，实现当事人利益的最大化，有利于案件的及时审理和良好司法形象的树立。

近年来，随着环境问题和消费者权益不断恶化，社会公共利益受到严重侵害。为了维护社会公共利益，解决弱势群体起诉难、维权难的问题，新修订的《民事诉讼法》第五十五条专门设立了公益诉讼制度。这是从司法层面上着重保护弱势群体利益的良好开端。案件办理的终身责任及责任倒查机制，使得办案人员敬畏手中的权力，公正司法，克己警惕，对不断提高办案质量，重树司法权威颇有助益。生效法律文书统一上网和公开查询制度有利于司法公开透明，有利于民众参与司法，实现严密的社会监督。

二 相关法律制度完善

（一）立法体制完善

2015年3月15日，第十二届全国人大三次会议表决通过修改《立法法》的决定，这是《立法法》自2000年制定以来的第一次修改。新修订的《立法法》的立法目的明确指出，要"提高立法质量，发挥立法的引领和推动作用""立法应当公开""法律规范应当明确、具体，具有针对性和可执行性"。新修订的《立法法》有许多进步之处。①明确规定了包括税种、税率、税收征收管理等各项税收制度只能由法律做出规定，代替了之前简单以"税收"二字概括的模糊规定。该规定是税收法定原则的进一步落实。②非国有财产的征收只能由法律做出规定，该项新增规定体现了对公民财产权的保护。③对于全国人大及常委会授权国务院的决定进行了限制，包括事项、期限以及应当遵循的原则等。这是对禁止滥用立法权的最好说明。除了以上三点，新修订的《立法法》的内容还有限定部门规章和地方政府规章的权

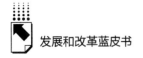

限和加强备案审查制度等。

（二）农村土地制度完善

维护市场经济的健康运转，促进城乡一体化、城乡共同发展是关键。党的十八届三中全会明确指出，要"建立城乡统一的建设用地市场"。这也是社会主义市场经济的发展趋势和内在要求。土地是重要的生产资料，对于城乡土地的"区别对待"会严重降低土地利用效率。发挥市场在资源配置中的决定作用，让建设用地使用权城乡一体、充分流转，实现物尽其用和经济效益最大化，推动市场经济繁荣发展。根据现行法律规定，农村集体土地只能通过国家征收的方式改变土地性质从而进入市场、参与市场配置和流通。国家征收补偿制度同市场配置资源的方式相比较，前者对农民更为不公平，其补偿标准主要是按照土地年平均作物产量计算，而现实影响土地价格的因素如区位、供需等均未考虑入内，加之采取行政强制的方法进行征收容易造成农民的对抗情绪，所以建立城乡统一的建设用地市场迫在眉睫。

针对党的十八届三中全会提出的统一市场目标，设计具体的土地流转制度成为新难题。在现有制度的基础上，要准确核定主体，制定交易、救济等各方面的规范，合理规划土地用途，切实改进农村建设用地制度，并轨城市和农村建设用地的流转路径，搭建土地一级市场和二级市场的衔接桥梁，同时完善各项配套制度如土地流转税收制度、农村社会保障制度，通畅农村建设用地制度的改革渠道，尽早实现土地的统一大市场。

（三）公司注册资本登记制度改革

2013年12月28日，全国人大常委会通过《公司法》修正案，于2014年3月1日起正式生效。该修正案主要涉及3个方面的内容：①公司注册资本实缴制改为认缴制；②放宽注册资本登记条件；③简化登记事项和登记文件。本次《公司法》的修改不仅有利于降低普通公司的设立成本、刺激股东投资，加强民间资本运行的政策目标，而且形成了完善公司资本监管的良好契机。公司注册资本登记制度的修改，在降低股东投资成本的同时，增大了债权人风险。大股东与公司经营管理者通过控制权行为抽逃出资、恶意减资等行为在新修订的《公司法》的背景下难以进行规制，成为公司资本监管的难题。资本形成阶段监管的放松必然需要资本维持阶段监管的强化，必须加强公司信息披露，完善资本维持阶段的动态监管，加紧形成与注册资本认缴制相配套的公司征信系统及有关制度。

（四）生态环境制度完善

生态文明是同物质文明、精神文明、政治文明并列的文明形态，是人类在经历了农业文明和工业文明后的更高阶段，是在社会经济高速发展的状态下，人类对自然环境的定位由客体认识向主体认识转变的产物。与工业文明以利用、改造自然为发展路径不同，生态文明强调与自然和谐相处。生态环境问题治理不仅在于观念的转变，而且要通过制度设计进行系统性保障。2014年5月9日，第十二届全国人大常委会通过新修订的《环境保护法》，其中加大政府环保责任、建立信息公开和公众参与制度、建立环境监测制度、没有环评的项目不得开工等规定都是积极建设生态文明的法律贡献。

自党的十七大提出生态文明概念到党的十八届三中全会明确要求"建立生态文明制度体系；建立自然资源资产产权制度和用途管制制度；实行资源有偿使用制度和生态补偿制度"，生态文明作为市场经济健康发展的基础和目标，其战略位置越来越突出。自然环境问题的形成可谓"冰冻三尺非一日之寒"，因而解决环境问题也不能一蹴而就，生态环境治理和社会治理的机理不同，但是两种治理都具有复杂和长期的特点，社会治理的最佳方案就是制定社会运行规则——法律并依法治理，那么比较而言，生态环境治理的路径也以之为标准，通过制定环境保护的规则，使围绕生态环境展开的各项活动都得以规范。

根据党的十八届三中全会"建立自然资源资产产权制度和用途管制制度"的要求，首先必须要明确自然资源、资产的内涵以及权属，其次要根据类型划分不同利用方法，实现用途管制。我国地大物博，自然资源种类丰富、分布广泛，但是基于资源的有限性和稀缺性，要合理利用，避免掠夺性开发和资源浪费。除此之外，明确资源资产的权属才能更好地划定和分配财富。《中华人民共和国宪法》规定："矿藏、水流、森林、山岭、草原、荒地、滩涂等自然资源，都属于国家所有，即全民所有；由法律规定属于集体所有的森林、山岭、草原、荒地和滩涂除外。"自然资源所有权属于全民，但是使用权和转让权则并非完全公有，且后者更关乎资源的利用问题，在不同类型权利公私混合的状况下，如何注入科技和劳动力，提高资源资产的利用效率，发挥资源资产的最大效能则成为制度构建的方向。

之所以提出"资源的有偿使用"，是因为我国自20世纪80年代开始仿照苏联模式实行资源的无偿使用制度，造成了资源浪费和流失现象严重。随着计划经济体制被市场经济体制取代，资源保护和节约使用观念深入人心，我国修改《矿产资源法》，实行资源有偿使用制度和生态补偿制度。根据报告，生态补偿制度的构建成为环境制度改革的另一重点。"生态补偿"是一项系统性工程，对该制度的研究多见于经济学论述，且对生态补偿的含义的界定也是观点不一、众说纷纭，可以从生态补偿主体、对象、标准等具体制度入手，逐步勾勒出整个制度图景。

（五）财税预算制度完善

法治国家的财政制度应本着财政立宪的基本路径，以税收法定原则和预算法定原则为基础，构建包括财政收入法、财政支出法和财政管理法的完整立法体系的法律制度。

一国公民享受国家提供的公共物品和服务，同时承担各类纳税义务，税收收入是国家财政收入的主要来源，因此对国家的征税活动进行严格法律规定成为世界各国走向民主、法治的必由之路，税收法定的要求往往是革命的开端。税收既是法治国家市场经济运转的原料，同时也具有侵害公民财产权的属性，因此划定税收的法律界限非常重要。税收法定即有关税收的事项如税率、税种等必须由法律做出规定，而税收的立法权只能由最高权力机关行使。根据党的十八届三中全会报告，完善税收制度是改革的题中应有之义，新修订的《立法法》突出了税收法定原则，明确规定了包括税种、税率、税收征收管理等税收各项制度只能由法律做出规定，代替了之前简单以"税收"二字概括的模糊规定。同时《立法法》对授权立法进行了更为严格的限制，这对改善我国税收立法行政法规多于法律的现状大有裨益。截至2013年底，我国现行税法体系中经由全国人大或其常委会制定的法律只有四部，即《个人所得税法》《企业所得税法》《船税法》《税收征收管理法》，现行18个税种仍有15个将其合法性建立在行政法规之上。如《增值税暂行条例》《营业税暂行条例》等。这种立法模式是对税收法定主义的严重违反，但是党的十八届三中全会要求落实税收法定主义不等于宣布现有规定税收的行政法规无效，不过授权国务院以行政法规对税收立法的合法性的确有待商榷。面对这样的立法现状，下一步是清理各类行政法规，还是统一制定税收基本法就将成为落实税收法定主义的关键。

根据党的十八届三中全会精神，"透明预算，改进预算管理制度"成为建立现代财政体系的另一个方面。预算制度作为一国对未来一年财政收支的计划，必须遵循预算法定、预算公开等原则，以便实现政府合法合理使用各项财政收入造福纳税人的功能。2014年第十二届全国人大常委会通过《预算法》的修正案，对1994年《预算法》进行了全面修改。新修订的《预算法》将立法宗旨定位为"规范政府收支行为，强化预算约束，加强对预算的管理和监督，建立健全全面规范、公开透明的预算制度，保障经济社会的健康发展"之法。这说明，《预算法》不再是政府宏观调控法，而是规范政府预算行为的法律，是管理和监督政府之法。预算公开作为预算制度的核心原则之一终于被写入预算法，其重要性在于，预算制度关乎纳税人的切身利益，政府如何分配财富才能实现公平，纳税人应当有权监督并提出异议。因此，新修订的《预算法》实行全口径预算，要求将政府全部收入和支出均纳入预算，包含公共预算、政府性基金预算、国有资本经营预算、社会保险基金预算，严格限制了政府法外做出财政行为的可能，保护纳税人利益。另外，这次修订还对现实中地方政府债台高筑的情况做出回应，通过举债权限、偿债办法、管理方式等规定化堵为疏，恰当处理地方政府债务问题。

（六）行政诉讼法律制度的完善

2014年12月23日，《行政诉讼法》修正案草案首次提请第十二届全国人大常委第六次会议审议，历经三次审议通过。修订后的《行政诉讼法》将于2015年5月1日起正式施行。本次修订工作把握了以下几

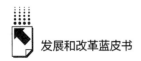

点：一是维护行政诉讼制度的权威性，针对现实中的突出问题，强调依法保障公民、法人和其他组织的诉讼权利；二是坚持我国行政诉讼制度的基本原则，维护行政权依法行使和公民、法人和其他组织寻求司法救济渠道畅通的平衡，保障人民法院依法独立行使审判权；三是坚持从实际出发，循序渐进，逐步完善；四是总结行政审判实践的经验，把经实践证明的有益经验上升为法律。

本次修订主要针对实践中立案难、审理难、执行难"三难"问题，从保障当事人的诉讼权利，完善管辖制度、诉讼参加人制度、证据制度，完善民事争议和行政争议交叉处理机制，完善判决形式等10个方面进行完善。①将现行行政诉讼法中"对具体行政行为可提起行政诉讼"，修改为"对行政行为可提起行政诉讼"。考虑到现行行政诉讼法第十一条、第十二条对可诉范围已做了明确列举，可不再从概念上做出区分，因此将"具体行政行为"修改为"行政行为"。②五方面加强当事人利益保护：明确人民法院和行政机关应当保障当事人的起诉权利；扩大受案范围；明确可以口头起诉，方便当事人行使诉权；实行登记立案制度；明确人民法院的相应责任。③法院可对规范性文件附带审查，规定公民、法人或者其他组织认为行政规范性文件不合法在提起行政诉讼时可以一并请求对该规范性文件进行审查，另外人民法院在审理行政案件中，发现上述规范性文件不合法的，不作为认定行政行为合法的依据，并应当向制定机关提出司法建议。④进一步完善行政诉讼管辖制度，建立跨行政区域管辖制度。此外，本次修订增加了行政诉讼代表人制度、完善了行政诉讼证据制度，明确规定了被诉机关负责人应当出庭应诉以及行政机关不予执行判决的有关责任等。

第二节　2013～2015年的法治建设经验

善于从实践中总结经验、不断推广、扎实创新，是党和人民的优良传统。新时期，我们面临着全面深化改革重要任务，更应当坚持实践中优秀的做法、成功的经验，才能够少走弯路，力克改革难题。

一 坚持党的领导

党的十八届三中全会对党的领导的重要性进行了高度评价，强调改革开放的成功实践为全面深化改革提供了重要经验，必须长期坚持。坚持党的领导，贯彻党的基本路线，不走封闭僵化的老路，不走改旗易帜的邪路，坚定走中国特色社会主义道路，始终确保改革正确方向。党的十八届四中全会指出："党的领导是中国特色社会主义的最本质特征，是社会主义法治的最根本保证。"党的领导是我国建设中国特色社会主义所必须遵循的原则，党的领导是中国特色社会主义最本质的特征，是社会主义法治最根本的保证。把党的领导贯彻到依法治国全过程和各方面，是我国社会主义法治建设的一条基本经验。《宪法》确立了中国共产党的领导地位。坚持党的领导，是社会主义法治的根本要求，是党和国家的根本所在、命脉所在，是全国各族人民的利益所系、幸福所系，是全面推进依法治国的题中应有之义。党的领导和社会主义法治是一致的，社会主义法治必须坚持党的领导，党的领导必须依靠社会主义法治。只有在党的领导下依法治国、厉行法治，人民当家做主才能充分实现，国家和社会生活法治化才能有序推进。依法执政，既要求党依据宪法法律治国理政，也要求党依据党内法规管党治党。

党的十八届四中全会以党的文件的形式第一次就执政党与依法治国的关系做了全面和系统论述，指出："把党的领导贯彻到依法治国全过程和各方面，是我国社会主义法治建设的一条基本经验。"党的十五大报告首次对依法治国的内涵进行论述，其中第一个要素就是党的领导，"依法治国，是党领导人民治理国家的基本方略，党领导人民制定宪法和法律，并在宪法和法律范围内活动。依法治国把坚持党的领导、发扬人民民主和严格依法办事统一起来，从制度和法律上保证党的基本路线和基本方针的贯彻实施，保证党始终发挥总揽全局、协调各方的领导核心作用"。

中国共产党的地位是历史的决定、是人民群众的选择，更是自身不断努力和实践的结果。自1949年新中国成立，尤其是在改革开放后，我国在政治、社会、经济上都实现了巨人崛起般的进步，这是中国共产党作为执政党带领全国人民不断探索独立、民主、富强、文明发展道路所获得的成果。2013~2015 年，党继续领导人民管理国家各项社会事务、经济事业，党的十八届四中全会，再次强调依法治国、建立法治政府的重要任务，"只有在党的领导下依法治国、厉行法治，人民当家做主才能充分实现"，党依照宪法和法律规定治国理政，同时受到党内法规的管束和制约，对此，2014 年 10 月 25日，王岐山在中国共产党第十八届中央纪律检查委员会第四次全体会议上的讲话指出："党规党纪是管党治党建设党的重要法宝。党的事业发展，既要求管好党、治好党，又要求建设好党。拥有一套完整的党内法规是我们党的一大政治优势。经过近百年的实践探索，我们党已经形成了包括党章、准则、条例、规则、规定、办法、细则在内的党内法规制度体系。与时俱进是我们党的理论品质。要认真总结我们党 93 年、无产阶级政党 100 多年、世界政党300 多年制度建设理论和实践经验，立足当前、着眼长远，统筹推进党内法规制度建设，确保到建党 100 周年时，建成内容科学、程序严密、配套完备、运行有效的党内法规制度体系。要注重党内法规同国家法律的有机衔接。"

贯彻党对依法治国的领导，就是要在立法、执法、司法和守法过程中，保证"党导立法、保证执法、支持司法和带头守法"。党的领导和依法治国的关系是辩证统一的，依法治国并非空谈或口号，落实到实践层面，依法治国是一项系统工程，既包含方针政策的制定，也包括对政策的落实，必须保证每一个步骤都能有效付诸行动，丝毫不能怠惰推脱，如此浩大而复杂的工程要稳中有序地推进，必须坚持党的领导，这一要求既是党的十八届四中全会提出的重要方针，同时也符合现实情况的客观需要。面对依法治国系统工程，党在不断改进思维方式和工作方法，思维方式上向依法执政的观念转变，工作方法上注重合法性和合理性，探索并论证党规党政向法律过渡的程序，在全面推进依法治国的过程中，党发挥带头作用，主动积极引导各项工作高效进行，持续推进依法治国政策规定的进一步落实。

二 坚持民主立法、科学立法

党的十八届四中全会指出：法律是治国之重器，良法是善治之前提。建设中国特色社会主义法治体系，必须坚持立法先行，发挥立法的引领和推动作用，抓住提高立法质量这个关键。要恪守以民为本、立法为民理念，贯彻社会主义核心价值观，使每一项立法都符合宪法精神、反映人民意志、得到人民拥护。要把公正、公平、公开原则贯穿立法全过程，完善立法体制机制，坚持立、改、废、释并举，增强法律法规的及时性、系统性、针对性、有效性。坚持依法治国首先要坚持依宪治国，坚持依法执政首先要坚持依宪执政。健全宪法实施和监督制度，完善全国人大及其常委会宪法监督制度，健全宪法解释程序机制。完善立法体制，加强党对立法工作的领导，完善党对立法工作中重大问题决策的程序，健全有立法权的人大主导立法工作的体制机制，依法赋予设区的市地方立法权。深入推进科学立法、民主立法，完善立法项目征集和论证制度，健全立法机关主导、社会各方有序参与立法的途径和方式，拓宽公民有序参与立法途径。加强重点领域立法，加快完善体现权利公平、机会公平、规则公平的法律制度，保障公民人身权、财产权、基本政治权利等各项权利不受侵犯，保障公民经济、文化、社会等各方面权利得到落实。实现立法和改革决策相衔接，做到重大改革于法有据，立法主动适应改革和经济社会发展需要。

三　建设法治政府，加强依法行政

党的十八届四中全会决定指出，"深入推进依法行政，加快建设法治政府"是改革重点。依法行政既是建设法治国家的经验，又是行政机关的法定责任，也是法治原则在实践中的体现。自 2004 年《全面推行依法治国实施纲要》下发至今已十年有余。十年里我们不断践行"全面推行依法行政，经过十年左右坚持不懈的努力，基本实现建立法治政府的目标"这一信条，在十年后的今天，依法行政仍旧是不可忽视的依法治国的重要内容之一。

法治政府是依法治国一个重要的内容，要加快建设职能科学、权责法定、执法严明、公开公正、廉洁高效、守法诚信的法治政府。要依法全面履行政府职能，推进机构、职能、权限、程序、责任法定化，推行政府权力清单制度；健全依法决策机制，把公众参与、专家论证、风险评估、合法性审查、集体讨论决定确定为重大行政决策法定程序，建立行政机关内部重大决策合法性审查机制，建立重大决策终身责任追究制度及责任倒查机制；要深化行政执法体制改革，健全行政执法和刑事司法衔接机制，坚持严格规范公正文明执法，依法惩处各类违法行为，加大关系群众切身利益的重点领域执法力度，建立健全行政裁量权基准制度，全面落实行政执法责任制；要强化对行政权力的制约和监督，完善纠错问责机制，全面推进政务公开，坚持以公开为常态、不公开为例外原则，推进决策公开、执行公开、管理公开、服务公开、结果公开。

新修订的《行政诉讼法》于2014年11月1日通过，党的十八届三中全会和党的十八届四中全会作为重要背景在时间上贯穿了整个修法过程。修法目的在于在行政纠纷中解决实际问题：扩大行政诉讼受案范围、延长起诉期、确立登记立案制度、增加跨区管辖和调解制度、以行政首长出庭应诉为原则、强调行政诉讼解决纠纷功能等。"依法行政的合法性"应当来源于以法律限制行政权力的运行状态，而非依法行政这一词语，因此作为保证"依法行政合法性"的重要程序法，行政诉讼法必须发挥作用，使每一个条文都执行到位、落实到底。

四 坚持公正司法

党的十八届四中全会指出：法律的生命力在于实施，法律的权威也在于实施。公正的司法对于实现法律实施，树立法律权威具有重要作用。公正是法治的生命线。司法公正对社会公正具有重要引领作用，司法不公对社会公正具有致命破坏作用。必须完善司法管理体制和司法权力运行机制，规范司法行为，加强对司法活动的监督，努力让人民群众在每一个司法案件中感受到公平正义。完善确保依法独立公正行使审判权和检察权的制度，建立领导干部干预司法活动、插手具体案件处理的记录、通报和责任追究制度，建立健全司法人员履行法定职责保护机制。优化司法职权配置，推动实行审判权和执行权相分离的体制改革试点，最高人民法院设立巡回法庭，探索设立跨行政区划的人民法院和人民检察院，探索建立检察机关提起公益诉讼制度。推进严格司法，坚持以事实为根据、以法律为准绳，推进以审判为中心的诉讼制度改革，实行办案质量终身负责制和错案责任倒查问责制。保障人民群众参与司法，在司法调解、司法听证、涉诉信访等司法活动中保障人民群众参与，完善人民陪审员制度，构建开放、动态、透明、便民的阳光司法机制。加强人权司法保障。加强对司法活动的监督，完善检察机关行使监督权的法律制度，加强对刑事诉讼、民事诉讼、行政诉讼的法律监督，完善人民监督员制度，绝不允许法外开恩，绝不允许办关系案、人情案、金钱案。

五　坚持解放思想、实事求是

解放思想、实事求是是我党解决困难、克敌制胜的法宝，也是改革开放、进行现代化建设必须坚持的思想准则。新一轮改革进入"深水区"，各种困难多发，解决难度空前增大，不仅考验了党的执政能力，而且要求各级领导干部在思想认识上摆正态度、求真务实，既不能有盲目乐观、心浮气躁的情绪，也不能有嫌苦怕累、畏难后退的思想。坚持立足国内实际，总结成功经验，坚持党中央领导集体在经验总结、经验推广上的重要作用。同时应该认识到，当前的困难并非一方单打独斗可以解决，我们要重视社会力量，放手发动人民群众，群策群力，众志成城。面对专业化难题，党和国家还要继续坚持倾听专家意见，敢于直面反对者的批评，充分运用学术资源。要继续坚持国际视野，善于借鉴国外先进经验，勇于推进理论创新和实践创新。

六　坚持以社会主义市场经济为导向

经济基础决定上层建筑，一个国家发展改革的持续进步，很大程度上取决于经济领域的健康发展。对我国的改革开放大局而言，必须坚持以社会主义市场经济为导向，努力使我国成为先进的社会主义市场经济国家。事实与经验一再证明，传统的计划经济无法实现富强中国的目标，只有市场经济体制才可以实现资源的优化配置，实现社会创造力的竞相迸发。

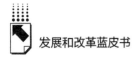

具体而言，以公有制为主体、多种所有制经济共同发展的基本经济制度，是社会主义市场经济体制的根基，必须巩固和发展公有制经济，坚持公有制主体地位，发挥国有经济主导作用。必须鼓励、支持、引导非公有制经济发展，激发非公有制经济活力和创造力。要完善产权保护制度，积极发展混合所有制经济，推动国有企业完善现代企业制度，支持非公有制经济健康发展。为建设统一开放、竞争有序的市场体系不断努力。继续转变政府职能，完善宏观调控，增强政府公信力和执行力，建设法治政府和服务型政府。建立现代财政制度，发挥中央和地方两个积极性。继续改进预算管理制度，完善税收制度，建立事权和支出责任相适应的制度。

第三节　进一步改革的方向与建议

一　尊重宪法，树立宪法权威

宪法是国家的根本大法，只有依宪治国才能依法治国，尊重宪法是尊重其他一切法律的基本前提，尊重宪法必须成为全社会的基本共识，这不但要求宪法本身价值合理、逻辑一贯，也是对一国国家机关和全体民众法律意识与认知水平的整体性提升。形成了尊重宪法共识的国家才有希望，才具备依法治国的心理基础、社会基础，才能有效推行法律的统治、才能正确运转由宪法、法律规则形成的统一机制。

尊重宪法不能依赖口号与宣传落实，要使尊重宪法成为一种自觉乃至一种信念，必须树立宪法权威。法律的效力主要来自于强制力保障，但是尊重宪法的要求更倾向于通过获得社会普遍认同而完成，毕竟以强制力做后盾树立权威获得的服从未必是从心所愿，且极可能造成表面服从与内心抗拒的矛盾，更不利于形成尊重宪法的社会共识。要求一个社会形成一种风气或共识不可能一蹴而就，每一种意识的养成都是漫长的历史过程，因此，只有当整个社会不断增进对宪法文本的了解、不断将宪法理念纳入公共生活讨论、逐渐形成宪法治理下的文化习惯和法治思维，甚至由此建立了新的社会文化、社会价值共同体，宪法的权威才能够自发树立，尊重宪法的普遍共识也必然在这个过程中慢慢形成并且变得坚不可摧。值得注意的是，由于社会中同时有多种权威，如政治权威、党的权威，所以必须厘清每种权威同其他权威的界限，当每一种权威都有其合法基础，并以互不侵扰、共同发力的方式作用于国家治理，良好的社会秩序、和谐的社会生活才得以实现。

二 简政放权，加强法治政府建设

总的来看，过去两年法治政府建设在许多方面取得了良好的效果，但仍存在需要克服的问题。一是改革有些方面出现"高位截瘫"现象，"最后一公里"的难题也尚待解决。一方面，部门利益、地方利益成为影响政府职能转变的重要因素，一些地方和一些部门对改革担心多、动作小、跟进不力。国务院的一些权力被地方政府截留，没有真正下放到位。另一方面，由于相关承接单位在编制、技术力量等方面存在不足，短时间内难以承接相关的任务，一些审批权难以下放到位。二是行政审批问题仍然严重，一些部门和地方审批事项依然过多。三是放管脱节，监管不够。随着简政放权改革措施的落实，政府部门和人员手中的权力变小了，而受到的限制增多了，承担的责任变大了，一些地方和一些部门出现"一放就乱"的局面。四是行政机关工作人员的行政理念仍然有待更新，需要在价值层面实现突破。五是法制改革落后，相关制度措施不配套。主要是法治建设跟不上，相关制度和措施太笼统、不配套、不健全，妨碍改革的深入推进。简政放权必须对症下药，解决实践中出现的问题，以更好地建设法治政府。

三 转变政府职能，完善市场机制

社会主义市场经济是以市场决定资源配置方式的经济，它要求政府转换到为市场主体服务上来，转换到为企业生产经营创造良好发展环境上来。这一重大转变是艰难的，却是完善社会主义市场经济必须啃掉的"硬骨头"。

随着社会主义市场经济的发展，尤其是国有经济布局的战略性调整和国有资产管理体制改革，政府的公共管理职能和国有资产出资人职能分开，政府与国有企业在市场中的角色混淆现象得以改变；非公有制经济的发展迫使政府管理经济方式转变；现代产权制度的建立也使政企不分、政社不分、政事不分的现象有一定改变。但政府对微观经济活动的不当干预与市场竞争秩序维护"缺位"并存，政府规模的膨胀加剧，影响了市场交易的顺利进行。事实证明，把资源配置权利交给市场主体，政府提供各类市场主体自由竞争、公平交易的市场环境，让市场主体分散决策并独立承担竞争后果，政府专注于维护市场竞争秩序和交易秩序，这样更有利于市场经济的发展。

2013年，我国政府职能加快管理型向服务型、全能型向有限型转变的步伐，市场主体的创造活力竞相迸发。新阶段政府职能转变应向以下方向持续努力。一是按照社会主义市场经济要求，转变政府职能，实现政企分开。二是调整行政组织结构，增加宏观调控部门，减少专业经济部门，适当调整社会服务部门，强化执法监督部门，培养和发展社会中介组织。三是按照权责一致的原则，调整行政部门的职责权限，明确部门间的职责分工，相同或相近的职能由同一部门承担，克服多头管理、政出多门。四是按照依法治国、依法行政的要求，加强政府职能体系的法制建设，实现政府职能运行的法制化。五是加强社会管理和公共服务职能。加强社会问题预警与处理，切实保障人民群众对公共服务的需求，创新社会保障的市场运行模式等。

四 加强政府宏观调控，实现国家干预法治化

市场经济是法治经济，一国法治水平高低与市场经济和市场秩序息息相关。一方面，国家需要依法宏观调控，为国家整体经济运行保驾护航。当前我国市场经济中仍存在许多不理性行为，对国家经济秩序和市场信心造成伤害；市场经济结构尚未达到最优状态，实体经济主要依靠国家投资，金融行业存在不当投机，这些都需要继续加强国家干预。另一方面，国家干预行为也存在许多不当之处，行政权力不当干预或与地方势力勾结、国家干预没有

建立在充分的市场论证基础上等，都对国家干预法治化造成严重阻碍。市场经济法律制度存在于国家依法干预市场行为和对国家干预进行依法限制之中。我们应进一步完善国家干预，以市场运行的视角完善国家干预，放弃传统行政主导的视角，运用法律规则规范市场主体的权利义务，实现有效的市场激励；同时依法对国家干预进行控制，对干预失当行为追究相关责任，切实维护市场主体利益。

五　切实推进司法改革

司法体制改革是全面深化改革的重要内容，是依法治国的重中之重。当前，司法体制改革的"路线图"和"时间表"已经明晰，试点地区的改革也已破冰起航，要有改革的信心和勇气，不等待观望，不怕触及深层次矛盾，要按照顶层设计加强统筹协调，积极主动抓好司法体制改革各项任务的落实。当前，我们应以一种务实的眼光来看待中国的司法改革，坚持以现实政治条件为司法改革的前提，以一套中国的标准来衡量中国的司法改革成果。这个标准大致包括如下因素：①依法独立行使审判权；②司法活动的专业性；③审判程序的公正不偏；④司法公开和接受监督；⑤法官的自主职业身份和高素质。

新阶段司法改革主要围绕以下目标进行。（1）维护社会公平正义：①优化司法职权配置；②规范司法行为；③扩大司法公开；④加强司法民主；⑤加强检察机关的法律监督。（2）加强人权保障：①防范和遏制刑讯逼供；②保障犯罪嫌疑人、被告人的辩护权；③保障律师执业权利；④限制适用羁押措施；⑤保障被羁押人的合法权益；⑥加强对未成年犯罪嫌疑人、被告人的权益保障；⑦严格控制和慎重使用死刑；⑧完善服刑人员社区矫正和刑满释放人员帮扶制度；⑨完善国家赔偿制度；⑩建立刑事被害人救助制度。（3）提高司法能力，践行司法为民：①加强基层司法机构建设；②简化办案程序；③建立多元纠纷解决机制；④降低当事人诉讼成本；⑤开展法律援助；⑥畅通司法机关与社会公众沟通渠道。

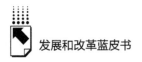
参考文献

[1]《关于全面深化改革的若干重大问题的决定》。

[2]《关于全面推进依法治国若干重大问题的决定》。

[3] 张华民：《依法行政的德性要求及其现实观照》，《现代法学》2014 年第 2 期。

[4] 关宝英：《科学立法之科学性解读》，《社会科学》2007 年第 3 期。

[5] 张树义：《论生态文明与司法环境改革》，《中国法学》2014 年第 3 期。

[6] 何家弘：《司法公正的内涵及其现实路径选择》，《中国法学》2013 年第 3 期。

[7] 熊伟：《重申税收法定主义》，《法学杂志》2014 年第 2 期。

[8] 韩大元：《宪法实施与中国社会治理模式转型》，《中国法学》2012 年第 4 期。

[9]《全国人大及其常委会立法成果》，中国人大网，http：//www. npc. gov. cn。最后访问日期：2015 年 7 月 26 日。

[10]《国务院行政法规》，中央人民政府官方网站，http：//www. gov. cn。最后访问日期：2015 年 7 月 26 日。

[11] 《最高人民法院、最高人民检察院司法解释》，最高人民法院官方网站，http：//www. court. gov. cn。最后访问日期：2015 年 7 月 26 日。

B.9
推进文化体制机制创新*

曲小刚**

摘　要：　党的十八届三中全会以来，党中央和国务院加强了文化体制
机制创新的顶层设计，并推出一系列改革措施。虽然我国文
化建设取得了较大成就，但文化体制机制依然存在一些问题。
具体体现为，文化法律法规不健全，文化行政管理体制和国
有文化资产管理体制改革滞后，文化市场存在行政性垄断、
条块分割和区域性壁垒，文化产业的整体实力和国际竞争力
不强，现代公共文化服务体系不健全，与实现均等化目标有
一定距离，因此需要进一步推进文化体制机制创新。

关键词：　文化体制机制　文化产业　公共文化服务　创新

　　深化文化体制改革，是加快社会主义现代化建设的内在要求，是提升我
国综合国力的迫切需要，关系中华民族伟大复兴。党的十八届三中全会以
来，党中央和国务院加强了文化体制机制创新的顶层设计，并推出一系列改
革措施。虽然我国文化建设取得了较大成就，但文化体制机制依然存在一些
问题，因此需要进一步推进文化体制机制创新。

　　* 课题项目：2015年度中国传媒大学科研培育项目"资本运营视角下媒体融合路径研究"（项目编
号：CUC15B03）。
　　** 曲小刚，中国传媒大学经济与管理学院，副教授，硕士生导师，研究方向为文化金融。

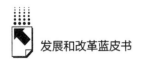

第一节 2013年以来我国推进文化体制机制创新的
主要进展及建设成就

一 2013年以来我国推进文化体制机制创新的主要进展

（一）顶层设计

1. 推进文化体制机制创新和加强文化立法。2013年11月，党的十八届三中全会通过了《中共中央关于全面深化改革若干重大问题的决定》，对推进文化体制机制创新做出新的重大战略部署，这为我们在新的起点上加快文化改革发展指明了前进方向。2014年10月，党的十八届四中全会审议通过的《中共中央关于全面推进依法治国若干重大问题的决定》指出，建立健全文化法律制度。制定公共文化服务保障法，促进基本公共文化服务标准化、均等化。制定文化产业促进法，把行之有效的文化经济政策法定化，健全促进社会效益和经济效益有机统一的制度规范。

2. 中央全面深化改革领导小组贯彻和落实党的十八届三中全会和四中全会精神，扎实推进文化体制机制创新。①通过《深化文化体制改革实施方案》。2014年2月，中央全面深化改革领导小组第二次会议审议通过了《深化文化体制改革实施方案》。《深化文化体制改革实施方案》是部署文化改革发展的指导性文件，既着眼于2020年文化体制改革的长远设计，明确了总体目标和要求，又把握了当前文化改革发展的阶段性特点，提出了深化改革的重点任务和举措。②推动传统媒体和新兴媒体融合发展。2014年8月，中央全面深化改革领导小组第四次会议审议通过了《关于推动传统媒体和新兴媒体融合发展的指导意见》。③加快构建现代公共文化服务体系。2014年12月，中央全面深化改革领导小组第七次会议强调，构建现代公共文化服务体系要坚持政府主导、社会参与、共建共享，统筹城乡和区域文化均等化发展，加快形成覆盖城乡、便捷高效、保基本、促公平的现代公共文化服务体系。④推动国有文化企业社会效益和经济效益相统一。2015年7

月，中央全面深化改革领导小组第十四次会议审议通过了《关于推动国有文化企业把社会效益放在首位、实现社会效益和经济效益相统一的指导意见》。会议指出，要着力推动国有文化企业树立社会效益第一、社会价值优先的经营理念，完善治理结构，加强绩效考核，推动企业做强做优做大。要建立健全两个效益相统一的评价考核机制，落实对社会效益的可量化、可核查要求。要落实和完善文化经济政策，加强文化市场监管，不断优化国有文化企业健康发展的环境条件。

（二）改革实践

（1）政府机构改革和职能转变及深化文化行政审批制度改革。①政府机构改革。2013年3月，第十二届全国人大一次会议审议通过组建国家新闻出版广电总局的决定。国家新闻出版广电总局加挂国家版权局牌子，不再保留国家新闻出版总署、国家广播电影电视总局。新成立的国家新闻出版广电总局统筹规划新闻、出版、广播、电影、电视事业产业发展，监督管理新闻、出版、广播、电影、电视机构和业务，出版物、广播影视节目的内容和质量，以及负责著作权管理等。两部委的整合，有利于减少职责交叉，出版、报刊、有线电视、影视等行业实现统一监管，管理效率提高。在一定程度上克服了"条块分割"与部门封锁、广电集团与出版集团"老死不相往来"、产业融合困难的弊端，符合当前因以数字技术、网络信息技术为核心的现代信息传播技术的不断创新和广泛应用而出现的多种媒体综合发展趋势。2013年国家新闻出版广电总局成立后，2014年全国各省（区、市）新闻出版广电局相继成立，为整个传媒行业的一体化发展奠定了基础。政府的职能也发生了较大转变。由办文化向管文化转变，由管微观向管宏观转变，由管直属单位向管全社会转变。②深化文化行政审批制度改革。2013年12月正式生效的《网络文化经营单位内容自审管理办法》规定，政府的任务转变为事中的巡查和事后的核查、处罚。2014年11月，国务院发布《关于取消和调整一批行政审批项目等事项的决定》，将82项工商登记前置审批事项调整或明确为后置审批，其中与文化相关的项目有15个，包括设立经营性互联网文化单位审批、从事出版物批发业务许可、港澳服务提供者在内地设立内地方控股合资演出团体审批、音像制作单位设立审批、拍卖企业经营文物拍卖许可、文物商店设立审批等，工商登记都由前置审批调整为后置审批。2015年7月，文化部发布的《文化部关于落实"先照后证"改进文化市场行政审批工作的通知》提出，文化部将落实注册资本登记制度改革工作。取消设立经营性互联网文化单位最低注册资本100万元、从事网络游戏经营活动最低注册资本1000万元的限制。文化行政部门在审批演出经纪机构、演出场所、娱乐场所、网络文化等经营单位设立时，不再要求申请人提供相关验资报告或者资金证明及设立章程、合同、企业管理制度等材料，国家对外商投资有明确规定的除外。

（2）加强中央文化企业的国有文化资产管理。2013年1月，由财政部制定的《中央文化企业国有资产评估管理暂行办法》（财文资〔2012〕15号）和《中央文化企业国有资产产权登记管理暂行办法》（财文资〔2012〕16号）正式施行。《中央文化企业国有资产评估管理暂行办法》旨在规范中央文化企业国有资产评估行为，维护国有资产出资人合法权益，并促进中央文化企业国有产权有序流转，从而防止国有资产流失。《中央文化企业国有资产产权登记管理暂行办法》从占有、变更、注销产权登记以及产权登记程序等多方面，进一步强化对中央文化企业国有资产产权登记的管理，从而更全面反映企业国有资产占有与变动情况。同时，加强中央文化企业国有资本经营预算资金管理。2015年7月，财政部发布《关于加强中央文化企业国有资本经营预算资金管理工作的通知》，明确将从预算编制、执行、绩效等多方面进一步加强对由财政部代表国务院履行出资人职责的中央文化企业国有资本经营预算资金管理要求新组建成立的中央文化企业集团加快内部资产、财务整合，以集团名义根据有关规定申报资本预算，预算资金下达到集团账户，同时还要求，中央文化企业应科学、合理编制资本预算。资本预算申请资金不得用于办公用房建设以及本企业职工薪酬、福利支出。

（3）积极构建现代公共文化服务体系。2013年1月，文化部制定并公布《"十二五"时期公共文化服务体系建设实施纲要》。2013 年 6 月，财政部、文化部发布《中央补助地方美术馆、公共图书馆、文化馆（站）免费开放专项资金管理暂行办法》（财教〔2013〕98 号）。专项资金分为补助资金和奖励资金，将对东中西部地区"三馆一站"免费开放所需支出给予补助，对"三馆一站"免费开放工作实施效果好的省份给予奖励，确定了相关补助标准：地市级美术馆、公共图书馆、文化馆每馆每年 50 万元；县级美术馆、公共图书馆、文化馆每馆每年 20 万元；乡镇综合文化站每站每年 5 万元。中央财政对东、中、西部地区分别按照基本补助标准的 20%、50%、80% 的比例安排补助资金，其余部分由地方财政负责安排。2015 年 1 月，中共中央办公厅、国务院办公厅印发的《关于加快构建现代公共文化服务体系的意见》提出，要统筹推进公共文化服务均衡发展。要增强公共文化服务发展动力，推动文化事业和文化产业协调发展。同时印发的《国家基本公共文化服务指导标准（2015～2020 年)》对各级政府应向人民群众提供的基本公共文化服务项目和硬件设施条件、人员配备等做出了明确规定。2015 年 5 月，国务院办公厅转发文化部、财政部、国家新闻出版广电总局、体育总局《关于做好政府向社会力量购买公共文化服务工作的意见》（国办发〔2015〕37 号），对政府向社会力量购买公共文化服务的购买主体、承接主体、购买内容、购买机制、资金保障、监管机制、绩效评价等内容做出了规定，并明确提出了目标。

（4）出台财税金融扶持文化发展政策。①税收支持政策。2013 年 5 月，财政部和国家税务总局联合印发《关于在全国开展交通运输业和部分现代服务业营业税改征增值税试点税收政策的通知》（财税〔2013〕37 号），明确规定 2013 年 8 月 1 日起，文化创意服务和广播影视服务将作为部分现代服务业税目的子目，一次性全部纳入营业税改征增值税试点范围并在全国推开。"营改增"后，文化创意服务和广播影视服务将采用 6% 的低档税率；个人转让著作权、2013 年 12 月 31 日之前转让电影版权、发行电影以及在农村放映电影，将免征增值税。2013 年 11 月，财政部和国家税务总局联合发布《关于动漫产业增值税和营业税政策的通知》（财税〔2013〕98 号）

规定,自 2013 年 1 月 1 日至 2017 年 12 月 31 日,对属于增值税一般纳税人的动漫企业销售其自主开发生产的动漫软件,按 17% 的税率征收增值税后,对其增值税实际税负超过 3% 的部分,实行即征即退政策。动漫软件出口免征增值税。2013 年 12 月,财政部、国家税务总局联合发布《关于延续宣传文化增值税和营业税优惠政策的通知》(财税〔2013〕87 号)规定,2013 年 1 月 1 日至 2017 年 12 月 31 日,对出版物的出版环节、印刷、制作业务执行增值税先征后退政策;免征图书批发、零售环节增值税;对科普单位的门票收入,县(含县级市、区、旗)及县级以上党政部门和科协开展的科普活动的门票收入免征营业税。2013 年 1 月 1 日至 2013 年 7 月 31 日,对境外单位向境内科普单位转让科普影视作品播映权取得的收入,免征营业税。2014 年 4 月,国务院办公厅发布《关于文化体制改革中经营性文化事业单位转制为企业和进一步支持文化企业发展两个规定的通知》(国办发〔2014〕15 号),涉及财政税收、投资融资、资产和土地处置等多方面支持政策,对转制为企业后的经营性文化事业单位,免征企业所得税;对国家重点鼓励的文化产品、文化服务出口分别实行增值税零税率、营业税免税。2014 年 12 月,财政部、国家税务总局、中宣部联合发布《关于继续实施文化体制改革中经营性文化事业单位转制为企业若干税收政策的通知》(财税〔2014〕84 号)。此外,财政部、国家海关总署、国家税务总局联合发布了《关于继续实施支持文化企业发展若干税收政策的通知》(财税〔2014〕85 号),规定对文化产业支撑技术等领域的文化企业,按规定认定为高新技术企业的,减按 15% 的税率征收企业所得税。②金融支持政策。2014 年 3 月,文化部、中国人民银行、财政部发布《关于深入推进文化金融合作的意见》(文产发〔2014〕14 号),提出要加强文化金融公共服务,加强财政对文化金融合作的支持。重点提出创新文化金融体制机制,鼓励金融机构建立专门服务文化产业的专营机构,在财务资源、人力资源等方面予以适当倾斜。加大对信贷从业人员的绩效激励,并支持发展文化类小额贷款公司,探索支持小微文化企业发展和文化创意人才创业的金融服务新模式。

（5）其他方面的文化发展政策。①小微文化企业支持政策。2014年8月，文化部、工信部、财政部发布《关于大力支持小微文化企业发展的实施意见》（文产发〔2014〕27号），明确以"积极营造有利于小微文化企业创新能力、扩大发展规模、促进企业可持续发展的良好环境，进一步解放文化生产力，激发全社会文化创造活力"为目标，集中各方资源，运用多种政策手段，对小微文化企业自身发展能力和外部发展环境中具有共性的问题提出针对性、普惠性的措施。2015年2月，财政部下发通知，就开展2015年度文化产业发展专项资金的申报工作进行安排。凡符合《中小企业划型标准规定》（工信部联企业〔2011〕300号）标准的小微文化企业均可申报该专项资金。②促进对外文化贸易政策。2014年3月，国务院发布的《关于加快发展对外文化贸易的意见》（国发〔2014〕13号）指出，要加快发展传统文化产业和新兴文化产业，扩大文化产品和服务出口，加大文化领域对外投资，力争到2020年，培育一批具有国际竞争力的外向型文化企业，形成一批具有核心竞争力的文化产品，打造一批具有国际影响力的文化品牌，搭建若干具有较强辐射力的国际文化交易平台，使核心文化产品和服务贸易逆差状况得以扭转，对外文化贸易额在对外贸易总额中的比重大幅提高，我国文化产品和服务在国际市场的份额进一步扩大，我国文化整体实力和竞争力显著提升。③支持转企改制国有文艺院团改革发展和支持电影发展政策。2013年6月文化部等九部委发布《关于支持转企改制国有文艺院团改革发展的指导意见》（文政法发〔2013〕28号）。2014年5月，国家发改委、新闻出版广电总局等七部门联合下发《关于支持电影发展若干经济政策的通知》（财教〔2014〕56号），提出加大电影精品专项资金支持力度、通过文化产业发展专项资金重点支持电影产业发展等举措。④发展特色产业的政策。2014年3月，文化部、财政部联合印发了《藏羌彝文化产业走廊总体规划》（本文以下简称《总体规划》）。这是我国第一个国家层面的区域文化产业发展专项规划，涉及川、黔、滇、藏、陕、甘、青7个省区，核心区域内藏、羌、彝等少数民族人口超过760万人，覆盖面积超过68万平方公里。藏羌彝文化产业走廊是文化部、财政部共同策划实施的重大文化产业工程，是贯彻落实《国家"十二五"时期文化改革发展规划纲要》关于实施重大文化产业项目、发展特色文化产业精神的重要举措。2014 年 8 月，文化部和财政部联合发布《关于推动特色文化产业发展的指导意见》（文产发〔2014〕28 号）。⑤促进文化产业与其他产业融合发展的政策。2014 年 2 月，国务院印发的《关于推进文化创意和设计服务与相关产业融合发展的若干意见》（国发〔2014〕10 号）提出，文化产业要和制造业、农业、体育业、建筑业、IT 业等产业融合发展。2014 年 4 月 24 日，国家新闻出版广电总局和财政部联合发布《关于推动新闻出版业数字化转型升级的指导意见》（新广出发〔2014〕52 号）。2015 年 4 月，国家新闻出版广电总局、财政部联合印发的《关于推动传统出版和新兴出版融合发展的指导意见》（新广发〔2015〕32 号）包括总体要求、重点任务、政策措施、组织实施共四部分 16 条内容，为推动传统出版影响力向网络空间延伸、实现传统出版和新兴出版融合发展指明了方向、提出了任务、阐明了路径、提供了依据。

二 近年来我国文化建设取得的成就

自 2003 年开展文化体制改革试点以来，我国文化体制改革已走过 11 个年头。在党中央的科学决策和正确领导下，文化体制改革由点到面、逐步推开，取得了显著的成效和阶段性实践成果。

（一）公共文化投入增加，初步形成覆盖城乡的公共文化服务体系

2014 年全国文化事业费 583.44 亿元，比上年增加 52.95 亿元，增长 10.0%；全国人均文化事业费 42.65 元，比上年增加 3.66 元，增长 9.4%。图 1 为 2010～2014 年我国文化事业费及增长速度。

截至 2014 年底，全国共建成县级以上公共图书馆 3117 个，文化馆（含群艺馆）3313 个，乡镇（街道）文化站 41110 个，公共博物馆、纪念馆 3473 个，工人文化宫 1300 多个，青少年宫 700 多个，科技馆 350 多个，青少年校外活动中心 3000 多个；开设广播电视播出机构 2564 个，广播电视传输发射台（站）21000 多个；全国共有各类出版物发行单位 12 万余家，发行网点 17 万余处，建

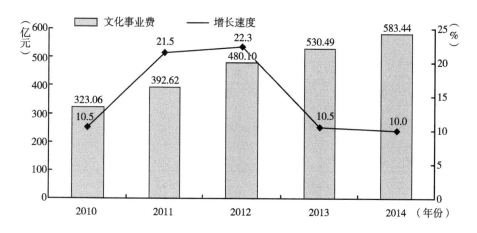

图1　2010～2014年全国文化事业费及增长速度

资料来源：文化部2014年文化发展统计公报。

设阅报栏、阅报屏7.2万余个，建成农民体育健身工程42万余个。[1] 截至2014年底，全国平均每万人公共图书馆建筑面积90.0平方米，比上年末增加4.9平方米；全国人均图书藏量0.58册，比上年增加0.03册；全国共有群众文化机构44423个，全国共有文物机构8418个，全国文化事业费达583.44亿元。[2]

（二）文化产业快速发展，文化企业竞争力不断提升

文化产业蓬勃发展对国民经济增长的贡献逐步提升。国家统计局和中宣部共同出版的《文化及相关产业统计概览2015》显示，2014年文化产业增加值为24017亿元，占GDP的比重为3.77%。从2013年占GDP比重的3.63%增加到2014年的3.77%，文化产业尽管在整个国民经济中的比重并不是太大，但应该看到在经济新常态下，经济下行压力加大，文化产业增加值的增长速度为12.5%，高于GDP7.4%的增长速度。表1显示我国文化及相关产业增加值占GDP比重不断上升。

① 雒树刚：《国务院关于公共文化服务体系建设工作情况的报告——2015年4月22日在第十二届全国人民代表大会常务委员会第十四次会议上》，《全国人民代表大会常务委员会公报》，2015年3月。

② 文化部：《2014年文化发展统计公报》，文化部网站，http：//www.mcprc.gov.cn。

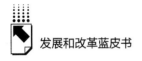

表1　2010~2014年我国文化及相关产业增加值及占GDP比重

单位：亿元，%

年份	增加值	占GDP比重
2010	11052	2.75
2011	13479	2.85
2012	18071	3.48
2013	21351	3.63
2014	24017	3.77

注：①2010~2011年按2004年颁布的《文化及相关产业分类》测算。②2013年根据经济普查数据测算，其他年份根据年报数据测算。③2013年、2014年数据为全口径，2010~2012年仅包括法人单位数据，2013年法人单位数据为20081亿元。④2012~2014年按《文化及相关产业分类（2012）》标准测算，相应调整2011年为15516亿元，占GDP比重为3.28%。

数据来源：国家统计局、中宣部编《文化及相关产业统计概览2015》，中国统计出版社，2015。

经营性文化单位转企改制任务基本完成，国有文化企业竞争力不断提升。自2003年开始文化体制改革试点到党的十八大召开，改革阶段性任务基本完成。截至2012年，全国580多家出版社、3000多家新华书店、850家电影制作发行放映单位、57家广电系统所属电视剧制作机构、38家党报党刊发行单位等已全部完成转企改制；各省（区、市）已基本完成有线电视网络整合；全国2103家国有文艺院团中，完成改革任务的院团有2100家，占总数的99.86%，其中转企改制占61%；全国共注销经营性文化事业单位法人6900多家、核销事业编制29万余个。①许多院团转企改制后效益改善，充满活力。如2013年北京市曲剧团转企改制后，院团一下子变成自负盈亏的企业。

第二节　我国文化体制机制存在的主要问题

改革开放以来，中国共产党积极探索新形势下文化建设的新思路、新办

---

① 蔡武：《国务院关于深化文化体制改革推动社会主义文化大发展大繁荣工作情况的报告——2012年10月24日在第十一届全国人民代表大会常务委员会第二十九次会议上》，中国人大网，www.npc.gov.cn。

法，改革发展成绩显著，文化阵地巩固发展，整体实力不断增强，为进一步深化文化体制改革积累了有益经验。同时应当看到，我国文化体制机制还存在一些问题有待解决。原新闻出版总署署长柳斌杰指出，文化体制改革面临三大障碍，一是思想观念上，许多方面的思想没有解放，过分强调文化的特殊性而忽略文化生产经营的一般规律，不能与时俱进。二是部门利益障碍，一些党政部门为了既得利益，不愿意让文化单位转制脱钩，或者是明脱暗不脱，阻碍了文化企业兼并重组，使之不能做大做强。三是条块分割、垄断经营的格局没有打破，影响了统一开放市场的形成。①

一　文化管理体制改革有待深化

（一）文化法律法规不健全

我国文化立法层次仍然较低，文化领域法律很少，大部分为法规和规章。目前，全国人大所制定的关于文化方面的法律仅有 4 件，即《文物保护法》《档案法》《著作权法》《非物质文化遗产法》，另有互联网信息传播方面的两个决定。国务院各门类文化法规共有 40 多件。同时，侵权盗版问题仍比较突出，知识产权保护有待加强。文化发展政策需进一步增强针对性和可操作性。

（二）文化行政管理体制和国有文化资产管理体制改革滞后

政府与市场之间的关系定位不明晰，政府这只"有形的手"过多地进入微观文化资源配置市场。文化管理体制存在政事、政企不分。应该由市场主导的经营性文化产业长期依赖政府，轻视市场机制作用。尽管经营性文化单位转企改制在法律形式上已基本完成，但在转企改制的实际过程中，经营性国有文化资产管理体制仍未定型，仍然在探索过程中。例如，如何在转企改制过程中建立以产权为基础的"管人、管事、管资产、管导向"相结合的体制，如何保障国有文化资产的保值增值，如何使其顺利地融入国民经济

---

① 柳斌杰：《当前我国文化体制改革面临"三大障碍"》，人民网，http://www.people.com. cn，2013 年 11 月 22 日。

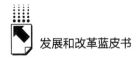

体系等问题，尚未得到真正解决。

（三）文化市场存在行政性垄断、条块分割和区域性壁垒

文化资源的行政化配置体制已经和社会主义市场经济体制严重不适应，这种不适应不仅造成了地区的封锁，还造成了行业的垄断，最终对文化企业非常不利，表现为文化企业非常弱小、同构化非常严重。文化市场条块分割、区域性壁垒和行政干预等问题，虽然在一定程度上得到改善，但还没有从根本上得以扭转。文化市场存在行政性垄断，不利于文化资源整合。如电影产业，无论是制作还是放映，国有企业占比都较小，而电影进出口权力却归属两个国有企业，民间资本在进入过程中存在部门壁垒和地方壁垒。

二　文化产业的整体实力和国际竞争力不强

（一）文化产业增加值占国民经济比重偏低、发展水平不高

我国文化建设水平同经济发展和人民日益增长的精神文化需求还不完全适应。我国文化产业仍处于起步、探索、培育、发展的初级阶段，与发达国家相比差距很大。具体表现为文化产业发展很不充分，总量规模偏小，市场机制不完善，文化产业的发展速度和效益都需要有一个较大的提高。中国统计出版社出版的《文化及相关产业统计概览2015》指出，2014年我国文化产业增加值为24017亿元，占GDP的比重为3.77%，与文化产业成为国民经济支柱性产业的目标还有很大差距。中国人民大学文化产业研究院和文化部文化产业司联合发布的"中国文化消费指数"（2013）显示，我国存在36638.1亿元的文化消费缺口。同时，我国文化市场呈现过剩和短缺并存的局面，部分文化产品和服务出现同质化，但高质量文化产品仍然供不应求。我国已经是出版大国、影视大国，但仍称不上强国，主要是内容产品质量不高的问题仍很突出，文化产品和服务的供需矛盾仍然突出，文化要素流动仍然不畅，文化产品和要素市场发育还不完善，文化产品流通和服务渠道还不畅通，文化消费潜力还未充分激发出来。

（二）行业集中度不高，文化企业经营管理水平偏低

由于文化市场部门分割、行业垄断和地区封锁现象严重，难以形成统一开放、竞争有序的市场体系。市场主体小而散、产业集中度不高。大部分文化企业都属于小微企业。国家统计局统计数据显示，2013 年末，我国共有小微文化企业 77.3 万个，占全部文化企业的 98.5%，其中，小型企业 16.8 万个，占 21.4%，微型企业 60.5 万个，占 77.1%，可以说，小微文化企业是文化企业的构成主体。目前，国有文化企业的现代企业制度和公司治理结构尚未完全建立，在内容创意、产品创新、科技驱动和品牌塑造方面的竞争力不足，跨地区、跨行业、跨所有制兼并重组仍面临诸多困难。我国文化企业竞争力不足的主要原因有内容创新不够，行业内同质化竞争普遍存在，产业规模化水平低、产业链发育不全，集约化程度低，市场营销和品牌建设能力较弱，效率不高，整体竞争力不强。文化产品科技含量较低，创新能力不足，竞争能力不强。同时，中小文化企业融资难，融资渠道狭窄。投融资体制仍不畅通、民营资本参与文化产业的运作机制仍不成熟。文化产业政策不完善，立法层次低。另外，文化人才培养和激励保障机制有待加强。目前，我国文化领域人才队伍建设与文化发展的要求尚不匹配，文化产业人才短缺且培养不足。非公有制文化企业在投资经营中还受到许多不合理限制，难以与国有文化企业平等使用生产要素。

（三）文化贸易逆差较大，文化产品的国际竞争力不强

虽然我国文化产品和服务出口数量有所增长，但文化贸易逆差较大的情况仍未得到根本改变，我国文化产品的国际竞争力还有待进一步提升。中国统计出版社出版的《文化及相关产业统计概览 2015》数据显示，我国图书、期刊、报纸进出口逆差进一步拉大，2013 年进口额为 28048.6 万美元，出口额为 6012.4 万美元，进出口额之比是 4.66∶1，而 2014 年进口增加为 28381.6 万美元，出口额却降为 5649.7 万美元，进出口额之比是 5.0∶1。电视节目进出口逆差也进一步扩大。2014 年电视节目进口额为 209024 万美元，电视节目出口额为 27226 万美元，与 2013 年电视节目进出口额之比 3.23∶1 相比，进出口额之比放大为 7.68∶1。

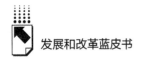

三 现代公共文化服务体系不健全

我国文化建设底子薄、欠账多，公共文化服务经费投入不足、公共文化设施数量严重不足，文化基础设施落后，公共文化服务能力较低。这些不利因素不仅影响着人民群众的文化生活，也在一定程度上制约了我国经济社会全面、协调和可持续发展。

（一）公共文化投入不足，服务效能不高

（1）公共文化投入不足。图2显示，我国文化事业费占国家财政总支出的比重多年来徘徊在0.3%～0.4%，说明本应由政府主导的公益性文化事业长期投入不足。

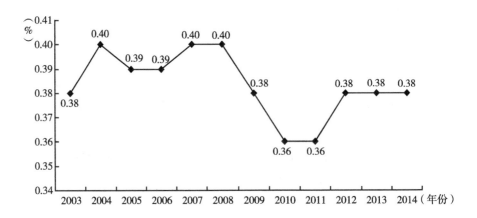

图2 2003～2014年全国文化事业费占国家财政总支出比重

资料来源：文化部2014年文化发展统计公报。

图3显示，全国人均文化事业费虽然保持稳定增长，但数额偏低。同时，公共文化服务投入方式不完善、资源使用效率不高。另外，目前还没有形成激励社会力量积极参与举办公共文化事业的良好环境，严重制约了社会性公共文化产品供给渠道的拓展。

（2）公共文化服务效能不高。有些公益性文化单位效率低下，服务意识不强。一些地方存在"重设施建设，轻管理使用"的问题，部分公共文

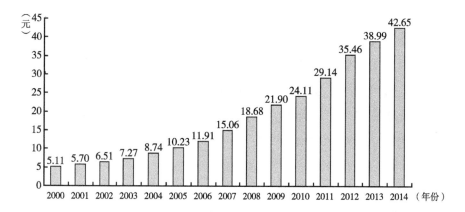

图3　2000～2014年全国人均文化事业费

资料来源：中华人民共和国文化部2014年文化发展统计公报。

化设施闲置，公共资源没有充分发挥最大社会效益。由于缺少统筹协调，基层公共文化服务条块分割、多头管理等问题普遍存在，难以发挥整体效益。武汉大学国家文化财政政策研究基地连续三年对全国基层文化单位的调查显示，由于设施陈旧、设备老化、人才不足，基层文化单位日益退缩到大众日常生活中的边缘性位置，本应是公共文化服务体系建设基础的基层文化单位功能不足、影响日弱，难以发挥基层群众文化生活主阵地的功能。

（二）城乡和区域公共文化服务不均等

目前公共文化服务体系结构和功能不健全。东、中、西部区域发展不平衡，城乡公共文化资源分布不均衡，公共产品供给不足和效率不高，以及农民工文化权益保障机制不完善等问题仍普遍存在。支撑公共文化服务体系骨干框架的基层公共文化单位弱化，有效供给不足。

（1）基层公共文化设施配置不足。从我国城乡公共文化产品和服务供给来看，基层公共文化设施配置不足。截至2014年底，全国仍有约15万个行政村没有文化设施，占比26%；仍有2014个街道和3849个乡镇综合文化站建筑面积小于300平方米，占比分别为30%和11%。

（2）公共文化服务投入区域发展不均衡。我国文化事业费投入存在城乡和区域发展不均衡问题。虽然近年来，县级及以下文化事业费投入占比不断上升，但县级及以下文化事业费投入占比依然偏低。表2显示，县级及以下文化事业费投入占比低于县级以上。2014年县级以上文化事业费投入占50.1%，县级及以下占49.9%。中部和西部文化事业费投入占比远低于东部。2014年东部地区文化事业费投入占比为41.6%，中部地区文化事业费投入占比为22.9%，西部地区文化事业费投入占比为29.3%。

表2　全国文化事业费投入（按城乡和区域）分布状况

年份		2000	2005	2010	2011	2012	2013	2014
总量 （亿元）	全国	63.16	133.82	323.06	392.62	480.10	530.49	583.44
	县级以上	46.33	98.12	206.65	205.50	243.08	272.67	292.12
	县级及以下	16.87	35.70	116.41	187.12	237.02	257.82	291.32
	东部地区	28.85	64.37	143.35	174.18	211.56	231.41	242.98
	中部地区	15.05	30.58	78.65	91.36	107.78	120.01	133.46
	西部地区	13.70	27.56	85.78	108.59	139.53	152.16	171.15
所占比重 （%）	县级以上	73.4	73.3	64.0	52.3	50.6	51.4	50.1
	县级及以下	26.7	26.7	36.0	47.7	49.4	48.6	49.9
	东部地区	45.7	48.1	44.4	44.4	44.1	43.6	41.6
	中部地区	23.8	22.9	24.3	23.3	22.4	22.6	22.9
	西部地区	21.7	20.6	26.6	27.7	29.1	28.7	29.3

资料来源：中华人民共和国文化部2014年文化发展统计公报。

以上这些问题主要是由于一些地方党委、政府还存在重经济发展、轻文化建设的倾向，公共文化服务体系建设在实际工作中不受重视。同时，政府在公共文化领域还存在"越位""缺位"现象。一是公共文化服务行政管理职能条块分割、项目设置交叉重复的现象还比较突出。二是对基层公共文化服务的绩效考核评估机制尚待完善，特别是对党政领导履行责任情况的评估和评价还有待加强。三是社会力量参与的动力不足，渠道不畅，政府与社会良性互动机制尚未形成。

第三节　文化体制机制创新需要正确处理好
四个关系和主要任务

我国是历史悠久的文明古国，也是一个文化资源大国，但还远不是一个文化强国。当前，我国文化体制改革进入了攻坚期和"深水区"，面临许多制约文化科学发展的深层次矛盾和问题。文化发展所面临的问题，既有外部环境的问题，也有文化建设自身体制机制的问题，既有多年来的积弊，也有国内国际环境变化带来的新问题、新挑战。当前改革已不再是单兵突击式的改革，正如习近平总书记指出的，到今天能够改的、可以改的、比较容易改的都已经改得差不多了，剩下的都是难啃的骨头，都涉及深层次矛盾和问题，特别是涉及利益格局的调整。这就需要我们加强顶层设计和总体规划，增强改革的系统性、整体性和协同性，使各领域、多方面、诸环节改革相互配套、协调推进。因此，需要我们以更大的勇气、更高的智慧去破解，采取强有力的举措去解决。

一　推进文化体制机制创新需要正确处理好四个关系

（一）意识形态属性与商品属性的关系

文化产品和服务一方面具有意识形态的属性，具有作为价值载体的属性；另一方面在市场经济条件下还具有商品的属性，可以通过市场的交换实现价值。在两种属性中，意识形态属性是文化产品和服务的特殊性，商品属性是文化产品和服务的普遍性。文化的两种属性是相互依存的，必须把两者统一起来。由于文化具有很强的意识形态属性，因此我们在推进文化改革发展的过程中，要确保导向不改，阵地不丢。

（二）社会效益和经济效益的关系

正确把握意识形态属性与商品属性的关系，又要求我们必须正确认识和处理好社会效益与经济效益的关系，要始终坚持把社会效益放在首位，努力做到社会效益与经济效益相统一。文化事业和文化产业都必须坚持社会主义先进文化的方向，努力实现社会效益与经济效益相统一。

（三）文化事业和文化产业的关系

坚持一手抓公益性文化事业，一手抓经营性文化产业，两手抓，两手都要硬。大力繁荣文化事业，坚持政府主导，按照公益性、基本性、均等性、便利性的要求，努力构建覆盖城乡的现代公共文化服务体系；大力发展文化产业，充分发挥市场在资源配置中的积极作用，完善政策，加强引导和监管，为多种所有制文化市场主体营造良好的文化产业发展环境。

（四）文化"魂"与"体"的关系

社会主义核心价值体系是当代中国文化的"魂"，公共文化服务体系、文化产业和各种形式的文化产品是承载文化精神价值的"体"，担负着弘扬社会主义核心价值体系的重要责任。"魂"与"体"相互依存、相辅相成，统一于精神生产和文化建设的实践中。[1]

二 推进我国文化体制机制创新的主要任务

（一）深化文化管理体制改革

（1）继续深化文化行政管理体制改革，加快政府职能转变。发挥市场在文化资源配置中的积极作用，政府部门由办文化向管文化转变。继续深化文化行政管理制度改革。减少行政审批事项，下放权限，加强过程管理与事后监督。给企业更多的自主权。把市场能办的事情全部交给市场，把政府不该管的事情全部交给企业和社会。推进文化立法，加强版权保护。依法加强文化市场管理。建立健全质量认证体系，完善相关登记备案和年检制度，最大限度地减少不合格文化产品进入市场。

（2）健全国有文化资产管理体制。建立和完善国有文化企业评估、监测、考核体系，加强国有文化资产监管，确保国有文化资产保值增值。

（3）完善文化发展支持政策。要从财政、税收、金融、社会保障、土地使用等方面加大对文化产业的政策扶持力度。改进政府支持文化产业的方

---

① 蔡武：《我国文化体制改革的历史进程及理论创新》，《中共党史研究》2014 年第 10 期。

式，扩大有关文化基金和专项资金规模，以财政资金引导和带动更多社会资本投入文化建设领域。

（二）健全现代文化市场体系

按照"创新体制、转换机制、面向市场、增强活力"的要求，坚持体制机制改革和创新，提高文化产业的整体实力和国际竞争力。

（1）提高文化市场主体的竞争力。首先，推动国有文化企业加快公司制、股份制改造，加快建立产权清晰、权责明确、政企分开、管理科学的现代企业制度。加快推进国有文化企业产权制度改革，实现股权多元化，推进混合所有制试点。在国有文化上市公司开展股权激励试点。其次，积极鼓励非公有制文化企业快速发展。取消对社会资本投资文化产业不合理的准入限制，降低社会资本进入门槛。使非公有制文化企业享受与国有文化企业同等待遇。鼓励各种所有制形式的企业之间平等竞争，优胜劣汰。最后，加大财税扶持，鼓励小微文化企业走"专、精、特、新"的路子，支持有核心竞争力和发展潜力的小微文化企业进入多层次资本市场融资，逐步做大做强。

（2）推动文化企业做大做强。打破区域限制和行业壁垒，推动文化资源和要素向优质文化企业、优势文化产业集聚，支持文化企业做大做强。培育文化骨干企业和文化领域战略投资者。

（3）拓宽文化企业融资渠道。充分利用国内外多层次资本市场发行股票和债券，以及银行信贷、版权质押、担保、融资租赁、保险、信托和财政贴息及文化产业发展专项资金等。推动文化企业与金融企业进行战略合作，促进金融资本、社会资本与文化资源有效对接。

（4）建立多层次文化产品和要素市场。完善文化市场准入和退出机制，促进文化产品和要素在全国范围内合理流动。培育和规范文化产品和要素市场。大力发展文化电子商务。加强文化行业组织和中介机构建设。

（三）构建现代公共文化服务体系

（1）加大公共财政对公共文化服务的投入。建立完善公共文化设施长期免费开放的保障机制。深化全国公共图书馆、博物馆、美术馆、文化馆（站）免费开放工作，建立和完善长效经费保障机制，加强监督管理和绩效

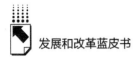

评价。扩大公共文化设施免费开放范围，深入推进科技馆、工人文化宫、青少年宫免费开放，提高公共文化服务的质量和效能。加大政府购买公共文化服务力度。积极推动公共文化服务社会化。鼓励社会力量参与公共文化服务体系建设，培育文化非营利组织。推动文化志愿服务工作制度化、常态化。

（2）促进基本公共文化服务标准化、均等化。通过文化专项资金等手段，加大对少数民族地区、贫困地区、边疆地区和中西部地区的文化基础设施建设、文化人才培养和文化惠民工程的专项补助力度，促进公共文化资源在区域和城乡之间的合理配置，使文化资源多向基层倾斜。健全和完善基本公共文化服务标准化和均等化的指标体系和绩效考核办法。

（3）分类推进公益性文化事业单位改革。深化公益性文化事业单位内部改革，推进公益性文化事业单位内部人事、收入分配、社会保障制度改革。突出公益属性、强化服务功能、增强发展活力。明确服务规范，完善绩效考核机制。理顺政府与事业单位的关系，积极探索政事分开、管办分离的有效形式。创新公共文化服务运行机制，提高服务水平，提升使用效率。

参考文献

［1］雒树刚：《国务院关于公共文化服务体系建设工作情况的报告——2015 年 4 月 22 日在第十二届全国人民代表大会常务委员会第十四次会议上》，《全国人民代表大会常务委员会公报》2015 年 3 月。

［2］《2014 年文化发展统计公报》，文化部网站，http：//www.mcprc.gov.cn。

［3］蔡武：《国务院关于深化文化体制改革推动社会主义文化大发展大繁荣工作情况的报告——2012 年 10 月 24 日在第十一届全国人民代表大会常务委员会第二十九次会议上》，中国人大网，www.npc.gov.cn。

［4］国家统计局、中宣部编《文化及相关产业统计概览 2015》，中国统计出版社，2015。

［5］柳斌杰：《当前我国文化体制改革面临"三大障碍"》，人民网，2013 年 11 月 22 日。

［6］蔡武：《我国文化体制改革的历史进程及理论创新》，《中共党史研究》2014 年

第 10 期。

［7］习近平：《在全国宣传思想工作会议上强调胸怀大局把握大势着眼大事努力把宣传思想工作做得更好》，《人民日报》2013 年 8 月 21 日。

［8］雒树刚：《进一步深化文化体制改革》，《人民日报》2013 年 12 月 3 日，第 7 版。

［9］蒋建国：《建立健全现代文化市场体系》，《求是》2013 年第 24 期。

［10］蔡武：《吹响深化文化体制改革新号角》，《求是》2014 年第 2 期。

B.10
加快形成我国合理有序的
收入分配新格局

冯斌星　王再文*

摘　要：　2013 年以来，我国收入分配制度改革开始提速。党中央对深
化收入分配制度改革进行了总体部署，出台了《关于深化收
入分配制度改革的若干意见》等纲领性文件，明确了收入分
配制度改革的任务分工，初步建立了部际联席会议制度。在
中央管理企业主要负责人薪酬制度和机关事业单位工作人员
养老保险制度等领域开始改革"破冰"。按照党中央部署，
各地政府也启动并积极推进相关改革。我国收入分配格局在
近年出现了向好趋势，但由于此前积累的深层次矛盾较多，
难以在短时间内彻底改变，总体上看仍然面临不少突出问题。
在下一阶段的改革中，要按照党的十八届三中全会关于市场
在资源配置中起决定性作用和更好发挥政府作用的要求，以
促进社会公平正义作为根本目标，完善初次分配制度改革，
加强再次分配调节力度，促进中等收入人群壮大发展。

关键词：　收入分配制度　收入差距　改革

近年来，我国经济发展进入新常态，呈现"三期叠加"的特征，即所

* 冯斌星，宝鸡文理学院经管学院，副教授，经济学博士，研究方向为经济发展战略；王再文，
国家发改委培训中心，教授，经济学博士，主要研究方向为企业战略与企业公民理论、区域
制度（政策）与经济发展、人力资源开发与领导力。

谓增长速度的换挡期、结构调整的阵痛期和前期刺激政策的消化期。在这一新的增长阶段，经济结构将会不断优化调整，增长将更加依靠制度和技术创新，社会民生将继续改善，生态环境治理将取得显著成效。新常态下我国经济发展的阶段性转变，一方面将对我国现有收入分配格局产生很大的影响，另一方面也为收入分配制度改革带来了新的历史机遇。

我国现有的收入分配格局的形成既是以往经济迅速增长、经济结构不断演进的结果，又是促进今后我国经济增长和经济结构不断优化的动力。新常态下，深化我国收入分配制度改革，不断优化收入分配格局，将进一步促进居民收入和消费增长，有助于形成合理的需求结构，消化前期刺激政策带来的过剩产能，也有助于调动我国劳动者的生产积极性，形成殷实的人力资本。因此，加快收入分配制度改革，对于我国未来一段时期特别是"十三五"时期经济社会的健康持续稳定发展，具有重要意义。

第一节　2013年以来我国收入分配制度改革的主要进展及评价

收入分配制度改革是我国全面深化改革任务的重中之重，是党和政府一直非常重视的问题之一。早在2001年，国务院就针对收入分配问题组织了一次大规模的专门研究。2004年，国家发改委就开始组织起草一个关于收入分配制度的改革方案。新一届党中央成立以来，收入分配制度改革开始提速，在不同层面都取得了一定进展。

（一）全面部署深化收入分配制度改革，形成这一改革的纲领性文件

2013年2月，国务院正式公布《关于深化收入分配制度改革的若干意见》①（本文以下简称《若干意见》）。《若干意见》明确提出今后收入分配制度改革的总体要求和方向，提出"两个坚持"、"三个重点"和"四项改

---

① 《关于深化收入分配制度改革的若干意见》，中国网，http://www.china.com.cn，2013年2月5日。

革目标"，"两个坚持"一个是坚持按劳分配为主体、多种分配方式并存，另一个是坚持初次分配和再分配调节并重；"三个重点"是增加城乡居民收入、缩小收入分配差距和规范收入分配秩序；"四项改革目标"是实现城乡居民收入倍增、逐步缩小收入分配差距、明显改善收入分配秩序和收入分配格局趋于合理，强调"到 2020 年实现城乡居民人均实际收入比 2010 年翻一番和'橄榄型'分配结构逐步形成"。同时提出了许多改革政策措施，其中不乏创新性改革思路。例如，绝大多数地区最低工资标准要超过当地城镇从业人员平均工资的 40%；适当提高央企国有资本收益上缴比例；全面落实《关于领导干部报告个人有关事项的规定》①，严格执行各级领导干部如实报告收入、房产、投资、配偶子女从业等情况的规定；等等。

2013 年 11 月，《中共中央关于全面深化改革若干重大问题的决定》② 发布，在新时期全面改革的总体纲领中再一次强调收入分配制度改革。这一文件明确强调要规范收入分配秩序和建立个人收入与财产信息系统；强调保护合法收入，调节过高收入，并要清理规范隐性收入和取缔非法收入，还要增加低收入者收入和扩大中等收入者的比重；努力缩小收入分配差距，逐步形成合理的分配格局。

以上文件是在收入分配改革领域深入贯彻党的十八大精神的具体体现，对于促进经济持续健康发展、增强社会和谐包容、实现全面建成小康社会目标都具有十分重要的意义。

（二）明确提出收入分配制度改革的任务分工，初步建立了推进这一改革的组织机制

2013 年 3 月，国务院办公厅下发《国务院关于深化收入分配制度改革重点工作分工的通知》③。首先，具体部署了负责收入分配制度改革重点工

---

① 《关于领导干部报告个人有关事项的规定》，中国网，http：//www.china.com.cn，2010 年 7 月 12 日。

② 《中共中央关于全面深化改革若干重大问题的决定》，人民日报，http：//paper.people.com.cn，2013 年 11 月 16 日。

③ 《国务院关于深化收入分配制度改革重点工作分工的通知》，http：//news.21cn.com，2013 年 2 月 9 日。

作的相关部门的明确分工。其次，要求各部门按照这些分工部署，抓紧研究出台配套方案和实施细则，并认真组织实施。再次，要求各级政府必须将深化收入分配制度改革列入重要议事日程，建立统筹协调机制，切实把落实收入分配政策、增加城乡居民收入、缩小收入分配差距、规范收入分配秩序作为重要任务，并纳入日常考核。这标志着收入分配制度改革已经从宏观的"原则"构建阶段进入具体的"细则"落实阶段。

2014年4月，国务院建立深化收入分配制度改革部际联席会议制度，加强对深化收入分配制度改革的统筹协调。该联席会议由国家发改委、财政部、人社部等21个部门和单位组成。其主要职责是统筹协调深化收入分配制度改革各项工作，组织研究深化收入分配制度改革中的重大问题，统筹收入分配政策与规划、产业、价格等政策的协调联动。

（三）在部分具体领域展开收入分配改革破冰之战

2014年8月29日，中央政治局会议审议通过《中央管理企业主要负责人薪酬制度改革方案》（2015年1月1日起正式实施）①。这一方案明确提出了"水平适当、结构合理、管理规范、监督有效"的十六字标准，首批涉及中国石油、中国石化、中国移动等53家央企和其他金融、铁路行业的19家企业。首先，重点突破了央企负责人薪酬秩序。表现在优化其薪酬结构方面，将央企负责人的薪酬调整为基本年薪、绩效年薪、任期激励收入三部分，综合考虑其在企业改革发展中发挥的作用及承担的相应责任风险，使薪酬水平同责任、风险和贡献相适应。其次，完善考核机制，在薪酬管理中对央企负责人的履职情况进行全面综合考核评价。这说明党中央开始对央企负责人薪酬中积弊已久的突出问题"动刀"，将国有企业收入分配制度改革推进到触及实质利益的更深层次，突出了收入分配改革维护公平正义的主旋律。

2015年1月，国务院发布了《关于机关事业单位工作人员养老保险制

---

① 《2014中央管理企业主要负责人薪酬制度改革方案全文》，http：//politics.chinaso.com，2014年12月15日。

度改革的决定》①。明确指出机关事业单位工作人员与企业等其他城镇从业人员将统一实行由社会统筹和个人账户相结合的基本养老保险制度，逐步形成城镇职工和城乡居民基本养老保险并行的两大平台，实现两者相互衔接，共同构建完整的城乡养老保险制度体系。这次养老保险制度改革突出了"五个同步"，综合平衡了各方面利益关系，较好地凝聚了社会共识，高度体现了改革的系统性和协调性。"五个同步"分别指机关与事业单位改革同步、职业年金与基本养老保险制度同步、养老保险制度改革与完善工资制度同步、待遇确定机制与调整机制同步和改革在全国范围实施同步。

（四）地方政府积极稳步推进收入分配改革

2013 年以来，许多地方政府不断推进收入分配改革，纷纷出台了各具特色的收入分配改革实施意见，制定了这一改革的时间表和路线图。2015 年初，广东、四川等地结合当地实际情况较早公布了关于深化收入分配制度改革的实施意见，确定了落实"居民收入倍增"目标的时间表，进一步健全工资决定和正常增长机制，缩小收入分配差距。广东强调，必须加强对国有企业高管的薪酬管理，对企业工资总额和工资水平实行双重调控。而四川则对国有企业高管人员薪酬水平进行限高，并在不同行业建立工资水平调查比较制度。许多省份还将确立最低工资标准正常调整机制作为改革的一项重要目标和着力点。2015 年，湖南等地先后提高最低工资标准。四川不仅适时稳妥地调整最低工资标准，还着力培育科学合理的最低工资增长机制。广东提出要建立与经济发展相适应的最低工资标准调整机制。

2013 年以来，我国收入分配制度改革正按照党的十八届三中全会的部署和党中央的大政方针积极稳妥推进，在一些重要领域已取得明显进展。但总体来看，收入分配制度改革距离设定的主要目标还有相当大的距离，在未来的改革过程中还有大量的政策措施需要推进落实。其中许多是与其他领域的改革交织在一起，这对改革的实施形成了巨大挑战。

---

① 《关于机关事业单位工作人员养老保险制度改革的决定》，http：//www.xjds.gov.cn，1015年 1 月 15 日。

第二节　推进收入分配改革面临的主要问题

一　当前收入分配格局存在的主要问题

尽管我国收入分配格局在近年出现了向好趋势，但由于此前积累的深层次矛盾较多，一些问题与特定的发展方式相互影响、互相交织，难以在短时间内彻底改变，总体上看仍然有不少突出问题。

（一）劳动者收入占比止跌回升，但比重仍然偏低

从各类要素间分配看，劳动者报酬占国民总收入的比重止跌回升。2000～2011 年，劳动者报酬在国民总收入中的比重总体呈下滑趋势，从 2000 年的 53.3%下降到 2011 年的 47.5%。2012 年，这一比重回升至 49.5%，持续下降态势开始有所好转。从企业、政府和居民三大主体在国民收入核算中占比来看，2000～2008 年居民收入在初次分配中的比重持续下滑，由 67.2%下降到 58.7%。2009 年居民在初次收入分配中的比重回升至 60.7%，在 2010 年略微回落到 60.5%，此后稳步上升至 2012 年的 61.7%。[①]

从国民收入分配格局来看，2012 年劳动者报酬占国民总收入的比重尽管已经回升到 49.5%，但仍然偏低；2012 年居民可支配收入占国民可支配总收入的比重达到 62.0%，比 2011 年提高了 1.2 个百分点，但这一比例明显低于 2000 年的 67.6%。从国际上看，主要发达经济体的劳动者报酬占国民总收入的比重为 55%左右，居民收入占 GDP 比重一般为 65%～72%。尽管金融危机以来我国劳动者报酬占国民总收入比重有所提高，但与世界主要经济体相比仍然偏低。

（二）居民收入差距触顶回落并呈持续下降态势，但仍然较大

第一，居民收入差距总体呈回落态势。2009 年开始，我国基尼系数持续攀升态势得以扭转并持续下降，到 2014 年已下降到 0.469。基尼系数的

---

① 考虑到城乡居民收入持续较快增长、劳动者报酬增速略高于 GDP 增长率、财政转移支付力度不断加大等因素，预计劳动报酬和居民收入在国民总收入中比重回升的态势仍会持续。

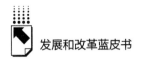

连续回落表明居民流量收入差距有所缩小。

第二,城乡居民收入差距缓慢回落。随着我国农村居民人均纯收入增长速度明显加快,农村居民人均收入增速逐步高于同期城镇居民人均收入增速。在2009年城乡居民收入比达到最高的3.33倍之后,城乡居民收入差距开始呈现缓慢回落的态势,到2014年城乡居民收入比已下降到2.91倍。

第三,地区间收入差距扩大势头得到抑制。若按东、中、西部和东北地区四个区域板块来划分,"十二五"期间城镇居民人均可支配收入年均名义增速依次是:西部地区12.9%、东北地区12.8%、中部地区12.6%和东部地区11.7%。而且东部地区与西部地区的城镇居民人均可支配收入之比已由原来的1.54倍降到1.43倍,农民人均纯收入之比已由2倍降低到1.76倍。

尽管我国基尼系数已经连续6年下降,但幅度较小。按照国际惯例来看,2014年我国基尼系数高达0.469,明显处于高位。有人提出欠发达经济体在人均GDP达到3000~10000美元的阶段时,即迎来了从中等收入水平向高收入水平跃进的发展机遇,同时也可能激发各类社会矛盾和引发各种风险,若这时收入差距过大和贫富分化加剧,将有可能难以跨越"中等收入陷阱"。此外,从城乡、地区间的居民收入差距看,虽然开始出现一定程度的回落,但仍然偏高。

(三)财产性收入占比偏低,结构不合理

目前,财产性收入在我国城乡居民收入中只占3%左右,这与发达国家和部分发展中国家8%~16%的水平相比明显偏低,而且财产性收入的结构比较单一。根据国家统计局住户调查数据,居民财产收入中来自于房产相关收入的占比过高,其中出租房屋收入约占财产收入的50%。有数据显示,居民存款占家庭金融资产的比例高达70%,表明在金融抑制下的长期低利率对居民财产收入的增长形成了巨大制约。

(四)财富差距进一步拉大的问题突出

由于收入这一流量差距长期累积,我国居民财富差距(存量差距)呈不断扩大的态势。当前居民财富分布的基尼系数已经超过0.7,2002~2012

年，财富最多的10%的群体所占的财产份额由38.7%增加到62.5%。同时，城乡居民间的财富差距也在扩大，2002～2012年城镇居民人均财产价值的年均增长率为17.2%，而农村居民的增长率仅为10.0%。有统计显示，我国城镇居民财产最高收入户与最低收入户的差距正在逐年扩大。

（五）居民收入流动性不足，影响社会流动

收入流动性是实现社会流动的重要动力。研究表明，20世纪90年代初，在我国收入差距扩大的过程中，收入流动性高于一般发展中国家，甚至高于美国等发达国家。但进入21世纪以后，我国的收入流动性在降低，居民陷入长期低收入水平的概率增加。与此相关，收入的代际流动也在下降，收入分配格局趋于固化。我国居民财产规模和差距持续扩大，父代遗产在子女财富总量中的比率已经从1990年的5%上升到目前的8%左右，财富的代际传递将导致贫困人口更加难以进入向上流动的通道。这很可能会造成社会阶层锁定、人群分化扩大，对社会公平正义、和谐稳定产生负面影响。

二 收入分配制度存在的主要问题

（一）市场机制不完善影响初次分配

由于市场化改革不到位，市场经济本身存在扭曲，严重影响了收入分配状况。金融抑制的环境并未根本改变，长期压制性低利率导致居民的存款收益偏低。金融资源偏向国有大企业的倾向并没有根本转变，各类市场主体在现有的市场环境中难以获得平等的竞争和发展机会。要素价格形成机制长期存在制度性扭曲，导致劳动力、土地、资本等不同要素在一次分配中的关系错乱。此外，行政垄断依然突出，不仅破坏了公平竞争的市场环境，导致行业效率偏低，影响了产业的充分发展，而且导致不同行业从业者的收入差距扩大，在石油、金融、电力等具有行政垄断性质的部门，职工平均工资和各类非工资福利远高于社会平均水平。同时，行政部门利用公共权力设租、市场主体通过寻租活动获得垄断权力，又导致收入分配秩序恶化。

（二）再次分配调节制度还很不完善

在OECD国家，通过再分配调节，居民收入差距平均能够降低40%左右。但在我国，再分配政策目前对基尼系数的影响只是使其降低了12%左右，这说明我国的再分配调节还远未完善。一是以间接税和流转税为主的税收政策对于改善收入分配的作用有限。资本利得税、遗产税、赠与税等调节财产分配和收入分配的重要税种缺失，对收入分配具有很强调节作用的个人收入所得税规模小、比例低、结构不合理且征管水平不高。二是社会保障制度分人群设计，制度体系碎片化现象严重，而且逆向支付特点突出。城乡居民和职工在最低生活保障、养老保障、医疗保障等方面实行的政策不统一，保障水平和补贴力度也不统一，直接导致"逆向再分配"问题。从居民获得的转移性收入上看，在2013年全国城乡居民人均可支配收入18311元中，3042元是转移净收入；而农村居民人均转移性收入仅为784元，仅占人均可支配收入的8.8%。三是政府的医疗卫生等基本公共服务水平虽然有较大提升，但资源的使用效率和公平性问题仍然突出。以医疗卫生为例，尽管2001年以来个人自付部分占卫生总费用的比重从60.0%下降到了2013年的33.9%，但个人卫生支出的绝对数从3014亿元增加到了10729亿元，因病致贫的问题仍然突出。

（三）社会制度和权利配置影响收入分配格局

社会制度和政治权利配置对于收入分配秩序和收入分配格局也产生了深刻影响。一是劳动力的组织化程度低，一些政府管理部门从本地区或本部门的利益出发，排斥、限制公民基本权利的落实，工资集体协商制度仍然未能普遍建立。二是对公共权力的约束、限制和监督机制不健全，权力的使用相对封闭、缺乏公开和监督机制，这对收入分配秩序的恶化产生了直接影响。部分部门通过权钱交易获得大量的灰色甚至非法收入；同时，相关市场主体通过寻租活动获得不当资源或市场地位，又恶化了行业内的竞争环境和收入格局。此外，公民的部分基本权利在现实中缺乏有效保障，对收入流动和社会流动产生深刻影响。如教育资源配置的不均衡和受教育权利保障不足，城乡内部以及城乡之间教育资源的均等化问题仍然突出，流动儿童的受教育权利未能得到充分保障，一些地区为了限制人口流入而采取措施严格控制随迁子女在本地入学等，这些问题对收入流动和社会流动的负面效应越来越明显。

（四）慈善事业发展滞后，三次分配调节能力不足

慈善捐赠和公益事业是实现社会互助的重要途径，其在缩小贫富差距、缓解贫困问题乃至增强社会凝聚力等方面的作用不可忽视。美国等发达国家慈善捐赠占 GDP 比重超过 2%。但在我国，社会各界向公益慈善事业的捐赠和准捐赠在 2013 年合计只占 GDP 的 0.33%。一方面，慈善组织缺乏有效管理和监督机制，公信力不足导致社会捐赠意愿下降；另一方面，国家尚未建立有利于社会捐赠的制度环境和政策体系，尤其是相关税收政策和登记管理制度还不完善，影响了社会捐赠的积极性。

第三节　进一步推进收入分配改革的思路、目标和建议

一　总体思路

在下一阶段的改革中，要按照党的十八届三中全会关于"市场在资源配置中起决定性作用"和"更好发挥政府作用"的要求，以促进社会公平正义作为根本目标，以促进参与、增加就业、提高生产率作为提高居民收入的重要基础，把提高社会流动性作为优化收入分配结构的重要条件，把提高效率、促进机会均等和起点公平作为调整收入分配关系的重要途径，把保障和改善民生、促进人的全面发展作为优化收入分配的落脚点，把握我国要素结构调整方向和趋势，继续保持收入分配格局调整优化的良好势头，切实遏制财富差距进一步拉大，推动实施发展型福利政策，激励绝大多数社会成员努力工作，勤劳致富，发展壮大中等收入人群，尽早形成橄榄型分配格局，促进我国经济增长方式转变，推动实现包容可持续发展。

二　基本目标

一是加快国民收入分配格局改善步伐。劳动者报酬占 GDP 比重，居民收入占国民收入比重保持上升态势，到 2020 年劳动者报酬占 GDP 比重超过53%，居民收入占国民收入比重在二次分配后超过 66%。

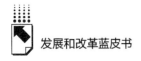

二是保持居民收入较快增长，收入差距进一步缩小。继续保持居民收入与 GDP 增长、劳动生产率增长同步，"十三五"期间城乡居民收入实际增速保持在 6.5% 以上。进一步加大收入分配调整力度，2020 年基尼系数由目前的 0.47 左右，降低到 0.43 左右，城乡、地区和行业间收入差距有所缩小。突出二次分配对居民收入差距的调节作用，分别就初次分配和二次分配发布基尼系数。

三是切实遏制财富差距拉大趋势。将存量财富分配的基尼系数控制在 0.7 以内，将五等分城镇居民财产最高收入组与最低收入组之间的差距控制在 18 倍以内，防止财富差距拉大对收入差距缩小趋势可能产生的不利影响，防止财富过度集中对社会不同阶层通畅流动的阻碍。

四是提高中等收入人群比例和质量。以促进参与、保障、就业、提升劳动生产率为重点，继续促进中等收入人群比例提升，力争到 2020 年我国居民每人日均支出达到 10～100 美元的人数超过 5.5 亿人，其中有 1 亿人日均支出超过 40 美元。

三　主要改革方向

一是以提升劳动生产率为核心，处理好经济增长和收入分配的关系。虽然在金融危机之后，我国劳动力价格不断上涨，劳动力供求关系已经出现结构性转变，并且在未来仍将持续，但是这一上涨趋势如果缺乏劳动生产率增长的支撑，则只能是生产要素价格扭曲造成的短时期补涨，收入分配格局持续改善的基础就不扎实。经济增长是改善收入分配的基础，而劳动生产率提升是经济平稳增长的关键，因此，只有提升劳动生产率，将数量上的人口红利升级为质量上的人口红利，才能实现经济增长和收入分配格局改善相辅相成、相互促进的良性循环。这就需要产业、科技、劳动和就业、生态环保等多方面政策协同推进，使经济增长方式向更加注重质量和效益的内涵式增长全面转变。

二是建立和完善以"发展型福利政策"为导向的社会安全网。从国际经验看，经济转型期往往也是过去被高速发展所掩盖的矛盾集中爆发的时期，及时建立健全社会安全网是实践证明有效的政策举措。近年来，我国社会保障体系建设速度加快，但宏观绩效不高、资金可持续风险加大等问题仍很突出，随着财政收入增速放缓，制度层面的调整势在必行。综合考虑历史、文化传统及已有基础，我国应充分借鉴东亚国家和地区相对成熟且行之有效的"发展型福利"政策，调整社会安全网的构建思路。在有限公共投入的前提下促进机会均等，注重发展人人享有的医疗卫生和教育服务，重视养老服务和儿童早期教育，严格控制低保资格条件和水平，不走"高福利、养懒人"的路子。

三是壮大中等收入群体，促进形成橄榄型收入分配格局。壮大中等收入群体的关键在于促进就业，既要重视就业数量，也要重视就业质量。随着劳动力供求关系转变，就业数量的重要性相对下降，过去以保增长保就业的方式应及时调整，要更加重视就业质量，这是解决当前就业领域比较突出的大学生和新生代农民工就业问题的关键。要在劳动力市场并轨、薪酬制度、公共服务和社会保障等方面进行有针对性的改革，使合理、稳定、可持续的收入分配格局逐步定型和制度化，促进中等收入群体扩大。

四是努力缩小财富差距，增进社会流动性。劳动收入增长长期低于财产性收入增长是发达国家普遍存在的问题，所带来的产业竞争力降低、社会阶层固化等问题是发达国家社会矛盾的焦点，这一问题在我国也日益突出，"十三五"时期应予以重视。虽然"十二五"时期收入分配格局出现了有利于经济增长方式转换的重大转变，但是收入差距缩小和居民财富差距加大并存的现象值得高度警惕。要兼顾收入的流量和存量，既要鼓励创造合法财富的积极性，也要通过税收、公共服务和社会保障等再分配手段确保社会阶层间的流动性，防止财富代际传递造成社会阶层锁定和固化。

四 政策建议

（一）完善初次分配制度改革

一是加快要素配置的市场化，矫正生产要素价格和市场主体扭曲对收入分配的影响。在考虑经济转换阶段企业承受能力和就业稳定程度的前提下，完善土地、煤、电、油、气、水以及生态环境容量等的价格形成机制。同时，落实国土规划及主体功能区规划，加大资源环境方面的中央转移支付力度，协调区域间利益关系，根据功能区划调整地方政府考核目标。进一步放开市场准入，打破各种行政性垄断；引入市场竞争机制，促进投资主体多元化，消除垄断因素对收入分配关系的影响。加强反垄断方面的监管力度，完善公平交易方面的政策，通过减少行政审批、设置权力清单及负面清单等手段，禁止任何部门、行业、地区和组织滥用权力限制竞争或滥用市场优势地位牟取不正当利益。同时，应加快推进国有垄断行业的治理结构现代化。除了加大国企利润上缴财政比例，还要完善国企工资总额预算管理，在对领导层收入进行倍数限制或封顶的前提下，垄断行业经营管理人员可按照技术类公务员计算薪酬，竞争性行业可参考市场同类职位薪酬。加快公益性事业单位薪酬改革。

二是完善劳动力市场和工资制度。其一，加快劳动力市场并轨，关键是提升就业质量，在职业等级、薪酬制度等方面为技工建立职业发展通道。其二，加大《劳动合同法》落实力度，切实保护劳动者特别是农民工和流动人口的合法权益，提高社保参与率，为非正规就业人员提供灵活的社保参保渠道。其三，完善最低工资制度，稳步推进劳、资、政三方和谐的利益协商机制。建立动态规范的工资形成机制与增长机制，政府部门辅之以协调劳动关系和工资水平的指导。

三是深化市场改革，拓展居民投资渠道，提高居民财产收入。深化金融改革，进一步放开金融市场准入，加快推动利率市场化改革。积极推进农村集体土地制度改革，在确权基础上明确农民承包地和农户宅基地产权属性，为农民开拓财产性收入渠道。加强社会参与，推动农村集体组织治理机制以及村民自治的发展，保障改革顺利开展。

四是通过财政预算和支出改革，将政府财政规模控制在合理区间。充分参考国际经验，尽快建立和完善绩效预算和绩效审计制度；以常住人口为基数，完善与支出责任相对应的转移支付制度，特别是省内转移支付调节机制，以应对快速城镇化、人口大规模流动和老龄化给公共服务和社会保障带来的挑战。同时，加大财务信息公开力度，引入和完善第三方评估制度。

（二）加大再次分配调节力度

一是加快政府职能转变步伐，确保民生投入继续稳步增长。经济新常态下，既要加大民生投入以稳定社会秩序，又面临财政增速放缓的客观约束，政府必须加快职能转变，通过行政体制改革、财政预算和支出改革等关键举措来优化财政支出结构，确保民生投入稳步增长。明确民生支出责任和统计口径，并向人大、政协和社会公开完成情况，加强问责。

二是完善公共服务和社会保障，提升宏观绩效。其一，继续坚持"低水平、广覆盖"的原则，既要加大投入，也要完善激励和约束机制，以标准化建设（既要有最低标准，也要有最高标准）为基础，全面加强教育、医疗卫生等公共服务的可及性，特别是农民工和流动人口在随迁子女教育、医疗保健等方面的费用合理分担机制。其二，合理设置社会保障标准，加强各项保障特别是低保、城乡居民养老保险等的保障功能；同时加大社保转轨成本投入，弥补历史欠账，确保社保基金可持续运行。其三，推进住房保障方式改革，确保公共投入绩效。在分配方面继续加强公开、透明和问责，并尽快完善保障房建设、筹资和运行管理机制。

三是加大税收政策的调节力度。其一，实行综合和分类相结合的个人所得税制度，采取以家庭为单位的年度报税制度，减轻中等收入者负担，提高较高收入者的税负水平。全面实施财产实名制登记，特别是不动产登记制度。其二，以个人信用体系和大数据为依托，建立严密高效的纳税信息稽核系统，在法律框架内对纳税人收支状况和纳税行为进行严格监管，逐步杜绝偷税、漏税行为。其三，应加快建立对财产赠与、遗产继承以及奢侈消费等进行调整的相关税种。鉴于我国高收入人群收入中来自财富继承的比例正在迅速提升，可以按照遗产总额计税后方可继承的原则设置遗产税，并尽快实施。

四是规范收入分配秩序。其一，加大相关法制建设和法律执行力度，坚持不懈地打击投机，取缔非法收入，通过制度调整规范灰色收入。其二，在行政机关、事业单位和企业建立合理的工资制度。改革的重点是行政机关、事业单位，应在分类基础上对不同类型人员设置合理的工资制度，建立工资定期调整机制，推进福利货币化和工资公开化。

（三）促进中等收入人群壮大发展

进一步壮大我国中等收入人群，构建橄榄型社会结构。既要存量提质，优化既有的中等收入人群结构，扩充上层和中层中等收入人群占比，又要增量扩容，为中低收入人群收入提高创造更大的空间，稳步扩大中等收入人群规模。

一是进一步完善私有财产保护制度。保障各个阶层获取合法报酬的权力，惩治侵害行为。营造良好的市场竞争环境和形成有效的激励机制，促进民营经济发展壮大。

二是深入实施就业创业制度改革。在简化程序，财税扶持，提供金融、信息、科技、法律、产业指导等方面继续支持中小企业发展，在文化、信息咨询、中介组织等社会服务业方面继续放开限制，拓宽中小企业的经营空间。进一步完善与支持自主创业相配套的金融、财税政策，鼓励大学生自主创业，并对下岗再就业人员开办家庭加工、创办小型企业等进行税收减免及财政补贴。

三是加快公共服务特别是公共教育供给制度改革。教育是打破社会阶层之间壁垒、构建顺畅的社会流动机制的重要基石。要增加公共教育投入，继续向农村及边远地区倾斜，加大人力资本投资力度，大力发展职业教育，构建完善的劳动者再培训体系，积极开展在职培训、转岗培训、下岗再就业培训，增强劳动力市场活力。

参考文献

[1] 乔榛、孙海杰：《适应经济新常态的中国收入分配制度改革》，《学术交流》2015 年第 8 期。

[2] 崔朝栋、崔翀：《马克思分配理论与当代中国收入分配制度改革》，《经济经纬》2015 年第 3 期。

[3] 何玉长、史玉：《论新常态经济下的收入分配制度改革》，《深圳大学学报》（社科版）2015 年第 5 期。

[4] 王小鲁：《国民收入分配战略》，学习出版社，2013。

[5] 孙丹：《聚焦机关事业单位工作人员养老保险制度改革》，《劳动保障世界》2015 年第 1 期。

[6] 张维：《五个同步保证养老金并轨顺利推进》，《法制日报》2015 年 1 月 15 日。

［7］董才生、陈静：《城镇企业职工社会养老保险"统账结合"模式的困境分析》，《珠江论丛》2014年第1期。

［8］王赞新、江红霞：《收入分配改革：从制度创新到机制构建》，《湖南行政学院学报》2014年第2期。

［9］周灵：《基于居民收入倍增目标的分配制度改革研究》，《经济体制改革》2014年第1期。

［10］曾国安、冯柏林：《如何促进收入分配制度的改革?》，《江西社会科学》2014年第1期。

［11］王琳、华中：《改革收入分配制度夯实共同富裕基础》，《宏观经济管理》2014年第1期。

B.11

建立更加公平可持续的社会保障制度

孙守纪　陈　璨*

摘　要：　中国城镇企业职工基本养老保险制度的典型特征是社会统筹和个人账户相结合。该制度经过 20 年的发展，虽然在扩大覆盖面、增强基金支付能力等方面取得了较大成绩，但是实际运行情况和当初的制度设计目标存在较大差距，面临筹资不足的短期矛盾、人口老龄化的长期矛盾以及劳动力市场变迁的挑战。对于个人账户能否做实问题，理论和实践都给出了否定答案。综观世界范围的改革措施，名义账户制的本质属性非常契合中国基本养老保险制度改革的需求。我国基本养老保险改革要落实党的十八届三中全会精神，应实施名义账户制改革，不再强调个人账户的积累功能，扩大个人账户规模，发挥个人账户的记账功能以完善个人账户制度，加强精算平衡，促进基本养老保险制度可持续发展。

关键词：　统账结合　改革模式　名义账户制

我国确立社会统筹与个人账户相结合的基本养老保险模式距今已有 20 年。在这 20 年中，我国的人口结构、经济体制、就业环境、宏观经济都发生

---

*　孙守纪，对外经济贸易大学保险经济学院，副教授，博士，研究方向为社会保障、养老保险、企业年金；陈璨，女，对外经济贸易大学保险经济学院，助教，硕士，研究方向为社会保障、农业保险。

了很大的变化，而养老保险制度也经历着深刻而复杂的变迁。这种变迁的形式，既有政策制定者刻意为之的影响，也有制度本身内在运动规律的影响；既有学术界理论争鸣的影响，也有实践者不断试错探索的影响。本报告试图从制度变迁的角度，回顾统账结合制度的确立和实施，厘清统账结合制度的本质，解析统账结合制度变迁的逻辑和路径，展望统账结合制度的未来和发展。

第一节　统账结合制度的确立实施和相关争论

中国城镇企业职工基本养老保险制度的典型特征是社会统筹和个人账户相结合。1993 年，党的十四届三中全会通过了《中共中央关于建立社会主义市场经济体制若干问题的决定》，正式确定实行社会统筹和个人账户相结合的养老保险制度。该文件要求，完善企业职工基本养老保险制度，坚持社会统筹和个人账户相结合，逐步做实个人账户，将城镇从业人员纳入基本养老保险，建立健全省级养老保险调剂基金，在完善市级统筹的基础上，逐步实行省级统筹，条件具备时实行基本养老金的基础部分全国统筹。这是我国政府文件里第一次提到统账结合制度。

1995 年 3 月，根据党的十四届三中全会精神，国务院下发了《关于深化企业职工养老保险制度改革的通知》（国发〔1995〕6 号文），该文件提出了统账结合制度的两个实施办法，标志着统账结合制度正式落地实施。这两个实施办法的基本原则是一致的，要求单位和个人共同缴费、建立个人账户和缴费满一定年限才可以按月领取基本养老金。但两个实施办法不同之处在于，办法一采取的是大账户，即本人工资的 16%，强调自我保障；办法二采取的是小账户，比较注重保障水平的稳定性和与工资水平的对应关系①。

两个实施办法导致制度不统一，给实际工作带来较大困难。鉴于上述问题，国务院在 1997 年下发了《关于建立统一的企业职工基本养老保险制度

---

① 胡晓义：《走向和谐：中国社会保障发展 60 年》，中国劳动社会保障出版社，2009。

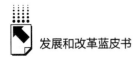

的决定》（国发〔1997〕26号文），提出了制度改革的统一方案，标志着中国城镇职工社会养老保险制度由此全面建立。

统账结合制度的具体内容是，企业缴纳基本养老保险费一般不超过企业工资总额的20%，个人缴纳基本养老保险费的比例在1997年不得低于缴费工资的4%，1998年起每两年提高1个百分点，最终达到本人缴费工资的8%。其中，按照本人缴费工资11%的数额为职工建立基本养老保险个人账户，个人缴费全部计入个人账户，其余部分从企业缴费中划入。随着个人缴费比例的提高，企业划入的部分要逐步降至3%，个人账户储存额每年参考银行同期存款利率计算利息。个人账户储存额只用于职工养老，不得提前支取。职工调动时，个人账户全部随同转移。职工或退休人员死亡，个人账户中的个人缴费部分可以继承。

统账结合制度在我国养老保险制度发展历史过程中是一个新鲜事物，被中国很多学者认为是创新之举[1]。但是也有一些学者认为，统账结合制度是"混合而非结合"[2]，并没有太多创新意义。除了对统账结合制度的总体评价存在分歧外，学者之间的争论更多涉及统账结合制度实施中的两个基本问题，即大小账户之争和是否做实之争。这些争论实际上体现了人们对统账结合制度的本质问题缺乏深刻认识，对中国养老保险制度的发展趋势缺乏共识。

（一）两个争论

在统账结合制度的建立过程中，无论是政府部门之间还是学者之间都存在较大争论。争论的核心内容有两个，一个是采取大账户还是小账户，另一个是个人账户是否需要做实。

1. 大账户还是小账户

1995年，国务院在国发〔1995〕6号文中明确规定按照"统账结合"模式进行改革试点。各地在实践中形成了"大"账户（以上海市为代表）、

---

① 郑功成：《中国社会保障制度与变迁》，中国人民大学出版社，2002。
② 邓大松、刘昌平：《改革开放30年中国社会保障制度改革回顾、评估与展望》，中国社会科学出版社，2009。

"小"账户（以北京市为代表）和"中"账户（以山东省为代表）等多种类型①。于是，关于个人账户的规模应该是大还是小也成了争论的焦点。当时，国家体改委认为应该搞占工资总额16%的大账户；劳动部则主张"大统筹、小账户"。

支持大账户者认为个人账户强调效率，注重自我保障，做实后采取的是完全积累制，能够有效克服现收现付制的缺点，长期来看能够应对人口老龄化危机。个人账户的主要优点包括：有利于建立调动个人缴费积极性和促进职工勤奋工作的内在激励机制；有利于督促企业缴费和加强基金管理；有利于企业经营机制转换和劳动力的合理流动；既发挥了社会统筹共济性强的优点，又发挥了个人账户激励作用强的优点②。

而持小账户观点的学者认为大账户极易形成个人账户空账，造成巨大的制度风险。即使个人账户有了一定资金积累，由于养老保险基金的投资渠道比较单一，主要投资于银行存款和国债，收益率非常低，保值增值非常困难。另外，个人账户强调自我保障，缺乏再分配功能，对中低收入人群不利。甚至有一些学者认为基本养老保险里不应该建立个人账户，因为中国的储蓄率已经很高了，从金融的角度看没有必要③。

2. 是否需要做实个人账户

在20世纪90年代初设计基本养老保险改革时的思路是，考虑到我国人口多、老龄化进程加快，为应对人口老龄化危机，在无法一步到位转变为完全积累模式的情况下，应该采取部分积累筹资模式。当时关键的问题是，"养老积累基金"是寓于社会统筹还是包含在个人账户的母体之中④。讨论的结果是采取个人账户制，这意味着采取统账结合制度之初就要做实个人账户。因此，在1997年统一了制度参数之后，顺理成章的工作就是要做实个

---

① 宋晓梧、张中俊、郑定铨：《中国社会保障制度建设20年》，中州古籍出版社，1998。

② 李铁映：《建立具有中国特色的社会保障制度》，《求是》1995年第2期。

③ 冯禹丁：《统账、欠账、混账——翻翻养老金20年旧账》，2015，http://www.infzm.com/content/107353。

④ 宋晓梧、张中俊、郑定铨：《中国社会保障制度建设20年》，中州古籍出版社，1998。

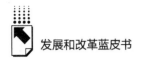

人账户。从2000年开始了个人账户做实的试点工作。

由于制度的复杂性，统账结合制度并不是完全按照人为设计的道路发展的，而是有其自身的发展逻辑。由于没有解决好转轨成本的问题，做实之路并非一帆风顺，而是曲折艰难。因此，个人账户是否需要做实的争论随之而起。

因为制度设计之初就是要做实个人账户，因此人社部等政府部门和一部分学者支持做实个人账户。但是财政部和另外一些学者认为，个人账户不需要做实。从理论的角度分析，个人账户是否做实的本质在于现收现付制和完全积累制哪个更有制度优势。根据萨缪尔森和阿隆等学者的研究，现收现付制下个人的回报率是人口增长率和工资增长率之和；而个人账户的长期回报率是市场利率，也就是长期的资本回报率。如果市场利率小于人口增长率和工资增长率之和，那么该经济体系是处于动态无效率状态（dynamically inefficient）的，这意味着资本积累过多，那么现收现付制是有优势的；相反则是完全积累制具有制度优势。由于中国在过去的几十年中经历了工资率的高速增长，因此很多学者认为做实个人账户是没有效率的，反对做实个人账户。

（二）一个认知问题

对这两个问题的争论的关键是认知问题：什么是统账结合制度，如何看待统账结合制度？

任何一个养老金计划都面临两个基本问题。一是融资方式，解决钱从哪里来的问题；二是给付方式，解决钱如何发放下去的问题。融资方式可以分为现收现付制（PAYG）和完全积累制（FF），而计发方式可以分为待遇确定型（DB）和缴费确定型（DC）。

按照这两个维度，世界上所有的养老金制度可以分为四大类（见表1）：待遇确定型的现收现付制（DB + PAYG）、待遇确定型的完全积累制（DB + FF）、缴费确定型的现收现付制（DC + PAYG）和缴费确定型的完全积累制（DC + FF）。

在这四类制度模式中，最常见的模式是待遇确定型的现收现付制，该制度模式不仅建立时间早，而且是大部分国家都采取的模式；较为常见的是缴费确定型的完全积累制，该制度模式作为私人养老金很早就出现了，但是作为公共养老金首次出现在1981年的智利；缴费确定型的现收现付制也被称为名义账户制（NDC），最早在瑞典、意大利等国出现；待遇确定型的完全积累制是很多政府部门的职业年金采取的模式。在这四种制度模式中，名义账户制是重要的制度创新，该制度在融资方式上仍然采取现收现付制，在计发方式上采取了缴费确定型，把待遇确定型现收现付制和缴费确定型完全积累制两种制度模式有机地结合起来。

表1　养老金制度的分类

融资方式 ＼ 给付方式	待遇确定型（DB）	缴费确定型（DC）
完全积累制（FF）	Ⅲ：DB＋FF 部分国家的职业年金	Ⅳ：DC＋FF 智利（1981）
现收现付制（PAYG）	Ⅰ：DB＋PAYG 德国（1957）、美国（1935）	Ⅱ：DC＋PAYG 即 NDC 瑞典（1999）

　　评价我国统账结合制度首先需要知道该制度属于哪种制度模式。对比上述四类制度模式可以发现，统账结合制度不属于单一制度，而是一个复合制度。在制度设计之初，社会统筹部分是典型的待遇确定型现收现付制，而个人账户部分则是典型的缴费确定型完全积累制。因此，从养老金类型学的角度而言，统账结合制度并没有太多创新的成分，只是把两种最为典型的制度模式机械地混合在一起，而不是像名义账户制那样有机地结合在一起。正如一些学者认为的那样，统账结合制度是"两项制度而非一项制度，是混合而非结合"①。因此，我国统账结合制度本质上是一个多支柱、多层次的问题，而没有太多制度创新的成分。在实际运行过程中，由于个人账户部分没有做实，采取了空账运营模式，因此名义上的统账结合制度在实际运行过程中已经部分演变为实际上的名义账户制。

---

　　①　邓大松、刘昌平：《改革开放30年中国社会保障制度改革回顾、评估与展望》，中国社会科学出版社，2009。

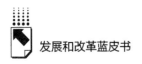

第二节　统账结合制度的发展和演变：三个视角

设计统账结合制度的主要目的是协调公平与效率的关系，公平主要是指减贫、再分配和实现风险共济，这是统筹账户设计之初的目的；而效率主要是指加强激励，强调自我保障，扩大基金积累，弥补现收现付制的缺点，以期能够应对我国社会经济面临的长期矛盾，即快速的人口老龄化，这是个人账户设计之初的目的。中国统账结合的养老保险制度运行了 20 年，可以从三个视角来观察其发展演变的过程。这三个视角分别是短期矛盾、长期矛盾和适应劳动力市场变化。第一，短期矛盾主要是养老保险基金严重匮乏、资金不足，这是统账结合制度建立初期面临的最大问题。第二，长期矛盾就是人口老龄化，为此必须加强个人激励，强调自我保障，扩大基金积累。第三，适应劳动力市场变化，改革初期面临的主要问题是国企改革、安置下岗职工，经过 20 多年的发展，流动人口的规模越来越大，目前主要面临的问题是如何适应劳动力流动的问题。从这三个视角可以看出统账结合制度设计之初与实际运作之间的差异，以及各个因素之间的相互制约与影响。

（一）短期矛盾

我国基本养老保险制度改革的方向围绕着筹资模式展开探索①，这充分表明短期矛盾主要是筹资不足、基金缺钱。当时养老保险制度改革需要配合国企改革、安置下岗职工，而在此背景下养老保险基金严重匮乏，存在较大缺口，因此"缺钱"是统账结合制度建立初期面临的最大问题。为了解决这一短期矛盾，相应的改革措施主要有三个：挪用个人账户、做小做实个人账户、扩大征缴面。

1. 挪用个人账户

统账结合制度设立之初，统筹账户和个人账户不应该混合管理，而应该

---

① 宋晓梧、张中俊、郑定铨：《中国社会保障制度建设 20 年》，中州古籍出版社，1998。

分开运行，统筹账户采取现收现付制，而个人账户采取完全积累制。但是在实际运行过程中，由于社保基金缺钱，各级政府为了确保当期养老金发放，不得不挪用人账户，导致个人账户积累的目的落空，统账结合制度的目标难以真正落实。

根据《中国养老金发展报告 2014》的最新数据，2013 年底我国基本养老基金保险收入为 24733 亿元，支出为 19819 亿元，累计基金结余为 31275 亿元（见图 1）；基本养老保险个人账户记账额是 3.5 万亿元，做实账户的是 4154 亿元，空账 3 万多亿元①。

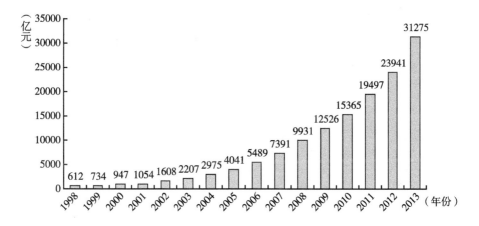

图 1　我国基本养老保险累计结余

数据来源：人社部历年《人力资源和社会保障事业发展统计公报》。

2. 做小做实个人账户

为了发挥个人账户的积累功能，在面临个人账户空账的情况下，做实自然成为下一个政策目标。由于完全做实个人账户存在较大困难，政府采取了做小做实、逐步做实的策略。为此，2000 年，辽宁进行完善城镇社会保障体系试点，开始做实个人账户；2003 年，黑龙江和吉林两省进行扩大做实；2006 年起试点改革工作扩大到另外 8 个省份，即天津、上海、山东、山西、

---

① 郑秉文：《中国养老金发展报告 2014》，经济管理出版社，2014。

湖北、湖南、河南和新疆。个人账户规模最初从 1995 年的 16% 下降到 1997 年的 11% 和 2005 年的 8%。辽宁选择的做实规模是 8%，很多省份是从 3% 开始做实。因此，从这个角度而言，账户规模逐步缩小是公平与效率价值观念的变化，更重要的是做实财政压力所致。试点做实历程和情况如表 2 所示。

然而，做实的结果是覆盖面越来越大，空账反而越来越多。在当期支付缺口压迫下，自 2009 年起，辽宁经请示国务院批准，暂从做实个人账户中借款，以确保养老金按时足额发放，并按每年度个人账户运营收益率计息。辽宁再次挪用个人账户说明做小做实方案在现实中无法实现（见表 2）。党的十八届三中全会提出"完善个人账户制度"，这标志着政府基本放弃了做实个人账户的目标。

表 2　个人账户做实试点情况及规模变化

年份或文件	社会统筹	个人账户	试点做实情况
1995 年 6 号文	4%	16%	
1997 年 26 号文	17%	11%	
2000 年 42 号文	20%	8%	辽宁做实 8%
2004 年 19 号文	—	—	吉林、黑龙江做实 5%
2005 年 38 号文	20%	8%	
2006 年	扩大到八省市。例如:湖南 2006 年 1 月 1 日个人账户从参保缴费之月起,从 3% 起步逐步做实个人账户,2007 年做实 4%,2008 年做实 5%,以后视情况逐步提高		
2009 年	自 2009 年起,在当期支付缺口压迫下,辽宁开始再度挪用个人账户基金,用于保证当期的养老金发放。辽宁经请示国务院批准,暂从做实个人账户中借款,以确保养老金按时足额发放,并按每年度个人账户运营收益率计息		

资料来源：作者根据相关资料整理。

3. 扩大征缴面

对于现收现付制养老金制度而言，扩大征缴面、让更多的职工参保是缓解基金短缺的一个重要策略。20 世纪 90 年代，由于国有企业改革，劳动力所有制结构发生巨大变化，新增劳动力难以进入旧的体制，导致基本养老保险制度内职工对退休人口的赡养率迅速恶化，1995 年全国就业人口赡养比为 5.1∶1，集体企业为 4.9∶1，国有经济为 4.6∶1，而其他所有制经济仍然高达 12.2∶1①。在这种赡养率差异下，政府有着强烈的动力来扩大覆盖面，让其他所有制职工加入养老保险制度，以缓解资金压力。扩大覆盖面具有多重意义，从权利保护的角度而言，有利于保障职工权利；从国企改革的角度而言，有利于减轻国企改革的阵痛；从扩大资金来源的角度而言，无疑对缓解养老保险基金压力发挥了重要作用。

经过各级政府坚持不懈的努力，我国基本养老保险参保扩面工作取得了显著成效。1989 年，全国参加城镇职工基本养老保险人数为 5710.3 万人，其中参保职工为 4816.9 万人，参保离退休人员为 893.4 万人；2013 年，全国参加城镇职工基本养老保险人数达到 32218 万人，参保职工为 24177 万人，参保离退休人员为 8041 万人。

由此可见，针对基金缺钱的问题，从短期来看，个人账户空账运行基本解决了缺钱的问题，基本养老保险基金结余每年还在增加；从长期来看，特别就统账结合制度当初设计的目标而言，个人账户空账运行没有实现最初实行积累制的目的，其原因是制度设计之初并没有解决好转轨成本的问题，政府试图依靠养老保险制度本身来慢慢消化解决这个问题，实践证明，这个思路是行不通的。但是，在扩大征缴面的过程中，让更多的职工参加基本养老保险，这无论是对职工本人还是对养老保险制度建设而言都是非常了不起的工作。

（二）长期矛盾

我国统账结合制度面临的长期矛盾是人口老龄化问题。建立个人账户也是为了解决这个长期问题。建立个人账户有两个目的，一是实现基金积累，二是加强激励。由于没有解决转型成本问题，这两个目的是彼此冲突的。加强激励需要做大个人账户，而做大个人账户就意味着需要更多的资金来进行

---

① 李珍：《基本养老保险制度——基于养老金水平的视角》，人民出版社，2013。

积累，这无疑会增加政府的资金压力。由于没有解决转型成本问题，在外部没有大规模财政补贴的情况下，做实个人账户的策略只能是做小，做大的话就需要更多的财政补贴。而做小的结果就是个人账户在退休待遇中所占比例较小，导致激励效果不明显。因此，在统账结合制度下，通过做小做实个人账户来应对长期的人口老龄化问题也是不成功的。

在无法通过基本养老保险制度应对人口老龄化问题时，政府必须从其他辅助性措施来间接应对老龄化问题。这些辅助性措施包括两个方面，一是建立多层次的养老保障制度，二是健全储备基金——全国社会保障基金。

1. 建立多层次养老保障制度

建立多层次养老保障制度的核心是分散风险。多层次的养老保障制度有助于实现替代率的相互搭配、积累程度的相互搭配、管理主体的相互搭配，并以此实现风险的分散。

世界银行在 1994 年提出了三支柱的养老金模式，2005 年又提出了五支柱模式①。因此，多支柱养老保险改革成为一个世界潮流，我国也不例外。1991 年，国务院颁发的《关于企业职工养老保险制度改革的决定》（〔1991〕33 号）就明确提出建立企业补充养老保险和个人储蓄性养老保险，积极部署多层次养老保险制度建设。2004 年《企业年金试行办法》等法规颁布实施，2015 年国务院颁布《关于机关事业单位工作人员养老保险制度改革的决定》和《机关事业单位职业年金办法》，标志着我国多层次养老保障体系初步确立。第一层次为社会统筹和个人账户相结合的职工基本养老保险制度；第二层次为企业年金和职业年金制度；第三层次为个人储蓄性养老保险。

建立多层次养老保障制度是应对人口老龄化的重要措施。但是，诸多因素，导致我国养老保障制度中的第二支柱不发达，绝大多数退休人员主要依靠第一支柱。这些因素主要包括第一支柱缴费率过高，企业建立补充保险的

---

① 罗伯特·霍尔茨曼、理查德·欣茨：《21 世纪的老年收入保障》，中国劳动社会保障出版社，2006。

能力受到制约；税收优惠力度有待提高；我国劳动力市场供需结构尚未发生根本性逆转。

截至 2014 年底，我国参与建立企业年金的企业达 73261 个，参与企业年金员工 2292.78 万人，积累基金 7688.95 亿元[①]。机关事业单位职业年金刚刚启动，第三支柱个人商业养老保险规模不大。总体而言，我国多层次养老保障制度的框架虽已基本建立，但第二和第三支柱的发展较为缓慢，短期内还无法扭转退休人员主要依靠第一支柱的局面。

2. 建立战略储备基金

全国社会保障基金成立于 2000 年 8 月，是国家社会保障储备基金，由中央财政预算拨款、国有资本划转、基金投资收益和国务院批准的其他方式筹集的资金构成，主要用于对人口老龄化高峰时期的养老保险等社会保障支出的补充、调剂，由全国社会保障基金理事会（本文以下简称社保基金会）负责管理运营。根据一些学者的回忆，这笔钱原定也是用于逐步做实养老金个人账户缺口，做实之后由社保基金会继续运作个人账户，但后来这笔基金变成了财政储备基金[②]，以应对长期的人口老龄化危机。经过十多年的发展，全国社会保障基金规模不断壮大、治理结构不断完善、投资收益情况良好。2014 年基金资产总额 15356.39.64 亿元，基金自成立以来的累计投资收益额 5611.95 亿元，年平均投资收益率为 8.38%[③]，成为养老保障基金的后备力量。

（三）适应劳动力市场：从安置下岗职工到适应劳动力流动

理解中国养老保障制度发展变迁的第三个视角就是劳动力市场的变迁。中国养老保险制度经历了从安置下岗职工到适应劳动力流动的转变。

---

① 人社部基金管理司：《2014 年全国企业年金业务数据摘要》，2015，http：//finance. chinairn. com//News/2015/04/21/171111432. html。

② 冯禹丁：《统账、欠账、混账——翻翻养老金 20 年旧账》，2015，http：//www. infzm. com/content/107353。

③ 社保基金会：《全国社会保障基金理事会基金年度报告（2014 年度）》，2015，http：// www. ssf. gov. cn/cwsj/ndbg/201505/t20150528_ 6578. html。

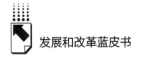

1. 安置下岗职工

养老保险制度并不是独立的制度，而是和整个社会经济体制密切相关的制度。20世纪90年代，我国确立了社会主义市场经济体制。在这一背景下，国有企业进入改革、改组、改制、"减员增效"的关键阶段，安置"下岗分流"职工成为当时社会保障制度的一个重要内容。

1998年以后，我国政府在社会保障领域采取了"两个确保"和"三条保障线"的重大举措，以保证国企改革和经济转轨的顺利推进。"两个确保"的第一个确保是，确保国有企业下岗职工的基本生活，在国有企业普遍建立下岗职工再就业服务中心，由该中心为下岗职工发放基本生活费，并为他们缴纳社会保险费，所需资金由财政、企业和社会（主要是失业保险基金）三方共同筹集。第二个确保是，确保离退休人员基本养老金按时足额发放。为保证"两个确保"的实施，提出了与"两个确保"相衔接的"三条保障线"政策，即国有企业下岗职工基本生活保障、失业保险和城市居民最低生活保障。

"两个确保"和"三条保障线"有效保障了3000多万国有企业下岗职工的基本生活，帮助2800多万下岗、失业人员实现再就业，保障了3000多万企业离退休人员养老金按时足额发放[①]。在此过程中，社会保障制度建设也有新的突破，如建立了中央财政补助基本养老基金支付缺口、基本养老保险社会化发放和企业退休人员社会管理的机制。这些管理机制对中国养老保险制度的发展具有深刻影响。

2. 适应劳动力流动

经过近20年的发展，中国劳动力市场已经发生了很大变化，如果说20世纪90年代安置下岗职工是政府工作的重点，那么进入21世纪以来，劳动力的大规模流动与基本养老保险关系转移接续问题已经成为社保工作的难点和热点问题。据国家卫计委的统计数据，2013年底，全国流动人口高达2.45亿人。这相当于全国有超过18%的人口离开本地在外生活。大规模的

---

① 胡晓义：《走向和谐：中国社会保障发展60年》，中国劳动社会保障出版社，2009。

人口流动是我国当前劳动力市场的显著特征，对中国经济发展、社会结构变迁具有重要意义。

长期以来，基本养老保险转移接续存在较多问题，特别是跨省级统筹范围流动就业的，转移接续更加困难。其体制方面的原因主要包括养老保险统筹层次不高、基金地方管理、财政"分灶吃饭"等。此外，一些省份在地方立法中对跨省份流动就业人员养老保险关系转移设置了一些限制条件，如限制户籍、限制年龄以及不承认视同缴费年限等，导致跨省份流动人员养老保险关系转移接续困难，部分参保人员达到退休年龄领不到养老金，农民工则多数选择退保。在农民工集中的广东，有的地区农民工退保率超过95%，2007年深圳共有493.97万人参加基本养老保险，退保的人数多达83万人①。

为了解决转移接续难问题，2009年，人社部、财政部联合下发了《城镇企业职工基本养老保险关系转移接续暂行办法》（国办发〔2009〕66号）。其主要内容是当参保人员跨省级统筹范围异地流动就业时，除按现行政策转移个人储存额本息外，再按照实际缴费工资总和12%的比例转移统筹基金，实现参保人员在哪里就业就在哪里参保缴费，其养老保险关系可转移接续，达到国家规定的退休条件时能够享受养老金待遇。

虽然我国已经颁布了转移接续的暂行办法，但是转移接续问题非常复杂，涉及多方面的利益关系，实际执行效果仍不尽如人意，与跨地区就业人群的转移接续需求还存在较大差距。我国基本养老保险转移接续难的原因包括几个方面。首先是统筹层次低，导致不同地区支付压力大小不一，还导致地方利益博弈，养老负担较重的省份和较轻的省份对全国统筹的态度不一样，统筹层次低也导致转移接续管理成本高。其次是在现行"分税制"财政体制下，养老保险基金的统筹调剂与财政"分灶吃饭"体制存在矛盾。最后是在管理体制上，资金精算技术有待提高，信息技术和信息系统有待完

---

① 张梦：《农民工退保潮考验中国》，2009，http：//cbzs. mca. gov. cn/article/zgshdk/zbtj/200902/20090200027148. shtml。

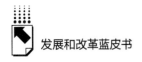

善，法律制度和配套措施有待健全。

党的十八大报告提出社会保障制度要"适应流动性"，党的十八届三中全会进一步指出要"完善社会保险关系转移接续政策"，这充分表明完善转移接续办法、适应流动性是我国社会保障制度改革和建设的重点和难点工作。结合党的十八届三中全会提出的"完善个人账户制度"，我国基本养老保险制度应该改革统账结合制度，实现制度创新，以更好地适应流动性的要求。

第三节　统账结合制度的前景与展望

综上所述，经过 20 多年的发展，我国统账结合的基本养老保险制度在应对资金不足的短期矛盾方面是相对成功的，在没有完全解决转轨成本的情况下，通过扩大覆盖面、做小和挪用个人账户初步解决了短期矛盾，即养老基金资金不足的问题，但是这也对统账结合的制度设计造成了伤害和扭曲，制度实际运行情况与当初的制度设计目标之间存在较大差距，特别是在应对人口老龄化的长期矛盾方面还存在很大欠缺。

如今，我国基本养老保险制度又走到了决定命运的十字路口。为此，我们必须客观评估统账结合制度的成败得失，回顾历史、放眼未来，借鉴国际经验，落实党的十八届三中全会精神，深入推动基本养老保险制度改革，促进我国基本养老保险制度可持续发展。

（一）世界养老保障体系改革的六种模式和中国的选择

2005 年，世界银行出版了《21 世纪的老年收入保障》，在该书中总结了社会保障制度改革的五种模式："小改"的参数式改革、"中改"的名义账户制改革、"大改"的完全市场化改革、"早改"的公共预筹积累制改革和"多改"的多支柱改革。此外，还有很多国家正在进行的整合碎片化改革。这六个改革模式可以分为两大类，一类是根本性改革措施，包括参数式改革、名义账户制改革和完全市场化改革，这三项改革措施具有排他性；另一类是辅助性改革措施，包括公共预筹积累制改革、多支柱改革和整合碎片化改革，这三项改革措施之间以及和上述三项根本性改革措施之间存在兼容性①。

就目前中国养老保险制度而言，我们主要采取了辅助性改革措施，尚未采取根本性改革措施。在辅助性改革措施方面，我国已经建立了战略储备基金，实现了公共预筹积累制改革的"早改"；也已经成功实现从三支柱到五支柱的变革，实现了"多改"；同时，2015 年以来我国整合碎片化改革也在有序推进。这些辅助性改革措施为采取根本性改革措施奠定了基础、铺平了道路。但是，对于根本性改革措施，我国应该采取哪种方式呢？

1. "小改"的参数式改革

第一种措施是参数式改革，参数式改革不改变现有社会保障制度的性质，只是对该制度的具体参数进行调整。养老保险制度的 3 个主要参数是缴费率、老年抚养比和替代率。这 3 个参数之间的关系是缴费率等于替代率乘以老年抚养比，该等式制约着参数调整。

目前，我国基本养老保险的缴费率已经达到 28%，养老金平均替代率约为 40%，老年抚养比目前约为 13%，预计 2050 年将达到 42%②。因此，面对长期矛盾——人口老龄化的加剧、老年抚养比的不断攀升，通过提高缴费率或者降低替代率来实现基本养老保险制度的财务平衡是不现实的。我国调整基本养老保险制度参数的空间非常有限。

2. "大改"的完全市场化改革

第二种措施是完全市场化改革，针对公共管理、非积累制社会保障制度而言，完全市场化改革就是建立私人管理的积累制的社会保障制度，也就是采取完全市场化的改革，因此完全市场化改革不仅改变筹资方式（从非积累制到预筹积累制），而且改变管理模式（从公共管理到私人管理），而根据改革的力度和侧重点的不同，完全市场化改革可以采取两种不同的改革策

---

① 孙守纪：《论社会保障制度改革的政策组合——约旦、瑞典和智利社保改革的典型性分析》，《中国政法大学学报》2010 年第 5 期。

② United Nations：*World Population Prospects：The 2010 Revision*，2011，http：//wenku. baidu. com/link？url＝xT5fYIER0QA3xB_BosnZ3yX8eKVveHqFi55VGBSg4LNqWw5HmQEUO IR4CCrZTvfJqHkGunxb1WNQZNmWeUtWvRkMuR25Jzl0-gan6c3bZd3.

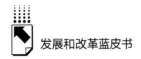

略，一个策略是全面改革，包括保费增缴、投资管理和待遇给付等多个方面；另一个策略是重点改革，改革只侧重于建立市场化投资制度，这也是市场化改革的关键。而完全市场化的改革受到该国建立的投资体制、实现的再分配效果等因素的制约。

在中国，实行完全市场化改革需要面临3个问题，一是转轨成本如何化解，二是投资体制如何建立，三是再分配效果如何实现。对于后面两个问题，可以通过制度设计予以解决，但是转轨成本的化解问题则需要更多的资金注入。目前，在中国统账结合制度背景下，个人账户8%的比例都无法做实，28%的比例就更难以做实。因此，当前采取完全积累制的市场化改革也是不可取的。

3. "中改"的名义账户制改革

第三种措施是名义账户制改革。从融资的角度而言，名义账户制并没有改变现收现付的融资方式，仍然保持了非积累制的性质；从待遇计发的角度而言，名义账户制的确改变了待遇结构，从待遇确定型变成了缴费确定型。

名义账户制中"名义"的含义是，账户中并没有真正的资金积累，整个制度采取的是现收现付制，当期缴费已被用于支付当期待遇了，只是对缴费给予"名义利率"，而不是实际投资回报率。"账户"的含义是，为每个缴费者都建立一个属于自己的账户，用来记录缴费、计算待遇，进行"记账"管理，在名义账户制（名义缴费确定型或非实账积累制）下，建立个人账户以记录个人（及其雇主）的缴费和获得名义利率。个人终身给付的限制在任何时候都等于个人账户的记账额。

对于名义账户制而言，名义利率取决于两个因素，一个是生产增长率，另一个是人口或者劳动力增长率，这样经济和人口波动的影响都被内置于制度之中。此外，还可以建立自动平衡机制保持制度的财务平衡。在支付阶段，名义账户上记账金额被转换成年金，而年金也会根据退休时的预期寿命的变化而进行调整。

名义账户制的本质属性就在于强调精算平衡，进而有效应对长期的人口老龄化危机。因此，名义账户制是解决我国基本养老保险制度长期矛盾的有效工具。

（二）完善个人账户制、坚持精算平衡

在当前制度环境下，只有深入推进基本养老保险改革才能走出统账结合的制度困境。党的十八届三中全会提出，完善个人账户制度、健全多缴多得激励机制、坚持精算平衡原则、适应流动性。这些指导性原则对我们探讨基本养老保险改革具有重要指导意义。

世界范围内根本的改革措施中，名义账户制的本质属性和我国基本养老保险制度化解长期矛盾的需要是契合的。在当前国情下，结合统账结合制度现状，采取名义账户制改革、完善个人账户制度势在必行。个人账户主要有两个功能，一是积累功能，二是记账功能。完善个人账户的本质就是完善统账结合制度、应对人口老龄化风险，具体措施一是放弃个人账户积累功能，二是加强记账功能、坚持精算平衡。

1. 放弃个人账户积累功能、放弃做实个人账户

无论是从理论的角度还是实践的角度，必须放弃个人账户积累功能。在我国目前的国情下，个人账户的积累不能有效盯住工资增长率，个人账户的账户收益率比较低。因此，目前个人账户的积累功能基本无法实现，与通货膨胀率、工资增长率等指标相比，实际上处于贬值状态。个人账户积累功能的一个重要体现是能够获得长期的市场收益率。目前的实际状况是无法实现这个目标。

从多支柱养老保险体系建设的角度而言，也应该放弃个人账户的积累功能。经过多年的发展，我国养老保险多支柱体系已经建立。第二支柱的企业年金、职业年金①采取的是积累制，第三支柱的商业养老保险采取的是积累制，全国社会保障基金采取的也是积累制。从分散风险的角度而言，作为第一支柱基本养老保险的个人账户是没有必要采取积累制的。从个人账户做实实践的角度分析，也应该放弃个人账户的积累功能。2009 年辽宁再度挪用个人账户基金已经表明做实之路走不通。

---

① 对于机关和全额拨款的事业单位，单位缴费的 8% 是采取记账模式，也就是现收现付制，而机关事业单位个人缴费部分和其他事业单位的单位缴费部分采取的是积累制。

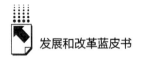
因此，无论是理论还是实践都充分表明做实个人账户是不可行的，完善个人账户制度必须放弃个人账户的积累功能。

2. 扩大个人账户规模、强化记账功能、坚持精算平衡

在放弃个人账户的积累功能之后，应该发挥个人账户的记账功能，加强精算平衡。目前，我国个人账户实际所发挥的功能和制度设计之初的目的有较大的偏离。

首先，设计个人账户的一个重要目的是维持财务可持续性，保持收支平衡，但是个人账户的实际运行情况成为财务风险的一个重要源泉。目前，个人账户计发办法是个人账户储存额除以计发月数。我国养老保险个人账户的计发月数存在低于预期余寿的情况。根据相关规定，60 岁退休者的个人账户的计发月数是 139 个月，这大约等于 11.6 年。但是，我国人口普查的资料显示，60 岁人口的预期余寿大约是 19 年。这意味着，我国养老保险个人账户的计发年数比平均寿命少 7 年多[1]。因此，我国个人账户制度存在双重的财务风险。第一，对于长寿者而言，个人账户储存额已经发完时也就是不足以支付时，个人账户计发的养老金由统筹基金列支，保证个人账户养老金能够继续发放[2]。由于计发年数普遍小于预期余寿，大部分退休者的个人账户养老金都需要由统筹基金支付，个人账户制度本身无法实现财务平衡。第二，对于短寿者而言，《社会保险法》第十四条规定："个人死亡的，个人账户余额可以继承。"短寿者的个人账户储存额无法与长寿者实现互济。因此，目前的个人账户制导致双重的财务风险，完全背离了个人账户财务实现自我平衡的设计目标。

其次，个人账户规模不大，无法实现真正的激励效应。在统账结合制度设计之初，试图建立"大账户、小统筹"，随着制度运行的展开，逐步退化到"中账户、中统筹"，而随着做实个人账户试点的展开，为了落实做实的目标，"做小做实"普遍成为各省份的应变之道，制度进一步退化为"小账户、大统

---

① 王延中编《中国社会保障发展报告（2015）No. 7》，社会科学文献出版社，2015。

② 人社部：《参保人员去世养老金可继承，不存在充公》，2015，http://politics.people.com.cn/n/2015/0424/c70731–26899735.html。

筹"。从缴费比例的角度看，计入个人账户的比例为8%，计入统筹账户的比例为20%。从待遇的角度看，平均而言，个人账户养老金占基本养老金的比例为1/4左右。总之，个人账户规模较小，激励效果不明显。

因此，为了更好地发挥个人账户的激励功能，应该扩大个人账户规模，加强记账功能，坚持精算平衡。

3. 政策配套措施

为了更好地配合名义账户制改革，应采取一系列配套措施。首先，应该建立非缴费型的社会养老金，以克服名义账户制再分配不足的缺陷。名义账户制强调精算公平，注重效率，忽略了再分配公平，对低收入人群、灵活就业人员等弱势群体不利。因此，应该建立非缴费型养老金，其主要目的是减贫，实现再分配功能。

其次，实施整合碎片化制度改革，把机关事业单位、民营企业等不同的职业群体纳入统一社保制度中，增强社保制度对农民和城镇灵活就业人员的吸引力。2015年国务院相继发布了实施机关事业单位养老保险改革的问题，标志着我国机关事业单位养老保险改革取得了突破性进展，为推进基本养老保险深入改革奠定了基础、创造了良好条件。

最后，密切加强基本养老保险制度和全国社会保障基金之间的联系，保障改革顺利通过人口老龄化高峰期。目前，由财政部牵头，国资委、人社部、社保基金会、证监会等部门参加，国有资产划拨全国社保基金的工作正在紧锣密鼓地推进，上述部门已经组建了专门的工作小组，建立了工作机制，目前正在深入开展研究论证工作，准备提出总体改革方案。目前，我国应该在扩大充实全国社会保障基金的基础上，建立基本养老保险和该基金的协调机制，保障改革顺利展开。

（三）结论

我国基本养老保险制度改革探索是围绕筹资模式展开的。现收现付制还是基金积累制、社会统筹还是个人账户的问题是政策制定者必须面对和回答的。在改革之初，中国经济体制转轨和国企改革方兴未艾，政策制定者和学术界对养老保险制度规律和本质的认识还不够深入全面，在当时的

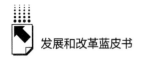

历史背景下借鉴国际经验，我国确定的统账结合的制度模式具有一定的合理性。

但是，面对人口老龄化加速、劳动力流动加快和社会保险基金收入增长放缓的社保新常态，经过 20 年的改革和探索，学术界和政策制定者需要深刻反思统账结合制度。统账结合制度设计之初的制度目标是否实现了？我们对统账结合制度的争论是否有了更清晰的认识？

总体而言，我国统账结合的基本养老保险制度在 20 多年的发展和改革过程中，基本上解决了资金匮乏的短期矛盾，扩大了覆盖面，增强了支付能力，面对人口老龄化的长期矛盾，我国养老保险采取了多项辅助性改革措施，为进一步采取根本性改革措施创造了良好的条件。经过理论争鸣和实践探索，学术界和政策制定者对社保规律和本质都有了更加深入的认识，在很多重要的方面取得了初步的共识。对于个人账户是否应当做实问题，理论和实践都给出了否定答案。关于个人账户的规模还有争论，人口老龄化的压力和加强精算平衡、加强激励效应的要求使得大账户方案获得更多的支持。

当前我国养老保险制度改革的核心内容就是应对人口老龄化危机、便利劳动力流动、促进养老保险制度可持续发展，而就制度模式来看，名义账户制在一定程度上能够有效应对人口老龄化危机。因此，我国基本养老保险制度改革的方向是非常明确的，那就是实施名义账户制改革，放弃个人账户的积累功能，做大个人账户规模，强化个人账户的记账功能以完善个人账户制度，加强精算平衡，促进基本养老保险制度可持续发展。

参考文献

[1] 胡晓义：《走向和谐：中国社会保障发展 60 年》，中国劳动社会保障出版社，2009。

[2] 郑功成：《中国社会保障制度与变迁》，中国人民大学出版社，2002。

[3] 邓大松、刘昌平：《改革开放 30 年中国社会保障制度改革回顾、评估与展望》，中国社会科学出版社，2009。

［4］宋晓梧、张中俊、郑定铨：《中国社会保障制度建设 20 年》，中州古籍出版社，1998。

［5］李铁映：《建立具有中国特色的社会保障制度》，《求是》1995 年第 2 期。

［6］冯禹丁：《统账、欠账、混账——翻翻养老金 20 年旧账》，2015，http：//www.infzm. com/content/107353。

［7］郑秉文：《中国养老金发展报告 2014》，经济管理出版社，2014。

［8］李珍：《基本养老保险制度分析与评估——基于养老金水平的视角》，人民出版社，2013。

［9］罗伯特·霍尔茨曼、理查德·欣茨：《21 世纪的老年收入保障》，中国劳动社会保障出版社，2006。

［10］人力资源和社会保障部基金管理司：《2014 年全国企业年金基金业务数据摘要》，2015，http：//finance. chinairn. com//News/2015/04/21/171111432. html。

［11］全国社会保障基金理事会：《全国社会保障基金理事会基金年度报告（2014年度）》，2015，http：//www. ssf. gov. cn/cwsj/ndbg/201505/t20150528＿6578. html。

［12］张梦：《农民工退保潮考验中国》，2009，http：//cbzs. mca. gov. cn/article/zgshdk/zbtj/200902/20090200027148. shtml。

［13］孙守纪：《论社会保障制度改革的政策组合——约旦、瑞典和智利社保改革的典型性分析》，《中国政法大学学报》2010 年第 5 期。

［14］王延中编《中国社会保障发展报告（2015）No. 7》，社会科学文献出版社，2015。

［15］人社部：《参保人员去世养老金可继承，不存在充公》，2015，http：//politics. people. com. cn/n/2015/0424/c70731 – 26899735. html。

［16］陈卫民：《我国"统账结合"型养老保险制度中的矛盾分析》，《南开学报》2000 年第 3 期。

［17］董克用、孙博：《从多层次到多支柱：养老保障体系改革再思考》，《公共管理学报》2011 年第 1 期。

［18］胡晓义：《我们为什么要搞养老保险——关于我国养老保险制度历史、现实和未来的思考》，《中国社会保障》2001 年第 12 期。

［19］华雯文、吴楠：《下岗职工的养老保险接续问题研究》，《中共长春市委党校学报》2008 年第 6 期。

［20］李珍：《关于社会养老保险私有化的反思》，《中国人民大学学报》2010 年第2 期。

［21］马海容：《对完善"统账结合"养老保险制度的几点建议》，《中国水利》2007 年第 20 期。

［22］全国老龄工作委员会：《中国人口老龄化发展趋势预测研究报告》，2006，

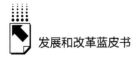

http：//www. doc88. com/p－1167284913033. html。

［23］沈焕根：《个人账户应该保留》，《中国医疗保险》2012 年第 5 期。

［24］唐运舒、谈毅：《"做实做小"养老金个人账户改革的问题与对策》，《当代经济管理》2009 年第 1 期。

［25］王延中、王俊霞：《中国养老保险制度建设中的个人账户问题》，《社会保障研究》2012 年第 1 期。

［26］王延中：《中国社会保险基金模式的偏差及其矫正》，《经济研究》2001 年第 2 期。

［27］芦垚：《延迟退休补养老金被指本末倒置，专家称空账是必然》，2013，http：//finance. sina. com. cn/china/20131028/104617135806. shtml。

［28］殷俊、陈天红：《中国社会保障战略储备基金管理中存在的问题及对策分析》，《社会保障研究》2012 年第 1 期。

［29］郑秉文：《中国统账结合养老保障现状、问题与出路》，《中国市场》2013 年第 27 期。

［30］朱玲：《多轨制社会养老保障体系的转型路径》，《经济研究》2013 年第 12 期。

［31］United Nations：*World Population Prospects*：*The* 2010 *Revision*，2011，http：//wenku. baidu. com/link? url = xT5fYIER0QA3xB_ BosnZ3yX8eKVveHqFi 55VGB Sg4LNqWw5HmQEUOIR4CCrZTvfJqHkGunxb1WNQZNmWeUtWvRkMuR25 Jzl0－gan6c3bZd3.

B.12
加快建设生态文明制度体系

贾彦鹏*

摘　要：　　生态文明建设关系人民福祉，关乎民族未来。生态文明建设必须依靠制度，要按照实现国家治理体系和治理能力现代化的要求，以改革创新为基本动力，着力破解体制机制障碍，构建有利于节约资源、保护环境、优化国土空间开发的系统、完整、科学的制度体系。

　　　　　　　生态文明制度既不是另起炉灶、没有基础的新鲜事物，也不是完整定型的成熟体系，而是在我国长期坚持资源节约和环境保护基本国策，推动经济社会与资源环境协调发展的基础上，将理念升华到文明的高度，贯彻生态文明理念进行改革和建设，是一套综合了自然资源管理、国土空间开发保护、资源节约、生态环境保护的建设美丽中国的长效机制。

　　　　　　　党的十八大对生态文明制度建设下达了总体部署，各项重大制度的研究、出台、启动和局部试点正在加快推进，但制度建设不可能一蹴而就，总结近年来特别是党的十八大以来的国土空间开发与保护、能源资源节约、生态建设与环境保护等领域的改革进展和制度建设情况，能够为统筹推进生态文明制度建设提供细分视角和工作基础。本报告首先介绍党的十八大以来生态文明制度建设的主要进展及评价，其次围绕生态文明建设的关键制度，从自然资源资产产权管理、

---

* 贾彦鹏，国家发改委经济体制与管理研究所，助理研究员，主要研究方向为生态文明、循环经济发展。

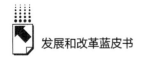

国土空间开发保护、资源节约、环境治理体系、领导干部政绩考核5个方面论述制度建设的内涵、主要内容和重要意义，描述当前制度体系的现状，分析制度建设推进过程中存在的问题，最后指明改革的主要方向、重点任务并提出政策建议。

关键词：　生态文明　环境治理　政绩考核

第一节　2013年以来我国加快生态文明制度建设的主要进展及评价

（一）中央做出总体部署和顶层设计

党的十八大在十七大提出建设生态文明要求的基础上，把生态文明建设放在更加突出的战略地位，首次单独论述生态文明，提出"五位一体"总布局，将生态文明建设融入经济、政治、文化、社会建设各方面和全过程，对生态文明建设做出重要战略部署，开启了生态文明建设的新篇章。

2013年11月召开的党的十八届三中全会通过了《全面深化改革的决定》（本文以下简称《决定》），提出紧紧围绕建设美丽中国深化生态文明体制改革，加快建立系统完整的生态文明制度体系，实行最严格的源头保护制度、损害赔偿制度、责任追究制度，完善环境治理和生态修复制度，用制度保护环境，为加快生态文明制度体系建设做出改革总体部署①。

2015年3月中央政治局审议通过《关于加快推进生态文明建设的意见》（本文以下简称《意见》），为全国推进生态文明建设画出了时间表和路线图。《意见》要求用最严格的制度、最严密的法律对各类开发、利用、保护

---

① 新华网：《中共中央关于全面深化改革若干重大问题的决定》，http：//news. xinhuanet. com/ 2013 –11/15/c_ 118164235. htm。最后访问日期：2013年11月15日。

自然资源和生态环境的行为进行规范和约束，提出了"源头预防、过程控制、损害赔偿、责任追究"的制度建设总体思路①。

2015年9月，中央政治局审议通过《生态文明体制改革总体方案》（本文以下简称《总体方案》），提出生态文明体制改革的六个理念、六项原则和八项关键制度，要求到2020年构建产权清晰、多元参与、激励约束并重、系统完整的生态文明制度体系，推进生态文明领域国家治理体系和治理能力现代化，努力走向社会主义生态文明新时代。《总体方案》为我国生态文明领域的改革做出顶层设计和部署，搭建起基础性的制度框架②。

专栏1　习近平总书记关于生态文明建设的重要论述

中国明确把生态环境保护摆在更加突出的位置。我们既要绿水青山，也要金山银山。宁要绿水青山，不要金山银山，而且绿水青山就是金山银山。我们绝不能以牺牲生态环境为代价换取经济的一时发展。我们提出了建设生态文明、建设美丽中国的战略任务，给子孙留下天蓝、地绿、水净的美好家园。

——习近平总书记在哈萨克斯坦纳扎尔巴耶夫大学

《弘扬人民友谊　共创美好未来》的演讲，2013年9月7日

保护生态环境就是保护生产力，改善生态环境就是发展生产力。

——习近平总书记2013年4月8~10日在海南考察时的讲话

走向生态文明新时代，建设美丽中国，是实现中华民族伟大复兴的中国梦的重要内容。

——习近平总书记致生态文明贵阳国际论坛2013年年会

开幕式贺信，2013年7月20日

---

① 《中共中央国务院关于加快推进生态文明建设的意见》，http://politics.people.com.cn/n/2015/0506/c1001-26953754.html，2015年5月6日。

② 《中共中央国务院印发〈生态文明体制改革总体方案〉》，http://news.xinhuanet.com/2015-09/21/c_1116632159.htm，2015年9月21日。

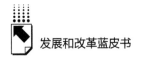

（二）施行"史上最严"的《环境保护法》

生态文明建设领域最重要的法律法规莫过于新修订的号称"史上最严"的《中华人民共和国环境保护法》（本文以下简称新《环保法》）。原《中华人民共和国环境保护法》（本文以下简称原《环保法》）是环境保护领域的基础法律，自1979年就开始试行，1989年12月正式通过实施，已经施行了25年，其立法理念和价值取向已远远不能适应当前我国面临的严峻环境形势，不能为解决我国复杂的环境问题提供强大的法律依据。多年来，社会各界一直呼吁对原《环保法》进行修订。2011年，第十一届全国人大会议将修订原《环保法》列入立法计划，经过长期的调研、论证和研究，前后经历四次审议，终于在2014年4月24日第十二届全国人大常委会第八次会议上审议通过，并于2015年1月1日起施行。新《环保法》修订时间很长、过程充满艰辛，也被公认为是我国环保历史上最严厉且最好的环保法，在许多方面都有重大突破，贯彻了党中央对生态文明建设的部署。

该法体现了生态文明的理念。新《环保法》将推进生态文明建设作为立法目的之一，围绕生态文明开展制度建设，生态文明理念被正式写进了法律。新《环保法》从基本法律原则的高度对经济发展与环境保护的关系做出新的规范，原来"环境保护工作同经济建设和社会发展相协调"的规定在新《环保法》中被修改为"使经济社会发展与环境保护相协调"，这一条具有非常意义，从此环境保护由服从于经济社会发展升级为经济社会要与之协调的重要工作，环境保护工作的重要性大幅提高，反映了"新常态"下发展理念的根本转变，为生态文明新时代下环境保护的地位定下了基调。

环保监管职责与权力被强化。新《环保法》大大加强了地方政府和环保部门的环境责任，规定了对八种政府和环保部门不作为、滥作为的情形要进行责任追究，问责措施更加严厉。首次赋予环境监察部门明确的法律地位和执法权，"区域限批"正式入法，即对减排任务没完成的地区或企业环保部门将停止审批该区域或企业新建项目。

大幅提高违法成本。原《环保法》对环保违法行为处罚过轻，企业违法排污只需缴纳一定的罚款就可过关，并且罚款标准一直没有调整，对污染企业来说可以说是微不足道，而如果企业拒不整改，环保部门也缺乏有效手段。针对污染企业违法成本低、守法成本高这一普遍问题，新《环保法》改变过去限额罚款的办法，提出按日计罚、上不封顶，环保部发布《环境保护主管部门实施按日连续处罚办法》（环境保护部令第28号），对企业的威慑力大幅提高。

环境执法被赋予强制执法权。原《环保法》没有授予环保部门强制执法权，环保监察人员在现场执法时经常遇到污染企业不配合执法甚至抗拒执法的情况，严重影响环境执法的效率。针对这一情况，新《环保法》赋予了环保执法部门查封扣押、停产限产、移送拘留等权限，环保部2014年12月发布了《环境保护主管部门实施查封、扣押办法》（环境保护部令第29号）、《环境保护主管部门实施限制生产、停产整治办法》（环境保护部令第30号）、《行政主管部门移送适用行政拘留环境违法案件暂行办法》，于2015年1月1日起一并实施，环境监管执法掌握了强大的法律武器。

（三）推行环境污染第三方治理

环境污染第三方治理是排污者本身不进行污染治理，通过合同委托环境服务公司进行治理并支付费用的新模式。环境污染第三方治理是推进环境治理和环保设施建设运营市场化、专业化、产业化的重要途径，也是环境服务业倡导的主要模式。国务院《关于创新重点领域投融资机制鼓励社会投资的指导意见》（国发〔2014〕60号）中提出，创新生态环保投资运营机制，推动环境污染治理市场化。2015年1月发布的《关于推行环境污染第三方治理的意见》（国办发〔2014〕69号）要求，到2020年，环境公用设施、工业园区等重点领域第三方治理取得显著进展，污染治理效率和专业化水平明显提高，社会资本进入污染治理市场的活力进一步激发，环境公用设施投资运营体制改革基本完成。

厘清了污染治理中政府与市场的关系。环境治理的主体应该是排污企业，企业可以通过承担治理费用委托第三方进行专业治理，政府要积极培育环保市场，强化市场的监管和环保执法，规范市场秩序，从环境治理的具体

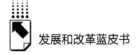

过程中抽身而出，使市场在资源配置中起决定性作用。

第三方污染治理促进了污染治理市场化运作、专业化治理，体现了"谁污染谁治理"原则向"排污者付费"的转变。随着环保事业的发展，专业性的环境治理企业正逐步成为环保市场的主角，使生产企业专事生产，环保企业专事治污，让专业的人做专业的事，实现投入产出的最大化。

（四）推广污染防治 PPP 模式

党的十八届三中全会提出，允许社会资本通过特许经营等方式参与城市基础设施投资和运营。政府与社会资本合作（Public-Private-Partnership，PPP）立刻成为中央和地方政府力推的用以解决融资问题、保障公共产品和服务供给的"法宝"。特许经营这一 PPP 主要模式在中国最早就是应用于市政公用设施等领域，财政部 2014 年印发《关于推广运用政府和社会资本合作模式有关问题的通知》（财金〔2014〕76 号），开始开展政府和社会资本合作项目示范，并将污水和垃圾处理列为重点项目之一。2015 年 2 月，国务院发布《水污染防治行动计划》（本文以下简称"水十条"），为促进"水十条"的实施，财政部和环保部印发了《关于推进水污染防治政府和社会资本合作的实施意见》（财建〔2014〕90 号），对水污染防治领域的 PPP 项目操作流程进行了规范，具体内容如下。

扩大了 PPP 应用范围。传统的环境保护领域中的 PPP 范围相对较窄，主要是生活污水处理、生活垃圾处置等具备比较稳定收费机制的领域。根据财建〔2014〕90 号文件，PPP 模式使用范围将向水污染防治领域全面拓展。

完善投资回报机制。在水污染防治领域，除生活污水处理，缺乏污染者付费机制，社会资本投入无法产生盈利，主要依靠政府资金投入，财建〔2014〕90 号文件创新资源组合开发模式，以资源开发项目收益弥补污染防治项目投入成本与社会资本盈利，对单一的政府付费模式进行了有益补充。

调整专项资金使用方向。强调逐步从"补建设"向"补运营"，从"前补助"向"后奖励"转变，调整资金来源渠道，对 PPP 项目予以适度倾斜。

（五）推进排污权有偿使用和交易试点

党的十八届三中全会提出，推行排污权有偿使用和交易制度。排污权即排污单位经环保部门核定，在满足污染物总量控制和排放标准的前提下，允许其排放一定种类和数量污染物的权利。

我国一些地区早在20世纪80年代就开始了排污权交易的探索，但基本上是以研究和试验性质为主。2007年，环保部和财政部先后批准浙江、江苏、天津、河北、内蒙古、湖北等11个省份为国家排污权有偿使用与交易试点。2014年8月，国务院办公厅印发《关于进一步推进排污权有偿使用和交易试点工作的指导意见》（国办发〔2014〕38号），成为排污权交易领域第一个国家政策文件，文件要求上述11个省份到2017年实现排污权有偿使用和交易制度基本建立，试点工作基本完成。

排污权交易制度是环保领域发挥市场机制的典范。环境是稀缺资源，排污权已成为重要的生产要素。排污权具有产权属性，可以进行交易，排污权交易是降低系统减排成本、实现环境资源优化配置的有效手段，在国际上也是控制污染物排放的一项非常流行的市场化机制。

目前，排污权交易已初见成效，已有河北、甘肃、吉林、重庆等多地政府出台文件，推动排污权交易。根据统计，截至2013年底，有偿使用和交易金额累计达到40亿元，各试点省份分别制定指导文件、试点实施方案、交易管理办法、排污指标申购办法、有偿使用收费标准、电子竞价办法等规章办法以及收入管理、排污权储备和收储制度。

（六）推进生态环境监测网络建设

《意见》提出，利用卫星遥感等技术手段对自然资源和生态环境保护开展全天候监测，健全覆盖所有资源环境要素的监测网络体系。2015年7月，中央深化改革领导小组审议通过《生态环境监测网络建设方案》，明确提出全面设点、全国联网、自动预警、依法追责，形成政府主导、部门协同、社会参与、公众监督的新格局，为环境监测指明了发展方向。目前国家环境监测网络运行机制改革已经取得重大进展，环保部、财政部就国家环境质量、监测事权上收等事宜达成一致，将分三步上收国家大气、水、土壤环境质量

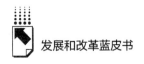

监测事权，实现"国家考核、国家监测"。

（七）完善体现生态文明要求的政绩考核和责任追究制度

1. 完善领导干部政绩考核体系

党的十八大提出把资源消耗、环境损害、生态效益纳入经济社会发展评价体系，建立责任终身追究制度，党的十八届三中全会进一步提出完善成果考核评价体系，纠正单纯以经济增长速度评定政绩的倾向，加大资源消耗、环境损害、生态效益、产能过剩、科技创新、安全生产、新增债务等指标的权重。2013年12月，中组部发布了《关于改进地方领导干部政绩考核的通知》，将生态文明建设的实际成效作为地方领导班子和领导干部政绩考核的重要内容，加大资源消耗、环境保护的考核比重，对生态功能区实行生态保护优先的绩效评价，不考核地区生产总值、工业产值等指标。

2. 开展领导干部自然资源资产离任审计

为了推动领导干部在自然资源管理和生态保护方面更好履责，以领导干部政绩考核体系促进领导干部更加重视生态文明建设，树立科学的政绩观和发展观，2015年9月审计署制定了《关于开展领导干部自然资源资产离任审计的试点方案》，提出对领导干部任职前后区域内自然资源资产实物量变动情况和重要环境保护情况进行重点审计。对领导干部不科学决策造成的自然资源资产数量和质量下降、生态破坏、环境质量恶化等问题，实事求是地界定领导干部应承担的责任。审计结果将成为领导干部使用、任免、奖惩的依据，涉嫌犯罪的还将移送司法机关。

3. 建立环保督察机制

环保督察是环境保护行政管理中的重要环节，新《环保法》规定：上级人民政府及其环境保护主管部门应当加强对下级人民政府及其有关部门环境保护工作的监督，对负有环保督察职责的部门赋予了职权和责任。2006年，原国家环保总局正式组建了几大区域环境保护督察中心，充实了区域督察的组织保障，环保督察力度不断加强。2015年7月，中央深化改革领导小组审议通过《环境保护督察方案》，提出建立环保督察工作机制，严格落实环境保护主体责任、完善领导干部目标责任考核制度、追究领导责任和监管责任，环保督察正逐步由"以查企业为主"向"查督并举、以督政府为主"的综合督察转变。

4. 开展生态环境损害责任追究

党的十八届三中全会提出，实行最严格的责任追究制度，对造成生态环境损害的责任者严格落实赔偿制度，依法追究刑事责任。近年来，我国严重污染环境事件频发，迫切需要强化损害责任追究制度。2015年8月，中共中央办公厅、国务院印发《党政领导干部生态环境损害责任追究办法（试行）》，明确了八种追究地方党政主要领导成员责任的情形、六种追究地方党政有关领导成员责任的情形和七种追究政府有关工作部门领导成员责任的情形，实行生态环境损害责任终身追究制，强化党政领导干部生态环境和资源保护职责。

5. 探索编制自然资源资产负债表

探索编制自然资源资产负债表是党的十八届三中全会的重要改革部署，也是我国生态文明基础制度建设的重要举措。据2015年9月17日国务院新闻办介绍，国家统计局正在探索编制自然资源资产负债表，构建土地资源、森林资源、水资源等主要自然资源的实物量核算账户，并在内蒙古呼伦贝尔、浙江湖州、湖南娄底、贵州赤水、陕西延安开展试点。

（八）推进能源标准体系建设

标准体系的建设是生态文明法律法规体系的重要组成部分，是制定生态文明建设目标、明确各参与主体资源节约和污染控制责任等各项要求，开展资源环境管理和监督执法的基础。近年来，在资源节约、生态环境保护的标准建设方面，主要有以下创新和成效。

1. 加强能源效率标识管理

为了加强节能管理，我国对节能潜力大、使用面广的用能产品实行统一的能源效率标识制度，列入《中华人民共和国实行能源效率标识的产品目录》的产品，应当在明显部位标注统一的能源效率标识，标示用能产品的能源效率等级，并在产品说明书中说明。"十二五"规划实施以来，实行能源效率标识制度的产品目录由7批增加到12批，产品范围不断扩大，燃气灶具、地（水）源热泵、吸油烟机、微型计算机、太阳能热水器、打

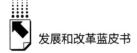

印机、传真机等产品都先后纳入产品目录，有力地促进了高效节能产品的研发和推广。

2. 实施能效"领跑者"制度

能效"领跑者"是指同类可比范围内能源利用效率最高的产品、企业或单位。通过实施能效"领跑者"制度，定期发布单位产品能耗最低的生产企业名单、能源利用效率最高的终端用能产品目录和公共机构名单，树立行业标杆，实施政策激励。对能效"领跑者"给予政策扶持，能够形成推动能源效率不断提升的长效机制，对于提高全社会节能动力、促进节能环保产业发展、节约能源资源具有重要意义。2014 年 12 月，国家发改委等七部委印发了《能效"领跑者"制度实施方案》（发改环资〔2014〕3001 号），实施范围包括终端用能产品、高耗能行业和公共机构。2015 年 4 月，国务院发布《关于加强节能标准化工作的意见》（国办发〔2015〕16 号），提出探索能效标杆转化制度，适时将能效"领跑者"指标纳入强制性终端用能产品能效标准和行业能耗限额标准指标体系。通过实施能效"领跑者"制度，我国的节能标准体系将更加先进和完善，并逐步与世界接轨，标准国际化水平将明显提升。目前，北京等地区已开展能效"领跑者"试点。

第二节　健全自然资源资产产权管理

党的十八届三中全会要求建立自然资源资产产权管理制度。自然资源是物质财富的基础，是人类文明存在的基本条件，对自然资源实行资产化管理体现了自然资源的稀缺性。自然资源资产产权管理制度，对自然资源资产所有权、使用权等各类产权主体的权利、义务和责任进行清晰有效划分，能够对各类产权主体产生加强保护的有效激励和减少浪费的强大约束。我国实行自然资源公有制度，在市场经济条件下，自然资源的所有权和使用权等用益物权必然分离。建立完善的自然资源资产产权管理制度是生态文明制度建设的基础性制度，是自然资源管理的制度创新，也是我国自然资源管理体制的必然选择。

（一）自然资源资产产权的相关概念

联合国环境规划署（UNEP）将自然资源定义为：在一定时间、地点的条件下能够产生经济价值，提高人类当前和将来福利的自然因素和条件的总称。自然资源一词由"自然"和"资源"合成，同时具有系统性、区域性、空间性等自然属性和有用性、稀缺性、资产性等"资源"的经济社会属性。自然资源的系统性体现在各种自然资源要素相互联系、相互影响、相互制约，形成有机、复杂的自然资源系统。自然资源的有用性体现为使用价值和生态价值的统一：具有使用价值，可直接作为商品在市场进行交换，如土地是基本的生产要素，森林可以提供木材进行林木加工等；具有生态价值，如森林能够净化空气、涵养水源。

自然资源资产，是指以自然资源形态存在的物质资产，资产性说明自然资源能够产生价值。当整个社会经济系统对自然资源的利用和管理充分体现其资产性时，自然资源会被作为资产来利用和保护，自然资源就转化成了自然资源资产。矿藏、水流、森林、山岭、草原、荒地、滩涂等都是宝贵的自然资源资产。

自然资源资产产权是对自然资源资产的所有权、占有权、支配权、使用权、收益权和处置权等一组权益的总称。其中自然资源资产的所有权决定了对自然资源的占有、使用、收益和处分等权利，是最核心也最完全的权利。自然资源的使用权是指在不改变所属关系的基础上依法加以利用，享有占有、使用、收益的权利。自然资源只有通过开发利用才能产生经济价值，自然资源资产产权制度的核心是解决所有权与使用权的关系。

（二）我国自然资源资产产权管理制度的现状

自然资源资产所有权。我国自然资源属于公有，所有权分为全民所有和集体所有两种形式。法律规定，矿藏、水流、海域归国家所有；土地资源中城市土地属于国家所有，农村和城市郊区土地属于集体所有，森林、山岭、草原、荒地、滩涂等自然资源，除法律规定属于集体所有的外，属于国家所有。国家所有的自然资源由国务院代表国家行使所有权。集体所有的自然资源，由集体经济组织或村民委员会代表行使所有权。此外，根据《中华人民共和国森林法》规定，尽管公民个人不享有森林和林地的所有权，但可以享有附着林地生长的林木所有权。

自然资源资产使用权。改革开放前，我国自然资源归国家所有，通过行政调配的方式由国企开发利用，使用权主体范围非常有限。20 世纪 80 年代，我国相继颁布了《土地管理法》《矿产资源法》《水法》等一系列自然资源管理法律法规，自然资源产权受法律保护、按法制管理，所有权和使用权实现了分离，以土地资源的承包经营制度为代表，我国自然资源使用权主体更加广泛，不再被国有企业所独占，所有单位和个人都可以成为自然资源使用权的主体。我国自然资源资产的使用权主要包括：林地、草地、荒地等土地的承包经营权、采伐森林的林木采伐许可证、探矿权、采矿权、取水权和使用水域、滩涂从事养殖、捕捞的权利等。

自然资源资产产权出让方式。我国自然资源实行有偿使用制度，推行以招标、拍卖、挂牌为主的市场竞争方式出让土地、矿业权等，由自然资源主管部门依法确认权证。承包经营林地、草地要由政府发放林权证、草原使用权证，从江河、湖泊或者地下取用水资源，要申请领取取水许可证，缴纳水资源费。勘察、开采自然资源，必须按照国家有关规定，缴纳资源税和资源补偿费，取得探矿权和采矿权。依照法律规定，林权、探矿权、采矿权、取水权等可以流转交易。在产权出让过程中，产权所有人获得土地使用权转让收入、土地租赁收入、土地使用权作价出资或入股收益、矿产资源矿业权价款、资源补偿费、特别收益金、水资源费等产权收益。

（三）我国自然资源资产产权存在的主要问题

（1）国家所有自然资源资产所有权人缺位。法律规定，自然资源有的为全民所有，有的为集体所有，其中全民所有自然资源由谁来代表国家行使所有权、享受所有者资产权益却没有明确界定，实际操作中往往是地方政府部门和国有企业来行使自然资源所有者的权益，拥有事实上的处置权和收益权，而自然资源则由中央和地方各级政府部门根据职能分工来管理，这就导致所有权与管理权混合运行，地方政府既是"裁判员"，又是"运动员"。地方政府对自然资源的管理有着特定的利益驱动，必将损害自然资源所有者权益。

（2）我国不同所有权的自然资源资产产权边界没有清晰界定。《中华人民共和国宪法》规定，自然资源归全民和集体所有，但并没有建立一套完整的自然资源资产统一登记体系，对每一寸国土及国土范围内的森林、湿地、山岭、滩涂等的所有权没有进行确权登记进行有效确认，所有权名不副实，自然资源没有"主人"，资源被掠夺性开采。

（3）自然资源资产产权出让过程不够科学规范。尽管法律和政策严格要求采用招标、拍卖、挂牌等市场竞争方式出让自然资源，但在实际操作中协议出让的情况仍然屡见不鲜，部分领域因此腐败现象易发多发。另外，我国涉及自然资源资产产权的交易主要依托各类公共资源交易平台开展，交易场所分散，使自然资源资产交易碎片化，不利于自然资源的系统开发与保护。

（4）自然资源资产产权转让价格没有充分体现生态价值。我国实行资源有偿使用制度，自然资源资产使用权的转让理应充分体现所有者的权益，但是在实际的转让过程中价格机制不完整，一些资源管理部门认为自然资源是天生的，不是劳动产品，忽视自然资源资产的经济价值和生态环境成本，为取得经济利益对自然资源实行低价供应，严重影响自然资源资产的合理有效配置，造成自然资源极大浪费，这是导致生态破坏和环境污染的重要原因之一，也造成了自然资源所有权收益流失。

（5）自然资源监管体系不系统、不完善。我国对自然资源实行部门分管，各部门依照不同目标和原则对自然资源进行监督和管理，政出多门、政策不一、互相牵制、顾此失彼，产生监管的冲突和盲点，各部门职能不能有效发挥。中央与地方政府间在自然资源的使用方向、权责划分方面也存在利益冲突，互相推诿扯皮，自然资源得不到有效监管和高效开发利用。

（四）健全我国自然资源资产产权管理制度的对策建议

1. 建立明晰的自然资源资产产权管理框架

理清自然资源资产所有者、管理者、监管者的权责划分。所有者及其代表行使所有者权利，享受所有者收益；中央和地方各级政府根据职能分工，受全民委托，行使管理意义上的管理权，通过完善法律法规、加强规划指

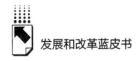

导、完善政策激励约束、制定开发保护标准等措施优化自然资源配置，并接受自然资源资产所有者和监管者的监督；应按照"山水林田湖"是一个统一整体的原则，统一自然资源资产监管，实行用途管制，对自然资源的用途、数量、质量和效益进行监管。自然资源资产所有者、管理者、监管者相互独立、相互配合、相互监督。

2. 组建专门机构代表国家行使国家所有自然资源资产的所有者权益

坚持所有者权利与行政监管权利分开的原则，改变矿藏、水流、森林、山岭、草原、荒地、海域、滩涂等各类自然资源由各管理部门分散行使所有权的局面，组建专门机构代表国家行使全民所有自然资源的所有者权利，在中央和地方不同层级，对各类全民所有自然资源资产进行所有权意义上的统一监管，监管自然资源的范围、数量、质量、用途和保护情况，享受使用权出让收益。

3. 建立健全公开、透明、规范、高效的自然资源产权出让制度

完善"招拍挂"制度，严格限制协议出让，完善自然资源价格形成机制，创新自然资源产权出让方式，充分认识自然资源的稀缺性和生态价值，改革"承包制"的一次性出让方式，使所有权人能够持续享有自然资源开发收益。推动自然资源资产产权交易平台整合。建立规则统一、公开透明、服务高效、监督规范的自然资源资产产权交易平台体系，在统一的平台上实现信息和资源共享，逐步实现交易全过程电子化。

4. 将政府对自然资源资产的管理权和监管权分开

理顺自然资源资产的管理体制，按照"一件事由一个部门来负责"的原则，对同一自然资源进行统一管理，将分散在各部委的宏观调控、规划指导、政策制定、资金投入等职能集中，使自然资源有一致的价值体系和管理体系。建立独立的自然资源监管体系。自然资源的用途管制、监控监管不应与自然资源的管理交叉，所有者不同的自然资源应按照统一的监管制度进行监管。

5. 推进覆盖全部国土空间和各类自然资源的自然资源确权登记

依托现有的国家不动产统一登记制度，对湖泊、森林、山岭、滩涂、草原、荒地等自然生态空间进行统一确权登记，开发遥感、地理信息系统等先进技术手段，建立自然资源资产数据采集制度，摸清自然资源家底，明确各

类自然资源的空间分布、位置、面积、范围，建立自然资源管理数据库和产权档案，为自然资源所有者、使用者、监管者履行职责、维护权益提供支撑。

6. 建立系统严格的用途管制制度

将用途管制扩展到各类自然生态空间，实施基于资源环境承载力的管理制度，建立资源环境承载能力监测预警制度，自然资源资产应划分成公益性和经营性两大主要方向，依据不同目标和原则管理，对生态功能重要、生态质量脆弱的要划定生态红线，实行严格保护。

第三节　建立国土空间开发保护制度

国土空间是人类生存和发展的基础，是土地资源、水资源、矿产资源、生态资源等基本要素的载体，要使国土空间资源配置更加高效、更加协调、更可持续，需要处理好国土空间的开发与保护之间的关系，健全国土空间开发保护制度。

（一）我国当前国土空间开发保护制度

1. 我国当前的空间规划体系

空间规划正在成为政府优化决策、提高资源配置效率、保护资源和改善环境的基本工具，发挥越来越重要的作用。我国涉及国土空间的规划有很多种类别，按规划性质可以分成经济社会发展规划、主体功能区规划、城乡建设规划、土地利用规划、国土资源保护利用规划、生态环境规划几大类，每一大类根据规划对象的不同又包括各种具体的规划。

2. 主体功能区制度

主体功能区制度是指国家根据不同区域不同的资源环境禀赋和承载能力，结合当前的开发强度，分析未来的发展潜力，对地区进行核定定位，各地区按照定位规划开发秩序，完善区域政策，构建科学合理的开发利用格局。主体功能区已经成为国家战略，我国"十一五"规划首次提出，推进形成主体功能区，根据资源环境承载能力、现有开发密度和发展潜力，统筹考虑未来我国人口分布、经济布局、国土利用和城镇化格局，将国土空间划分为优化开发、重点开发、限制开发和禁止开发四类主体功能区①。2010年，国务院发布了《全国主体功能区规划》，推动形成人口、经济和资源环境相协调的国土空间开发格局，这是我国国土空间开发的战略性、基础性和约束性规划。

根据《全国主体功能区规划》，22 个功能区被列为国家限制开发区，243 处国家级自然保护区、31 处世界文化遗产、187 处国家重点风景名胜区，565 个国家森林公园、138 个国家地质公园被列为禁止开发区。2015 年8 月，为进一步优化海洋空间开发格局，国务院印发《全国海洋主题功能区规划》（国发〔2015〕42 号），该规划是《全国主体功能区规划》的重要组成部分，是海洋空间开发的基础性和约束性规划，将海洋主体功能区按开发内容分为产业与城镇建设、农渔业生产、生态环境服务三类，将海洋空间划分为优化开发区域、重点开发区域、限制开发区域、禁止开发区域四类。

专栏 2　我国不同主体功能区的定位和开发方向②

优化开发区域：国土开发密度已经较高、资源环境承载能力开始减弱的区域。要改变依靠大量占用土地、大量消耗资源和大量排放污染实现经济较快增长的模式，把提高增长质量和效益放在首位，提升参与全球分工与竞争的层次，继续成为带动全国经济社会发展的龙头和我国参与经济全球化的主体区域。

重点开发区域：资源环境承载能力较强、经济和人口集聚条件较好的区域。要充实基础设施，改善投资创业环境，促进产业集群发展，壮大经济规模，加快工业化和城镇化，承接优化开发区域的产业转移，承接限制开发区域和禁止开发区域的人口转移，逐步成为支撑全国经济发展和人口集聚的重要载体。

限制开发区域：资源环境承载能力较弱、大规模集聚经济和人口条件不够好并关系到全国或较大区域范围生态安全的区域。要坚持保护优先、适度

---

① 《中华人民共和国国民经济和社会发展第十一个五年规划纲要》，http://news.xinhuanet.com/ misc/ 2006 – 03/16/content_ 4309517. htm，2006 年 3 月 16 日。

② 《国务院关于印发全国主体功能区规划的通知》，http://www.gov.cn/zwgk/ 2011 – 06/08/content_ 1879180. htm，2011 年 6 月 8 日。

开发、点状发展，因地制宜发展资源环境可承载的特色产业，加强生态修复和环境保护，引导超载人口逐步有序转移，逐步成为全国或区域性的重要生态功能区。

禁止开发区域：依法设立的各类自然保护区域。要依据法律法规规定和相关规划实行强制性保护，控制人为因素对自然生态的干扰，严禁不符合主体功能定位的开发活动。

3. 保护地管理制度

世界自然保护联盟（IUCN）对保护地的定义为：通过法律及其他有效方式用于保护和维护生物多样性、自然及文化资源的土地和海洋。在我国，保护地包括：自然保护区、风景名胜区、自然文化遗产、地质公园、森林公园、湿地公园等。

自然保护区 1994年10月，国务院发布《自然保护区条例》（国务院令第167号），对有代表性的自然生态系统、珍稀濒危野生动植物物种的天然集中分布区、有特殊意义的自然遗迹等保护对象所在的陆地、陆地水体或者海域，依法划出一定面积予以特殊保护和管理[①]。自然保护区分为国家级自然保护区和地方各级自然保护区。截至2005年9月，我国的国家级自然保护区数量达到429处，总面积93万平方公里，占陆域面积的9.72%。

风景名胜区 是指具有观赏、文化或者科学价值，自然景观、人文景观比较集中，环境优美，可供人们游览或者进行科学、文化活动的区域[②]。风景名胜区分为国家级和省级两级。我国自1979年开始开展风景名胜区的管理工作，1982年国务院审定了第一批44处国家重点风景名胜区，2006年9月，国务院公布《风景名胜区条例》，国家重点风景名胜区改称中国国家级风景名胜区。截至目前，国务院已公布八批国家级风景名胜区，总共225处，面积约

---

① 《中华人民共和国自然保护区条例》，http：//www.gov.cn/ziliao/flfg/2005 -09/27/ content_70636.htm，2005年9月27日。

② 《风景名胜区条例》，http：//www.gov.cn/flfg/2006 -09/29/content_ 402774.htm，2006年9月29日。

10.36万平方公里,各省份批准设立省级风景名胜区737处,面积约9.01万平方公里,两者总面积约19.37万平方公里,占我国陆地面积的比例达到2.02%。根据1994年原建设部发布的《中国风景名胜区形势与展望》绿皮书,中国风景名胜区与国际上的国家公园相对应并具有自己的特点。

自然文化遗产 我国1985年签署加入《保护世界文化和自然遗产公约》,目前已有47处自然文化遗产列入《世界遗产名录》,其中33处文化遗产、10处自然遗产、4处自然文化双遗产。这47处中的32处是国家级风景名胜区、8处是省级风景名胜区。

地质公园 地质公园分为世界地质公园、国家地质公园、省市级地质公园、县市级地质公园,目前中国有33个世界地质公园,185个国家地质公园。

森林公园 我国森林公园分为国家森林公园、省级森林公园、县市级森林公园三级,我国建设森林公园受国外国家公园的启发,1982年建立首个国家森林公园——张家界国家森林公园,截至2014年底,已有791处国家级森林公园。

湿地公园 我国2005年2月公布第一批18处国家湿地公园试点,开始建设国家湿地公园,后又连续发布第二到第八批国家湿地公园试点。截至目前已有438处国家湿地公园试点。2010年国家林业局印发《国家湿地公园管理办法(试行)》。

我国各类保护地情况见表1。

表1 我国各类保护地统计情况(截至2015年10月)

单位:处/个

类别	对应法律法规	颁布时间	管理部门	数量
自然保护区	《自然保护区条例》	1994年10月	环保部	429
风景名胜区	《风景名胜区条例》	2006年9月	住建部	225
自然文化遗产	《保护世界文化和自然遗产公约》	1985年	—	47
地质公园	《地质遗迹保护管理规定》	1995年5月	国土资源部	33＋185*
森林公园	《森林公园管理办法》	1993年12月	国家林业局	791
	《国家级森林公园管理办法》	2011年5月		
湿地公园	《国家湿地公园管理办法(试行)》	2010年2月	国家林业局	438

注:*由于省级和县市级地质公园统计数据难以获得,此处仅列出世界级地质公园和国家级地质公园。

4. 用途管制制度

我国的用途管制制度主要针对土地资源。《土地管理法》第二次修正前，政府对土地资源实行分级限额审批制度，导致占用耕地情况严重，耕地面积大幅减少，人地矛盾加剧。2004 年第二次修正后的《土地管理法》规定：国家实行土地用途管制制度，将土地分为农用地、建设用地和未利用地，控制建设用地总量，严格限制农用地转为建设用地①。土地资源实行用途管制，需要首先编制土地利用总体规划，将农用地转为建设用地，需要先经过严格的农用地转用审批，再进行征地审批，最后通过土地登记确定土地权属，获得土地使用权。

（二）我国国土空间开发保护制度存在的主要问题

1. 规划体系过于庞杂，各种规划不够协调

我国的空间规划种类繁多、体系庞杂，经济社会发展规划、城乡建设规划、土地利用规划等在不同部门主管下自成体系，每一体系又有诸多不同层级、不同深度的具体规划。受条块分割的管理体制制约，各部门将编制规划作为争取权力和利益的重要手段，纷纷围绕自身利益编制各部门的相关规划，各个规划缺乏统一的价值取向和目标体系，对国土空间在开发利用方向上存在诸多不一致，以致难以贯彻，从而失去权威和效力。

2. 主体功能区战略得不到有效落实

主体功能区规划是基础性、战略性规划，但目前主体功能区规划只做到了国家级和省级两个层面，县市级政府负责落实功能定位和开发强度要求，在规划编制、项目审批、土地管理、人口管理、生态环境保护等工作和政策制定上尚未与主体功能区规划有效衔接，还远远达不到规划的要求。主体功能区规划与其他规划、区划存在协调的问题，各级政府在批复城市总体规划、土地利用规划以及专项规划时，并没有与主体功能区规划有效衔接。

3. 我国自然保护地的管理基础仍然薄弱

一是我国对保护地的管理缺乏统一协调的管理机制，各类保护地分属不

---

① 《中华人民共和国土地管理法》（第二次修正）http：//www. npc. gov. cn/wxzl/gongbao/2004 - 10/21/content_ 5334569. htm，2014 年 10 月 21 日。

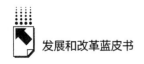

同部门管理，涉及环保部、国土资源部、国家林业局、农业部、住建部、国家旅游局等，各部门条块分割，信息无法有效交流共享，对保护地的管理无法统一。二是保护地分布比较分散，没有连成一片进行整体保护，一些生态环境比较脆弱敏感的区域仍然没有被覆盖进来，难以有效发挥生态系统服务功能。

4. 用途管制没有落实到全部生态空间

党的十八大提出了生活空间、生产空间、生态空间三个空间，生态空间是各类自然资源在空间格局中存在的空间形式，尽管物权法以及草原法、森林法等各项自然资源单项法中，对自然资源的用途予以明确规定和严格限制，但用途管制主要在土地和耕地资源上体现得比较充分，对其他各类自然资源如何保持生态空间功能、确保不被生产生活占用，相关研究和实践都很少，缺乏有效的管制思路。

5. 尚未建立完整的生态补偿制度体系

生态补偿是主体功能区制度实施的关键，目前生态补偿主要靠中央财政转移支付的纵向补偿，补偿标准比较低，而且带有较强的部门色彩，缺乏利益相关者的充分参与，也没有形成普遍接受的生态价值评估体系。在区域之间，生态保护受益地区向因生态保护而蒙受经济损失的地区进行横向生态补偿的机制尚未建立。

（三）完善国土空间开发保护制度的对策建议

1. 改革政府规划体制，积极推进"多规合一"

改革政府规划体制，强化政府空间管控能力，积极推进"多规合一"试点和推广，建立统一衔接、功能互补、相互协调的空间规划体系，使国民经济和社会发展规划、城乡规划、土地利用规划、生态环境保护规划等多个规划融合到一张边界线明确的县市域图上，实现一个县市一本规划、一张蓝图，解决现有规划自成体系、内容冲突、缺乏衔接协调等突出问题，实现国土空间集约、高效、可持续利用。

2. 围绕主体功能区化，整合碎片化的区域政策

充分发挥政策导向作用，依托主体功能区规划加强改革创新，制定实施一系列主体功能区配套政策，突出政策方向和重点，优化政策组合，把投资

支持等激励政策与空间管制等限制、禁止性措施相结合，明确支持、限制和禁止性政策措施，注重把握政策边界，与其他部门配套政策相互支撑，形成政策合力，增强政策综合效应。

3. 建立国家公园管理体制，制定国家公园法

建立国家公园管理体制，整合现有的各类保护地管理制度，统一纳入国家公园的管理框架。科学分类，统一规划，建立有效管理的自然保护地网络，实现国家整体自然保护目标。明确国家公园的主管部门，将自然保护地管理权、监督权和评估权分开，保障这些权力既相互协调又相互制约。将制定《自然保护地法》列入日程，科学规划我国自然保护地，有效理顺各种关系，统领协调各部门自然保护地管理工作，确保我国自然保护地得到切实保护，国家生态安全底线得到捍卫。加强独立的科学评估，增加信息透明度，保障自然保护经费和人员的长效稳定投入，建立健全全社会参与自然保护地管理、监督和评估的机制。

第四节　建立资源全面节约管理制度

节约资源是我国的基本国策，这里的资源不仅包括能源、矿产资源，也包括土地、水、森林、湖泊、湿地等自然资源。我国正处在新型工业化、城镇化、信息化、农业现代化快速发展时期，发展对自然资源需求不断增加。目前，我国各类资源粗放利用的现象仍十分突出，需要建立健全资源全面节约制度。

一　我国资源利用现状分析

（1）我国资源禀赋并不优越。我国能源、土地、水、矿产等资源保有总量居世界前列，但人均资源占有量偏低、质量总体不高。石油、天然气、煤炭人均占有量仅为世界平均水平的5.4%、7%、50%，且资源大多分布在生态环境脆弱地区，开发利用的环境代价高；人均耕地面积不足世界平均水平的30%，土壤质量下降较快；人均水资源占有量为世界平均水平的28%且时

空分布不均，全国年均缺水量达500多亿立方米，600多个城市中有400多个缺水，水污染造成的水质性缺水又加剧了水资源的短缺；铁矿石、铝土矿等人均占有量仅为世界平均水平的17%、11%，不得不大量依靠进口。

（2）资源利用方式比较粗放。我国经济增长速度较快，2010年成为世界第二大经济体，但我国能源资源的消耗的增长严重超出了我国经济发展速度。根据统计，我国单位GDP能耗是世界平均水平的2~3倍，远远高于发达国家。如表2所示，2013年中国GDP占世界的比重达到12.33%，能源消费占世界的比重为18.89%，粗钢产量占世界的比重高达49.8%，铝消费量占比达到49.32%，水泥消费量占世界比重2012年达到60.8%，资源产出率明显低于发达国家水平。城镇人均建设用地、万元工业增加值用水量等指标也显著落后。

表2 中国主要能源资源消费占世界的比重

单位：%

年份	2005	2006	2007	2008	2009	2010	2011	2012	2013
GDP[①]	5.00	5.50	5.99	7.25	8.47	9.34	10.48	11.6	12.33
能源消费量[②]	14.64	14.51	15.12	16.29	17.22	17.43	18.33	18.59	18.89
粗钢产量[③]	31.03	33.71	36.36	38.20	46.69	44.61	46.79	47.89	49.8
水泥消费量[④]			45.80	48.55	54.32	56.64	59.95	60.80	
铝消费量[⑤]		25.48	32.98	33.64	41.13	39.47	41.58	44.08	49.32

数据来源：①《中国统计年鉴》（2006~2014）。

②《BP世界能源统计年鉴》，2005~2011年能源消费占世界的比重来自2006~2013年历年《中国能源统计年鉴》，2012年和2013年的数据，采用《中国统计年鉴》的中国能源消费总量增速和《BP世界能源统计年鉴》的全世界能源消费总量增速进行测算，即2012年中国增长3.945%，世界增长2.5%，2013年中国增长3.668%，世界增长2.0%，2014年中国增长2.2%，世界增长0.9%。该结果低于《BP世界能源统计年鉴》中的中国能源消费所占比例，如根据2012年《BP世界能源统计年鉴》，2011年中国能源消费量占世界总消费量的21.3%，比表中2013年的数据高2.97个百分点。

③世界粗钢产量和中国粗钢产量均来自国际钢铁协会统计数据，与中国统计年鉴有一定差异。

④中国水泥消费量按中国水泥表观消费量计算，世界水泥消费量（2007~2010年）来自 *Global Cement Report*，http://www.zjdpc.gov.cn/art/2012/7/12/art_791_90121.html，根据 *Global Cement 2014 Outlook*，世界水泥消费量2011年、2012年的增速为8.3%、5.1%，中国水泥消费增速为10.8%、6.6%。

⑤数据摘自李春风、柳振江等《中国铝矿资源现状分析及可持续发展建议》，《中国矿业》2014年第8期，该文献数据来源于世界金属统计局和中国有色金属工业协会。

（3）粗放开发利用造成严重生态环境问题。能源、矿产资源的无序开发造成植被破坏、地表沉陷、水土流失，并引发泥石流、山体滑坡等次生灾害。能源粗放利用造成大气雾霾严重、碳排放总量快速攀升等；超承载用水、大量排放废水造成江河断流、湖泊干涸、地下水位下降、水环境污染，生态用水被挤占又进一步加剧生态退化，造成降雨量减少，陷入恶性循环；新城新区无序扩张造成耕地、生态用地被大量占用，生态空间受到严重挤压。资源低效粗放利用带来的生态环境破坏已成为民之痛、国之殇。

（一）我国资源节约管理制度现状

（1）实施能源"双控"制度。能源双控是指能源消耗强度和能源消费总量双控。能源消耗强度控制方面，要求在"十一五"期间单位国内生产总值能耗降低20%，"十二五"期间降低16%。能源消耗强度成为约束性指标，该目标在"十一五"期间基本完成，"十二五"规划节能目标完成也已成定局。

（2）实施最严格的土地管理制度。对土地资源实行用途管制，实行最严格的土地管理制度、最严格的耕地保护制度、最严格的节约用地制度，将土地分为农业地、建设用地和非利用地，严格限制农用地转为建设用地，实行基本农田保护制度，严格保护基本农田，实现占用耕地与开发复垦耕地占补平衡。"十一五"规划提出了18亿亩红线的保护目标。2014年11月，国土资源部、农业部下发《关于进一步做好永久农田划定工作的通知》要求，将城镇周边、交通沿线现有易被占用的优质耕地优先划为永久基本农田。

（3）实施最严格的水资源管理制度。我国严格保护水资源，对水资源的管理体制是实行流域管理与行政区域管理相结合，国务院水利部负责全国水资源的统一管理和监督。对水资源的管理，实施取水许可制度、水资源有偿使用制度、供水定额管理制度。2012年2月，国务院发布《关于实行最严格水资源管理制度的意见》，提出水资源开发利用控制、用水效率控制和水功能区限制纳污"三条红线"的主要目标，推动经济社会发展与水资源、水环境承载能力相适应。

（4）实行矿产资源集约开发利用。我国法律规定，矿产资源归国家所有，国务院代表国家成为矿产资源所有权的行使主体，对矿产资源实行探矿权与采矿权管理制度。企业只有依法申请并获得探矿权、采矿权批准和登记，才能在核准范围内进行勘察作业，企业取得探矿权、采矿权时，必须向国家缴纳相应的使用费，探矿权和采矿权实行限制转让，不得倒卖牟利。

（5）加强自然资源保护。①森林资源保护制度。我国对森林资源实行限额采伐，将森林分为防护林、用材林、经济林、薪炭林、特种用途林，用材林、经济林、薪炭林的使用权可以转让或作价入股，但不得将林地转为非林地。我国自1998年起实施天然林保护工程和退耕还林工程，严禁砍伐天然林资源。②草原保护重要制度。基本草原保护制度，对基本草原进行严格保护；草畜平衡管理制度，以核定草原的产草量为基础，以草定畜，增草增畜，实现草畜间动态平衡。③湿地保护制度。我国对现有湿地资源实行普遍性保护，严格控制开发占用自然湿地，禁止开垦占用或随意改变用途，保护湿地生态修复机制。

（二）我国资源节约管理制度存在的主要问题

1. 资源节约缺乏严格的法律保障

我国1997年针对能源节约制定了《节约能源法》，但其重要性和作用并没有得到广泛体现，尽管该法规定了19项责任，但对执法者的要求过高，执法力度较低。在资源综合利用和发展循环经济方面，2008年8月颁布《循环经济促进法》，但对企业落实减量化、再利用和资源化三大原则，以政策促进为主，强制性手段很少。如果说能源的消费更多是企业自主行为，政府对企业节能干涉过多会影响企业自主经营的话，土地、矿产和生态资源属于集体所有，存在违法占用和浪费严重的问题，更应该受到法律关注和保护，但《土地资源管理法》《矿产资源法》仅仅原则性地提出非农业建设用地必须节约使用和开采矿产时要防止浪费，对如何节约集约利用土地和矿产资源没有明确规定，对闲置浪费土地资源和浪费矿产资源的法律责任也没有明确。

2. 市场在资源配置中的决定性作用未全面发挥

资源没有被有效利用，说明市场这一"看不见的手"没有发挥决定性作用，出现了市场失灵，主要原因在于我国的自然资源市场体系不完善，没有形成合理的自然资源价格形成机制。原因是多方面的：一是在资源的取得环节，尽管我国法律规定资源有偿使用，但仍然大量存在协议出让、极低价格出让的非市场行为，使资源的取得成本偏低，以致发生多占、滥占和浪费资源现象；二是在资源的保有环节，政策约束不够，如一些地方对城镇土地使用税、土地增值税征管不严，土地占有成本低，导致土地大量闲置；三是在资源的定价环节，资源性产品的价格未充分体现生态环境价值和损害成本，如我国开采矿产资源需缴纳的矿产资源补偿费标准偏低，水资源费标准偏低，不利于资源综合利用效率提高和循环利用。

3. 促进资源全面节约尚缺乏科学的资源利用标准规范

建立内部结构有序、科学合理的标准体系是开展资源节约集约利用的基础。总体上看，资源节约集约利用在调查、评价等方面的标准相对缺乏，覆盖资源开发利用全过程的标准体系还未建立。我国地域广泛，受经济社会发展阶段和自然条件差异性影响，同种资源在不同地区的节约集约利用情况差别较大，这要求在国家（或省级）统一标准下制定差别化标准。由于更新不及时等原因，资源利用标准不适应经济社会发展的情况屡见不鲜。

4. 促进资源全面节约的支撑体系仍有待提升

自然资源全面节约的职责分散在各类资源的管理部门手中，并没有形成完整的工作体系，落实步调并不一致，总体上资源的调查、统计和评价制度仍十分薄弱，服务体系、宣传教育也有待加强。

（三）完善资源节约管理制度的对策建议

1. 完善资源性产品价格形成机制

理顺煤、电、油、气、水、矿产等资源类产品价格关系，建立充分反映市场供求、资源稀缺程度以及环境损害成本的价格形成机制。加快资源税改革，加快推进资源税从价计征改革，逐步将资源税推广到对各种自然生态资

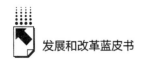

源的使用上。对再生资源回收、资源综合利用等促进资源节约的产业完善税收优惠政策。

2. 充分发挥市场在土地资源配置中的决定性作用

对能源严格执行经营性用地招拍挂规定，不断提高招标、拍卖在土地出让中的比例。建立与节约资源相挂钩的税收调节机制和价格调节机制，对土地资源实行差别化的土地使用税政策，土地出让金和土地划拨价格与土地节约集约利用水平挂钩，工业用地实行最低价标准，提高土地使用效益。建立浪费资源的约束机制，提高土地等资源的占用成本，建立闲置土地收回机制。

3. 推动促进循环经济发展的制度建设

推广生产者责任延伸制度，生产者在产品设计环节要坚持生态设计的理念，生产产品应便于回收和处理，生产者要承担生产废弃物和废旧商品的回收处理责任。建立市场回收与企业强制回收相结合的废弃物回收体系，回收利用价值高的产品由市场回收，对电池、农膜、灯具、包装物等低值废弃物则探索企业回收、批发商回收、零售商回收等多种形式相结合的回收体系。对使用废弃物和再生资源生产的资源再生产品，政府采购要优先选用，建立资源再生产品推广制度，要求相关原材料消耗企业使用一定比例的资源再生产品。

第五节　完善我国环境治理体系

（一）我国当前环境治理体系制度

（1）我国环境管理基本制度。我国环境管理体系由 8 项基本制度组成，分别是环境影响评价制度、三同时制度、排污收费制度、城市环境综合整治定量考核制度、环境保护目标责任制度、排污申报登记制度、限期治理制度、污染集中控制制度，共同在我国环境保护中发挥重要作用。

（2）污染物总量减排制度。总量控制是我国一项基本环境管理制度，我国在"九五"期间和"十五"期间实行污染物总量控制制度，1996 年正式把污染物排放总量控制列入"九五"期间的环保考核目标，也是"十五"期间我国环保工作的重点，要求污染物排放总量不能增长。"十一五"规划纲要提出，全国主要污染物（二氧化硫和化学需氧量）排放总量减少10%，"十二五"规划又将氨氮和氮氧化物列入总量减排指标。总量控制指标层层分解到各省（区市）市县。

（3）实施大气、水、土壤三大行动计划。2013年9月，国务院印发《大气污染防治行动计划》，2015年4月，国务院印发《水污染防治行动计划》，《土壤污染防治行动计划》也已正在审议，全国上下和环保系统内外正在全力推进大气、水、土壤污染综合治理，并通过计划实施完善相应的能源结构、产业结构、环境经济以及价格、税收、投融资等政策，建立标准和工作体系，打响"三大战役"。

（二）我国环境治理体系存在的主要问题

1. 经济建设与环境保护的矛盾仍然突出

我国的经济发展方式总体仍然粗放，环境污染主要来自于工业项目和居民消费，要减少污染必然要使用清洁的能源，淘汰落后的工艺，实施更加精细的环保管理，建设更加高效的污染治理设施，这会导致企业的投资运营成本大幅提高，我国区域间经济发展极不平衡，一些落后地区发展意愿强烈但不具备发展高端、低消耗、少排放的资本、技术和人力资源，产业转型升级的基础不够，在制度体系不够完善、激励约束机制不够健全的情况下，仍然依赖"两高一资"的产业拉动经济，导致经济与环境保护不能协调发展。

2. 环保基本制度体系不够完善

污染治理设施与主体工程同设计、同施工、同投产的"三同时"制度并没有被严格执行，很多企业项目的环保设施建设滞后甚至根本没有；排污许可证制度未全面落实；环境影响评价制度成为工程项目过关的一道手续，影响分析不够客观、合理建议不被执行、公众参与弄虚作假、后期监督监测缺乏时效性；排污收费制度征收标准过低，远远低于治污成本，企业宁愿缴纳排污费也不愿治理污染，基层环保部门将排污费视为钱袋子和寻租手段，

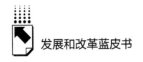

执行不规范，约束力不够；排污许可证制度没有全面实行。

3. 环境治理以政府为主导，社会和公众参与不足

首先，政府对环境信息公开不够，应公开的环境信息范围不够明确，规定不够细致，社会和公众的环境知情权没有得到有效保护。其次，法律保护公众参与的刚性不强，公众参与环境决策的渠道不畅。最后，尽管公众的环境意识开始形成，但参与的意识还十分淡薄，参与的程度较低。

4. 环境管理以行政管理为主，缺乏有效的经济和市场手段

我国税制体系中缺少专门用于调节环境污染行为的环保税。我国目前涉及环境保护或者在税种设计过程中考虑环境保护的税种包括车辆购置税、燃油税、消费税、资源税、关税等，但主要表现为一些与环境保护相关的税收优惠和税收惩罚规定，调节力度相对较小。

5. 环境保护监管体系有待强化完善

我国的环保职能分散，环境保护职能在国家发改委、财政部等综合协调部门，国土、林业、水利等资源管理部门，海洋、交通、民航等产业管理部门中都有分布，各部门管理领域各有不同，环保部门无法统一监管。我国目前环保部门一般设到县一级，环保监察队伍受编制和经费预算等制约，监管范围大、污染企业多，导致打击环境违法不到位、不及时。近年来，农村环境污染事件不断发生，环境违法问题层出不穷，其主要原因是基层环境监管能力特别是农村环境监管能力薄弱，一些发达地区虽开始在乡镇设立环境所等派出机构，但所占比例很少。

（三）完善我国环境治理体系的对策建议

1. 以"监管所有污染物排放"为目标完善环保管理制度

扩大环保部门污染源管理的范畴，破解"多头管理"的局面，将森林、草原、湖泊、湿地、海洋等由其他部门管理的生态空间范围内的污染监管责任统一由环保部门监管，并适时推动机构改革，调整职能，使污染排放监管成为一个统一完整的体系，覆盖国土空间全部范围。

2. 以"独立执法"为目标，完善环境保护监管执法体系

着力解决环保监管执法受地方掣肘等问题，推广环保警察制度，设立环保法庭，加强对有关部门和地方政府执行国家环境法律法规和政策的监督，纠正其执行不到位的行为，特别是纠正地方政府对环境保护的不当干预行为。加强环境监察队伍建设，强化环境监督执法，推进联合执法、区域执法、交叉执法等执法机制创新。

3. 积极推动环境保护"费改税"

落实国家支持节能减排的税收优惠政策，改革资源税，加快推进环境保护税立法工作，调整进出口税收政策，合理调整消费税范围和税率结构。改革垃圾处理收费方式，提高收缴率，降低征收成本。

第六节 建立体现生态文明要求的领导干部政绩考核机制

干部考核是引导领导干部依法行政、全面履行政府职能的"指挥棒"。当前，我们面临严重的环境污染、生态破坏、开发无序等问题，体现出地方政府生态文明建设与经济建设脱节，只重视经济建设，忽视生态文明建设，从根源上来说，这是领导干部的政绩观出了问题，必须通过完善干部政绩考评体系来纠正。另外，生态文明建设任重道远，需要强有力的组织保障，地方党政机关和主要领导干部要承担主体责任，落实中央部署，协调各方参与，他们是生态文明建设的关键，其生态文明意识强弱关系着生态文明建设的成败，因此必须建立体现生态文明要求的干部政绩考核制度，引导形成生态文明政绩观。

（一）我国现行领导干部政绩考核评价机制

当前党政领导班子和领导干部考核评价机制的框架由 2009 年中组部发布的《关于建立促进科学发展的党政领导班子和领导干部考核评价机制的意见》、《地方党政领导班子和领导干部综合考核评价办法（试行）》、《党政工作部门领导班子和领导干部综合考核评价办法（试行）》

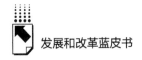
和《党政领导班子和领导干部年度考核办法（试行）》组成，上述一个意见与三个办法一起形成了完整的系统的体现科学发展观的干部考核评价机制。

1. 总体考核内容

（1）地方党政领导班子。根据《关于建立促进科学发展的党政领导班子和领导干部考核评价机制的意见》，通过民主测评和个别谈话，全面考核地方党政领导班子思想政治建设、领导能力、工作实绩、反腐倡廉建设以及完成重点任务等情况，同时体现分类考核重点。

①思想政治建设考核内容包括：政治方向、思想作风、理论学习、执行民主集中制。

②领导能力包括：贯彻落实科学发展观、驾驭全局、维护社会稳定、务实创新、选人用人。

③工作实绩包括：经济建设、政治建设、文化建设、社会建设、党的建设。

④反腐倡廉建设包括：廉洁从政和廉洁制度建设。

⑤完成重点任务的具体考核内容因时因势因地确定。

（2）地方党政领导干部。全面考核德、能、勤、绩、廉，即思想政治素质、组织领导能力、工作作风、工作实绩和廉洁自律五大项内容。

2. 政绩考核内容

注重实绩是我国领导干部考核的基本原则，领导干部的实绩就是工作的成效，也就是领导干部的政绩。实绩考核是领导干部考核评价内容体系中最复杂、最关键的部分，也是领导干部德、能、勤、绩、廉的直接验证和综合反映，是干部实绩考核的最重要部分，是干部考核内容的重中之重。根据《地方党政领导班子和领导干部综合考核评价办法（试行）》，实绩分析考察内容包括经济发展、社会发展和可持续发展的整体情况，重点评价实际成效，要求既注重经济建设，也注重考核经济社会协调发展，注重潜绩与长期效应。地方党政领导班子政绩考核的内容和方式方法见表3。

表3　地方党政领导班子政绩考核的内容和方式方法

考核对象	考核方式	考核内容	评价要点	评价方法
地方党政领导班子	民主测评、个别谈话	经济建设	提高发展质量,转变发展方式,推进自主创新	
			把握发展机遇,增加经济总量,提高城乡居民收入	
			增强发展后劲,搞好生态文明建设,节约利用资源	
		政治建设	民主法治,基层民主政治建设,党务(政务)公开	
		文化建设	思想道德教育和精神文明创建,舆论导向,公共文化服务体系建设和文化产业发展	
		社会建设	教育和医疗卫生事业发展,劳动就业和社会保障,社会和谐稳定	
		党的建设	基层党组织和党员队伍、干部队伍、人才队伍建设(行政效能建设),领导班子建设	
	实绩分析	经济发展	经济发展水平	根据年度目标设置具体的指标值,对照有关部门提供的数据进行分析评价
			经济发展综合效益	
			城乡居民收入	
			地区经济发展差异	
			发展代价	
		社会发展	基础教育	
			城镇就业	
			医疗卫生	
			城乡文化生活	
			社会安全	
		可持续发展	节能减排与环境保护	
			生态建设与耕地等资源保护	
			人口与计划生育	
			科技投入与创新	
	群众评价	民生改善	收入水平提高,人居环境改善	根据各地实际,参考评价要点,确定具体调查项目,开展民意调查
			扩大就业最低生活保障	
			群众看病就医,子女就学,交通出行	
			文化设施建设,文体活动开展	
		社会和谐	社会治安,群众安全感	
			社会矛盾调解,信访接待	
			公民道德教育,文明社会风尚	
			民主权利保障,基层民主政治建设	
		党风政风	依法办事(依法行政),党务(政务)公开	
			机关服务质量,工作作风	
			基层党组织战斗力,党员作用发挥	
			反腐倡廉,领导干部廉洁自律	

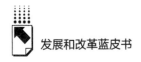

考虑到各地区发展条件和发展水平的差异较大，中央并没有对政绩考核的内容、各项目的权重、指标的增长幅度做统一的规定，而是要求各地根据目标管理和工作重点的要求自行确定，并可在试行指标体系内做一定调整，使之既具有考核标准的统一性，又符合各地实际情况。

（二）我国领导干部政绩考评体系存在的问题

1. 干部考核对生态文明建设的重视程度不够

干部考核过分注重经济指标。经济指标被视为最重要的指标，而其他指标如政治建设、文化建设、社会建设、生态文明建设则被淡化。在实际操作过程中过分看重 GDP、税收等经济指标，政绩考核变成了简单的 GDP 考核，官员们不择手段提高 GDP，不顾实际情况大搞政绩工程，造成地方背负过重债务，官员却因为 GDP 增速高而得到升迁的怪状。过分注重经济指标考核还带来地方 GDP 统计数据造假的现象。

生态文明相关考核指标所占比重较低。生态文明理念的提出为时尚短，仅从狭义上的生态文明即生态环境保护的考核来看，目前国家对领导干部的环境绩效考核做出明确规定的只有两份文件：1995 年出台的《县（市）党委、政府领导班子工作实绩考核试行标准》中，环境保护考核内容的分量很轻，只是社会发展和精神文明建设中的一项指标；2009 年发布的《体现科学发展观要求的地方党政领导班子和领导干部综合考核评价（试行办法)》，涉及可持续发展的有环境保护、资源消耗与安全生产、耕地等资源保护 3 个细分评价要点，但没有具体指标，地方组织部门需要据此自行设计方案。一些研究发现，这 3 个要点在各省份百分制的实际考核中平均只占不到 10 分的分值。

2. 生态文明考核缺乏国家层面统筹和宏观指导

考核指标体系不统一，目前在国家层面并没有统一的干部绩效考核指标体系，中组部发布的文件只是提出了原则性的要求和主要类别，各地方在制定符合自身的指标体系和考核方法时，虽然能够充分结合本地实际，但是由于缺少中央严格的定义和规范，在实际操作中地方考核的良好愿景和出发点往往得不到落实，使得考核出现走样、流于形式的风险。缺少顶层设计指导和统一部署，各试点地区考核结果的权威性遭到质疑。此外，生态文明的相关考核大多由专门的绩效评估部门实施，考核结果无法直接用于干部的选拔任用。

3. 一些试点地区的考核指标不能完全体现生态文明的内涵和主要内容

生态文明建设已经被提升到新的战略高度，但各地对于生态文明建设的内涵、主要任务、目标指标的认识还不十分清晰，体现在干部考核尚不能充分体现生态文明的本质要求，仍处于探索阶段，需要进一步完善。

4. 干部考核对生态文明建设的激励作用有待加强

生态文明考核结果运用不充分，部分地区生态文明考核流于形式、一些地区的生态文明考核达不到预期目的，存在"只奖不罚""60分万岁"的现象。一票否决没有得到严格执行。虽然节能减排、环境保护和资源保护等方面的内容也都被列入其中，但在实际执行中并没有得到足够的重视。在"十一五"期间，我国提出将节能减排纳入干部考评，实行"一票否决"，但在实际操作中并没有得到严格执行，一票否决制名不副实。

5. 生态文明相关指标考核科学性有待提升

在评价过程中，生态文明相关指标的主要来源是相关部门提供的统计数据，缺少现场考核，有的地方仅采取自评方式，使考核结果缺少客观性和公正性，考核结果的真实有效性有待提升。

6. 考核结果运用不充分

考核结果反馈不足，考核结果形成以后，主管部门和领导往往把结果反馈给作为考核主体的领导和本人，忽略了向参评群众的反馈。缺少对考核结果的解释，某种程度上使考核行为成为单向操作，被考核者无从得知自己哪些方面做得不错，哪些方面需要改进，致使考核的管理功能没有很好地发挥。考核结果与奖惩脱节，考核结果没有作为干部奖惩和升降的依据，形成"两张皮"，这也是影响干部群众参与考核的积极性，导致一些地区和部门的干部考核工作走过场、质量不高的一个重要原因。缺乏相应的问责配套机制，领导干部的决策失误会产生巨大的破坏，特别是在生态文明建设领域，我国领导干部考核存在只报喜、不报忧的现象，不触及尖锐深刻的矛盾，虽然一些条款做出了规定，但在执行中往往流于形式。

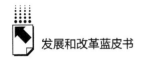

三 完善体现生态文明要求的领导干部政绩
考核机制的对策建议

1. 进一步强化促进生态文明建设的结果导向

要充分发挥领导干部绩效考核的导向作用，考察地方党政领导班子成员，应当把有质量、有效益、可持续的经济发展和民生改善、社会和谐进步、文化建设、生态文明建设、党的建设等作为考核评价的重要内容，更加重视劳动就业、居民收入、科技创新、教育文化、社会保障、卫生健康等方面的考核，强化约束性指标考核，加大资源消耗、环境保护、消化产能过剩、安全生产、债务状况等指标的权重，防止单纯以经济增长速度评定工作实绩。考察党政工作部门领导干部，应当把执行政策、营造良好发展环境、提供优质公共服务、维护社会公平正义等作为评价的重要内容。引导各级领导干部牢固树立保护生态环境就是保护生产力、改善生态环境就是发展生产力的理念。在评定领导干部考核等次时，充分考虑工作实绩特别是在生态文明建设方面的实绩。

2. 提高干部考核评价各环节生态文明建设的重要性

在地方党政领导班子综合考评的民主测评、个别谈话环节，应将生态文明建设从经济建设的考评要点中独立出来，成为与经济建设、政治建设、文化建设、社会建设和党的建设相并列的考核内容，更好地体现党的十八大关于社会主义"五位一体"的总布局要求。

在地方党政领导班子综合考评的实绩分析环节，当前实绩分析的考核内容包括：节能减排与环境保护、生态建设与耕地等资源保护、人口与计划生育、科技投入与创新4个要点，建议将可持续发展实绩分析提升为生态文明建设实绩分析，考评要点应包括落实主体功能区制度、土地节约集约利用、落实最严格的水资源管理制度、能源强度和总量双控、主要污染物总量减排、环境质量改善特别是空气质量改善、划定生态红线等方面。

3. 建立体现生态文明要求的经济社会发展评价指标体系，评价生态文明指数

科学合理的经济社会发展评价指标体系是干部政绩考核评价的主要参考依据。建立统筹五个建设的干部考核指标体系，加大生态文明的权重。依靠专业部门的评价结果，和统计部门数据结合，根据主体功能区实施干部考核。对不同主体功能区采用不同的干部考核评价指标体系，加大重点生态功能区生态文明建设考核的比重。

4. 发挥好干部政绩考核的预警作用

干部政绩考核制度不仅能够考核干部在经济发展、生态文明建设等方面的工作成效，还能够对地方领导班子和主要领导、重点领域分管领导的工作进展情况进行监督和预警，目前来看，干部政绩考核的预警作用发挥不够充分或未及时发挥，应加快建立干部考核结果的预警机制，对重点指标和重点任务完成滞后的地区，在认真分析和研判基础上，要向被考核地区发出黄牌警告，提出警示，加压督办，引起警惕，使其及时调整政策措施来加强和改进。要把督察结果及时汇报给负责领导，作为他们的行政依据，使其能够及时研究问题，协调有关方面共同解决问题，使重点指标和任务能够顺利完成。

5. 建立多元主体的生态文明建设评议制度，鼓励群众参与

在地方党政领导班子和领导干部的群众评价环节，应增加对领导班子生态文明建设成效的评议。生态文明建设与人民群众的利益息息相关，群众对生态文明建设的成效最有直接的感受，也最有发言权。通过群众评议，可以形成对党政领导班子和主要领导干部的有效监督，加大生态文明建设的投入力度。

坚持以人为本。生态文明建设与人民群众密切相关，客观考核评价领导干部生态文明建设的实绩，必须加大信息公开力度，坚持走群众路线，请群众参与、接受群众监督、听从群众评判、让群众认可，最大限度地扩大人民群众对考核评价的知情权、参与权、表达权、监督权。要通过公开栏、报纸、电视、网络等多种途径和方式向全社会公布领导干部生态文明建设的进

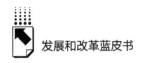

度、成果和计划，以公开评议、个别访谈、问卷调查等方式，充分了解群众对领导干部政绩的认可度和满意度。

6. 加强配套制度和基础能力建设

建立生态文明建设档案和跟踪纪实制度。相关工作部门要建立领导干部生态文明建设实绩档案，坚持"谁主张谁负责"的原则，采取全程跟踪纪实的办法，全面准确记录领导干部职责范围内重大事项的实施和完成情况。因历史决策失误而出现的生态、环境、经济等方面问题，可根据纪实档案直接追究相关责任人的责任。

加强生态文明建设的统计、监测、执法等基础能力建设，加大对统计数据真实性的监督力度、处罚力度。

7. 强化生态文明实绩考核的结果运用

建立体现生态文明要求的干部考核制度，其落脚点是结果的正确运用，根本目的是充分发挥考核的导向和激励作用。结合地区实践探索，对地区和领导班子的考核结果可以采用"以奖代补"的挂钩方式，考核优秀者获得更高的财政转移支付，将资金投向生态文明建设和民生改善。对领导干部的考核结果要与干部提拔使用挂钩，选拔各方面素质较高、坚持科学发展、实绩突出特别是生态文明建设实绩突出、群众认可的优秀干部，给予表彰奖励和优先提拔使用。对生态文明建设约束性指标任务完成不好的，进行诫勉谈话和问责，必要时坚决进行组织调整。加强领导干部考核结果特别是生态文明实绩考核结果与培养教育、管理监督的有机结合，对于生态文明实绩考核落后的领导干部要加强培训教育，对落后地区要加大工作力度和监督考核力度。对于违背科学发展观要求，急功近利，不顾生态环境盲目决策，造成严重后果的必须严格实行责任追究。

参考文献

[1] 谢高地、曹淑艳、王浩、肖玉：《自然资源资产产权制度的发展趋势》，《陕西

师范大学学报（哲学社会科学版）》2015 年第 5（44）期。

［2］崔大沪：《开放经济中的中国产业增长模式转变》，《世界经济研究》2004 年第
　　　9 期。

［3］蔡新华：《推进交易试点和总量减排》，《中国环境报》2014 年 12 月 16 日。

［4］孙佑海：《健全生态环境损害责任追究制度的实现路径》，《环境保护》2014 年
　　　第 7 期。

［5］王向东、刘卫东：《中国空间规划体系：现状、问题与重构》，《经济地理》
　　　2012 年第 5（32）期。

［6］冯秋婷：《促进科学发展的干部考核评价机制建设》，中共中央党校出版社，
　　　2009。

［7］罗中枢：《党政领导干部的分类选用、考核和管理探析》，《四川大学学报》
　　　2012 年第 1 期。

［8］李衍增：《干部政绩考核评价问题研究综述》，《攀登》2010 年第 5 期。

［9］黄林：《科学构建党政领导干部绩效考评机制》，《中国人事报》2009 年 7 月 8
　　　日。

［10］赵鹏、郝磊、丛亮：《关于建立经济社会发展综合评价体系的思考》，《中国
　　　经贸导刊》2007 年第 15 期。

［11］石吉金、林健宸：《我国自然资源节约集约利用制度改革策略探析》，《中国
　　　国土资源经济》2015 年第 8 期。

［12］黄海燕：《完善自然资源产权制度和管理体制》，《宏观经济管理》2014 年第
　　　8 期。

［13］杨春平、谢海燕、贾彦鹏：《完善领导干部政绩考核机制　促进生态文明建
　　　设》，《宏观经济管理》2014 年第 10 期。

调 研 篇

Research Report

B.13

兵团经济发展和体制改革报告

叶 梅　陈文新　刘俊浩*

摘　要：　新疆生产建设兵团作为全国唯一"党政军企"合一的特殊组
　　　　　织，恪守屯垦和维稳戍边职能，在新疆发挥着"稳定器"、
　　　　　"大熔炉"、示范区的作用，对中国西北的经济繁荣与边境稳
　　　　　定具有重要作用。当前，兵团在经济发展上进入了由中等收
　　　　　入向高收入跨越的机遇期，在体制上进入了改革的攻坚期，
　　　　　面临经济发展方式粗放、市场体系不健全、产业结构不合理、
　　　　　城镇化发展质量不高等问题，迫切需要进行经济结构和经济
　　　　　形态的转型与升级，最终从原来以投资驱动型、劳动密集型、
　　　　　粗放扩张型的经济发展方式，逐渐转向全面创新驱动、内涵

　　*　叶梅，新疆生产建设兵团经济研究所，高级经济师，研究方向为区域经济、产业经济；陈文
　　新，新疆生产建设兵团经济研究所，教授，研究方向为区域经济、区域金融；刘俊浩，教授，
　　管理学博士，新疆生产建设兵团第五师，研究方向为农业经济管理。

集约型的发展路径。推动兵团经济发展与改革稳步推进，要立足兵团实际，将工作重点放在稳增长、调结构、转方式上，着力打好转型升级"组合拳"，加快行政职能转变，发挥市场配置资源决定性作用，通过改革开放释放改革红利，推进经济发展方式转变，建立全方位开放型经济体系。本报告旨在描述兵团经济发展和体制改革的现状，并围绕当前兵团经济发展和深化改革中存在的突出问题提出对策建议，以期进一步推进兵团的经济发展和体制改革取得更大成效。

关键词： 兵团 经济发展 体制改革

改革开放以来，在西部大开发和国家对口支援战略的支持下，兵团经济步入快速发展的阶段，产业结构逐步调整优化，第二、第三产业比重不断提高，科技创新能力不断提升，新型城镇化建设不断加快，民生和社会事业同步改善。但随着我国经济发展步入新常态，兵团面临特殊体制与市场经济接轨改革的攻坚期，存在经济发展方式粗放、市场体系不健全、产业结构不合理、城镇化发展质量不高等问题。促进兵团经济发展和体制改革，打造兵团经济升级版，既要立足兵团实际，将工作重点放在稳增长、调结构、转方式上，着力打好转型升级"组合拳"，又要加快行政职能转变，发挥市场配置资源的决定性作用，通过改革开放释放改革红利，推进经济结构调整和发展方式转变，建立全方位开放型经济体系。

第一节 兵团经济发展和体制改革的现状

面对国际国内复杂严峻的经济形势，兵团上下积极转方式、调结构、促增长、惠民生，深入贯彻中央经济工作会议和党的十八大、十八届三中全会、十八届四中全会精神，积极融入"丝绸之路经济带"核心区建设，经

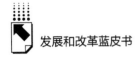

济体制改革进一步深化，经济发展总体上呈现"稳中有进，进中加快，快中见好"的良好发展态势。

一 经济体制改革深入推进

近两年，兵团经济体制改革深入推进，顶层设计与实践探索相结合，实现了重点领域和关键环节的稳步推进与多点突破。一是兵团出台了《关于深化团场改革试点工作的指导意见》，确定了 8 个重点团场作为改革试点单位，各师也相继确定了 21 个师级试点团场。按照兵团党委确定的"强化团场党委核心领导作用、实行团场内部政企分开、增强团场公共服务和社会管理职能、完善农业基本经营制度、建立国有资产运营监督管理体制"的总体改革思路，试点团场积极探索兵团特殊体制与市场机制结合的有效实现形式，在团场内部实行"政资、政企、政社、政事"四分开，不断创新和完善团场管理体制和运行机制。二是兵团出台了一系列关于深化国有企业改革的文件，加快了兵团、师国资委监管企业的改制、整合与重组步伐。三是深入推进行政审批制度改革，完成兵团本级行政审批事项清理，确定了公共资源交易中心的职责、机构设置、交易范围和监管机制，加快了行政制度改革。四是不断健全财政（财务）管理体制，强化了部门预算管理，理顺了内部预算管理体制，强化了兵团、师与团场的分级预算责任，完善了专项资金管理制度，加强了团场债务风险管理，逐步完善了投资项目审批制度。五是加快推进了科技体制改革，制定了《关于深化兵团科技体制改革、加快建设兵团创新体系建设的意见》和《关于支持企业技术创新的意见》，加快了企业和部门技术创新体系建设，逐步建立了科技投入的稳定增长机制。六是健全了资源节约集约利用管理机制，推进了土地节约集约利用，严格控制建设用地标准等。七是在对外开放、收入分配改革、就业、医疗、教育等多领域进行了改革探索。

二 经济平稳快速发展

兵团经济目前正呈现第二产业引领、第一产业和第三产业竞相发展的格局。据核算,兵团 2014 年实现生产总值 1738.68 亿元,比上年增长 16.1%,连续 4 年保持 16% 以上的增长水平。分产业看,第一产业实现增加值 416.96 亿元,同比增长 7.9%,第二产业实现增加值 776.86 亿元,同比增长 22.2%,第三产业实现增加值 544.85 亿元,同比增长 14.3%。通过不断努力,兵团产业结构不断优化,三次产业结构比由 1978 年的 47.4∶30.8∶21.8 调整到 2014 年的 24.0∶44.7∶31.3。第一、第二和第三产业对经济的贡献率分别为 12.91%、61.49% 和 25.60%,分别拉动经济增长 2.1、10.0 和 4.0 个百分点。兵团投资一直保持高速增长,在中央和对口援疆资金与项目的支持下,兵团不断扩大招商引资,投资规模不断扩大。2014 年兵团完成固定资产投资 1761.33 亿元,比上年增长 16.7%。民间投资持续发力,南疆垦区投资力度不断加大。对外开放水平逐年提高,2014 年实现货物进出口总额 119.9 亿美元。

三 产业体系不断完善

兵团产业结构逐步调整优化,第二、第三产业比重不断提高,产业体系不断优化完善。农业综合生产能力明显提高,据兵团 2014 年统计公报数据,兵团种植业耕、种、收综合机械化率达到 93%,拥有采棉机 1720 台,机采棉面积达到了 45.3 万公顷(680 万亩),棉花机采率达到 65%。畜牧业机械化水平达到 70%,林果业机械化水平达到 54%,设施农业机械化水平达到 36%。畜禽良种推广覆盖率达到 95%,优质高产饲草种植收获加工示范田达到 0.13 万公顷(2 万亩)。2014 年末各级农业产业化龙头企业达到 476 个,其中国家级 15 个,兵团级 90 个,销售收入过 10 亿元的有 18 个。已建成 1 个全国农业产业化示范基地,4 个全国现代农业示范区,4 个全国农产品加工示范基地和 24 个全国"一村一品"示范团场。完成"三品"(有机农产品、无公害农产品、绿色食品)认证 225 个,认证面积达到 43.3 万公顷,完成农产品地理标志认证 20 个。工业平稳快速发展,重化工业带动作用突出。新型工业化建设步伐持续加快,工业园区经济发展迅速,带动作用不断增强。截至 2013 年底,兵团共有各类产业园区 28 个,其中国家级产业园区 5 个,自治区级工业园区

3 个，兵团级工业园区 20 个，成为兵团产业集聚、人才集聚、体制机制创新、科技创新的主要阵地。服务业健康发展，对外经济快速增长。以批发零售贸易、交通运输、餐饮等为主的传统服务业继续壮大，旅游、信息、物流、中介服务和金融保险等现代服务业迅速发展，逐渐形成了多种经营方式互补的服务业发展体系。

四　新型城镇化建设不断推进

兵团城镇化建设步伐不断加快，兵团城镇化率由 2000 年的 32.9% 提高到 2013 年的 62%。兵团党委始终高度重视城镇化建设工作，将推进城镇化作为"事关兵团和新疆发展的长远大计"，采取有效措施，大力推进和实施城镇化发展战略。兵团城镇载体作用进一步凸显，城镇规划、管理和服务水平不断提高，城镇公共设施、基础设施和便民设施建设力度加大，人口加快向城镇集聚。按照兵团党委确定的"师建城市、团场建镇、整体规划、分步实施、成熟一个建设一个"的城镇化发展思路，兵团已建成 8 个"师市合一"管理模式的城市和 6 个"团（场）镇合一"管理模式的建制镇，做强石河子市，培育壮大阿拉尔市，加快五家渠市、图木舒克市、北屯市、铁门关市、双河市和可克达拉市建设，加强 38 个团场小城镇建设，逐步形成了有兵团特色、与新疆城镇体系相适应的城镇化体系。兵团正积极探索建立城镇公共设施服务和管理的新机制，实行具有兵团特色的城镇管理模式，重点提升城镇化发展质量，加快新型城镇化建设步伐。

五　财政金融发展不断推进

兵团内部全面实行"综合财力补助 + 地方专项"预算管理体制，在团场实行"一总两分"的预算管理办法，将团场纳入兵师团三级总预算管理体系，在团场建立一级总预算，对团场"党政军"各项收支通过部门预算进行管理和核算，对属于"企"的部分实行企业财务预算管理和核算。

兵团金融业快速发展，金融机构总量、规模都出现了快速增长，金融体系不断完善，金融产品种类日益丰富，金融服务质量不断提升。以国有大银行为支撑，各银行积极介入、充分竞争的兵团金融工作新格局已初步形成，信贷总量稳步增长，融资结构日趋合理。目前，兵团已建立654家银行业机构网点，其中团场共有415家，基本实现了团场金融服务全覆盖，为兵团构建现代金融体系奠定了坚实基础。据统计，到2013年底，兵团辖区已设立农村合作银行1家，村镇银行9家，融资性担保公司18家，小额贷款公司22家，融资租赁公司1家，典当公司39家；兵团控股的基金公司1家，期货公司1家。随着兵团金融业的快速发展，其对于"四化"建设的杠杆效应日益凸显。

六 科技驱动力量加强

长期以来，兵团大力实施科教兴兵团和人才强兵团战略，坚持把科学技术放在优先发展的战略地位，科技经费投入持续增长，全社会科技进步贡献率达52.32%。根据科技发展需要，相继新增了博士资金、院士资金、科技支疆、条件建设等科技专项资金，2013年各类科技经费总额3.93亿元，比上年增长21.7%。科技领域成果丰硕，科技研发体系、技术推广体系、科技管理与服务体系不断健全，现有国有独立科研机构17个，综合性大学2所，重点实验室9个，国家级工程技术研究中心1个，国家农业科技园区1个，（国家）高新技术企业15家，国家创新型企业3家，企业技术中心31家（其中国家级4家），产学研联合开发示范基地17个，博士后工作站8个。25家企业进入兵团创新型企业试点行列，企业核心创新能力进一步增强。科技人才队伍不断发展壮大。已拥有高新技术产业化中试平台2个，产业技术创新联盟已达到5家，工程技术研究中心达到6家，创新型试点企业达到9家，各类科技服务机构达到5家。

七 民生事业健康发展

兵团以"民生为先、安居为要、就业为本、富民便民为重"为原则，结合城镇化和保障性安居工程建设实际，大力促进兵团公共服务均等化，着力实现"住房建设与配套设施同步推进，基础条件与生活水平同步改善，社区服务与公共保障水平同步提高，办学条件与学生助学补助同步加强"。科教文

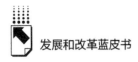

卫全面发展，社会事业不断进步。为促进职工和居民收入快速持续增长，提高职工群众生活水平，兵团党委高度重视顶层规划设计，全面启动和实施了促进职工多元增收工作，制定了促进团场职工多元增收实施意见和3年攻坚计划。兵团各师从调结构、转方式、转移就业、创新体制机制、落实惠民政策等方面，积极促进职工多元增收。职工通过大棚果蔬种植、畜牧养殖及外出务工等多种方式，变冬闲为冬忙，开拓增收渠道。2013年，兵团城镇居民人均可支配收入达2.32万元，较2012年增长18%；农牧工家庭人均纯收入1.43万元，较2012年增长18%。城乡居民收入增长基本实现了与经济发展同步同速。

八 生态环境不断改善

近年来，兵团党委始终着力推进生态环境修复和保护工作，大力加强植树造林、改造荒沙戈壁，在开发中注重保护生态环境，大力开展营建防护林、水土保持、网格固沙、治理盐碱地、封育野生植被、防治荒漠化等工作。严格控制开发水土资源，加快建设节水灌溉示范基地。在农业生态环境保护方面，减少了化肥和农药的施用量，大力发展了绿色和无公害农产品及高效节水农业，提高了秸秆综合利用率，改善了农业生态环境。在城镇生态保护方面，提高了城镇绿地覆盖率，加强城镇植树种草，改善城镇生态环境。兵团注重生产、流通、消费过程的资源再利用，尤其在园区建设中大力推行了循环经济模式，加快了生态文明建设步伐。建立了石河子国家级生态工业示范园区，积极倡导城市循环经济发展理念，开展了生态环境现状调查及生态环境功能区划工作，不断改善兵团的生态环境。

第二节 兵团经济发展和体制改革中存在的问题

一 经济体制改革不到位

一是管理主体越位。兵团行政部门代行出资人职能、公共行政管理与企业经营职能，行政部门既是产权主体，又是管理主体和经营主体，三种职能混为一体，习惯以行政管理方式来管理经济活动，对经济运行过程大包大揽，用计划手段配置资源。二是产权主体不清。兵团作为计划单列的社会经济组织，代表国家管理国有资产，从资产所有权主体来讲是清晰的，但国有资产的代理主体及科学运作方式是模糊的，权利责任界定不清。行政运行机制和财产经营机制错位，行政目的和财产经营目的交织，缺少市场化的财产经营主体。三是兵团利用市场手段管理社会、管理经济的能力不强，市场配置资源的决定性作用没有得到有效发挥，特殊管理体制与市场经济体制接轨仍存在许多问题需要进一步解决。

二 经济发展方式落后

一是经济发展方式仍然较粗放。经济增长仍然以外延扩张为主，企业的自主创新能力不强。高能耗、高污染产业还占相当大的比重，服务业比重仍偏低。二是兵团经济还属于投资拉动型，依靠高强度的投入来拉动经济的增长，创新对经济发展的拉动作用发挥有限。拉动经济增长的另外"两驾马车"消费和出口对兵团经济增长贡献不高，职工消费主要集中在购房、教育等方面，消费面较窄、消费能力不足。出口总额中兵团自产品出口有所增长，但对兵团的经济增长拉动有限。近几年，兵团固定资产投资总额快速大幅增长，持续保持 40% 以上的增长速度，直到 2014 年固定资产投资增速才下降到 16.7%，但创造的生产总值较低，经济发展内生动力不足。投资高速增长，但投资效率低，增加投资的渠道单一，主要靠项目争取中央财政的支持。三是所有制结构中非公有制经济比重偏低，兵团经济发展活力不足的局面未根本扭转。四是全方位开放体系还未真正建立起来，行政藩篱仍然不同程度存在，开放水平和开放能力与先进省份相比仍有差距。

三 产业层次不高

与全国平均水平和自治区平均水平相比，兵团第一产业比重仍然偏高，第三产业增加值占生产总值比重偏低，成为兵团全面建成小康社会的"短板"之

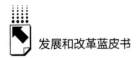

一，第二产业增加值占比与全面建成小康社会的目标值47%相比仍有较大差距。兵团产业层次不高，一是农业产业化程度不高。现有农业产业链条仍较短，产品附加值较低，产品深加工能力和新产品研发能力不强，农产品的优质品牌不多，市场竞争力和抗风险能力较弱。龙头企业与生产基地、职工之间在农产品生产计划落实和原料收购方面利益联结机制还不够完善，影响了龙头企业和基地的健康发展。二是第二产业中工业依赖农副产品加工和高耗能行业程度较高，工业持续增长动力不足。农副产品加工企业利润空间进一步压缩，规模以上五成以上工业企业盈利水平下降。三是服务业特别是生产性服务业发展滞后，传统服务业不强，新兴服务业发展不足，对兵团经济发展的支撑作用有限。

四　城镇化发展质量不高

兵团城镇化在快速发展的同时，存在速度过快、结构失衡、效率不高等问题。在当前兵团的城镇化发展中，一些师团的行政色彩过浓，伴随而来的就是盲目追求城镇化数量，轻视城镇化的质量建设，重硬件轻软件，重人楼轻配套，重形象轻功能，城镇配套功能不完善，缺少产业支撑，不能很好地实现产城融合，就业渠道匮乏，城镇运行经费紧张，职工群众生活成本上升，生态环境修复代价高昂等一系列问题。一些城镇人气不足，基础设施和配套服务跟不上，就业机会不足，难以集聚人才、资本、技术等生产要素，影响城镇化发展质量。城镇基础设施建设相对滞后，一些团场城镇的供热、用电和供气等公共基础设施建设仍比较薄弱，市政交通等基础设施较差，垃圾污水和环卫等设施不够完善，文化体育、商业服务、医疗卫生条件仍比较落后，绿化覆盖率较低等。部分团场城镇产业发展特别是第二、第三产业发展相对滞后，城镇吸纳劳动力就业能力不强，个别产业园区与城镇规划建设衔接不够紧密，基础设施难以共建共享，产城融合发展程度不高，产业发展缓慢，对城镇发展支撑作用亟待加强。

五　财政金融体系不完善

兵团因其担负的屯垦戍边使命及"党政军企"合一的特殊体制，既履行着发展经济的职能，又承担着大量的社会事务，基于兵团的特殊职能，国家已经给予了兵团大量的财政支持和补贴，但与兵团经济发展的需求相比仍有很大差距。兵团除已成立的 8 个城市和 6 个建制镇外，其余师团均无财政税收权，大部分师团上缴的税费主要给地方财税做出了贡献，得到的税收返还有限，这种财权与事权的不对称及财政上的纵向失衡使兵团经济发展受到诸多限制，师团的基础设施建设、基本公共服务以及团场机关的学校、医院等事业单位经费开支存在严重不足，成为制约兵团经济跨越式发展的桎梏之一。兵团的金融体系尚不完善，金融机构覆盖面窄，融资渠道单一。金融机构发展水平参差不齐，银行类金融机构结构单一，兵团自有银行类金融服务机构缺失，其他类金融机构功能不健全，金融服务品种单一、金融创新能力不足。

六 科技创新乏力，人才不足

一是由于隶属于兵团行政管理部门，兵团科研机构在管理体制上具有很强的计划性色彩，一些机构仍承担着行政委托的非科研工作，阻碍了兵团科技创新的市场化进程。二是科技创新能力欠缺。大多数国家在人均生产总值达到 5000 美元以后，R&D 支出占 GDP 的比重都超过 2%，但 2014 年兵团 R&D 支出占 GDP 的比重仅达到 0.9%，成为兵团全面建成小康社会的"短板"之一，目标实现比例仅为 37.2%。R&D 投资明显不足，自主创新能力较弱。三是企业创新能力较弱。兵团企业在技术研发投入上缺乏主动性和创新性，研发能力相对较弱，大多数企业内部没有研发机构。四是创新型人才缺乏。兵团人才占总人口比例比全国平均比例低 10% 左右，研究生学历以上人数或高层次科技人才不及全国平均比例的一半，创新创业型人才、战略型管理人才、高技能人才等都较为缺乏。

七 民生任务艰巨

兵团在保障和改善民生方面取得了突出成绩，但民生问题是一个长期的问题，兵团尚需建立和完善改善民生的长效机制，改善民生的政策体系仍需进一步健全与完善。面对兵团提出的"2018 年率先在西北地区全面建成小康社会"和"到 2020 年力争实现居民人均收入比 2010 年翻两番"的奋斗目标，兵团的民生建设任务十分艰巨。当前的教育、医疗、文化和社会保障服务均等化水平仍不高，南疆及边远团场的公共服务水平偏低，就业问题仍十分突出。教育、医疗、文化、体育资源布局不合理，边远、边境和少数民族聚居团场医院基层医疗服务机构的服务能力和医疗质量不高，需进一步提升。公共服务水平不高，城乡居民文化娱乐服务支出占家庭消费支出的比重和城乡居民家庭人均住房面积达标率两项全面建成小康社会指标实现程度均较低。贫困团场脱贫致富工作还存在一定压力。

八 节能降耗形势严峻

兵团的节能降耗形势十分严峻，一方面兵团环境质量不高，生态基础脆弱，生态系统自我修复能力弱；另一方面兵团经济发展尤其是高能耗、高排放的重化工业的快速发展给生态环境带来的威胁与日俱增，加大了生态环境建设和保护的难度，加剧了经济发展与节能降耗的矛盾。近年来，兵团经济的快速发展尤其是重工业的快速发展，主要依靠消耗大量资源拉动。随着兵团各师、团大量产业园区的形成和运作，招商引资工作强力推进，但受地理环境、资源和技术等多因素影响，大量高耗能、高污染、高消耗的产业转移项目在兵团落地和开工，对兵团的生态环境建设带来了巨大挑战和影响。2000 ~ 2013 年，兵团主要污染物排放呈恶化趋势，而全国总体呈改善趋势，兵团与全国差距拉大。2013 年兵团规模以上工业企业综合能源消耗比上年增长 31.9%，能耗增速高于规模以上工业企业增加值增速 10 余个百分点。2013 年兵团单位 GDP 能耗、单位 GDP 水耗、单位 GDP 建设用地占用面积和主要污染物排放强度这 4 项全面建成小康社会指标的目标实现比例均在 30% 及以下的极低水平，是兵团全面建成小康社会的"短板"，完成难度较大。

第三节 促进兵团经济发展和体制改革的对策建议

以提高兵团经济发展质量为核心，以兵团产业转型升级、城镇化发展和科技创新为抓手，以着力做好深化兵团经济体制改革、促进兵团经济发展、加快兵团城镇化建设、实施科技创新驱动战略、加快改善生态环境、加快推进兵团对外开放和兵地融合发展为重点，深刻把握兵团经济发展和体制改革的着力点和关键环节，实现兵团产业结构全面升级、发展方式日趋合理、经济体制保障有序、城镇化建设协调推进、生态环境明显改善、兵地融合和对外开放水平进一步提高。

一 深化经济体制改革

加快推进行政职能转变，发挥市场在资源配置中的决定性作用。一是加快推进政资分开、政企分开、政事分开、政社分开，进一步划清行政和市场、企业、事业、社会的职能、定位、责任及相互关系；二是加快简政放权，向市场放权、向社会放权、向基层放权，建立权利清单、负面清单和责任清单；三是培育公平竞争的市场环境，完善市场体系建设，建立统一市场，使商品和要素资源能够依据经济规律和统一市场规则顺畅流动和优化配置。实行统一的市场准入制度，建立有效的契约制度、产权制度和公平交易、公平竞争的市场规则。加强兵团市场竞争法治环境建设，切实保障兵团市场经营主体的利益。

完善国有资产管理体制，推进国有企业市场化改造。一是做实中新建集团，落实兵团国有资本的所有权人和出资人，实现国有资本所有权、资本经营权和实体经营权相对分离；二是完善国有资产管理体制，探索"以管资本为主加强国有资产监管"的新模式和新方法，加快建立出资人管理事项清单制度，探索组建兵团国有资本投资运营公司；三是深化国有企业改革，坚持分类推进、一企一策，通过引资入股、增资扩股、股权转让等方式引进战略投资者，加强与央企、民企、外企的多层次合资合作，推进国有企业产权多元化。

加快国有经济结构调整步伐。一是坚持"有进有退""进而有为，退而有序"的原则，实现国有经济有进有退的结构调整；二是推进国有资本重组整合，抓住国家产业援疆、企业援疆的大好机遇，通过引进战略投资、与

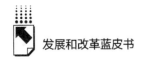

优势企业合资合作、整合相近产业等多种方式，加快企业重组和内部资源整合，统筹推进兵团内部、各师团内部、各行业内部以及跨师团、跨兵地的资源整合，促进资源向优势产业和优势企业集中；三是大力发展混合所有制经济，存量方面要大力鼓励非公有制经济参与国有企业改革，增量方面对新投资项目允许非公有制经济参股。

深化财税体制改革。一是建立财权与事权相匹配的财税体制，确立以中央财政拨款为主、兵团自身收入为辅的公共财税体制，在兵团"建城戍边"职能转变背景下，推行合理的税收政策；二是推进预算管理体制改革，形成稳定的收入来源和增收机制，规范公共预算支出，严格执行"以收定支"的预算管理办法，调整完善"一总两分"的预算管理模式；三是进一步完善财政转移支付制度。

加快投融资体制改革。一是健全多层次金融服务体系，逐渐形成多层次、广覆盖、互为补充、良性竞争的金融组织体系。加快国有大型商业银行和股份制银行在兵团所辖城市（镇）设立分支机构，争取组建兵团控股的地方法人机构，积极推进村镇银行建设。大力发展资本市场，推动兵团本级及各师投融资平台建设。二是推动金融创新，鼓励金融产品创新、金融工具创新、金融机制创新及对外金融发展。

促进团场经营机制创新。一是坚持团场政企分离原则，理顺团场社会管理和国有资产市场化经营机制，分离团场国有资产所有权和经营权，扩大企业经营管理的自主权；二是构建新型农业经营体系，培育联户经营、家庭农场、农工专业合作组织等现代农业新型经营主体，最终形成布局园区化、产业集团化、企业集群化、基地标准化、经营市场化、主体多元化、服务社会化的兵团新型农业经营体系。

二 加快产业发展

优化结构，建立现代产业体系。优化产业结构，通过夯实第一产业、巩固第二产业、加快第三产业，提升三次产业自身发展水平，实现三次产业的彼此促进，形成三次产业互动协调发展的现代产业体系。夯实第一产业基础，创新农业经营机制，大力提升农业品质；巩固第二产业，加快传统工业的更新改造，积极发展高新技术产业；加快发展第三产业，着重发展现代服务业，尤其是生产性服务业，如现代物流业、信息服务业、金融保险业和中介服务业等，加快承接产业转移步伐，提升产业发展水平。

聚集要素，集中发展产业园区。一是加强顶层设计，健全产业园区发展规划。坚持高起点、高标准、高质量、高效益、有特色的原则，以产业定位、空间布局、功能分区和循环经济为重点，科学定位园区主导产业和支柱产业，科学确定产业发展模式；二是促进产业园区合理的空间布局，集中优势资源、优质资产向天山北坡垦区集聚，与其他垦区和地方形成产业梯度。南疆垦区和边境垦区要立足后发优势，采用差别化发展战略和聚焦战略，形成与天山北坡经济带优势互补、错位发展、特点突出的产业园区新格局。

整合构建区域或行业大企业、大集团。利用全国对口援疆的大好发展时机，把政策优势化为招商引资优势，围绕兵团优势和主导产业，积极引进全国500强的大企业、大集团落户兵团。积极培育兵团自有大型企业集团，引导现有大企业、大集团加强管理，通过申请上市、规范改制和加强信息化建设等途径，增强企业的发展能力和竞争力。

实现"四化"联动协调发展。工业化、信息化、城镇化、农业现代化相互关联、不可分割，工业化是促进城镇化和农业现代化水平提高的根本动力，城镇化是工业化和农业现代化的重要载体和带动力量，农业现代化是城镇化和工业化的重要保障，信息化是工业化、城镇化、农业现代化的重要引擎，后者又为信息化提供应用基础。兵团应提高"四化"联动协调发展能力，促进兵团经济可持续发展。

三 提升城镇发展质量

构建功能健全的城镇体系。一是完善城镇政府功能管理体制，大胆突破现在的"师市合一"就是"领导班子必须合一"的管理体制和管理方式，尤其是针对异地师市（阿拉尔市、图木舒克市），要尽快建立和完善师市领导班子相对分离、责权利统一的管理模式；大胆突破市域、团域行政管辖分割的体制和管理方式，将兵团城市辖区内团场纳入市域范围统一管理。在兵团城市辖区内、离城区较远的团场城镇试行场镇合一模式。二是推进城镇产业功能发展，加强产业支撑，提升转化职工、吸纳就业的能力，提高城镇产业发展和经济增长的就业弹性，发展吸纳就业能力强的现代城镇产业体系。三是推进城镇服务功能发展，提高城市综合服务的层级。推进城市服务业，特别是那些先导生产服务业的发展，提高城市信息化程度，增强城市竞争力。发挥城市之间的组合优势，形成各城市服务功能特色。四是构筑具有兵团特色的城市群体系，着力构建兵团城市、建制镇、一般团场城镇、连队等发展节点，形成与地方城镇职能互补的具有兵团特色的城市群体系。

提高城镇规划建设质量。一是完善兵团特色城镇规划，树立区域整体协调、分类调控、特色突出和基本公共服务均等化的规划理念。统筹规划城乡功能布局、基础设施和生态环境建设，形成城乡一体、以师带团、以团带连的城镇化体系。坚持"三规同向、三规合一、三规同步"，做到功能复合、城乡统筹、资源节约、文化传承，体现科学性、前瞻性、可行性。二是突出"以人为本"的建设重点，加快城镇民生设施建设。重点是要加快保障性住房建设，切实解决好职工群众就业和收入问题，加快完善公共服务和社会保障体系。

四　增强创新活力

建设科技创新驱动体系。一是完善兵团科技体系。继续加强顶层设计，深化科技体制改革，兵团科技创新体系应由宏观管理、技术创新、企业创新、中介服务四大体系构成密切联系、协调互动、相辅相成、共同发展的网络系统。二是强化多元化、多渠道的科技投入机制。设立由国家、兵团共同出资的兵团自主创新共同资金，开展联合设计的兵团重大科技攻关项目。加大对基础研究和社会公益类科研机构的稳定投入力度，建立高科技融资担保体系。促进科技和金融结合，创新金融服务科技的方式和途径，鼓励金融机构对重大科技项目、科技成果转化项目等给予优惠的信贷支持。三是建立合理的项目评审监督机制。建立评审专家信用制度、责任制度和信息公开制度，完善同行专家评审机制。加强对科技项目决策、实施、成果转化后的评估。完善兵团科技项目管理的法人责任制，建立健全对科技项目和科研基础设施建设的第三方评估机制。

建立全新人才工作机制。一是完善人才培养机制。制定人才培养规划，采取定向培养、专项培训等措施，优先将兵团发展中急需的人才培养纳入有关专项规划和年度计划。二是完善人才引进机制。打破所有制、部门和行业的限制，逐步完善兵团及各师人才工作的交流、协调、合作机制，形成人才资源共享、政策互通、市场互动、人员互派、合作共赢的良好局面。三是完善人才使用机制。建立以业绩为依据，由品德、知识、能力等要素构成的各类人才评价体系。丰富和发展人才评价方式，采取考核、评审、直接聘任等多种人才评价手段。四是完善人才激励机制。实现"以区位定薪，以岗位定薪，按劳分配，优绩优酬"的分配制度，对高层次人才和特殊人才的工资收入在一定时期给予特殊政策，建立"按需设岗、按岗聘任"的用人制度。

五　持续改善民生

拓宽职工群众收入渠道，提升居民生活质量。一是推进兵团农业产业化经营，培育新型农业经营主体；二是鼓励团场职工群众自主创业，支持兵团职工群众创办各类个体经营、小微企业和专业合作社，从事农产品加工、工业配套生产等产业；三是创造条件增加兵团职工群众的财产性收入。要转变兵团职工群众投资经营理念，鼓励其以自有财产进行资本化经营，引导兵团职工群众进行多种途径投资理财，着重依托团场农业公司和专业合作社等，鼓励兵团职工群众以资金、技术等方式进行技术入股，增加其财产性收入。

推进兵团公共服务均等化。将人均基本公共服务支出差异系数控制在60%以内。一是扎实办好义务教育等各级各类教育，积极发展南疆少数民族聚居团场双语教育和职业教育。着力改善兵团义务教育办学条件，积极推进兵团义务教育学校标准化建设，全面提高入学率。加快普及高中阶段教育，推进普通高中多样化发展，创造条件实现高中阶段教育免费。落实国家职业技术教育相关政策，支持职业技术学校、职业教育实训基地和职教中心建设，扩大职业技术教育招生规模。二是着力增强兵团职工群众就业能力，引导各族职工群众有序进城就业和返乡自主创业。从稳疆安疆的战略高度出发，以增加就业为重点，加快改善民生。在兵团的所有企业和投资项目，都要重视吸纳当地劳动力。吸引内地企业向兵团特别是南疆少数民族聚居团场有序转移、集中布局、集聚发展，实现集中规范就业。三是强化兵团基层团场文化设施建设，加快完善兵团公共文化服务体系。加大团场特别是南疆少数民族团场、中心连队居住区的文化设施建设投入，着力改善公共文化设施条件和文化阵地建设，逐步形成覆盖兵团片区连队（社区）的公共文化服务体系。

创新扶贫方式，建立精准扶贫机制，加快贫困团场脱贫致富步伐。在兵团层面，特别是要在南疆少数民族贫困团场建立健全全面扶持带动贫困团场和贫困职工群众增强自我发展能力的产业支持服务机制，发挥各类专业机构在培养职工群众的生产技能方面的作用，为贫困职工群众脱贫致富提供金融信贷、市场营销等服务。在南疆少数民族聚居团场要加大政策、技术和资金支持力度，积极培育公司化企业和各类专业合作组织。鼓励企业在贫困团场建设产业基地，发展特色产业，优先吸纳安置贫困劳动力，拓宽增收渠道，加快脱贫致富步伐。

六 改善生态环境

实现人口资源环境协调发展。一是实施人口资源环境协调发展总体战略；二是加强人口发展战略研究，制定人口中长期发展规划，着重解决兵团人口发展的突出问题和矛盾，提出科学的预测和应对方案；三是利用市场机制促进资源的高效利用，充分发挥市场对资源配置和资源价格形成的决定性作用，使资源性产品和最终产品之间形成合理的比价关系，减少资源消耗。

科学实施国土主体功能区发展。一是实施主体功能区战略，构筑高效、协调、可持续的国土空间格局。根据《新疆生产建设兵团主体功能区规划》将兵团国土空间划分为重点开发、限制开发和禁止开发三类区域，规范开发秩序，控制开发强度，引导各地区严格按照主体功能定位推进发展。二是构建"城市群—发展轴—经济区"国土空间开发体系，顺应兵团未来经济社会发展在空间上集聚成点、扩散于带、辐射为面的客观趋势。三是拓展兵团土地利用战略空间，促进结构优化。坚持发挥资源优势和建立利益机制相结合的原则，在整个兵团范围内形成优势互补、相互促进的用地结构，提高土地资源的利用效率。

实施节约集约低碳绿色发展。一是大力发展循环经济，通过先进技术促进循环经济减量化、再利用和再循环。二是改变能源消费结构，低碳节能降耗。完善风能、光能等光热利用基础工作，推进可再生能源的产业化建设。加强企业用水定额管理，以节水、节能为重点，完善节水标准体系。贯彻用能设备强制性性能效标准，鼓励兵团工业企业获取节能、节水产品认证。推动重点节能技术、设备和产品的推广和应用，积极开发节能家电、轻质材料等低碳产品，推广低碳技术，发展低碳经济。

健全生态环境保护制度。一是健全完善生态环境责任追究制度。强化依法行政意识，加大环境执法力度。二是完善生态环境补偿机制，建立反映资源稀缺程度和市场供求关系、体现生态价值和代际补偿的生态补偿和资源有偿使用制度，积极探索市场化生态补偿模式，引导和鼓励生态环境保护者和受益者通过自愿协商实现合理的生态环境补偿。

七 扩大对外开放

提高开放发展的能力和水平。一是充分发挥地缘优势，加强兵团与地方、兵团与内地、兵团与中亚区域、兵团与其他国家之间的经济联合和协作，实现经济优势与区位优势、科技优势等互补，联合积极开拓境外市场。二是促进"引进来"和"走出去"更好结合，支持鼓励兵团农业、建筑业等"走出去"，开拓海外合作项目，拓宽兵团经济发展空间。做好一般贸易、加工贸易、边境小额贸易、对外承包工程出口货物、两区一库仓储等多形式、多主体、多渠道的对外交流与合作工作。

积极"融入丝绸之路经济带"建设。一是对兵团融入国家"丝绸之路经济带"发展战略进行顶层设计。做好发展规划，明确重点发展领域和项

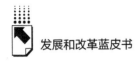

目，加强与国家战略对接，创新合作模式，提出发展目标。二是加快与"丝绸之路经济带"建设配套产业的发展。大力发展物流业、信息产业等现代服务业，做好公路、铁路、管道等各种运输方式之间的协调，完善口岸功能，引进或培育优质物流企业，打造现代物流集散地。通过整合和改造加快建设和完善阿拉山口、霍尔果斯、巴克图等口岸建设。做好交通运输信息化与物流信息化的有效衔接，扩大国际运输合作。三是创新金融服务，为兵团融入"丝绸之路经济带"建设提供更多金融支持。加大区域性金融中心建设，尽快建立兵团与沿线国家规范的国际结算渠道。四是继续深化与"丝绸之路经济带"沿线国家在农业、能源、旅游、商贸等领域的合作。

深化与援疆省份的合作。一是进一步深化产业援疆工作。用好用活中央赋予新疆和兵团的差别化产业政策，加深与援疆省份的在产业项目转移、开发、共建等方面的合作，提高产业援疆的发展规模、发展质量和发展效益。二是进一步深化教育援疆工作。进一步深化与援疆省份在教育方面硬件与软件并举的合作，继续加大选派兵团教育工作者到援疆省份培训进修的力度，充分发挥援疆省份各学科教育带头人在兵团的帮扶带作用，提高兵团整体教育水平和质量。三是进一步深化科技援疆工作。利用援疆力量加强兵团的学科和创新能力建设，加快重点实验室、工程研究中心等项目的建设进程，采用多种方式进一步加强兵团与援疆省份合作拓展向西开放科技合作领域的探索。四是进一步深化人才援疆工作。引进外地优秀人才和培育本地优秀人才两项工作并举，一方面通过制定优惠政策鼓励外地优秀人才留在兵团开拓事业，另一方面加大选派优秀兵团人才赴援疆省份考察培训和进修深造的力度。

八　促进兵地融合发展

进一步巩固"行政"推动兵地融合发展机制。推进建立兵团各师团与地方县乡的区域融合发展机制，破除行政和区域壁垒，强化干部和人才交流，促进人口跨兵地、跨所有制、跨区域流动。以保障和改善民生为重点深化兵地融合，统筹规划兵团和地方基本公共服务体系建设，建立健全兵地卫生、教育、文化、服务协调联合机制，共建共享社会保障和劳动就业服务平台。统筹兵地重大经济发展和生产力布局，做到兵地同步规划、同步建设、同步受益。积极探索园区共建等兵地融合发展的新模式，构建兵地优势互补、合作共融的现代产业体系。在文化交融上，加强兵地一体的公共文化服务体系建设，发挥兵团先进文化引领作用。

推进兵地市场化融合。一是要落实两个"同样适用"的原则，建立统一的要素市场、资本市场，以要素为纽带推动资本重组，发挥市场优势互补以及资源共享的优势，推进兵地企业交叉持股、共同持股。二是以产权为纽带，以市场为导向，鼓励中央、兵团和地方企业打破兵地界线、中央企业和兵团企业界限、公有制经济和非公有制经济界限等，大力发展多种优势互补的混合所有制经济。三是积极探索兵地产城融合、园区共建、以团带乡等新模式，使发展成果更多地惠及兵地各族群众。

进一步推进兵地维稳体系融合。在维护稳定上，兵团要建立健全在自治区党委统一领导下的维稳指挥和常态参与机制，"建立完善兵地一体、上下联动、应对及时、处置有力的维稳合作指挥体系，加强兵团与地方维稳工作的互动和配合，统筹用好兵地资源"，推动实现兵地维稳情报信息共享、行动协调，提高整体应急处置能力。

参考文献

［1］胡锦涛：《在中央人口资源环境工作座谈会上的讲话》，《人民日报》2004年4月5日。

［2］车俊：《坚定不移地加快城镇化进程夯实科学跨越发展和长治久安的坚实基础》，《兵团建设》2012年9月20日。

［3］刘新齐：《提高认识 强化措施 真抓实干 推动兵团城镇化更好更快发展》，《兵团建设》2012年9月20日。

［4］付金存、李豫新：《新疆生产建设兵团科技创新的基础与对策分析》，《新疆农垦经济》2010年第9期。

［5］宋晓玲：《打造兵团经济升级版的若干思考》，《新疆农垦经济》2014年第1

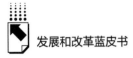

期。

[6] 李秀萍：《全面启动 多点突破 扎实推进》，《兵团日报》（汉语版）2014 年 3 月 25 日。

[7] 纪明辉：《吉林省城镇化水平预测及发展对策分析》，《新疆农垦经济》2014 年 第 12 期。

[8] 丁兴华：《坚持就业第一促进稳疆安疆——新疆伊宁县就业问题的调查与思 考》，《中国就业》2015 年第 1 期。

[9] 徐敏：《深化兵地融合 开创兵团融合发展新局面》，《兵团日报》（汉语版） 2014 年 7 月 12 日。

[10] 张宜琳：《兵团生态环境分析与保护对策研究》，《新疆农垦经济》2014 年第 10 期。

[11] 鲍平：《用奉献精神再创新伟业》，《兵团日报》（汉语版）2014 年 8 月 25 日。

[12] 张光辉：《屯垦盛世铸辉煌》，《当代兵团》2014 年第 9 期。

[13] 编辑部：《兵地融合新乐章》，《当代兵团》2015 年第 3 期。

B.14

农业现代化与新型城镇化
有机融合的创新实践

——山西天泽现代农业示范园调查报告

崔正龙*

摘　要：　"山西天泽现代农业示范园"有效落实中央系列农村改革政
策，以产城融合的新模式激活农村土地等要素，促进资源优
化配置，创造性地将农业现代化与新型城镇化有机融合，对
"百里汾河新型经济带"建设、农村改革与发展具有重要现
实意义，值得条件相似地区学习、借鉴。该模式仍然存在一
些问题和不足，本报告提出了一些针对性的政策建议。

关键词：　农业现代化　新型城镇化　创新实践

农业是全面建成小康社会和实现农业现代化的基础。多年来，解决好
"三农"问题一直是全党工作的重中之重。党的十七届三中全会通过的《中共
中央关于推进农村改革发展若干重大问题的决定》，提出了推进土地流转，发
展规模化经营的方针。党的十八大明确指出："城乡发展一体化是解决'三
农'问题的根本途径。"党的十八届五中全会通过的《中共中央关于制定国民
经济和社会发展第十三个五年规划的建议》（本文以下简称《建议》），明确要

---

* 崔正龙，中共临汾市委党校（临汾行政学院），校长助理，经济学教授，研究方向为区域经
济与临汾市情。

求促进新型工业化、信息化、城镇化、农业现代化同步发展。《建议》强调，"着力构建现代农业产业体系、生产体系、经营体系，提高农业质量效益和竞争力""加快转变农业发展方式，发展多种形式适度规模经营，发挥其在现代农业建设中的引领作用""稳定农村土地承包关系，完善土地所有权、承包权、经营权分置办法，依法推进土地经营权有序流转，构建培育新型农业经营主体的政策体系"。2015 年 11 月 2 日，中共中央办公厅、国务院办公厅发布《深化农村改革综合性实施方案》，对当前我国农村经济社会发展改革的总体要求、任务目标，以及改革关键领域做出整体设计。今后全面深化农村改革涉及经济、政治、文化、社会、生态文明和基层党建等领域，涉及农村多种所有制经济主体。深化农村改革将要聚焦农村集体产权制度、农业经营制度、农业支持保护制度、城乡发展一体化体制机制和农村社会治理制度等五大领域。这些重大战略部署为创新农业经营方式和改革农村产权制度，提高农业组织化、产业化、市场化水平，提供了依据，指明了方向。

"山西天泽现代农业示范园"是落实中央系列农村改革政策和强农、惠农、富农政策的创新成果。是洪洞县按照市委市政府"百里汾河新型经济带"建设要求，立足本县实际，与五洲企业集团合作建设的农业现代化项目。该项目牢固树立创新、协调、绿色、开放、共享的发展理念，以产城融合的新模式激活农村土地等要素、促进资源优化配置，成效显著。该项目农业现代化与新型城镇化有机融合的创新实践引起各界广泛关注。笔者多次深入洪洞县、五洲企业集团及园区调查研究后认为，"山西天泽现代农业示范园"的创新实践，对我国当前的农村改革发展具有重要的样本价值和借鉴意义。

第一节　"山西天泽现代农业示范园"的建设模式

一　区位优势和空间布局

"山西天泽现代农业示范园"具有自然资源丰富、交通便利和发展基础好等优势。园区位于洪洞县甘亭镇，西起汾河，东至霍侯路，南与尧都区相接，北与洪洞县大槐树镇相连。总面积 2.3 万亩，其中农用地 1.69 万亩（含耕地 1.2 万亩），建设用地 5146 亩（含村庄建设用地 3948 亩），其他用地 1158 亩。园区内有天井村、北羊獬村、南羊獬村、杨曲村、上桥村和士狮村等 6 个行政村，总人口 16426 人。其中，60 岁以上 2082 人，占总人口的 12.68%；18～60 岁 10959 人，占总人口的 66.72%；18 岁以下 3385 人，占总人口的 20.61%。园区建设前，农民以种植小麦、玉米为主，种植蔬菜等经济作物为辅。小麦、玉米种植面积常年稳定在 8400 亩左右，约占耕地面积的 70%；蔬菜等经济作物种植面积 3600 亩左右，约占耕地面积的 30%。农民人均纯收入较低，约占城镇居民人均可支配收入的 40% 左右（见表1），生活水平远不如城镇居民。

表1 2006～2011 年洪洞县农民人均纯收入占城镇居民人均可支配收入的比重

单位：元，%

年份	农民人均纯收入	城镇居民人均可支配收入	农民人均纯收入占城镇居民人均可支配收入比重
2006	4031	9764	41.28
2007	4505	11076	40.67
2008	4953	12311	40.23
2009	5240	13297	39.41
2010	5922	14900	39.74
2011	6756	16693	40.47

注：根据临汾市统计局《临汾市情概览》整理。

二 项目建设思路和建设内容

"山西天泽现代农业示范园"，特别重视以产城融合的新模式激活农村土地等要素，促进资源优化配置，注重改变农民的生产方式和生活方式，该项目实现农业现代化与新型城镇化有机融合的路线图如图1所示。

"山西天泽现代农业示范园"建设的基本思路是：洪洞县政府与五洲企

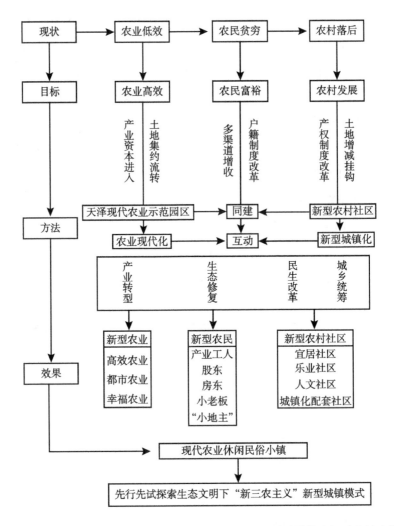

图1 "山西天泽现代农业示范园"农业现代化与新型城镇化有机融合的路线

业集团合作成立"五洲昕宇农林科技发展有限公司"（本文以下简称"五洲昕宇公司"），由"五洲昕宇公司"投资建设并经营"山西天泽现代农业示范园"。开发建设这一园区的总体思路是：先由"五洲昕宇公司"与天井、北羊獬、南羊獬、杨曲、上桥和士狮等6个行政村分别签订土地租赁合同和宅基地开发合同，获得土地经营权和宅基地开发权，再由该公司根据市场需求发展现代农业，并由该公司建设农民新村和农村社区，加快美丽乡村建设进程。

从图 2 可以看出，洪洞县相关部门与甘亭镇政府依法与"五洲昕宇公司"、各村民委员会及村民签订合同，把耕地经营权和宅基地开发权转让给"五洲昕宇公司"，按照"五洲昕宇公司"规划，园区积极发展现代农业和建设"皇英民俗小镇"。

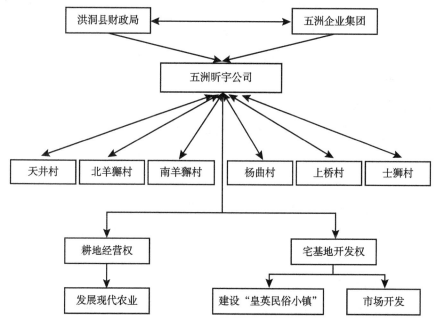

图 2   "山西天泽现代农业示范园"建设示意

首先，现代农业板块以发展旅游观光农业为主体，发展现代设施农业、休闲农业和旅游集散中心。预计该中心总占地面积 14224 亩，投资 9.6 亿元。其中现代设施农业占地 10257 亩，包括莲藕生产示范基地 1000 亩、便捷性草坪建植基地 1161 亩、无公害四季果蔬生产示范基地 1000 亩、北方色叶园林工程苗木基地 7000 亩、农业技术研发基地 96 亩；休闲农业占地 3120 亩，包括果菜花采摘体验区 457 亩、景观花卉区 128 亩、滨水景观带 1015 亩、高新农业展示区 276 亩、民俗婚庆文化园 300 亩、黄花菜和金银花景观区 470 亩、唐尧农业文化传承区 143 亩和垂钓区 33 亩、休闲度假村 298 亩等；旅游集散中心占地250亩，包括旅游饭店、晋南文化馆、生态广场、温泉休闲、停车场等。

其次，建设"皇英民俗小镇"。合并建设天井、北羊獬、南羊獬、杨曲、上桥和士狮等6个行政村，建设面积87.3万平方米。其中二层庭院1250座，六层住宅楼86栋，配套建设幼儿园、学校、办公、医院、养老院、皇英文化广场、停车场、商业街及多点布置的便民超市等服务设施，总占地面积1500亩，计划投资17.46亿元。项目分3期8年建设完成，第一期2015~2016年，完成杨曲村置换搬迁，建设面积15万平方米；第二期2017~2018年，完成羊獬村和南羊獬村置换搬迁，建设面积25万平方米；第三期2019~2020年，完成士狮村、上桥村和天井村置换搬迁，建设面积32.3万平方米。同时开发商品住宅楼，满足甘亭工业园工作人员等周边居民居住需求。

三 项目预期经济效益、社会效益和生态效益

"山西天泽现代农业示范园"建成运营后，能够带来可观的经济、社会和生态效益。预计年经营收入62854万元，税后利润28438万元，投资回报率18%，7.3年可回收全部投资。单位耕地年收益预计可由目前的1000元左右提高到15000元，提高至少14倍。

从农民收入提高的角度看，通过耕地经营权出让，农民不仅每年能够从"五洲昕宇公司"得到每亩耕地租赁费1200元，还能从耕地上解放出来，通过直接在"五洲昕宇公司"就业，获得工资性收入，预计每个劳动力每年可收入2万~3万元，如果签订长期劳动合同，每个农民职工获得的"三险一金"将大大提高其社会保障水平。

项目建成后，汾河岸边将新增一个森林公园，每年可吸收温室气体8万吨，吸附大气颗粒物2000吨，吸收二氧化硫等污染物1000吨，年环保效益相当于减少5万吨标准煤的污染排放，生态环境将得到很大改善。

"皇英民俗小镇"建成后，天井、北羊獬、南羊獬、杨曲、上桥和士狮等6个行政村实现了传统农村到现代农村社区的转变，农民居住条件和生活环境得到根本改变，过上了与城市居民一样的生活。"皇英民俗

小镇"同时满足甘亭工业园等周边居民居住需求，更重要的是，六村连建节省建设用地 2448 亩。

第二节 "山西天泽现代农业示范园"模式对建设 "百里汾河新型经济带"的示范意义

一 "百里汾河新型经济带"建设及对现代农业发展和新型城镇化建设提出的战略要求

"百里汾河新型经济带"建设是临汾市对接转型综改试验区政策、承接产业转移，加快区域经济一体化发展的重大战略举措。临汾市在总面积约 2200 平方公里的区域内实施河道生态治理修复、道路交通建设、产业园区建设、文化旅游景区开发和城镇化建设五大工程，打造 18 个大型工业园区、10 个大型现代农业园区、6 个物流园区、17 个文化旅游景区、2 个中心城市、4 个大县城和 19 个重点镇。到 2020 年，"百里汾河新型经济带"要成为山西乃至中西部地区人口最密集、交通最便捷、经济最发达、社会最繁荣、环境最优美的活力区和四化一体、城乡统筹发展的示范区。

现代农业发展和城镇化建设是"百里汾河新型经济带"建设的核心内容和重要任务。按照市委市政府规划，到"十二五"期末，带内城镇化率要达到 68.2%。2011 年沿汾河六县市区总人口 2898302 人，城镇人口 1368562 人，城镇化率 47.22%。2011 年沿汾河六县市区人口平均自然增长率 5.03‰。如果继续按这个增长率计算，到 2015 年六县市区总人口将达到 2912793 人。按68.2% 目标计算，2015 年六县市区城镇人口将达到 1986525 人。也就是说，今后三年必须有 617963 人转变为城镇人口，平均每年 205988 人。

发展现代农业和加快城镇化建设，先要解决资金问题。临汾市经济发展水平落后，政府财政收入有限，农民收入很低。依靠政府和农民投入，无法有效满足六县市区现代农业发展和城镇化建设的资金需求。解决现代农业发展和城镇化建设资金需求问题，只能依靠企业投入。

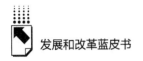
二 "山西天泽现代农业示范园"模式对"百里汾河新型经济带"建设的示范意义

首先，发挥区位优势解决现代农业发展和城镇化建设难题。"山西天泽现代农业示范园"位于尧都区与洪洞县大槐树镇之间，西邻汾河、东接霍侯公路，交通便利，具有得天独厚的区位优势，大片土地有巨大的升值空间。根据发展规划，园区西部除现有的祁临高速公路以外，将建成大同至西安高速铁路，临汾市城区将大规模向汾河西扩展，随着"百里汾河新型经济带"建设逐步推进与完成，汾河及汾河两岸将建成临汾市乃至全国最大的滨河生态公园。特别是滨河东路、滨河西路全部贯通以后，汾河两岸将成为临汾市最大的产业集聚区、人口集聚区，汾河尧都至洪洞段将成为临汾市最大休闲、娱乐和人口集聚区域。园区东边除现有的霍侯公路、南同蒲铁路外，将建设临汾机场、长治至临汾高速公路、中南铁路，临汾开发区与洪洞县合作建设的甘亭工业园建成后，将成为临汾市最大的工业新城。该区位南北两段的临汾市和洪洞县正逐步相向扩张。该区域很可能成为临汾城和洪洞县城连为一体后的中心区域。随着周边区域建设与发展，该区土地将大幅度升值，因此吸引了有实力的五洲企业集团投资现代农业发展和新型城镇化建设。"山西天泽现代农业示范园"模式值得"百里汾河新型经济带"沿线其他类似县市区借鉴。

其次，发展现代农业与村镇建设相结合，走产城融合发展之路，推进现代农业和城镇化建设同步发展。现代农业发展能够促进城镇化建设，城镇化建设也能够带动现代农业发展。把现代农业发展与村镇建设相结合，在发展现代农业的同时也推进了农村地区的城镇化建设，做到了一举两得。

最后，以村镇建设为基础加快推进新型城镇化建设。在"山西天泽现代农业示范园"中建设"皇英民俗小镇"，对加快"百里汾河新型经济带"城镇化建设很有借鉴意义，值得推广。"皇英民俗小镇"建设不仅有利于实现土地的规模化、专业化、集约化、社会化经营，也能彻底改善农民的居住生活条件，让农民过上和城市人一样的生活，此外还有效解决了农民城镇化以后的就业问题。

第三节 "山西天泽现代农业示范园"模式对农村改革与发展的启示与意义

一 通过现代农业园区建设大幅增加农民收入是破解"三农"问题的关键

改革开放以来,我国农村实行家庭联产承包责任制,极大地调动了农民积极性,农业得到快速发展,农民收入得到很大提高。以临汾市为例,1979年全市农民家庭经营纯收入只有33元,2011年达到2554元,不考虑物价因素,增长76.39倍,平均每年增长14.56%。但是,以家庭为单位的农村生产组织规模小,能够容纳的生产要素有限。当农民个体劳动和与农民个体劳动相适应的土地规模效益得到充分发挥,家庭作为生产组织就无法再继续增加单位土地面积上的农产品产量,农民收入增长也会随之放缓并最终达到极限。

主要农作物单位面积产量徘徊不前,直接导致农民家庭经营纯收入增长停滞不前,2006年临汾市农民家庭经营纯收入1858元,2011年达到2554元,5年增加696元,平均每年增加139.2元,年均增长率只有6.57%,远低于同期临汾市居民人均收入年均12.83%的增长速度。虽然农民人均纯收入一直在增长,但其增长速度却一直低于城镇居民可支配收入增长速度。2006~2011年,洪洞县农民人均纯收入从4031元增加到6756元,净增2725元,平均每年增长10.88%;而同期城镇居民人均可支配收入从9767元增加到16693元,平均每年增长11.32%。城镇居民人均可支配收入增幅高于农民人均纯收入。农民人均纯收入与城镇居民人均可支配收入的差距逐步拉大,从2006年的5736元增至2011年的9937元,净下降4201元,平均每年扩大11.62%。

现阶段,我国农民家庭经营纯收入增长缓慢,特别是城乡收入差距不断拉大,不仅表明我国"三农"问题日趋严重,而且表明我国经济社会发展

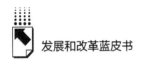

不平衡问题也日益严重。所以，必须深化农村改革，加快发展现代农业，大幅度增加农民收入，从根本上解决"三农"问题。

二 推进农业规模化、专业化、集约化、社会化经营是实现农业现代化的必由之路

多年来，为了突破以家庭为单位的农村生产组织对现代农业发展的制约，推动农业规模化、专业化、集约化、社会化经营，大幅度增加农民收入，缩小并最终消除城乡差距，中央相继制定实施了一系列重大方针。

目前，要突破以家庭为单位的生产组织对现代农业发展的限制，推进农业规模化、专业化、集约化、社会化经营，首先要进行土地制度改革，其次要大力培育新的土地经营多元化主体。

按照中央文件精神，地方政府必须引导土地经营权规范有序流转，创新土地流转和规范经营方式，积极发展多种形式适度规模经营，提高农民组织化程度；必须积极培育专业大户、家庭农场、农民专业合作社、产业化龙头企业等新型经营主体，鼓励发展规模适度的农户家庭农场，引导农民专业合作社拓宽服务领域，引导农民以土地经营权入股合作社和龙头企业。既要解决"谁来种地"的难题，还要解决"如何种好地"的问题，通过规模经营、科技应用发展新型特色共享农业经济。

发展农业适度规模经营要因地制宜、稳妥推进，既要与城镇化进程和农村劳动力转移规模相适应，又要符合农业科技进步和生产手段改进的要求。实际工作中，必须切忌片面追求超大规模经营的倾向，必须尊重农民的意愿，不能搞"大跃进"，不能搞强迫命令，不能搞行政瞎指挥，不得硬性下指标、强制推动。

目前，我国已有一大批现代农业企业发挥着推动中国特色农业现代化的重要作用。截至2014年11月底，全国已有家庭农场87.7万家、农民合作社126.7万家、龙头企业12万余家。这些现代企业拥有巨额资金，能够动员和组织专业人才和使用专业技术，具有较强的市场分析和市场掌控能力。

通过租赁、承包、入股农民土地等方式能够实现农业的规模化、专业化、集约化、社会化经营。

三 "山西天泽现代农业示范园"建设对全面深化农村改革的借鉴意义

首先，"山西天泽现代农业示范园"设立了"三道防线"，有效解决了现代农业发展中农民转让土地经营权的后顾之忧。"第一道防线"是不改变农民土地承包权。"五洲昕宇公司"只从农民手中租赁农民的土地经营权，土地承包权仍然归农民所有。不转让土地承包权，只租赁土地经营权，是农民敢于流转土地的第一道心理防线。"第二道防线"是先把土地流转给村民委员会。村民委员会与农民协商，先让农民把土地经营权租赁给村民委员会，再由村民委员会把土地经营权租赁给"五洲昕宇公司"。把土地经营权租赁给村民委员会，而不直接租赁给"五洲昕宇公司"，是农民敢于流转土地经营权的第二道心理防线。"第三道防线"是政府财政担保。洪洞县委县政府与五洲企业集团合资成立"五洲昕宇公司"，再由"五洲昕宇公司"租赁经营农民的土地。基本思路是：县政府是"五洲昕宇公司"的投资人，其产权属全民所有。当"五洲昕宇公司"经营失败而无力保障农民权益时，县政府将承担其全部责任。政府财政担保是农民敢于流转土地经营权的第三道防线。

其次，"山西天泽现代农业示范园"采取"三项保障措施"有效解决了土地流转以后农民的就业难题。根据相关协议，"五洲昕宇公司"租赁农民土地以后，从三个方面保障农民就业。一是安排就业。农民把土地租赁给"五洲昕宇公司"以后，就可以与其签订劳动合同，受聘为公司职工。二是租赁就业。当地农民可以在园区建成以后优先优惠租赁园区投资建设的各种商业设施，开展园区规定的经营活动。三是培训就业。政府按照农民意愿组织技能培训，并介绍就业。

再次，园区通过"四条途径"有效解决了现代农业发展中农民增收难的问题。根据"五洲昕宇公司"和各村民委员会达成的协议，农民的收入途径有四条。①地租收入。按照协议签订前三年每亩耕地种植小麦和玉米总产量的市场价值减去农民种植小麦和玉米的各种资金投入后的净收入，付给农民土地租赁费。"五洲昕宇公司"每年每亩耕地付给农民租赁费1200元，每五年调整一次。②就业收入。与"五洲昕宇公司"签订劳动合同的正式职工，可以领取工资。其他农民可以做临时工，按工作天数发给工资。③租赁收入。当地农民可以优先租赁"五洲昕宇公司"在园区内建设的商业设施，开展公司规定的经营活动获取经营收入。④保障收入。公司给正式职工缴纳"三险一金"。

最后，村镇建设与发展现代农业相结合，有效解决了现代农业发展中农民就近就地转移的难题。为了从根本上改善农民居住条件和生活环境，也为了增加园区建设对农民的吸引力，"山西天泽现代农业示范园"规划建设"皇英民俗小镇"。"皇英民俗小镇"按照现代城镇模式建设，其中水、电、暖、气、路、有线电视、互联网等基础设施一应俱全，学校、卫生所、图书室、体育活动场所、超市、公园等现代服务设施全部配套。农民住进去以后，不仅生活条件和生活环境得到极大改善，而且节省了很大一部分做饭、取暖用煤的支出，生活成本下降。而且按照协议，农民旧房和村镇新房按照"各作各价，互补差价"方式置换。这样既增强企业投资现代农业发展的积极性，也增强农民流转土地的积极性。土地更加集中，更有利于连片规划和连片开发，更有利于现代化操作。"山西天泽现代农业示范园"把村镇建设与发展现代农业结合起来，农民变成了产业工人，工作由企业统一安排，住进村镇以后不再需要自己考虑交通问题，有效解决了农民就近就地转移就业问题。这是"山西天泽现代农业示范园"建设的创新，对其他地区村镇建设具有现实借鉴意义。

第四节 "山西天泽现代农业示范园"模式存在的主要问题

一 "五洲昕宇公司"与农民的利益关系问题

农业公司与农民的利益关系包括：①土地经营权租赁关系；②劳动雇佣

关系；③宅基地开发利用关系；④协议外就业关系。

第一，土地经营权租赁关系。按照协议，目前"五洲昕宇公司"租赁农民家庭土地经营权的租赁费是每年每亩耕地1200元，以后每五年重新调整一次。问题是五年期限届满后与农民家庭重新协商时就可能遇到困难。园区内土地升值空间非常大，将来企业与农民能不能顺利续签协议是一个不确定的问题。

第二，劳动雇佣关系。对愿意到"山西天泽现代农业示范园"工作的农民来说，"五洲昕宇公司"能否一直在招工条件上掌握主动权就是个问题。今后一旦出现劳动纠纷，若处理不好就会影响"山西天泽现代农业示范园"的建设与发展。

第三，宅基地开发利用关系。根据目前我国实施的《土地管理法》，农民家庭的宅基地属集体所有。农民家庭只有使用权，没有买卖权。那么"皇英民俗小镇"建成以后节省的2448亩土地怎么办？按照"五洲昕宇公司"与6个村民委员会签订的协议，"皇英民俗小镇"建设节省的农村建设用地由"五洲昕宇公司"依协议使用。但征用农村宅基地是个大问题，需要依法探索。

第四，协议外就业关系。根据协议，农民转让土地经营权以后，愿意到"五洲昕宇公司"就业的，由"五洲昕宇公司"安排工作；不愿意到"五洲昕宇公司"就业的，则由县政府组织技能培训，介绍就业。农民离开土地以后，就业成为"天大的事情"，肯定有很多困难和问题。

二 "山西天泽现代农业示范园"的产业结构问题

"山西天泽现代农业示范园"是由"五洲昕宇公司"投资建设的，肯定要以赢利为目的。"五洲昕宇公司"能否赢利关系着"山西天泽现代农业示范园"建设的成败，关系着农民根本利益能否得到保障，也影响社会和谐稳定。这一项目规划总投资33亿元，建成以后的利润来源有两个：一是开发利用租赁农民的耕地，发展现代农业；二是开发利用六村连建节省的2448亩土地，发展相关产业。

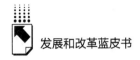

现在，要依靠现代农业发展回收投资，难度很大，需要较长时间。而利用六村连建节省的 2448 亩土地开发第三产业，肯定会带来较大利润，也能够较快收回园区全部投资。第一产业与第三产业有机融合或许是都市农业的最佳出路。

三 政府在"山西天泽现代农业示范园"建设中的责任问题

在当前农村的大变革、大调整过程中，如何维护农民利益，如何确保社会稳定，如何推进现代农业和新型城镇化建设健康发展，是地方党委政府面临的新课题、新挑战。在"山西天泽现代农业示范园"建设和发展中，地方党委政府必须做好下列工作。

第一，建立健全农民主体参与机制。在土地经营权流转和村镇建设中如何确立农民的主体地位，这个问题很值得思考。要通过制度安排让农民在协商过程中成为对等的协商主体或谈判主体。目前"山西天泽现代农业示范园"建设的具体做法是让村民委员会代表农民和"五洲昕宇公司"协商各种问题。考虑到农村"两委"代表政府意愿的倾向非常明显，解决问题最根本的是要建立健全农民主体参与机制。

第二，建立健全相关利益协调机制。政府必须能够预见事物未来变化趋势，提前做好制度安排，为以后农民和"五洲昕宇公司"之间的利益调整提供制度安排。

第三，建立健全社会矛盾化解机制。农村大调整、大变革必然造成各方利益大碰撞，从而产生一系列新的社会矛盾。必须探索建立健全社会矛盾化解机制，为"山西天泽现代农业示范园"建设发展创造良好的社会条件。

四 "山西天泽现代农业示范园"建设中的基层党组织建设、行政管理和社会管理问题

随着"山西天泽现代农业示范园"建设发展，原来园区范围内的农村社会结构将发生重大变革。首先是基层党组织结构变化。园区建成以后，6个村的党组织将发生重大变化，农民党员的工作单位变成了"五洲昕宇公

司"，需要转组织关系。同时6个行政村的党支部在空间上集中了，这肯定会反映到党的组织建设上来。其次是行政管理结构变化。园区建成以后，6个行政村连在了一起，传统农村变成了现代农村社区，6个村民委员会也相应变成居民委员会。行政管理的主要内容由农业生产变成了社区事务。再次是社会管理结构变化。园区建成以后，传统农村变成了现代农村社区，农民居住形式由独家独院变成了高楼大厦，原来的社会事务内容也随之发生变化。如环境卫生由原来的以农民家庭为单位的卫生管理，变成了以高楼大厦为单位的卫生管理，管理内容到管理方式都发生了变化。农民都住进了高楼大厦，就必须要有统一的物业管理、基础设施管理、社会事务管理。

第五节　进一步完善"山西天泽现代农业示范园"模式的政策建议

一　明确"综改"领导组政策研究职能

"山西天泽现代农业示范园"建设，是在山西国家资源型经济转型发展综合改革试验区建设大背景下开展的，其中一系列问题需要系统而深入地研究。针对现阶段园区建设过程中遇到的各种问题及未来发展可能遇到的各种问题，建议洪洞县政府明确"洪洞县山西国家资源型经济转型发展综合改革试验区建设领导组"的职能，研究包括"山西天泽现代农业示范园"项目建设在内的"综改试验区"现在和未来面临的各种问题。建议成立相关研究机构，广泛吸收社会各界力量开展研究。研究工作要规范化、系统化、实践化，研究成果定期向县委县政府汇报，供县委县政府决策参考。

二　建立园区建设联席会议制度

建议成立由县政府相关部门、甘亭镇政府、"五洲昕宇公司"、6个行政村村民委员会、村民代表组成的园区建设联席会议。联席会议由县政府主导，定期听取各方意见，分析、预测园区建设过程中有可能出现的各种矛盾

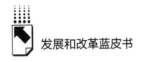

和问题。对有可能出现的各种矛盾,及时分析原因,提前组织相关方进行对话、沟通,并找出化解办法。对有可能出现的问题,组织力量深入调查研究,撰写专题报告,拿出解决方案或解决办法,提交政府相关部门、相关单位参考,或者提交县委县政府领导研究解决。

三 建立第三方协调与仲裁制度

为了不伤害"五洲昕宇公司"和农民之间的信任关系,同时保障双方矛盾能够及时化解,建议由洪洞县政府出面,建立由利益相关方、公检法、专家学者组成的第三方协调与仲裁机构。仲裁人员由政府提名、利益相关方选举产生。在双方矛盾不能协商解决的情况下,经双方同意,提交仲裁机构进行调解和仲裁。

四 正确选择宅基地问题解决方案

针对我国现行《土地法》规定农民宅基地不能流转的问题,有三种解决方案可以选择。第一种方案,国家征用,定项使用。先由洪洞县政府通过法律程序从农民手中把六村连建节省的宅基地征购回来,然后以城镇化建设用地名义交付或者转让给"五洲昕宇公司"。这一方案的优点是法律程序简单,容易操作,没有后遗症;缺点是征地指标难以解决。目前整个临汾市每年建设用地指标只有4000亩左右,"五洲昕宇公司"一家要征用2445亩建设用地,难度很大。第二种方案,农民入股,合作开发。6个行政村分别成立农民土地开发合作社,由合作社与"五洲昕宇公司"签订协议,以农民宅基地入股形式把宅基地流转给"五洲昕宇公司"开发,然后按照协议每年分给农民适当红利。这一方案的优点是容易解决目前我国《土地法》规定的农民宅基地不能转让的问题,法律关系明确;缺点是农民之间的利益关系较为复杂,管理成本较高。第三种方案,先行先试,以租代转。准确把握国家宅基地改革方向,经过省政府同意,由洪洞县政府出面协调,"五洲昕宇公司"与农民签订协议,先由"五洲昕宇公司"把节省的宅基地以租赁方式流转回来先行开发。等国家相关法律制定实施后再按照新法征用。这一方案的优点是在目前错综复杂的改革环境中稳步推进，没有政策风险；缺点是需要较长时间，流转成本难以预测。

建议采用第二种方案。虽然农民入股分红减少了"五洲昕宇公司"的利润，但符合中央不断提高农民收入的农村改革精神，能够得到中央政策大力支持。同时，农民入股分红，农民和"五洲昕宇公司"成为利益共同体，能够增强农民主人翁意识，提高农民发展公司利益、维护公司利益的责任感，有利于公司长期发展。

五　合理构建园区现代产业体系

建议洪洞县委县政府加强引导，扶持园区构建合理的产业体系，促进园区走上持续健康发展轨道。"山西天泽现代农业示范园"应以地产开发业、现代特色农业、文化旅游业为主导构建现代产业体系。

第一，地产开发业。立足六村连建后节省的 2445 亩村庄建设用地发展地产开发业，建设"甘亭工业园居民社区""皇英民俗小镇"并开发建设住宿、餐饮、娱乐等旅游商业建筑及配套设施，配套开发建设与"皇英民俗小镇""甘亭工业园居民社区"的物业设施。

第二，现代特色农业。立足"山西天泽现代农业示范园"区位优势和耕地资源优势，大力发展现代农业。主要包括：①特色园林业，重点发展中条栾树、金丝垂柳、彩叶复叶槭、花楸、千头椿、国槐等特色林木；②特色设施农业，重点发展设施莲藕、便捷性草坪建植、无公害四季果蔬等产业；③特色休闲农业，重点发展果菜花周年采摘、景观花卉、滨水景观、高新农业展示、黄花菜和金银花景观及垂钓等产业。

第三，文化旅游业。立足园区范围内的皇英庙和随后建设发展的旅游观光农业，大力发展文化旅游业。主要包括：①借助皇英在当地及周边地区的重大历史影响，仿照杭州宋城模式建设"皇英文化公园"，开展大型皇英文化旅游活动；②借助园区休闲农业发展，开展时令花果、蔬菜采摘体验、景观花卉观赏、滨水景观观赏、民俗婚庆文化及垂钓等休闲旅游活动；③以文化旅游为理念，规划建设"皇英民俗小镇""甘亭工业园居民社区"等现代

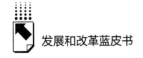

村镇，开展现代村镇文化旅游活动；④借助园区旅游集散中心建设，开展旅游住宿、旅游运输等旅游服务业。

六 创新园区"两委"组织建设及社会管理制度

由于"山西天泽现代农业示范园"建设对6个行政村党组织、行政管理和社会管理具有重大影响，建议洪洞县委县政府采取下列措施。一是建设联合党支部。原来6个村的党支部应继续保留，新组建"五洲昕宇公司"党支部，把公司职工中的党员和已经无法正常在原农村党支部活动的农村党员全部组织起来组成新的党的基层组织。在6个行政村党支部和"五洲昕宇公司"党支部基础上，成立"山西天泽现代农业示范园"联合党支部，支部书记由甘亭镇党委副书记或党委委员兼任。二是把村民委员会改为居民委员会。"皇英民俗小镇"建成以后，应把6个村的村民委员会改建为6个居民委员会，再把6个居民委员会组织起来成立"皇英农村居民社区"。社区主任由甘亭镇党委提名，社区居民选举产生。居民委员会主任由"山西天泽现代农业示范园"联合党支部提名，各居民小组居民选举产生。三是以居民自治委员会为基础，探索构建党的组织、地方政府、社会团体、企业和家庭相互协作、共同参与的多元化社会管理体制。针对园区建设引发的社会结构大调整，按照党中央关于社会管理体制改革的方针政策，确立居民自治委员会在园区社会管理中的基础地位，重新构建党的基层组织、地方政府、社会团体、企业和家庭在社会管理过程中的组织架构。

在园区社会治理中，必须确立党的基层组织在园区社会管理体制中的政治领导地位，必须确立地方政府在园区社会管理过程中的主导地位，必须确立园区居民自治组织在园区社会管理过程中的基础地位，必须确立园区企业和居民家庭在园区社会管理过程中的当事者地位。

综合以上分析，可以得出以下结论。

（1）"山西天泽现代农业示范园"建设，符合中央和政府关于全面深化农村改革与发展的政策取向，各级政府应该给予肯定和支撑。

（2）"山西天泽现代农业示范园"建设在发展现代农业和推进农村新型

城镇化建设两个领域有一系列实践创新，值得条件相近或相同的地方学习和借鉴。

（3）"山西天泽现代农业示范园"建设依然存在一系列需要研究解决的问题，需要进一步研究和解决。

（4）"山西天泽现代农业示范园"建设是一件新事物，各级政府在肯定和支持的同时，应该组织力量进一步研究、探索，避免损失，引导园区建设持续健康发展。

B.15

供热领域的 PPP 模式升级版：
PPP＋U

——来自临汾市的供热体制改革调研报告

韦 明　梁德才　余凯航*

摘　要：　作为重要公用事业的供热体制自改革之初一直步履维艰，困
难重重，本文通过对山西临汾城市供热体制改革的调查研究，
总结了该市的成功做法和需要社会多方解决的困难，指出了
在 PPP 模式下对城市供热体制改革进行深入探索得到的宝贵
经验，研究了在供热体制改革中，市场边界和政府边界该如
何准确把握，政府与企业之间关系该如何处理，提出了城市
供热体制改革动力、改革的思路对策以及应该把握的目标和
原则。本文观点如下。①在城市的供热体制改革中公益性是
其最根本的价值目标。②良好的市场竞争机制可以有效提高
城市供热效率。③在推进城市的供热体制改革中，要正确处
理政府、市场和社会以及公平和效率之间的关系，使其均衡
发展。④先进的绿色供热技术是供热体制改革的关键。

关键词：　供热体制改革　市场化　绿色供热

---

* 韦明，临汾供热办主任，主要研究方向为城市供热管理与改革供热体制改革；梁德才，临汾
热力供应有限公司 CEO，主要研究方向为城市供热管理；余凯航，北京交通大学应用统计硕
士研究生，主要研究方向为数理统计。

第一节　城市供热体制改革的目标

随着我国社会主义市场经济的不断发展及改革开放的不断深化，城市供热体制改革作为城市基础设施管理的重要组成部分，已经逐渐成为人们关注的焦点。城市供热体制改革与人们的切身利益紧密联系，政府专营、福利供热以及单位统包的城市供热体制与市场经济发展的要求已经无法适应，对城市供热行业的发展产生了严重影响。因此，改革现有的城市供热体制是解决我国城市供热建设落后问题的必由之路。

（一）总体目标

2004 年 7 月，国家发改委、建设部等八部委下发了《关于城镇供热体制改革试点工作的指导意见》（本文以下简称《指导意见》），详细部署了我国城镇供热体制改革的试点工作。根据《指导意见》，可以知道这次供热体制改革的总体目标是：推进供热体制转型，加快建立符合我国基本国情、与社会主义市场经济体制相适应的城市供热新体制，并逐步加大对能源节约以及环境保护的力度，使城市建设真正做到可持续发展，使广大城镇居民享受更加舒适的生活。以该总体目标为指导，这次供热体制改革的具体目标可以划分为：①改革现有的用热制度，由单位统包转向用热商品化，停止福利供热；②对用热计量单位进行科学转换，使其可以客观科学地反映供求的实际数量关系；③加快城市供热企业内部改革，积极引入市场竞争机制，使城镇供热市场得到进一步规范；④发展并完善现有城镇供热采暖体系，形成以集中供热为主导，多种方式相结合的新型城市供热体系，使其达到经济安全、清洁高效的改革目标；⑤大力推广建筑节能技术，加快改造现有供热采暖设施技术，提高能源的利用率，争取让城市空气质量明显改善。此外，通过改变城市供热方式，在人群中树立节能观念，鼓励大家自觉节约能源，从而降低能源消耗；⑥确保城镇中占一定比例的中低收入家庭的供热，这关乎民生，也是本次供热改革的重点工作。

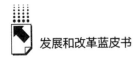

（二）效率性目标

城市供热有效率意味着总效益和总成本的差值达到最大。在资源配置的效率论中，政府和市场都能成为资源配置的主体。城市供热作为公共物品，具有公益性、自然垄断性、资产专用性等属性，所以以单纯的市场手段实现城市供热的资源配置，不能达到最有效的配置效率。所以改革必须要处于政府控制之下，政府必须要在城市供热的总体规划、政策制定、服务定价、普遍义务设定等方面发挥决定性的作用。此外，在引导社会投资的同时，政府也必须加强对社会投资的监管。

同时，在政府宏观调控下，城市供暖建设要全面引入市场机制，并且在投资、融资、建设以及运营等各个环节以及整个流程引入竞争机制和市场化的运作模式。因为这涉及广大人民群众的根本利益，所以需要学者、专家媒体、公众、投资人以及供热体制改革所涉及的各个部门和企业，通过各种各样的途径以及方式参与改革和投资的各个方面。

（三）公平性目标

作为社会公共物品，城市供热有其自身的公益属性，无法单靠市场机制实现。城市供热的公平性意味着供热价格必须遵循一个统一的标准，在保证成本的前提下，企业不能无限制地提高热价以获取最大的利润，从而增加用户的负担，对社会稳定造成不良影响。

从公平与效率的关系上来看，二者为对立统一的辩证关系。这是因为提高效率，完全市场化会把现有的公平打破，而现有的公平体系对推进制度改革也有阻碍作用。相反，收费的公平性和热价的合理性有效维护了市场机制，也从另一方面保障了供热效率。

第二节　临汾市供热体制改革

（一）临汾供热体制改革背景

临汾市城区的集中供热是 2002 年开始实施的，在建设部《关于城镇供热体制改革试点工作的指导意见》、《关于加快市政公用行业市场化进程的意见》、《关于进一步推进城镇供热体制改革的意见》以及山西省建设厅《关于加快城镇供热体制改革的意见》等有关供热体制改革政策文件的引导下，在工程建设和体制创新上取得了巨大成就，对完善临汾市城市基础设施、提高人民的生活水平、改善大气环境都做出了极为突出的贡献。但临汾市自集中供热以来始终面临协调难、政策性亏损、融资困难等棘手的问题，这需要进一步的研究。①

1. 2003 年临汾市环境质量位列污染严重城市之首

在实施集中供热之前，临汾市环境质量位列污染严重城市之首。在所有的大气污染中，超过 40% 的污染物是由小炉灶和分散的燃煤锅炉释放的烟尘，这些烟尘是临汾市空气环境恶劣的主要原因。自 2003 年临汾市被列入原国家环保总局重点监测城市开始，一直到 2005 年，临汾市的空气质量连续 3 年劣于国家三级标准。依据现有的国家空气质量分级标准，空气质量劣于国家三级标准城市的环境是极度不适宜居民生存的。2006 年 10 月 18 日，国际权威环境研究机构布兰克·史密斯研究所（Blanck Sminth Institute）公布了一项研究报告，在这份报告中，临汾市被研究者列入了"2006 年世界十大污染地区"榜单，成为中国的高污染城市代表。严重的环境污染极大地困扰临汾市人民的生活及生产，污染治理也到了"箭在弦上，不得不发"的境地，取消小炉灶以及分散的燃煤锅炉，在全市范围内实施集中供热也自然成为当务之急。

2. 民营企业投资供热事业政策制度不健全

临汾市集中供热工程于 2003 年 5 月动工。当时，国内并没有任何可借鉴的成功经验，这直接导致临汾市集中供热配套政策缺乏以及协调工作不到位。2004 年，由于临汾市大气环境污染恶化愈演愈烈，环境治理已势在必行。因此，政府将集中供热确定为"摘帽子"工程，对其给予了极大的支持。鉴于之前所遇到的协调困难、融资困难的问题，临汾市政府决定在全国

① 张俊发：《临汾市供热体制改革的探索与思考》。

率先采用政府民营合作的特殊投融资模式（PPP 模式），政府出资51%，民营企业出资49%，组建了临汾热力供应有限公司（本文以下简称临汾热力公司）。自此，临汾市集中供热形成了政府和民营股权合作的优势机制，使该项工程步入了快速发展的轨道。

3. 全国范围内集中供热行业性经营困难

21 世纪初，处于计划经济体制下的福利供热体制出现了大量的问题。全国范围内的供热行业都遇到了极大的经营困难，80% 以上的集中供热企业亏损，许多企业的亏损高达数千万元，亏损极其惨重，几乎到了山穷水尽的地步。2002 年底，由于历年的集中供热费用严重拖欠，东北三省大部分供热企业出现了十分巨大的经营亏空，供热企业的资金出现断流，无法供热，情况十分紧急。时任国务院总理朱镕基对此十分重视，紧急从总理基金中调动 3 亿元，这才保证了东北人民的及时用热，安全过冬。

在全国供热行业步履维艰的情况下，2002 年，临汾市将集中供热工程推向市场，但是无人问津。集中供热的建设及运营中出现的"融资难、协调难、收费难"的现象使民营资本和民营企业对其望而却步、退避三舍。

4. 地方政府财政困难

2000 年国务院同意山西省撤销临汾地区，设立地级市临汾市。但当时政府财政十分紧张，投融资渠道不畅，无力投资供热工程，使相关计划一度陷入停滞。而后，市政府决定将供热工程交由民营企业五洲企业集团投资建设，临汾市成为国内最早将民营资本引入城市供热的地区。

（二）临汾供热体制改革取得的成果

在政府多年的大力支持下，临汾市供热体制改革 10 余年来取得了很大的成效，市区集中供热面积由 2005 年的 450 万平方米增加到 2015 年的 1400 万平方米，目前集中供热普及率达到 85%。作为我国供热领域最早采用 PPP 模式的项目在企业运营、工程建设、环境治理、节能减排等方面都取得了突出的成绩。

1. 2014 年临汾市从"污染之都"转变为节能减排"示范城市"

临汾供热体制改革为空气环境质量的改善做出了卓越贡献。[①] 截至 2014 年底，临汾市累计建设换热站 180 座，替代各类燃煤锅炉 4161 台，每年节约 32 万吨标煤，减少 1.8 万吨二氧化硫排放，减少 6 万吨烟尘，减少 717.9 吨二氧化氮排放，减少 9.5 万吨炉渣，极大缓解了市区环境污染问题。2014 年临汾市从"污染之都"转变为节能减排"示范城市"。

2. 服务第一，深得民心

临汾供热体制改革的宗旨是："全心全意为人民集中供热、同心同德还城市蓝天碧水"。在企业的内部特别是在工程建造方面，临汾热力公司一方面大大加快了工程进度，以期使大部分用户在最短的时间内实现集中供热；另一方面采用计算机远程控制和能源管理技术，给用户供暖质量提高提供坚实保障。在企业的外部尤其在供热的运营中，针对用户反映的问题采取限时回应，以期在最短时间内给予解决，坚持"用心供热、用户温暖"的优质服务态度，一心一意为用户服务，这有效保障了用户的权益。临汾热力公司也因此被评选为"临汾市工作先进单位"。

3. 技术创新，投资和运行成本革命性降低

在集中供热工程的建设以及供热企业的运营中，临汾热力公司坚决实施低成本战略，并大力应用技术创新。在集中供热主管网敷设工程的建设中大胆地采用了无补偿直埋"软"安装以及一补二环状管网多热源供热技术和

[①] 2006 年底，据初步测算，临汾实施集中供热工程的三年间全市共拆除 638 座分散燃煤小锅炉，每年减少二氧化硫排放 2090 吨、烟尘 5060 吨、炉渣 21000 吨。2007 年 1 月 12 日，山西省环保局公布了全省 11 个重点城市 2006 年空气质量情况，二级以上天数平均为 246 天，比 2005 年增长了 8.67%。其中，临汾市 2006 年全年二级以上天数为 202 天，比 2005 年增加 15 天。从 2001 年临汾市全年二级以上天数仅为 14 天算起，到 2006 年全年二级以上天数超过 200 天，临汾市付出了整整 6 年的时间。环保部在《2007 年全国城市环境管理与综合整治年度报告》中指出，2007 年临汾市 API 指数≤100 的优良天数比例提高了 20 个百分点以上，有显著进步；可吸入颗粒物年均浓度明显降低（降低 0.020 毫克/立方米以上）；二氧化氮浓度明显降低（降低 0.010 毫克/立方米以上）。从 2003 年列入全国环境重点监测城市并被戴上"全国大气污染第一"的"黑帽子"到甩掉这项"黑帽子"，临汾市用了近 3 年的时间。

智能换热机组国际成套技术，使工程总造价节约 30% 以上；公司依托山西三水能源股份有限公司联合设立省级企业技术中心，独创性开放使用傻瓜能源管理系统技术，特别是在业内首创二次能源管理，使运行成本降低 20% 以上。同时，创造了超出同行业水平的在换热站无人值守的情况下无故障运行以及建设运行成本超低的成绩。临汾市集中供热投运 10 年来，其城市供热发展速度在全国领先，在连续 10 个采暖冬季中安全运行，没有发生任何事故，供热的合格率超过 98%，得到了广大市民好评。因此，临汾热力公司被山西省环保局授予"山西省绿色经营企业"荣誉称号，被临汾市建设局评选为"建设工作先进单位"，还被中国工程建设与管理联合会授予"全国热力工程质量服务信誉 AAA 级保障企业"和"全国热力工程建设政府放心用户满意十佳企业"。

4. 给其他城市提供了供热体制改革的宝贵实践经验

在临汾市进行供热体制改革之前，国内其他城市在供热领域还未进行过此类改革。可以说，临汾供热体制改革实现了国内该领域从无到有的新突破。此外，临汾市供热体制改革所取得的巨大成功同样令人瞩目。此次改革最核心的两个方面在于：一是在机制上政企合作，在经营上政企分离，在政府给予一系列配套保障政策的同时，给予企业充分的自主权，以市场化的方式进行运营；二是新技术的运用，企业有成熟的技术如新型城镇绿色供热、智慧能源解决方案。在临汾市供热体制改革中，企业立足于自主研发，产学研合作成立省级企业技术中心和省级供热信息化工程中心，共同研发热电协同、多种清洁能源互补的"1 + N + 3"绿色供热和傻瓜能源管理技术体系。

临汾市供热体制改革的成果证实了我国供热领域 PPP 模式的可操作性，同时，对其进行深层次探索可以确定该模式不仅在临汾可以取得成功，而且只要政策得当且技术到位，该模式具有可复制性，可以向全国城镇推广。目前这一系统技术已经应用在 10000 万平方米供热面积以上的供热市场，最东到吉林通化，最西到内蒙古二连浩特，最南到河南新郑，最北到内蒙古赤峰。

第三节　临汾市供热体制改革的思考

PPP 模式在临汾市供热体制改革中的实践取得了巨大的成功。短短几年间，在企业运营、工程建设、环境治理、节能减排等方面都取得了很大的成绩。这次成功的改革提供了有价值的实践参考。

（一）用服务品牌战略打造供热领域的 PPP 模式升级版：PPP +U 模式创新

我国城镇供热不同于其他公共基础设施领域，可以说关乎千家万户、国计民生。而目前的 PPP 模式更多致力于建立公共部门与私人部门的合作伙伴关系，而忽略了千家万户的利益与诉求。以民企身份参与临汾供热公司的五洲企业集团，其管理团队大多从现代星级酒店服务业中培养而来，具有天然的服务基因。他们深知"市场经济是服务经济"和"客户是上帝"的经营真谛，这应该就是当下最时髦的互联网思维中的"用户思维"（User Thinking）。本文认为它是一般性 PPP 模式的升级版，把它归纳为"PPP +U"模式（见图 1）。

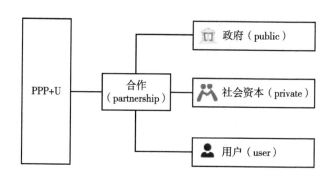

图 1　"PPP +U"模式

PPP +U 模式基于 PPP 模式减轻财政负担的功能特点，是更加和谐的发展模式，在新常态下，城镇供热企业若能以服务树品牌，建立政、企、民三

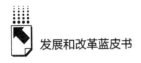
方和谐发展的新型模式，供热体制改革中的许多重大问题也就能够迎刃而解（见图2）。

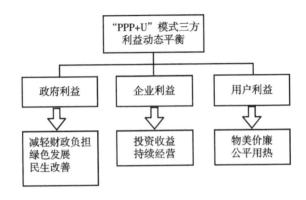

图2　"PPP + U" 模式三方利益

在新模式的用户思维下，临汾热力公司的核心价值观是：全心全意为人民集中供热，同心同德还城市蓝天碧水。把以人为本的科学发展观视为供热体制改革最核心的指导思想和供热企业文化建设中的灵魂，并着力解决好与人民群众切身利益密切相关的供暖体制改革。虽然在改革之后，供热企业将实行商品化和货币化的运营方式，但是供热问题涉及人民群众的切身利益，供热企业在重视经济效益的同时，必须兼顾社会效益，企业要奉行以人为本的精神，塑造企业文化的新形象。

在互联网思维下，临汾热力公司创造性地按照系统理念将城镇供热分为"热源端、暖通、用户端"三个能效模块，提供从热源到用户全过程的服务。

（二）供热体制改革的关键是政府的角色转换和领导人的先进意识

供热市场化，用热商品化。城市供热市场化必然存在收费的问题，民营企业也会要求一定的投资回报率，如何合理地制定定价策略，确定适当的投资回报率，直接关系公众的需求、项目的收益以及投资者获得的回报（见图3）。如何在几者之间获得平衡，在满足人民群众对基础设施建设以及公共服务水平合理需求的同时，也为投资者提供更好的回报，从而吸引更多的民营资本注入，这样一个良性循环的过程对于推进政府与社会资本合作模式具有重要意义。

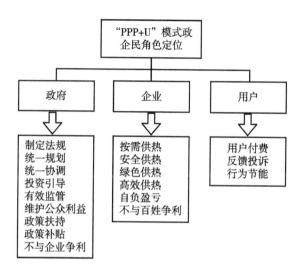

图 3 "PPP＋U"模式的政企角色定位

（三）依靠技术和管理进步，革命性地降低投资和运营成本是供热企业参与市场竞争的基本内功

（四）因地制宜，建设多种清洁能源互补的城镇绿色供热体系是我国城镇供热健康发展的必由之路

当前我国城镇集中供热既是最重要的节能环保手段，又是最大的污染源。根据党的十八届五中全会提出生态文明建设的要求建设资源节约型和环境友好型社会，对我国供热行业而言，是挑战更是机遇。

第四节 结论

一直以来，城市的供热体制改革都是我国经济体制改革的十分重要的内容，它牵动着政府管理体制和供暖企业，是一项十分复杂而且艰巨的改革。随着我国各项体制改革的逐步深化，城市供热体制改革由于与民生有着最为紧密的联系，其重要的地位以及意义也日益凸显。在社会主义市场经济逐步完善的今天，彻底改变在计划经济下形成的单位统包、福利供暖制度，转而采用用热商品化和货币化的供热新体制，这已经是当今社会发展的大趋势。

首先，作为城市供热体制改革的先行者，临汾市在这次改革中面临一系列问题，在解决这些问题过程中所取得的经验和教训都具有一定的普遍意义和重要的参考价值。在这次供热体制改革中，临汾市依照我国当前国情，建立了与社会主义市场经济体制要求相适应的新体制。这明确了供热体制改革在我国经济体制改革以及社会保障体制改革中占据的重要地位，只有实现供热的商品化及货币化，才能达到改革目标。

其次，五洲企业集团对热力公司的管理模式具有领先性和可复制性。

再次，在这次的供热体制改革中，针对改革过程中的实际情况，临汾市政府采取了一系列配套措施，主要有：变采暖福利制度为按实际所用热量计量收费的商品制度；变单位缴纳费用的福利供热制度为用户自己缴费的货币化制度；变取暖费用的"暗补"政策为"明补"政策；建立供热特许经营制度，进一步规范了供热市场，放宽市场的准入限制，实现投资主体的多元化，确定供热计量收费方法，合理调控供热价格，确保中低收入家庭享受最基本的公共服务；等等。这些改革配套政策已经通过实践证明是改革成果的必要条件。

最后，在大数据、物联网、"互联网＋"等一系列新概念层出不穷之际，如何取其精华也是政府和企业共同需要考虑的问题。以临汾市为例，针对供热体制改革的实际情况，主要技术服务商山西三水能源股份有限公司施行了一系列引领潮流的技术创新，主要有热电协同"城市热水银行"技术，基于"互联网＋"的傻瓜能源管理系统，多种清洁能源互补的冷暖热三联供技术，以及基于"物联网＋"的热力设备国际成套技术。穹顶之下，绿色供热；互联网上，智慧能源。

参考文献

［1］石亚东、李传永：《我国城市基础设施投融资体制改革的难点分析》，《中央财经大学学报》2010 年第 7 期，第 62～65 页。

［2］郭峻晖：《扎实推进供热体制改革积极改善企业经营环境》，《中国高新技术企业》2015 年第 1 期，第 171～172 页。

［3］布拉格、黄志刚：《国内外供热行业体制改革实践与内蒙古供热改革思路》，《内蒙古大学学报（哲学社会科学版）》2009 年第 2 期，第 91～94 页。

［4］张立岩：《国外城市基础设施投融资体制改革分析与借鉴》，《时代金融》2009 年第 11 期，第 19～21 页。

［5］于洋航、王雅男、赵越：《近年来我国供热体制改革研究》，《现代经济信息》2014 年第 9 期，第 131 页。

B.16

后　记

王再文　赵海然[*]

　　2013 年 11 月召开的党的十八届三中全会是我国改革关键窗口期的一次历史性会议。会议通过了《中共中央关于全面深化改革若干重大问题的决定》（本文以下简称《决定》），发起了"全面改革总动员"，开始了实现"两个一百年"奋斗目标和中华民族伟大复兴的中国梦的"改革再出发"。

　　2014 年 10 月召开的党的十八届四中全会通过了《中共中央关于全面推进依法治国若干重大问题的决定》，为全面建成小康社会、全面深化改革，进而实现中华民族伟大复兴的中国梦提供法制保障；2015 年 10 月召开的党的十八届五中全会通过了《中共中央关于制定国民经济和社会发展第十三个五年规划的建议》，明确指出"十三五"时期是全面建成小康社会的决胜阶段。我们认为，只有让全面深化改革的重大决策落地生根，实现全面建成小康社会的奋斗目标才有保障。

　　与中国历史上以往任何一次改革不同，本轮改革特别重视改革的系统性、整体性和协同性，对全面深化改革进行了系统部署，中国再次站在新的历史起点上。2012 年党的十八大和 2013 年的全国两会实现了党和政府人事安排的平稳过渡；2013 年秋季召开的党的十八届三中全会提出了全面深化改革；2014 年成为全面深化改革元年；2015 年是全面深化改革关键年，各项改革措施陆续出台；2016 年是国家第十三个五年规划的开局之年，继续

*　王再文，国家发改委培训中心，教授，经济学博士，主要研究方向为企业战略与企业公民理论、区域制度（政策）与经济发展、人力资源开发与领导力；赵海然，女，经济学博士，上海一门式政务服务研究中心主任，研究方向为宏观经济、物流工程、电子政务。

全面深化改革的相关方案有序落地实施。2013～2015 年，各项改革推进的
进度如何，效果怎样，改革推进中有哪些苗头性、倾向性问题和潜在风险，
需要及时评估、掌握和应对，确保全面深化改革方案落地生根。《中国经济
发展和体制改革报告 No.7》紧紧围绕"确保全面深化改革落地生根"这一
主题，尝试研究和回答上述问题。

中央财经大学中国发展和改革研究院在著名经济学家邹东涛教授的带领
下，发轫于 2008 年，组织国内的知名专家和学术新锐组建科研团队，针对
中国改革和发展中的重大战略、重大决策、重大问题和重大措施以全方位、
大视角的笔触撰写了系列报告。即将出版的《中国经济发展和体制改革报
告 No.7：确保全面深化改革落地生根》是丛书"发展和改革蓝皮书"前六
卷的继续，也是科研团队对中国发展和改革研究再次深化的又一成果。

改革开放迄今为止已经迈入第 38 个年头了。世人皆知，改革开放极大
地解放和发展了社会生产力，成为建设中国特色社会主义的强大动力。但
是，容易改的都改了、矛盾小的都改了、利益关系简单的都改了、浅水区都
渡过了，目前的改革需要重视系统性、整体性和协同性。中央财经大学中国
发展和改革研究院课题组根据《决定》核心内容，选择了完善基本经济制
度、现代市场体系建设、加快转变政府职能、深化财税体制改革、深化金融
体制改革、构建开放型经济新体制、推进法治中国建设、推进文化体制机制
创新、我国收入分配制度改革、我国社会保障制度改革、加快生态文明制度
体系建设共 11 个方面进行了研究探讨。课题组遵循"发展和改革蓝皮书"
丛书前六卷的框架设计和写作思路，本书在简要回顾 30 多年来发展改革成
就的基础上，较为系统地研究和探讨了党的十八届三中全会以来推出的各项
改革措施以及多项改革推进的进度和显现的效果，也指出了改革推进中的一
些苗头性、倾向性问题和可能存在的潜在风险，给出了对以上问题和情况思
索后的政策性建议。

《决定》全面总结了改革开放 30 多年来的伟大历程，指出了"改革开
放是党在新的时代条件下带领全国各族人民进行的新的伟大革命，是当代中
国最鲜明的特色"，强调面对新形势、新任务，全面建成小康社会，进而建

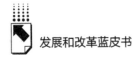

成富强、民主、文明、和谐的社会主义现代化国家并实现中华民族伟大复兴的中国梦，必须在新的历史起点上全面深化改革。"改革"是当代中国最大的"红利"，"全面深化改革"是调动全体国民形成合力、跨越"中等收入陷阱"、全面实现小康的超级"制度红利"。近年来，我们党提出并形成了全面建成小康社会（2012年10月）、全面深化改革（2013年11月）、全面依法治国（2014年10月）、全面从严治党（2014年10月）的战略布局。全面深化改革成为"四个全面"战略的重要组成部分，成为我们全面实现小康目标的一个根本动力。

胜日寻芳泗水滨，无边光景一时新。等闲识得东风面，万紫千红总是春。春天是播种的季节，我们希冀秋天的收获；春天是放飞梦想的季节，我们正走在实现"中国梦"的道路上。在即将到来的全面建成小康社会的"十三五"时期，中央财经大学中国发展和改革研究院课题组全体人员主动研究和探讨全面深化改革的理论和实践，并乐意为全面深化改革落地生根摇旗呐喊。

中央财经大学中国发展和改革研究院课题组长期关注中国的发展改革，值此"发展和改革蓝皮书"新的一卷出版之际，我们对所有付出心血的撰稿人员表示感谢，正是他们的辛勤劳动让读者终于看到课题组成员对发展和改革的最新解读。我们对持续关注和支持"发展和改革蓝皮书"的社会各界人士表示衷心的感谢，正是他们的支持和鼓励成为课题组将研究深入进行下去的不竭动力。在此，特别感谢社会科学文献出版社的领导和编辑人员，他们自始至终体现出高度的社会责任、敬业的工作态度和专业的学术水平，使《中国经济发展和体制改革报告No.7：确保全面深化改革落地生根》顺利呈现给读者。

Abstract

At the end of 2013, the Third Plenary Session of the 18th Central Committee of the Communist Party of China attached great importance to the reform of system, integrity and collaborative, had carried on the system deployment to comprehensively deepening reform. At the end of 2014, the Central of the Communist Party of China gave the major strategic judgment that the economic development of our Country enters the New Normal, comprehensively deepening reform need to be taken root, effectively into momentum. 2015 is one key year to comprehensively deepening reform, a number of important reforms to be carried out. "China's Economic Development And Reform Report No. 7" to timely track and evaluate comprehensively deepening reform implementation carried out and to find new reform path, leading the New Normal.

The Report includes 11 Thematic Reports, namely improvement the basic economic system, the construction of modern market system, acceleration the transformation government function, deepening reform of the fiscal and taxation system, deepening the reform of the financial system, establishment a new system of the open economy, promoting the construction of China's rule of law, promotion the cultural system and mechanism innovation, speed up the reform of the income distribution system, speed up the social security system reform, speed up the construction of ecological civilization system, emphatically summarized the reform measures and reform progress since the Third Plenary Session of the 18th Central Committee of the Communist Party of China, and analyzes the reform problems still in the offing and potential risks, gives the corresponding policy recommendations.

Since the Third Plenary Session of the 18th Central Committee of the Communist Party of China, comprehensively deepening reform has made significant achievements in coagulation hearts meet force, design scheme and clear

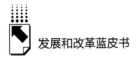

direction, larger breakthrough has made in some reform areas. However, the difficulties and obstacles the reform faced in practice are increasing obviously, and compared to the total goal of the reform of the Third Plenary Session of the 18th Central Committee of the Communist Party of China , the reform progress is not ideal, the incentive mechanism and fault tolerance mechanism is not perfect. We must take greater political courage and wisdom, refer to punch and concentrated, overcome difficult, ensure that comprehensively deepening reform takes root, to enhance people's reform of the acquisition.

Contents

I Main Report

Abstract: Since China's reform and opening to the world, China has been gain a huge success, but in the other hand, the contradiction of unbalanced, uncoordinated and unsustainable exposure and accumulate constantly, thus, the development faces many new difficulties and new challenges in new period. the Third Plenary Session of the Eighteenth Central Committee of the CPC has passed a resolution to comprehensively deepen reform, it planed China's reform and development overall for the future. From 2013 to 2014, comprehensive and systematic reform had been made in various fields, such as economic, political, cultural, social, and ecological civilization and the construction of the party, and achieve significant results in the development of the socialist system with Chinese characteristics, promoting the modernization of national management system and management ability. But view to the practice of reform, the deeper the reform promote, the wider the scope expand, the more difficulties and problems come into being. To ensure the reform striking roots, each of the reform task should be planned scientific, the focal points should be stood out, make the the object is in focus, and adhere to "Four Comprehensives", unified the thought of the whole society to reform; Refer to the reform experience in the past 30 years, improving the efficiency of reform; Create a good environment for

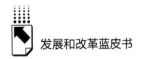
the reform and promote people's confidence to reform; Focusing on the cadre troop construction to improve the execution of reform; With the system construction as the core, perfect the systems and mechanisms in reform and development; taking the policy implementation as a base, improve the effect in policy implementation; Reducing the delegate for the gripper, give full play to the decisive role of the market economy; Approaching overall coordination method, to improve the coupling of the reform; improving people's livelihood and enhance the reform can benefit the masses; Reform value orientation, with more courage, drive comprehensive reform breakthrough difficulties, and ensure the reform deepening.

Keywords: Comprehensively Deepen Reform; Engineering Drawing; Striking Roots

II   Thematic Report

B. 2   Improve the Economic System   / 053

Abstract: "Decision of CPC Central Committee made on major problems about comprehensively deepen reform" of The Third Plenum of the 18th CPC Central Committee pointed out that "Mixed ownership economy which state-owned capital, collective capital and private capital are cross-shareholding and integrating is an important realization form of the basic economic system", and it proposed to "vigorously develop mixed ownership economy". Since then we should further improve the basic economic system putting the mixed ownership reform of state-owned enterprises as the important points. Mixed ownership is a kind of capital organization form of state-owned enterprises, and it did not want to change the nature of the state-owned enterprises and not to deny setting the public ownership as the goal. But it want to manage state-owned assets to realize the state-owned capital value and enhance its competitiveness by integrating other assets. Through the combination of different capital, the corporate ownership adjustment having been promoted under the market mechanism, the non-public sector of the economy having been encouraged to actively participate in the state-owned enterprise restructuring reform, and non-public economy having been in areas such as infrastructure, basic industries and public utilities, they were not only beneficial to promote state-owned enterprises to transform to modern enterprise system which can adapt to the market economy development requirements, more to the role of strategic investors. And they did good to expand the development of the private capital space and to achieve the complementary advantages, the allocation optimizing and the combination optimizing.

Keywords: Basic Economic System; Reform of State-Owned Enterprises; Mixed Ownership Economy

B. 3　Improving the Construction of the Modern Market System

/ 079

Abstract: As China has chosen a way of gradual reform, more than three decades later, many institutional and structural contradictions have already been hindering economic growth and the transforming and upgrading of social and economic development with the deepening of China's reform. This chapter reviews series of policy we put out to improve the modern market system since 2013, describe and analysis the current structural problems, and puts forward the corresponding policy and suggestions.

Keywords: The Modern Market System; Capital Market; Land Market; Labor Market; Science and Technology System

B. 4　To Speed Up the Transformation Government Function

/ 097

Abstract: The transformation of China government function starts from optimization of governing economy. A new round of the transformation

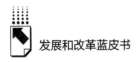

government function shows its starting point of super – ministry reform and hold streamlining administration and delegating power as principal line. The institutional reform consists of the central government reform and local government reform. Facing the sorts of difficulties, the direction of reform must be going on promoting streamlining administration and delegating power, right of separating the government and enterprises, returning the power to the market and society.

Keywords: Government Function; Institutional Reform; Streamlining Administration and Delegating Power

B. 5　Deepening the Reform of the Fiscal and Taxation System

/ 122

Abstract: This report constructed the evaluation index system based on the top planning text of reform, and progressed monitoring and evaluation of fiscal and taxation system reform in our country by the method of goal congruence. Through monitoring and evaluation we found the fiscal and taxation system reform shows the characteristics of progressive, experimental and selective reform after the tax system reform in 1994. The decision of third plenary session of the eighteenth is a global and long-term institutional innovation and systematic refactoring. Comparison of the basic goals of deepening reform of the fiscal and taxation system, for more than a year, budget reform and VAT instead business tax reform progressed faster, other reforms progress was not significant, some key links of the reform remained to be broken through. This report finally put forward some advices for further promoting the reform of the fiscal and taxation system and work mechanism .

Keywords: Fiscal and Taxation System Reform; Monitoring and Evaluation; Progress

B. 6　China's Reform of Financial System

/ 150

Abstract: This chapter firstly reviews the main progresses of China's reform of her financial system in the past more than two years from eight aspects: interest rate liberalization, reform of exchange rate system of RMB, reform of capital account, innovations of monetary policy tools, the credit policy of PBoC, the reform and opening of financial institutions (including the foundation of deposit insurance), the reform of financial markets institutions and the development of insurance industry. After figure out the problems of financial reform policies and challenges of economic management confronted with China in the following years, we offer our suggestions for the next steps: (1) accomplishment of interest rate liberalization, (2) development of immediate financial markets (such as stock markets and bond market) and diverse financial forms (such as internet finance, NGO microfinance institutions, etc, al), (3) reform of macroeconomic management framework, (4) unifies monetary policy, macro – prudential system and micro – prudential regulations,   (5) reform the system of financial regulation and supervision to accommodate various financial innovations and to punish illegal behavior.

Keywords: Financial Reform; Interest Rate Liberalization; Reform of Exchange Rate System of RMB

B. 7   Building New System of the Open Economy

/ 172

Abstract: Since reform and opening up, China's economy has been keeping developing fast, and comprehensive national strength and international influence improve rapidly. Opening to the outside world makes China's economic development get a great success, and foreign trade and foreign direct investment are playing an increasingly important role in economic development. The economic compromising between China and the world is improving. The comprehensive, wide-ranging and multi-level opening-up pattern has been basically formed. At present, China's economy has entered a critical period of reform and innovation. It is the key of the current work to promote the innovation of relevant institutional transition and innovation. To build an open economy new system must perfect the

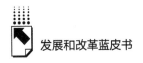
construction of the open economy system, must reduce the policy regulation and strengthen the institutional regulation, and guarantee from the system level.

Keywords: Open Economy; Foreign Trade; Import and Export

B. 8 Report of Legal Governence in China (2013～2015)

/ 199

Abstract: From 2013 to the end of March of 2015, two decisive conferences which are the Third Plenary Session of the 18th CPC Central Committee and the Forth Plenary Session of the 18th CPC Central Committee were held, and they brought new issues and new plans. According to the conferences, the road to governing the country by law is long and hard. From legal perspective, the main content are about power restriction and the market economy. We should focus on the phase of legislation, law enforcement and justice, make our efforts on fiscal and taxation system reform, ecological environment protection system reform and rural land system reform. During this procedure, we should stick to the leadership of the Communist Party of China and adhere to the law administration. At the same time, we must respect the Constitution and guard the human rights.

Keywords: Ruling the Country by Law; Legal Environment; The Market Economy

B. 9 Promoting the Innovation of Cultural Systems and Mechanisms

/ 221

Abstract: Since the Third Plenary Session of the 18th Central Committee, the CPC Central Committee and the State Council have strengthened the top level design on the innovation of cultural systems and mechanisms, and launched a series of reform measures. Although the China's cultural construction has made great achievements, there are still some problems in the cultural system. These problems are specifically expressed as the weak cultural legislation and law enforcement, the lag of cultural administrative management system and the reform of state-owned cultural asset management system, the existence of administrative monopoly, compartmentalization and regional barriers of the cultural market, the weak overall strength and international competitiveness of the cultural industry, the imperfect modern public cultural service system, and a certain distance to achieve the equalization of goals. Therefore, we need to constantly improve the innovation of cultural management systems and mechanisms.

Keywords: Cultural System; Cultural Industry; Public Cultural Service; Innovation

B. 10   To Form a Reasonable and Orderly Income

Distribution System   / 242

Abstract: The reform of income distribution system has been accelerating in China since 2013. The central government has issued the Several Opinions on Deepening the Reform of Income Distribution System, and accordingly assigned the reform task to the relevant ministers and set up the joint inter-ministerial meeting. The reform of top managerial compensation in centrally-administered SOEs and the reform of pension system have been launched firstly. Following the arrangement, the provincial governments put the reform plan into practice actively. The income distribution in China has been improving in recent years. However, there are still many challenges to overcome since the economy has accumulated many long-standing and deep-seated problems. The decisive role of market in resource allocation and a better-functioning government are necessary for the next stage success of the reform. Improving the primary income distribution, the redistribution and enlarging the medium income group are the key to the reform.

Keywords: Income Distribution System; Income Inequality; Reform

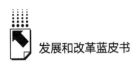
发展和改革蓝皮书

B. 11　The Reviews and Prospects for China's Combination Model
　　　　of Social Pooling with Individual Retirement Account

/ 258

Abstract：The combination of social pooling with individual account is a main feature of China's endowment insurance system. In the past 20 years, although it has achieved great success in many aspects such as expanding coverage and improving the capacity of funds delivering, there has always been a gap between theory and practice. The gap shall be conveyed in three perspectives. To begin with, it is difficult to raise sufficient money in the short run; what's more, the deepening of aging-population problem results in deficit in the long run; and the last is the low efficiency of endowment insurance system cooperating with China labor market change. From the very beginning of establishing social pooling with individual retirement account model, a continuous controversy on whether fully fund individual retirement account or not exists, while fully fund individual retirement account turns out to be unreasonable both in practice and theory. In order to solve the above problems, we learn from the experience about reform measures of other countries and come up to a conclusion that the nominal accounts system suits well with solving the problems of China aging-population endowment system. Therefore, China basic endowment insurance system reform asks for putting into practice the guidelines of the 3rd Plenary Session of the 18th Central Committee of the Communist Party of China, implementing the nominal accounts system reform, abandoning the accumulating function of the individual account, enlarging its scale, and strengthening its record function. Only by the above approaches can we perfect the individual system, improve its actuarial system, and make the basic endowment insurance system develop sustainably.

Keywords：Social Pooling with Individual Retirement Account; Reform Measures; The Nominal Accounts System

B. 12   Accelerate the Construction of Ecological

Civilization System   / 281

Abstract: Building ecological civilization is not only concerned with people's wellbeing, but also the nation's future. The construction of ecological civilization must depend on the system with the requirements of the national governance system and governance capacity modernization. It's benefit to set up intact and scientific system with resources saving, environmental protection and optimized development zone. The system of ecological civilization is not a new thing, nor a complete set of mature system. This is based on the long-term adherence to resource conservation and environmental protection in our country, and it is a set of integrated natural resources management, land and space development and protection, resource conservation, ecological and environmental protection. Since the 18th CPC National Congress, the construction of ecological civilization system has given the overall deployment. All the research, introduction and launch of the major system is accelerating. But the system construction can not be achieved overnight. To sum up the reform in various fields in recent years, it can better promote the construction of ecological civilization system. First, The main progress and evaluation of the construction of ecological civilization since the 18th CPC National Congress are introduced in this chapter. And then surrounding the key system of ecological civilization, this paper discuss the definition and significance of system construction from the five aspects, and analyzes on some existing problems and advances some suggestions.

Keywords: Ecological   Civilization;   Comprehensive   Ecological Improvement; Government Performance Examination

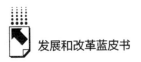
发展和改革蓝皮书

III Research Report

B. 13 Report on Economic Progress and Structural Reform of

Xinjiang Production and Construction Corps

/ 318

Abstract: The Xinjiang production and Construction Corps is a special organization , as the only "party and government and military and corporation" into one together. abide by the settlement and stability-function, plays the role of stabilizer, melting pot, demonstration zone in Xinjiang, plays an important role of economic development and prosperity and social stability along the border in Northwest of China. At present, the Corps has entered in a period of opportunity of economic development , which is medium income across to high income; and crucial stage of reform on the system. but still faces the problem of extensive economic development mode, the market system is not perfect, the industrial structure is unreasonable, the quality of urbanization is not high, and so on. Urgent needed the transformation and upgrading of the economic structure and economic form, finally , ultimately achieve this goal that realize from the original investment in labor-intensive, drive type, quantity, expansionary economic development way, gradually turning to consumer demand for the lead, manufacturing industry upgrading, service industry development path. To promote the economic development and push forward the reform, must based on the actual situation of the Corps, put focus on steady growth, structure adjustment, turned the way up, focus on combining transformation and upgrading, accelerate the transformation of administrative functions, play a decisive role in the market allocation of resources, continue to dig the release of reform, and unswervingly promote economic development mode, improve the level of open economy. This chapter aims to describe the current situation of economic development and system reform, and focus on the existing problems in the economic development and deepening reform, and put forward countermeasures and suggestions to promote the economic development and reform of the Corps.

Keywords: Production and Construction Corps; Economic Development; Structural Reform

B. 14 A New Practice of Integration Agricultural Modernization with New Urbanization / 339

Abstract: Based on the geographical advantages, "Hong Dong Tianze modern agriculture demonstration garden" actively promote agricultural scale, specialization, intensification, and social management, has made the beneficial attempt In the development of "thyme fenhe new economic belt", provided valuable experience for similar area of development. This new development model of "three agriculture" has demonstration significance to the development of modern agriculture and new urbanization fusion, also has very important practical significance to crack the problem of "agriculture, rural areas and farmers".

Keywords: Agricultural Modernization; New Urbanization; Innovation

B. 15 PPP Mode's upgrade in Heating: PPP + U / 358

Abstract: Heating system as a part of important public utilities met some difficulties from the beginning of the reform. By researching the heating system in LinFen, ShanXi, the report describes the beneficial explorations and valuable experiences, points out some problems to be settled in the PPP mode, and searches how to deal with the government boundaries and the market boundaries, the government and the enterprises in the process of heating system reform, and raises the power, thoughts, goals and principles of heating system reform. The report's

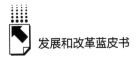

views are as follows: (1) public welfare is the basic goal in the heating system reform. (2) good market and competitive mechanisms can improve the efficiency of city heating. (3) in heating system reform, deal with the government and market, society, the fairness and efficiency correctly, make the balanced development. (4) advanced green heating technology is a key to the heating system reform.

Keywords: Heating System Reform; Marketization; Green Heating

❖ 皮书起源 ❖

"皮书"起源于十七、十八世纪的英国，主要指官方或社会组织正式发表的重要文件或报告，多以"白皮书"命名。在中国，"皮书"这一概念被社会广泛接受，并被成功运作、发展成为一种全新的出版形态，则源于中国社会科学院社会科学文献出版社。

❖ 皮书定义 ❖

皮书是对中国与世界发展状况和热点问题进行年度监测，以专业的角度、专家的视野和实证研究方法，针对某一领域或区域现状与发展态势展开分析和预测，具备原创性、实证性、专业性、连续性、前沿性、时效性等特点的公开出版物，由一系列权威研究报告组成。

❖ 皮书作者 ❖

皮书系列的作者以中国社会科学院、著名高校、地方社会科学院的研究人员为主，多为国内一流研究机构的权威专家学者，他们的看法和观点代表了学界对中国与世界的现实和未来最高水平的解读与分析。

❖ 皮书荣誉 ❖

皮书系列已成为社会科学文献出版社的著名图书品牌和中国社会科学院的知名学术品牌。2011年，皮书系列正式列入"十二五"国家重点出版规划项目；2012~2015年，重点皮书列入中国社会科学院承担的国家哲学社会科学创新工程项目；2016年，46种院外皮书使用"中国社会科学院创新工程学术出版项目"标识。

法 律 声 明

权威报告·热点资讯·特色资源

皮书数据库

ANNUAL REPORT(YEARBOOK)
DATABASE

当代中国与世界发展高端智库平台

S子库介绍
ub-Database Introduction

中国经济发展数据库

涵盖宏观经济、农业经济、工业经济、产业经济、财政金融、交通旅游、商业贸易、劳动经济、企业经济、房地产经济、城市经济、区域经济等领域，为用户实时了解经济运行态势、把握经济发展规律、洞察经济形势、做出经济决策提供参考和依据。

中国社会发展数据库

全面整合国内外有关中国社会发展的统计数据、深度分析报告、专家解读和热点资讯构建而成的专业学术数据库。涉及宗教、社会、人口、政治、外交、法律、文化、教育、体育、文学艺术、医药卫生、资源环境等多个领域。

中国行业发展数据库

以中国国民经济行业分类为依据，跟踪分析国民经济各行业市场运行状况和政策导向，提供行业发展最前沿的资讯，为用户投资、从业及各种经济决策提供理论基础和实践指导。内容涵盖农业，能源与矿产业，交通运输业，制造业，金融业，房地产业，租赁和商务服务业，科学研究，环境和公共设施管理，居民服务业，教育，卫生和社会保障，文化、体育和娱乐业等 100 余个行业。

中国区域发展数据库

以特定区域内的经济、社会、文化、法治、资源环境等领域的现状与发展情况进行分析和预测。涵盖中部、西部、东北、西北等地区，长三角、珠三角、黄三角、京津冀、环渤海、合肥经济圈、长株潭城市群、关中一天水经济区、海峡经济区等区域经济体和城市圈，北京、上海、浙江、河南、陕西等 34 个省份。

中国文化传媒数据库

包括文化事业、文化产业、宗教、群众文化、图书馆事业、博物馆事业、档案事业、语言文字、文学、历史地理、新闻传播、广播电视、出版事业、艺术、电影、娱乐等多个子库。

世界经济与国际政治数据库

以皮书系列中涉及世界经济与国际政治的研究成果为基础，全面整合国内外有关世界经济与国际政治的统计数据、深度分析报告、专家解读和热点资讯构建而成的专业学术数据库。包括世界经济、世界政治、世界文化、国际社会、国际关系、国际组织、区域发展、国别发展等多个子库。